高等学校心理学
精品教材系列

经济心理学

心理学

经典与前沿实验

辛自强 ◎主编

Classic and Recent

Experiments

in Economic Psychology

揭秘
「真实的
经济思维」

北京师范大学出版集团
BEIJING NORMAL UNIVERSITY PUBLISHING GROUP
北京师范大学出版社

图书在版编目（CIP）数据

经济心理学经典与前沿实验：揭秘真实的经济思维／辛自强主编．—北京：北京师范大学出版社，2014.5（2020.11重印）
（高等学校心理学精品教材系列）
ISBN 978-7-303-17257-3

Ⅰ．①经… Ⅱ．①辛… Ⅲ．①经济心理学-研究
Ⅳ．① B84

中国版本图书馆 CIP 数据核字（2013）第 260055 号

营 销 中 心 电 话	010-58802181 58805532
北师大出版社高等教育分社网	http://gaojiao.bnup.com
电 子 信 箱	gaojiao@bnupg.com

JINGJI XINLIXUE JINGDIAN YU QIANYAN SHIYAN
出版发行：北京师范大学出版社 www.bnup.com
　　　　　北京市西城区新街口外大街 12-3 号
　　　　　邮政编码：100088
印　　刷：北京京师印务有限公司
经　　销：全国新华书店
开　　本：730mm×980mm　1/16
印　　张：21.25
字　　数：361 千字
版　　次：2014 年 5 月第 1 版
印　　次：2020 年 11 月第 5 次印刷
定　　价：48.00 元

策划编辑：何　琳　　　责任编辑：何　琳
美术编辑：纪　潇　　　装帧设计：纪　潇
责任校对：李　菡　　　责任印制：马　洁

目　录

第七章

进化与具身经济心理学

经济心理学的历史与现状——代前言

辛自强

随着美国卡内基梅隆大学的心理学教授赫伯特·西蒙（Herbert Simon）和普林斯顿大学的心理学教授丹尼尔·卡尼曼（Daniel Kahneman）分别在1978年和2002年获得诺贝尔经济学奖，人们日益发现心理学居然与经济学有如此紧密的联系，一个介于两大学科之间的交叉学科——经济心理学，竟然如此重要（辛自强，2014）。经济心理学究竟是一个什么样的学科？如何开展经济心理学研究呢？它如何展现人们真实的经济思维，又如何改变了经济学家的思维呢？《经济心理学经典与前沿实验》一书试图采撷本学科的一个又一个著名实验，串联出学科历史与现状的美丽项链。

一、编辑本书的初衷与思路

进入新世纪后，经济心理学的研究获得了空前的发展，全世界很多一流大学和研究机构都有经济心理学方面的课题组，经济心理学研究的"个体户"更是数不胜数。在我国，虽然已经开始了经济心理学的研究，但是能进入本学科国际前沿行列的研究者和研究团队屈指可数。为促进经济心理学的学科建设、深化学术研究以及满足相应的教学需求，我们编辑了这本《经济心理学经典与前沿实验》，以便于广大研究者、教师、学生以及其他爱好者更好地了解本学科领域的研究进展。

本书评介了经济心理学各主要领域的重要实验研究，全书共七章，分别为决策心理学、博弈心理学、金融心理学、消费心理学、幸福心理学、神经经济心理学以及进化与具身经济心理学。全书共评介了32项研究，其中有21项是2000年后发表的，代表了学科最前沿的成果；所介绍的11项2000年以前的实验，虽然看上去有些陈旧，实则为学习和研究经济心理学时绕不开的经典文献。

这些经济心理学经典与前沿实验的评介工作是由中央财经大学社会发展学院心理学系教师和研究生集体完成的，每位评介人负责选择、介绍一个或若干个经典或前沿的经济心理学实验。其中，窦东徽博士评介了 8 项研究，辛志勇副教授、黄四林副教授、孙铃博士、张梅博士每人分别评介了 3 项研究，辛自强教授和其研究生刘有辉各评介 2 项研究，赵然教授、冯源副教授、汪波副教授以及博士或硕士研究生刘国芳、周正、叶和旭、余小霞、江歌、凌喜欢均分别负责评介 1 项研究。我作为主编负责全书体系和体例的设计以及统稿、前言撰写。

本书评介的这 32 项实验研究遵循如下选择标准：第一，权威性。要求实验是权威学者完成的，或者发表在权威刊物上的，如《科学》《自然》《人格与社会心理学杂志》《消费者研究杂志》《经济心理学杂志》等。第二，影响力。要求实验有广泛的学术影响，有较高的引用率。第三，前沿性。虽然有少量实验是陈旧的经典实验，但大多为代表当前学科前沿的实验，如神经经济心理学的实验、进化与具身经济心理学的实验。第四，代表性。所介绍的实验应该能够代表经济心理学学科的主流领域，如经济决策、博弈这样的学科基础研究领域，也包括金融、消费、幸福等应用领域，还包括新近兴起的神经经济心理学、进化与具身经济心理学领域。

关于每个实验的介绍都遵循统一的写作体例。写作往往从一个引子开始，大致介绍该实验对应的现实问题与学术问题、实验的背景知识等，并说明为什么要介绍这项实验研究。然后，要说明文献本身的基本信息，如文献出处、作者、核心作者小传(若有多名作者，选择第一作者以及最有影响的一位作者加以介绍，概要说明其简历、研究领域和学术思想等)。接下来，要介绍实验本身，包括研究问题以及问题提出的逻辑、研究方法(被试、实验逻辑与设计、实验材料与程序等)、主要研究结果与结论。最后，要对研究进行综合评价，包括分析研究的意义，指明研究本身的局限，阐明该研究的后续学术影响以及未来拓展方向。在每项实验介绍后，附上了不得不引用的参考文献(为简洁起见，通常不超过 10 条)，便于有兴趣的读者查阅原文，深入学习。全书关于每项实验本身的介绍力求完整翔实，让读者明白应当如何开展一项经济心理学实验，实验的基本逻辑是什么；还要求梳理清楚实验的"来龙"(实验的背景与拟解决的问题)和"去脉"(实验发表后的后续影响、问题与改进方法等)。这种写作体例主要是为了方便读者完整地了解经济心理学的实验思想和方法，也便于教师在开展教学时使用这些实验研究作为案例材料，便于学习者的阅读和使用。

二、经济心理学的历史脉络

要准确理解本书所介绍的各个经济心理学实验，需要把它们放在学科历史背景下来看待。科学研究是"站在前人肩膀上用自己的头脑思考"的过程（辛自强，2012，p. 161）。对经济心理学的学科背景有大致的了解，方能知道学者们如何在前人基础上有所创新，他们的创新研究又如何开启或影响了后续的研究。

（一）经济心理学的诞生与早期发展

经济心理学毫无疑问是经济学和心理学相结合的产物，然而，在科学心理学于1879年诞生之前，已经有经济学家探讨与经济行为有关的心理学问题了。如同凯默勒和罗文斯坦（2010，pp. 5－6）指出的："当经济学最初被确认为一个专门的研究领域时，心理学还没有形成一个学科，许多经济学家也兼做他们那个时代的心理学家。"

"经济学之父"亚当·斯密（Adam Smith，1723—1790）就是这样的人。他1776年出版《国富论》，提出了自由市场作为"看不见的手"的概念，把人类行为归结为"自私"的本性（"经济人"假设）；然而，这之前的1759年他还出版过《道德情操论》，把人类行为归结为"同情"这类道德情操。斯密直到去世前先后六次修订过《道德情操论》，这部著作深刻洞察了人类的很多经济心理现象。例如，他（2003，p. 273）提出："当我们从较好的处境落到一个较差的处境时，我们所感受到的痛苦，甚于从差的处境上升到一个较好的处境时所享受到的快乐。"这句话实际上描述了今天经济心理学中的一个基本概念——"损失厌恶"。虽然如此，我们并不能把这些论述当成经济心理学的开始，因为这个时代还不曾用科学的方法探讨心理问题，更不要说与经济活动有关的心理问题。斯密的重要性或许在于他展示了人类的双重本性：即自私与同情之间的纠缠。自私是行为的强大动力，然而人类能超越自私，同情他人，维系社会关系。而当今的经济心理学也一再证明人类并非是纯粹自私的"经济人"，他有社会性、道德心和正义感。

经济心理学探讨经济行为产生的心理机制以及经济事件的心理效应（Kirchler & Hölzl，2003）。法国学者塔尔德（G. Tarde，1843—1904）在1902年出版了《经济心理学》，这可能是"经济心理学"这个术语的首次使用（Roland-Lévy & Kirchler，2009），它提醒人们用心理学的观点分析经济行为，因而该书的出版被视作经济心理学诞生的标志。

塔尔德是一名社会心理学家、社会学家和犯罪学家。他曾在法国司法部工作，对犯罪学有研究兴趣。后来他离开司法部，到法兰西学院担任教授，教授公共舆论、经济心理学方面的课程。1902年出版的《经济心理学》是在其讲义基础上整理而成的。塔尔德强调了经济现象的主观方面，如货币因人们的信仰、思想等的不同而具有不同的主观价值；他提出了心理预期的观点，认为股票市场中证券的价格受股民心理预期影响（俞文钊，鲁直，唐为民，2000，p.2）；他还用模仿机制解释了个体的创新如何在群体和社会层面得以传播，并提出了"群体心理"的概念（Scott，2007），这一概念被社会心理学家勒庞（G. Le Bon，1841—1931）作了进一步发展，用于解释集群行为和群体心理。

塔尔德出版《经济心理学》两年后就去世了，经济心理学当时并没有引起人们的重视。在20世纪前半期，经济心理学也一直没有能发展起来，其原因可能是多重的。

原因之一是这一时期的心理学本身仍处于较为弱势的学科地位，还不足以影响经济学。"20世纪初，经济学家希望把他们的学科当成自然科学一样来研究，那时的心理学还刚刚起步，并不很科学化，经济学家们认为，将心理学作为经济学的基础不够稳固，他们对那个时代的心理学有反感……于是导致了一场把心理学从经济学中排除出去的运动（凯默勒，罗文斯坦，2010，p.6）。"虽然在20世纪上半期有个别经济学家（如凯恩斯）呼吁过对经济行为进行心理学观察，但是到20世纪40年代初，心理学的讨论已经从经济学中消失了。

原因之二是这一时期心理学本身就不重视"心理"问题。1913年，行为主义学派在美国确立，并迅速获得了世界性的影响，致使心理学本身都不关注心理了，不可能专门去研究经济心理问题。这一时期，无论是心理学，还是经济学都完全为激进的实证主义思想所支配，都在尽力排除那些不能直接观察和量化的心理因素。20世纪上半期的心理学是行为主义的天下，到20世纪中期行为主义被反思和批判后，心理过程的研究才得以逐渐恢复，经济心理学的发展才有了可能的空间。

除了学科自身的问题外，一个社会背景原因也不容忽视——20世纪上半期的社会背景不利于经济心理学这样的新学科的发展。原本酝酿了经济心理学思想的欧洲，经历了两次世界大战以及前前后后各种社会运动和动荡，这是抑制经济心理学发展的外部因素之一。总之，无论是心理学自身，还是经济学，无论在欧洲，还是北美，20世纪上半期似乎都缺乏经济心理学发展的良好条件。

（二）经济心理学的复兴

第二次世界大战后，经济心理学研究又悄然兴起，其标志是1942年法国经济学家雷诺（P. L. Reynaud，1908—1981）出版的《政治经济学和实验心理学》一书，该书试图用实验心理学来解释经济现象。雷诺后来又相继出版了《经济心理学》（1964）和《简明经济心理学》（1974）等著作（俞文钊等，2000，p.3）。

第二次世界大战前后，大批欧洲心理学家移居美国，使经济心理学得以在美国发展起来，这方面的代表人物是卡托纳（G. Katona，1901—1981）。卡托纳1901年出生于匈牙利的布达佩斯，1921年在德国哥廷根大学获得心理学博士学位。毕业后他到法兰克福一家银行工作，从这时起开始思考通货膨胀和经济衰退问题。后来，他到柏林担任《德国经济学家》杂志的财经记者和副主编，还与格式塔学派的韦特海默、勒温等人一起从事实验心理学研究。1933年他移民美国，1944年加入美国农业部的农业经济署，调查战后经济心理。1946年他和同事一起调入密歇根大学社会研究所的调查研究中心，在那里工作到1972年退休，这期间他领衔经济行为的研究项目，担任经济学教授、心理学教授。卡托纳出版了大量著作和论文，其著作包括《经济行为的心理分析》（1951）、《强大的消费者》（1960）、《大众消费社会》（1964）、《心理经济学》（1975）等（Wärneryd，1982）。

第二次世界大战时，卡托纳参与美国政府处理战争所引起的通货膨胀工作，试图应用心理学的方法应对通货膨胀问题。从这一工作开始，他尝试将心理学原理应用到宏观经济学中，他设计了测量消费者期望的方法（后来称为"密歇根大学消费者情绪指数"）。使用该指数，他成功预测了战后美国经济会出现繁荣期，然而那时传统的计量经济学指数却预测会出现衰退。

20世纪40年代后期，卡托纳提出了关于宏观经济过程的心理学。他在1951年指出："经济研究对于心理学的需求在于需要发现、分析经济过程背后的力量，经济行为、决策和选择背后的力量……没有心理学的经济学不能成功解释重要的经济过程，没有经济学的心理学没有机会解释人类行为最重要的一些方面（转引自 Roland-Lévy & Kirchler，2009，p.364）。"卡托纳批评了他那个时代的经济学，认识到了心理学对于经济学的重要意义。举例来说，经济学认为储蓄率取决于总收入，价格水平是货币供应的函数，需求水平由价格决定。处于经济活动中心地位的人是一个能动的主体，然而在这里却被视作"黑箱"。我们知道人是有自由意志的，会受到偏见、心情、冲动、信息不足等因素影响，这说明需要探讨经济过程背后的心理机制。然而，那个时代的很多著名经济学家，如萨缪尔森（P. Samuelson）、弗里德曼（M. Friedman），都极其反对引入心理学知识，他们坚信只分析那些集合数据（如价格和数量）就足够了，根本不需要分析行为背后的动机或其他心理因素（Lewin，1996）。可以说经济学中的行为主义，比心理学中曾经有过的行为主义更为极端，持续时间也更久。总之，在经济学界接受和反对心理学的观点实际上一直在纠缠，这种矛盾从经济心理学出现之前就存在，至今依然存在（Lewin，1996）。

卡托纳是经济心理学最有力的推动者之一，他的工作引起了很多学者（尤其是欧洲学者）的重视。1977年他被荷兰的阿姆斯特丹大学授予经济学荣誉博士学位，同年，美国心理学会授予他杰出职业贡献奖。他被视为行为经济学之父，和西蒙一起被视为早期行为经济学或经济心理学最重要的两大代表人物。

比卡托纳稍晚一些的心理学家西蒙（中文名司马贺，1916—2001）为经济心理学做出了更为基础性的贡献。西蒙1916年生于美国威斯康星，1933年进入芝加哥大学政治学系学习，1943年获得政治学博士学位。1949年后他一直在卡内基梅隆大学工作，担任心理学、计算机科学的教授，还教授管理学和组织行为学方面的研究生。可以说，从大学以后他一直"生活在跨学科的空间里"（西蒙，2002）。他在人工智能、认知心理学、决策等领域都有杰出的贡献，获得过经济学、管理学、心理学、计算机科学等领域的诸多重要奖项。最辉煌的成绩是1978年因为对"经济组织中的决策过程进行的开创性研究"荣获诺贝尔经济学奖。

西蒙批评了理性模型，认为人类只有有限的理性。西蒙认为人类心理在提出和解决复杂问题方面的能力是非常有限的，这要求人们建立关于真实世界的一个简化的模型，用这个模型获得一个令人满意的问题解决方案即可，而未必要寻找最优方案。他说："当我们放弃了关于人类行为的先入为主的古典和新古典（注：这里指的是经济学）的假设，观察实际决策和解决问题的过程时，我们看到的是具有有限理性的人，他利用启发式技巧寻求令人满意的——足够好的——行动方针（西蒙，2002，pp. 370-371）。"他还说："我顶多只能把令人满意作为目标。追求最好只能浪费宝贵的脑力资源。最好是好的大敌(p. 365)。"

西蒙在决策等方面的重要研究大多是在 20 世纪 50 年代前后完成的。如 1947 年出版的专著《管理行为》、1955 年发表的论文《理性选择的行为模型》、1972 年发表的书稿章节《有限理性理论》等。这些工作大大推动了人们对经济决策的重视,"有限理性"理论为心理学进入经济学提供了机会:以实验观察人类决策的心理过程,而不是像传统的经济学那样停留在数学模型的推演上。

综上所述,经济心理学经历了在欧洲的初创后,由于种种原因并没有真正发展起来;20 世纪中期(大约 40 年代末至五六十年代),主要是在美国又重新兴起(或者说"复兴"),卡托纳和西蒙是这一时期复兴经济心理学的重要代表人物。尤其是西蒙,如前文所说,他为经济心理学做出了"更为基础性的贡献",这是因为西蒙本人是 20 世纪中期兴起的认知心理学(大约从 1956 年开始了所谓"认知革命")最重要的奠基人之一,而认知心理学恢复了心理(或认知)过程在心理学中的地位,随着西蒙基于认知范式开展关于决策的研究,带动了更多心理学家(比如,特沃斯基和卡尼曼)进入经济心理学领域。不过,还要指出的是,20 世纪中期的形势并没有那么乐观。卡托纳和西蒙这一时期对心理因素和心理过程的分析,以及所指出的理性的有限性,虽然都吸引了经济学家的注意,"但并没有根本改变经济学的方向"(凯默勒,罗文斯坦,2010,p. 7)。虽然如此,经济学和心理学之间的坚冰似乎在快速融化,经济心理学的春天就要来临。

(三)现代经济心理学的繁荣

到 20 世纪 70 年代以后,社会科学家、经济学家都开始普遍认识到经济心理学的重要性(Kirchler & Hölzl, 2003),经济心理学进入了快速发展时期。这一时期,经济心理学作为一门学科的发展逐渐获得了组织和制度上的保障。这种制度的保障最早在欧洲取得进展。1976 年在荷兰召开了第一届经济心理学欧洲讨论会,并建立了每年开会一次的制度;1981 年在法国巴黎召开了第一届经济心理学国际讨论会,同年在荷兰创办了《经济心理学杂志》(*Journal of Economic Psychology*);1982 年,国际经济心理学研究会(International Association for Research in Economic Psychology, IAREP)成立,该组织每年举办一次研讨会,并负责主办《经济心理学杂志》,还举办一些经济心理学的专题培训班以及面向研究生的暑期学校。

此外,还有一些与经济心理学相关的学术组织。国际应用心理学会

(International Association of Applied Psychology)的第九分会，就是经济心理学分会，该学会会刊《应用心理学》杂志在 1999 年和 2009 年两次出版经济心理学的专辑。在美国建立了行为经济学促进协会（Society for the Advancement of Behavioral Economics，SABE），它主办《社会经济学杂志》（*Journal of Socio-Economics*）。

　　除了上述体制上的突破外，卡尼曼及其同事阿莫斯·特沃斯基（Amos Tersky）一系列创新性的研究以及所提出的前景理论（Kahneman & Tversky，1979；Tversky & Kahneman，1992)成为经济心理学这一时期最具代表性的成就，它吸引了更多学者参与到这个领域中来。2002 年卡尼曼获得诺贝尔经济学奖，更是成为这一领域获得经济学和心理学界共同认可的最有力的证明。

　　不仅心理学，经济学家在这一时期也广泛接受了心理学，为经济心理学发展做出了贡献。在经济学内部，从 20 世纪 80 年代开始，现代行为经济学兴起。行为经济学和经济心理学的研究领域和方法大致相同，虽然二者的目的有些不同：前者指经济学家通过观察现实的经济行为来补充、完善经济理论，发展有现实解释力的经济理论；后者，是心理学家把经济行为作为各种人类行为中的一种，试图探明经济行为的心理机制，并建立心理学的一个分支学科——经济心理学（Furnham & Lewis，1986）。由于行为经济学和经济心理学的高度相似，那些推动行为经济学的经济学家，也同时推动了经济心理学。这方面有代表性的经济学家包括芝加哥大学商学院的经济学教授泰勒（R. P. Thaler）、加州大学伯克利分校的经济学教授阿卡罗夫（G. A. Akerlof，他因开创性地将社会学和心理学应用到宏观经济研究中而获得 2001 年度诺贝尔经济学奖），等等。

　　进入新世纪后，经济心理学的各主要领域，如个体决策、双方或多方博弈、金融或投资心理、消费与营销心理、幸福研究（探讨经济发展与幸福的关系）等都逐渐繁荣起来；此外，心理学和经济学都在努力吸收生物学的观点，尤其是进化理论和神经科学，由此，进化经济心理学和神经经济心理学逐渐成为当下热点。本书介绍了上述领域的一些重要实验研究，下文大致说明这些领域的发展状况。

三、经济心理学各领域发展状况

(一)决策心理学

在经济与社会生活的各个领域，人们总是要面临在不同的选项之间做出抉择，这就是决策问题。决策是一个权衡得失及其风险，从而进行选择的过程。经济学在很大程度上是关于选择或决策的学问，同样，决策研究也是经济心理学中的基础研究。

人类个体面临的一种常见决策类型是，直接面对某种客观的任务情境进行决策。例如，给被试设计这样的决策任务：选项 A 意味着肯定会获得 240 美元；选项 B 意味着 25% 的概率获得 1000 美元，75% 的概率什么也得不到。要求被试做出二择一的决策，结果发现 84% 的被试选择 A 而不是 B (Tversky & Kahneman，1981)。本书第一章介绍了有关人类个体面临这类客观决策任务时决策过程的心理学研究，这方面的研究是经济心理学中最成熟的部分之一，所介绍的研究大多为本领域的经典研究，也有少量较为新近的成果。要正确理解这些研究的含义和价值，就要把它们放在决策研究的知识传统里来看待。

早期的决策理论把决策者当成"理性人"来看待，认为决策是人们追求效用最大化和自我利益的理性过程(普劳斯，2004，p. 69)。期望效用理论 (expected utility theory)是这一思想的集中体现。该理论最早在 18 世纪由伯努利(D. Bernoulli)提出，它认为一个人拥有的金钱的价值或者期望的效用，随着金额的增多而递减；人们追求的是期望效用的最大化而非金钱数量的最大化。20 世纪 50 年代前后，数学家冯·诺依曼(J. von Neumann)和经济学家摩根斯坦(O. Morgenstern)通过严格的数学推理证明了期望效用理论，确立了其作为"规范"模型的地位。该理论包含了理性决策的若干条原则或定理：(1)有序性原则。决策者对若干个备选方案进行比较，总是会表现出对某一方案更为偏好，即对各个方案的偏好存在明确顺序。(2)占优性原则。理性的决策者总是做出能产生更大效用的决策或者选择那个更有优势的策略(优势包括"强势占优"，即一个事物比另一个事物在任何方面都好，也包括"弱势占优"，即一个事物比另一个事物在某方面更好，但其他方面都一样好)。(3)可传递性原则。如果在方案 A 和 B 中，决策者偏好 A，而在 B 和 C 中更偏好 B，那么一个理性的决策者一定会在 A 和 C 相比时选择 A。除此之外，理性人的决策还应遵循独立性原则、单调性原则等，不一一解释。

然而，20 世纪 70 年代后(特别是 90 年代后)兴起的经济心理学和行为经济学研究，因为发现了大量的决策行为"偏差"而不断挑战期望效用理论的基本定理。例如，普劳斯(2004)在其《决策与判断》一书中(原作出版于

1993 年），系统总结了决策的心理学研究成果，这些成果绝大部分描述了人类决策行为中的"偏差"或者有违理性模型的"异象"。后来，奥地利维也纳大学的研究者（Yaqub，Saz，& Hussain ，2009）系统评述了过去几十年的 69 篇重要研究，总结出违反期望效用理论 5 大定理（如独立性、可传递性等原则）的各种行为"偏差""效应""悖论"或"启发式"（如框架效应、参照点效应、阿莱悖论、概率加权偏差等）。期望效用理论体现的是主流经济学家（主要是新古典经济学家）建立人类行为选择的标准模型的理想，然而，后来的经济心理学家和行为经济学家却以实际观测到的各种所谓决策行为"偏差"为依据，试图说明人类的有限理性（Simon，1956）。他们以批判期望效用理论为起点，各自提出了关于人类实际决策行为的描述性模型，如前景理论（Kahneman & Tversky，1979）、后悔理论、"齐当别"模型（李纾，2005）等。

在上述有关决策心理的研究者中，卡尼曼和特沃斯基的影响无疑是最大的。本书开篇介绍的内容就是他们提出的前景理论（研究 1），该理论系统地解释了在不确定情境下人们的决策行为为何会明显地偏离理性的预期，揭示了人们风险偏好的变化规律。人类在决策中偏离理性的表现之一是，他们的决策很容易受到某些看似无关紧要的情境特征左右，比如，问题呈现的框架或表述形式会影响决策，这被卡尼曼称为"框架效应"（研究 2），这一现象可以通过前景理论加以解释。与框架效应类似的一种在判断中偏离理性原则的现象是"锚定效应"，它指决策时人们对某种数值的估计会受到最先呈现的数值信息（即初始锚）的影响，以初始锚为参照点进行调整并做出估计，但是由于调整得不充分会使得其最后的估计结果偏向该锚，从而出现判断的偏差。艾瑞里（D. Ariely）等人所做的一项有趣的研究探讨了"你愿意为恼人的噪声支付多少钱"的问题（研究 3），结果表明，即使是为噪声这样令人不快的刺激出价，人们依然受到了先前报价的影响，表现出稳定的锚定效应。锚定效应能够解释金融市场中的"价格黏性"及消费领域中的一些定价策略的背后机制。

前景理论是现代经济心理学最核心的理论之一，可以解释多种心理偏差或效应，如风险偏好的反转、心理账户、框架效应、禀赋效应等。但是，依然有学者提出了不同的见解，挑战该理论或寻找其他的理论解释。德国学者吉仁泽（G. Gigerenzer）就试图挑战卡尼曼的某些观点。卡尼曼发现人类不善于进行概率推理，即便统计学专家对日常概率问题的直觉判断也不符合统计学关于概率推理的贝叶斯定律；吉仁泽认为卡尼曼等人揭示的这类决策偏差不是由人们的认知缺陷造成的，而是由于研究者提供的信息与认知的机制不协调。比如，概率表征不适合我们的大脑构造，在人类长期进化的过程中，理解数字的自然格式是"频率"(比如，7 人中有 3 人得过疾病 A)而非"概率"(如，每个人有 0.429 的概率患疾病 A)。于是吉仁泽改变了概率问题的呈现方式，或者把问题内容变成被试日常生活中熟悉的概率问题，结果发现，普通人也能做出符合贝叶斯定律的概率判断(研究 4)。不仅是概率，决策中还会涉及对各类数字信息的加工。比如，拿到 200 元钱是否比拿到 100 元钱更开心，如果是的话，开心程度是多大？期望效用理论以及前景理论都认为人对大部分事物的数量的边际感受或边际效用是递减的。在美国的华裔心理学家奚恺元(C. K. Hsee)发现，人们对有些事物的判断，是以情感为主，对有些事物的判断以计算为主。当人们用情感来评估事物时，他们对这件事物是否存在相当敏感，但对事物的数量不敏感。当人们用计算来评估事物时，人们对事物的存在与否及数量都较为敏感(研究 5)。由此，通过区分"情感评估"和"计算评估"这两类心理过程，揭示了前景理论未曾涉及的不同的价值函数。

(二)博弈心理学

上面所介绍的"个体决策"，指个体面对一些客观决策任务时所做的选择，这类个体决策中，一方是作为主体的决策者；另一方是作为客体的决策任务情境。而在现实生活中还大量存在一种"相互的决策"：两人或多人之间进行的类似游戏的决策，一方的选择要以另一方的选择为条件，决策主体的选择受到其他决策主体的选择的影响。这种决策被称为"博弈"或"对策"。它最典型的样例就是生活中的"博弈游戏"，所以"对策论"也称为"博弈论"(game theory)。

博弈论是经济学的重要分支。博弈论的最初思想也是由冯·诺依曼和摩根斯坦在他们 1944 年出版的《经济行为与博弈论》一书中提出的。20 世纪 50 年代初期，美国的数学家和经济学家纳什(J. Nash)接连发表了一系列经典文章，探讨了非合作博弈问题，提出了"纳什均衡"概念，由此奠定了现代博弈论学科体系的基础。1994 年的诺贝尔经济学奖授予了纳什等三位博弈论专家，更是掀起了博弈论研究的热潮。

博弈论考察了主体间选择的相互影响过程，大量经典博弈任务的出现有效模拟了现实生活中的博弈过程。这些任务包括囚徒困境、最后通牒博弈、独裁者博弈、公共物品博弈、议价博弈、投资博弈等。这些博弈任务不仅被设计成单轮的静态博弈，还可以设计成多轮的、重复的动态博弈，从而可以考察个体决策行为的演化过程。

虽然经济学家相信人们在博弈中也是理性的利益最大化者，即自利者，但是大量的经济心理学研究结果却表明，人类在博弈中会表现出合作、公正、信任等亲社会行为。本书第二章介绍了近年来采用博弈范式的几项重要研究。美国哈佛大学的诺瓦克(M. A. Nowak)教授领导的课题组一直在探讨博弈中行为的动态演化问题。本书介绍了他们有关利他惩罚对合作行为影响的研究(研究6)，他们发现惩罚虽然能促进合作，却不能提高群体的平均获益，而且博弈获益最多的人从不采用惩罚策略；他们的另一项研究(研究7)表明，博弈中人们内心的第一反应似乎是合作，但如果给予更多时间思考，人们则趋向贪婪，不再那么慷慨。或许，并非是"人性本恶"。

虽然合作似乎是人的第一反应，但是现实中的合作行为却没有如期望的那么普遍。这一现象在囚徒困境博弈中表现得尤为明显。通常认为，正是博弈中个人不采取合作所获得的回报与个人采取合作行为所获得的回报这两者之间的差别(往往前者更大)，是"诱惑"人们背叛的主要因素。但是，真的是经济回报决定了人们是否合作吗？有研究给出了不同的回答(研究8)。实验结果表明，是回报(如金钱)的数量结构，而非真正的经济价值，影响了人们是否参与合作，而这一结果是由人类数量加工的特点决定的。也就是说，人类的认知特点，左右了他们的合作行为。

人类的善行不仅表现为合作，还表现为对利用大家的合作或善行的人表示出痛恨或惩罚。在日常生活中，人们一般会对那些不付出努力却通过他人努力获得利益的人，即"搭便车"者自发地进行惩罚，以保证合作的实现。这很容易理解。但是，有一种现象却很容易被人们忽略：那些表现出较高亲社会行为的个体，如群体中贡献较多的人，也会受到惩罚，这就是"反社会惩罚"现象。赫尔曼(B. Herrmann)等人的研究揭示了不同文化背景下"反社会惩罚"现象的差异(研究9)。

(三)金融心理学

金融学研究资金之融通问题，以解决资源的有效配置。这种配置主要通过金融市场进行，广义的金融市场包括证券市场、货币市场、保险市场、各种银行、投资基金等，这些金融市场的参与者包括个体、企业、政府以及各种金融机构。金融学家通常相信金融市场是有效的，资产的价格必然反映其价值。这种"市场有效性"假设的前提是每个市场参与者都是完全理性的，投资者的理性预期与理性决策是保证金融市场有效性的前提（饶育蕾，盛虎，2010，pp. 25—29）。

然而，历史事实一再表明投资者的所谓"理性"是多么脆弱。1636年荷兰的郁金香泡沫、1711—1720年英国的南海公司泡沫、1929年华尔街的崩盘都一再证明投资者的非理性和市场的失灵（特维德，2003，p. 23）。这里以"郁金香泡沫"为例稍作说明。1559年郁金香花被引入欧洲种植，随后在德国、荷兰等国的上流社会流行起种植郁金香花，成为时尚。到1636年时，郁金香球茎的价格已经高得惊人，据说一位酿酒师愿意为了三个郁金香球茎而卖掉自己的酒厂。荷兰几个城市专门出现了郁金香的交易市场，相应的期权交易也应运而生，大量的投机客及普通民众都卷入了群体的疯狂中。到1636年的初秋，市场出现恐慌，价格开始崩溃，由此导致大量投资者的破产和经济的长时间萧条。

金融市场的投资者往往为希望、贪婪、恐慌等情绪所控制，做出非理性的预期和决策。这种非理性行为不仅是个体的，而且还会放大为群体行为，导致金融市场出现剧烈震荡，价格远远偏离了价值。由此，经济心理学家的任务之一就是深入探讨投资者各种非理性行为（准确说是"理性有限"）的心理过程和机制。

可以说，金融市场基本不是经济学问题而是心理学问题，它受各种非理性的心理逻辑制约。所以佩珀（G. Pepper）说："拥有大众心理学的学位可能比拥有经济学的学位更有助于理解金融市场行为（转引自特维德，2003，p. 72）。"经济学家凯恩斯就深得心理学之妙。1883年凯恩斯出生于英格兰，他从小极其聪明，28岁时成为英国最著名的金融刊物——《经济杂志》的编辑，后来还担任英国副财政大臣。他本人是一位成功的投资者。他每天早晨躺在床上花半个小时考虑其投资计划，试图挣200万美元以上。他还为剑桥大学管理一个基金，在他的领导下，该基金增值10倍以上。在他1936年的著作《就业、利息和货币通论》中，他写道："所谓最高明的投资，乃是先发制人，智夺群众，把坏东西让给别人。"因此，了解大众如何思考，能更好地做出自己的经济决策。在他自己的股票操作中，凯恩斯把经济学放在次要地位，而将主要精力集中于心理学，这是他投资取得巨大成功的主要原因。

不论投资行为是理性的还是非理性的，它都是投资者心理活动的结果，因此，必须研究投资决策的心理机制以及整个金融市场所涉及的心理问题，这是金融心理学的主要内容。金融心理学既要探讨个体投资者的认知偏差、价值表征、资产定价、风险预期，也关注群体层面的市场异象、群体行为（如恐慌传播）等。

本书第三章就涉及了这方面的一些基础研究。研究者发现，进行投资或金融决策时，人们并非把所有的资金或财富都归入一个账户，恰恰与传统理论相反，人们会根据财富来源与用途将其划分成不同性质的多个分账户，每个分账户都有单独的预算和支配规则，金钱并不能很容易地从一个账户转移到另一个账户，这个账户里的100元钱和另一个账户里的100元钱并非等值的，不能相互替换。总之，投资决策时，人们会根据不同的决策任务形成相应的"心理账户"。心理账户研究最杰出的学者是泰勒（R. Thaler），除了介绍他这方面的研究（研究10）之外，我们还选择了他关于"禀赋效应"的经典研究（研究11）。禀赋效应与人们对资产或物品的估价有关，它指个体在拥有某物品时对该物品的估价高于没有拥有该物品时的估价的现象。简单说，我们对某个物品一旦拥有，通常会赋予它更高的价值。

在金融以及更广泛的经济领域，对货币的认知都是一个关键问题。货币存在名义价值（票面价值）和实际价值两种表现形式，在感知货币价值时，人们更容易依赖货币的名义价值，而忽略货币的实际价值。"货币幻觉"指的就是在经济交易中，人们因倾向于以货币的名义价值而非实际价值来思考，从而对其消费和投资行为造成影响的一种认知偏差。通常，当发生货币波动时，市场主体的出价额也应做出与货币波动率一致的价格调整。然而，由于货币幻觉的存在，可能使得市场主体固着在货币的名义价值上，不情愿进行价格调整，从而出现"名义惯性"。有学者通过模拟实验，证实了货币波动后名义惯性的存在以及所受货币幻觉的影响（研究12）。

投资过程中人们不仅容易受到货币幻觉影响，还会受到控制幻觉的左右。控制幻觉是指在完全不可控或部分不可控的情境下，个体由于不合理地高估自己对环境或事件结果的控制力而产生的一种判断偏差。兰格（E. J. Langer）是控制幻觉概念的提出者，她选取完全随机的玩彩票事件作为实验材料，证明拥有选择权利可以自选彩票的个体会对手持的彩票抱有更高的期望价值，这实际上是虚幻的控制感在作怪。控制幻觉也能够解释金融投资领域广泛存在的频繁交易现象（研究13）。

(四)消费心理学

投资或许不是每个人都关心的领域,但每个人都面临消费的问题。个人、家庭、群体都有消费的需求。人们对于"消费"一词的第一反应或许是,消费就是购买某项产品和服务;然而,"消费"的含义远不止于此。消费包括我们通过购买、租借、交换、分享等各种方式获取各类产品和服务以及参与某种活动、获得某种体验;消费除了指获取这些事物之外,还包括对它们的使用和处置过程(霍伊尔,麦金尼斯,2011,p.5)。消费行为、消费决策过程以及与之有关的心理和文化因素等都是消费心理学关心的研究内容。

消费心理是经济心理学研究关注最多的领域。奥地利维也纳大学的两位学者(Kirchler & Hölzl,2006)专门分析了《经济心理学杂志》自1981创刊起到2005年期间所发表的854篇文章的研究内容,结果表明212篇是关于消费者态度、期望和行为的研究,约占所有文章的四分之一。由此可见,消费心理学在整个经济心理学中居于重要地位。

由于消费心理涉及的内容极为广泛,这方面的研究浩如烟海,我们只好选择一个特定的角度,介绍一些重要研究。本书第四章主要从消费者的数字认知如何影响消费行为的角度选择评介文献。有学者专门考察了人们思考概率的方式如何影响对事件的心理解释和消费偏好(研究14)。通常认为,人们对于事件结果的偏好,不受其概率的影响。具体来说,如果一个人更喜欢A而不是B,那么这种偏好不应该随着A和B出现的概率高低(如0.01或0.99)而变化。然而,托多罗夫(A. Todorov)等人的文章试图说明,结果出现的概率影响人们决策时赋予事件不同特征的权重。以下面这个二择一的决策任务为例:A"花15分钟在网上填写有关信息后可以免费获得10张CD光盘";B"在网上点击一下可以免费获得1张CD光盘"。这个任务里有两个特征维度:得到光盘的数量和要付出的努力程度。研究者假定,当概率较低时,人们在判断结果的吸引力时,更可能根据中心特征(能得到什么)而非次要特征(如何得到)来决定;当概率较高时,两个特征都变得很重要。研究结果确实证明,概率信息会影响消费决策或结果的偏好,这是因为概率可能作为一种心理距离改变了人们决策过程中的心理解释水平。

人们的消费行为是建立在对商品或品牌的评价基础上的。进行评价时,通常要借助于某种量表或尺度。比如,心理学家常用的数字量表,要求人们以数值来表示对事物的评价或态度，如用"1～7"之间的整数做七点评价；或者，采用文字量表，以语言描述，如用"非常不喜欢—非常喜欢"七个选项表示喜好程度。如果用不同类型的量表对同一品牌进行评价，评价结果是否相同呢？研究者专门探讨了用数字量表和文字量表进行品牌评价时的差异，考察了量表类型如何影响消费者的品牌偏好(研究 15)。

除了评价商品时采用的量表类型会影响消费者的偏好之外，商家在描述商品的时候，所介绍商品的属性的数量或频数也很关键。举例来说，介绍一个品牌的汽车时，可以只介绍汽车的 3 个"最重要的"功能(如车内空间、耗油量、保修期)，也可以附带介绍一些"不重要的"功能(如玻璃颜色、镀铬饰条等)，向顾客说明这些不重要的功能上该品牌如何优于其他的品牌，这或许能大大刺激消费者对该品牌的购买意愿(研究 16)。为什么商品说明中提及的商品属性的数量会影响消费行为呢？它的秘诀就在于频数启发式——当消费者只记住了商品属性的频数而忽略了商品的其他具体信息时，消费者只能依赖频数做出决策。

总而言之，人类在消费决策中很容易只依赖启发式策略或直觉，而表现出非理性行为。一件原价 100 元的商品降价 50 元，再涨价 50 元，还是100 元；但如果降价 50% 再提价 50%，价格与原来一样吗？很多人都可能认为是"一样的"。然而，仔细想想，这不过是一个小学数学问题：答案是"不一样"。实际上，两数之间的百分比差异的大小会随着比较对象的改变而改变，而消费者却往往忽视了这种百分比之间的差异同整数之间差异的不同，从而出现"百分比混淆"现象(研究 17)。类似地，消费者对数字的加工似乎与数学课堂上的情形大不相同。一件 5 元钱的商品降低到 1 元，可能依然没有人买，但是一件 1 元钱的商品降到 0 元，消费者可能就会来抢购——免费的商品给人的感觉是"不要白不要"。为什么节省 4 元，还不如节省 1 元呢？研究者专门探讨了这种"免费效应"的心理机制(研究 18)。

(五)幸福心理学

经济活动的目的是为了赚取利润，赚钱是为了什么呢？大部分人会说"有了钱才能过更幸福的生活"。金钱会让我们幸福吗？不仅日常生活中人们在思考这一问题，心理学家和经济学家都在研究金钱和幸福感的关系问题。

关于金钱和幸福感的关系最重要的发现是所谓"伊斯特林悖论"(Easterlin paradox)。美国南加州大学的经济学家伊斯特林(R. Easterlin,

1973)系统考察了不同国家的 GDP 和幸福感之间的关系，以及一个国家内部不同时期经济水平与幸福感的关系。在这类分析中，都发现总体的收入水平和国民的幸福感之间没有什么明显的关系。然而，无论是经验还是研究结果都表明，在一个国家或社会内部，收入越多的人应该是更幸福的。也就是说，虽然在群体层面，总体的收入和平均幸福感没有关系，但是在个体差异层面，富有的人应该比贫穷的人更幸福一些（尤其是对于收入水平偏低的社会）。

为什么存在这种所谓"悖论"呢？这可能是因为个体判断自己是否幸福，考虑的是与他人相对的收入水平，如果能比别人更富有一些，就会觉得自己更幸福。然而，把一个社会所有人的收入和幸福感加以平均后，反而模糊掉了收入和幸福感之间的关联。还要强调的是，即便在个体层面，也只是在个体面临生存压力、生活水平较低时，财富或收入与幸福感的关联比较强，而随着收入增加，生活变得衣食无忧后，收入增加对幸福感的贡献会越来越小，甚至"惊人的微弱"。例如，在福布斯排行榜上的 100 名最富有的美国人比普通美国人也只是"稍稍"更幸福一点。一句话，钱赚到一定程度后就与幸福无关了。

虽然生活中我们幻想若能赢得百万元彩票大奖，自己会有多幸福，但是那些赢得大奖的人真的很幸福吗？社会心理学家布里克曼（P. Brickman）专门探讨了这个问题。研究发现，彩票中奖者并不比普通人更幸福，而且他们在日常的各种普通事情中感受到的快乐更少。中大奖后，人们会觉得以往一些原本能带来幸福的事件不再有趣和有意义，觉得一切都不足为奇，新快乐的产生导致了旧有快乐的消失，反过来降低了中奖彩民的总体快乐和幸福（研究 19）。总之，财富、金钱对幸福的贡献远比人们想象的要小很多。那么究竟如何获得幸福，哪些因素可以预测幸福感呢？

传统的研究都只是停留在讨论赚钱后是否幸福，而有研究者另辟蹊径，从相反的角度提出了问题：金钱的花销方式是否会影响人们的幸福感呢？花钱给自己与花钱给别人对人们幸福感的影响是否会有所不同呢？研究证明：花钱给别人（如给他人买礼物、捐赠）比花钱给自己会让人们体验到更多的幸福感（研究 20）。

人们生活中总是要经历各种各样的掺杂情绪情感的事件，有幸福的事件，也有痛苦的、不幸的事件。人们如何对所经历事件进行回顾和评价呢？能否做到客观和准确呢？卡尼曼等人提出了一条"峰终定律"，该定律认为，人们在对以往经历的情感性事件进行评价时采用的是启发式策略，即真正影响人们对经历事件评价判断的是事件高峰时的信息和结束时的信息，其他信息以及事件持续的时间长度往往被忽略。这一定律不仅适用于对痛苦事件的评价，也适用于对幸福事件的评价（研究21）。对于痛苦事件而言，在一个大的痛苦情境下，最后出现的小的痛苦，反而让痛苦事件更容易被接受；反之，一个大的幸福事件最后再出现一些小的幸福却淡化了我们对幸福的感受。总之，在一个事件中，最后的幸福和痛苦才是影响我们对事件评价的关键。

随着积极心理学的兴起，一个词越来越引起人们的关注，那就是"心流"（flow）——这是一种对正在进行的活动和所在情境的完全投入和集中注意力的状态。契克岑特米哈伊（M. Csikszentmihalyi）在《幸福的真意》中阐述了他的著名观点：人们在心流状态下最为快乐。心流，就意味着幸福和快乐，所以也有学者建议翻译成"福流"。研究表明，相比闲暇状态，工作状态中人们会有更多的心流体验，所以工作也会带来幸福（研究22）。

（六）神经经济心理学

20世纪90年代，特别是进入新世纪后，随着各种脑电、脑成像技术的问世，一场认知神经科学的革命开始蔓延开来。关于经济行为和经济心理的研究也不例外，神经经济学或神经经济心理学之类提法越来越多。神经经济心理学在综合经济学、心理学和认知神经科学优势的基础上，主要利用脑成像等技术来直接比较人们在各种情境条件下完成经济行为或决策时脑区激活的差异，试图深入地揭示传统经济学和行为经济学中无法解释或预测的现实行为与实际决策过程。

神经经济心理学研究的一个重点是，揭示各种违背传统经济学理论的"异象"发生的生理机制。以最后通牒博弈为例可作说明，博弈中有两名参与者共同分配一定数额的钱，其中一个参与者被指定为提议者，另一个为回应者。提议者提出关于两人如何分配这笔钱的方案，而回应者可以接受或拒绝这一方案。如果回应者接受了，就按照这一方案进行分配；如果拒绝了，则二者都一无所得。根据传统经济学"经济人"的观点，对于回应者来说，分给自己的钱数，不管多少，只要不为零，则接受比起拒绝，总是更有利的，所以他应该选择接受。然而，众多研究表明，若回应者得到份额太小时，他们通常拒绝接受，即宁可牺牲自己的获益也要导致两人都一无所得，这与传统经济学的理论显然是相违背的。为什么人们会拒绝一个获益呢？脑成像研究表明，在最后通牒博弈中，回应者会拒绝不公平的分配，同伴所提出的不公平分配方案激活了双侧前脑岛区域，而前脑岛的激活与负性情绪状态具有紧密的关联。也就是说，不公平的分配导致人们产生负面情绪，从而使其决定拒绝这种分配方案，哪怕放弃获益（研究 23）。也就是说，情绪状态的神经激活引导着人们的决策。不仅如此，研究还表明，情绪相关脑区的激活还能解释人们为什么在金融投资中，有时表现出风险寻求，而有时表现出风险规避（研究 24）。

在跨期选择中，也存在"异象"。例如，在今天获得 100 元与 5 天后获得 110 元之间，人们倾向于选择前者，而 1 年后获得 100 元和 1 年零 5 天后获得 110 元之间，人们却又常常选择后者，这就出现了所谓"偏好反转"现象。很显然，这一偏好现象用传统的经济模型是无法解释的。为什么会这样呢？罗文斯坦（G. Loewenstein）假设，对短期与长期偏好之间的选择不一致性，可能反映了二者背后完全不同的神经系统的激活。具体地说，短期的冲动是由边缘系统所控制的，它更容易受到当前奖赏的影响，而对未来奖赏价值不敏感；但是，长期忍耐则是由前外侧额叶皮层和相关结构所控制的，它能够对抽象奖赏包括更加长久延迟的奖赏进行评价性权衡。他们通过脑成像研究证明了这一假设（研究 25）。

除了一般决策和金融风险、跨期选择等方面的研究采用脑成像技术，这种技术也在消费心理研究中被广泛使用。例如，对品牌评价机制的研究就在使用（研究 26）。研究者区分了陌生的和熟悉的品牌，又将熟悉的品牌分成"强品牌""弱品牌"，然后考察对于不同的品牌进行评价时，人们如何使用先前的品牌经验，如何使用外部输入的品牌信息。通过对不同品牌评价时脑区激活特点的分析，可以反推已有经验和外部信息在品牌评价中的作用机制。

（七）进化与具身经济心理学

人类在经济领域有各种偏好和特定的行为模式，这些或许是人类长期进化的结果。从 20 世纪 90 年代以来，"进化心理学"这个词被越来越多地提及（Saad & Gill, 2000）。进化心理学是进化生物学、认知心理学、社会心理学等学科结合的产物，是解释人类行为和认知的一种方法，是"思考心理学问题的一种方式"。如今它已经被应用到经济心理和行为的研究中，从而形成进化经济心理学这样一个研究领域。

研究者普遍相信今天的经济心理或许反映了"石器时代"（以及更漫长的进

化过程中)的选择压力(Lea，2008)。人类行为模式是适应进化历史上某种环境的结果。用进化理解心理时应该记住，我们拥有的特质或行为模式并不一定是适应"今天"的，而是因为它在过去几百万年的人类进化中获得了选择优势，适应了那时的某种环境要求。生物的或基因的进化非常缓慢，我们的生理和心理机能未必能适应现代人类的历史(如最近1万年的历史)。人类种群要进化出有利于繁衍的基因突变需要1000～10 000代，或者20 000～200 000年。我们要想理解脑，就要深入考察我们祖先的环境，我们的脑应该密切反映了我们祖先繁衍时的生态环境。适应了远古环境的脑，未必适应于今天的经济生活，所以才会出现各种非理性的现象或异象。用石器时代的大脑处理现代经济问题(Lea，2008，p.516)，肯定会有力不从心的地方。

在漫长的进化过程中，人类拥有了用于适应环境(过去的环境)的特殊的心理机能或模块，它们是认知和行为的基础。这就像蝙蝠的回声定位机制是为了适应黑暗中的飞行一样，人类也通过一些专门化的心理机能或模块，如语言模块、空间认知模块等，来适应环境要求。目前，用于解释经济行为的主要是如下四种模块：繁殖、生存、亲缘选择和互惠利他(Saad，2007)。每个模块都包含了一系列用于解决我们人类这个物种历史上面临的特定问题的策略。繁殖模块主要解决配偶选择中遇到的问题，比如，由于女性相比男性繁殖成功的机会更少，所以男性和女性在配偶选择方面有不同的策略；生存模块负责确保个体在特定环境中能生存下来，例如，通过形成对蛇的恐惧，帮助人类逃避毒蛇攻击的危险；亲缘选择模块为确保自己的基因能传递到下一代，从而对与自己有共同基因的亲属表现出更多的利他行为；互惠利他模块主要通过帮助非亲个体，而确保在一个更大的、基因上无关的群体中生存下来。总之，进化中的选择压力是经济行为背后另一只"看不见的手"，它通过所形成的各种机能模块，影响着今天的经济行为和道德行为。

比如，与繁殖模块有关的是男女在择偶策略上的明显差异：男性更注重的是女性自身的身材和相貌，这对于生育健康的下一代至关重要；而女性更注重的不是男性的"样子好看"，而是要有"良好的经济潜力"。在37种文化中进行的研究发现，有36种文化下都符合这一模式(转引自舍莫，2009，p.104)。因为对于女性而言，要成功将孩子抚养成人(抚养到孩子也有能力再繁育下一代，从而实现基因传递)，需要男性提供稳定的经济来源。另外，父母双亲在生产有繁殖能力的下一代时所付出的基本投资是有巨大差异的。雄性哺乳动物（包括人类）在繁殖下一代上投入（如能量、养育时间）非常少，而雌性则要付出更多，要花非常多的精力和时间孕育和抚养下一代。两性养育下一代时所做基本投资的差异导致雌性通常是性伙伴的挑选者，而雄性要通过竞争获得接近雌性的机会。由此，男性通常通过炫耀性消费显示自己有经济实力，以赢得女性的芳心，也就是说，男性的炫耀性消费实际上发挥着择偶或性信号的作用。研究表明，尤其是在男性的短期求偶动机（寻求短期的、不需要承诺的性关系）被激活的情况下，他们更爱做炫耀性消费（研究27）。实际上，男性本来就比女性更倾向于寻找这种短期的、不需要承诺的性关系，因为从进化的角度讲，男性可以以很低的成本获取更多的基因传递机会；在繁殖方面，女性由于需要更多的付出或投资，于是在择偶方面更为谨慎，以确保找到有责任的、能持续提供经济保障的男性。

男性赢得女性芳心靠的是经济实力，女性的策略是什么呢？女性要努力维持并展示自己身体的健美和长相的漂亮，这样才能获得有经济实力的男性的青睐。在经济萧条时期，女性尤其要如此。经济萧条时，女性在吸引有资源的异性上会面临更大压力，从而使她们需要花费更大比例的支出用于购买美容产品。其结果是，2008年金融危机时，很多产品销量呈现下滑趋势，然而世界上最大的化妆品公司欧莱雅公司的销售额却大幅增长，这种现象被称为"口红效应"。统计结果确实证明，当经济不景气、失业率增加时，女性会分配更多的月支出在化妆品和个人护理产品与衣服和配饰上，以提高自身的吸引力（研究28）。实验研究进一步证明了这种"口红效应"背后隐藏的进化逻辑。

对于择偶行为有直接影响的一个因素是性别比例，即处于生育繁殖期的男性与女性的比例。性别比例失衡不仅会影响人们的择偶压力程度，还进而影响其经济决策和消费行为。男性居多的城市会有更多的信用卡持有率和负债水平，而这种效应是由男性来推动的，他们更加渴望获得即时回报，更愿意去借贷而不是存款，人们对男性在与择偶有关的投入上也会期望更高（研究29）。实验研究同样可以证明这种现象源自古老的进化机制。

然而，性的吸引力并非总是那么直接。现实生活中，我们能不断看到有漂亮性感的女性为某产品代言。性的诱惑真的能带来良好的广告效果吗？研究发现，女性模特展示的性诱惑程度（端庄的模特、有诱惑力的模特和裸体的模特），并非和广告效果成正比。当广告中包含裸体模特时，广告却被一致地评价为最不吸引人，与此广告相关的产品和生产该产品的公司也得到了最多的"差评"。不过，女性模特的广告效果还与产品类型、受众的性别等因素有关（研究 30）。

进化中形成的古老行为模式依然残存在今天的经济行为中，进化中形成的身体特征、脑的工作模式以及动作方式等都影响着人们的行为和认知。认知本身是精神层面的，但是它不能脱离我们的身体而存在。近年来兴起的"具身认知"理论，不断强调身体对于认知的巨大影响。具身认知理论的倡导者认为，认知不能与身体和物理、社会环境间的互动方式相分离，相反应当植根其中。认知是包括大脑在内的身体的认知，身体的活动方式、身体的感觉和运动体验决定了人们认识和看待世界的方式。虽然具身认知理论只是在最近几年才开始获得广泛传播，但是有关身体对认知或生理对心理影响的研究早就有了。例如，研究证明，人们对一个观点的认知反应受到头部动作的影响：对一个观点的认可反应跟点头运动有关，而对观点的不认可反应跟摇头运动有关。当让人们收听某个观点时有意做出点头和摇头的动作，能改变人们对这个观点的认同程度（研究 31）。身体的接触或生理体验还会改变人们对他人的态度，甚至带来经济上的好处。研究者让女服务员在为顾客找零钱的时候，不经意间触碰顾客的手掌或者肩膀。结果发现，有这种身体的触碰时，顾客（无论男性还是女性顾客）都会给服务员更多的小费，对餐馆评价也更积极（研究 32）。

四、经济心理学的现实主义与实验方法

数学和自然科学的"精确性"对心理学和经济学等社会科学产生了强大的影响。经济学秉承了 18 世纪以来的"经济人"模型作为整个学科的基础，在该模型里人被抽象成两个特征：理性的（计算的）和自私的或追求自我利益最大化的（算计的）。总之，人被设想成有计算能力的，以达到为私利而算计的目的（Xin & Liu, 2013）。基于这种高度抽象后的人性假设，经济学借用数学方法实现了"精确化"的学科诉求，建立了形式化、公理化、体系化的经济学理论。例如，它为经济选择的偏好建立了一套严格的公理体系。与经济学借助于数学形式体系或形式主义（mathematical formalism）不同，19 世纪末，心理学走向了自然科学学习的道路，借助于自然科学中广泛使用的实验方法和观察方法，开展对心理和行为的实证研究。心理学采取了一种现实主义（realism）的态度，试图描述真实的状况。如同有的学者指出

的"心理学试图建立关于认知过程的现实主义模型，对人类心理如何运行做出精确的、可检验的描述（Hilton，2008，p. 12）。"经济学希望建立数学化的、简明、优雅、实用的模型，相对不重视对实际选择行为描述的准确性；而经济心理学则尤其重视要描述实际的选择行为，试图建立描述准确的、反映实际情况的模型，以展示真实的经济思维过程和行为选择方式（所以本书的副标题是"揭秘真实的经济思维"）。总之，经济学和经济心理学的旨趣是不一样的。

不过要指出的是，虽然心理学的发现一再证明经济学建立的理性模型经常不符合实际情况，但这不意味着我们就要直接放弃理性模型。我们更应该把理性模型看作一种关于经济选择行为的"理论"，而非"标准"（McKenzie，2003），这个理论描述了理想状态下人们（抽象意义上的"人"）"应该"（而非实际）如何选择。在没有关于实际行为发生状况的描述模型的情况下，理性模型提供了最好的理论解释。理性模型构成了经济心理学家思考和研究的起点，但经济心理学的研究并不是为了证明理性模型的对错，而是从另一角度建立描述实际经济行为的模型。理性模型建立在抽象的理性人假设基础上，遵循了"应然"的逻辑；经济心理学关心的是真实的人类，特别是人类"个体"如何选择和决策，遵循了"实然"的逻辑。二者的前提和逻辑不同，不应该简单化地相互排斥与敌对。

经济学和今天的心理学有很多不同，但是经济学的研究很像心理学中激进行为主义者曾经的做法（Hilton，2008，p. 12），即只关注可以观察的行为（刺激与反应；或者决策任务与行为选择），不关心行为产生的心理过程和有机体的内部状态；经济学和行为主义都以享乐主义、理性自利的观点看待人类或动物，认为有机体是趋利避害的。桑代克关于学习的"效果律"，也可以类比于涨价或回报就增加了某种经济活动发生的概率：奖、惩对行为影响的逻辑，同收入与支出（获益与损失）对行为影响的逻辑是一样的。

然而，重要的是，今天的（或者说，自20世纪中期以后）心理学虽然秉承了行为主义向往自然科学的情怀和客观化的方法论特征，但是它更关注心理过程的分析，关注决策过程以及各种主、客体因素的影响；而经济学却依然停留在行为主义时代。或许，经济心理学的兴起，能给今天的经济研究带来某些新鲜的空气，给经济学反思自身立场和方法论提供某种机会。

经济心理学和其他心理学分支一样，都属于实验或实证科学的范畴。

经济心理学作为实证科学，其研究方法除了实验法，还包括调查法、观察法等各种方法。然而，实验法无疑是最为重要的方法之一，它因为有助于获得因果性知识而备受推崇，它也是最能为经济学带来新思想和新发现的方法，因为经济学传统上不使用并且反对使用实验方法。这也是我们编辑的这本书侧重介绍经济心理学经典和前沿"实验"的原因。实验研究构成了心理学最富魅力的部分。

学术研究不外乎理论思辨（如哲学）、数学建模（如经济学）、实证或实验（如心理学、自然科学）等几大类方法（辛自强，2014）。经济学一直依赖于数学建模和演绎推理，被认为不适合采用实验科学方法，因为实验法属于归纳的方法。实证科学强调"直接观察"和"经验证实"的原则，以实验方法和定量分析为研究手段，通过归纳推理获得一般规律，这种"实证主义"的思想是推动自然科学和心理学等学科发展的根本力量。然而，社会科学中实验方法的采用进展缓慢（心理学是个例外）。

为此，近期两位经济学家（Falk & Heckman，2009）在《科学》杂志上发表文章认为，在社会科学，特别是经济学中应该大力加强实验法的运用。在经济学中，第一项实验室实验到 20 世纪 40 年代末才出现，1965 年前每年发表不超过 10 篇的实验研究论文，到 1975 年时每年发表 30 篇以上，20世纪 80 年代中期之后，经济学中的实验迅速增加。经济学有三大著名刊物，即《美国经济学评论》（American Economic Review）、《计量经济学》（Econometrica）、《经济学季刊》（Quarterly Journal of Economics），三大刊物发表的所有论文中，实验室实验论文在 20 世纪 80 年代占到 0.84%～1.58%，在 90 年代占到 3.06%～3.32%，在 2000 年到 2008 年间增加至3.8%～4.15%（Falk & Heckman，2009）。当然有些更为专门的刊物，如创刊于 1998 年的《实验经济学》专门发表实验类论文。不仅经济学开始重视实验，而且近年来，"实证社会科学"或"实验社会科学"已经成为整个社会科学领域的前沿方向。心理学作为社会科学中实验思想最为丰厚的学科之一，必能从方法论上对其他学科发挥辐射和带动作用。我们相信，对经济心理学经典和前沿实验的介绍能够推动经济学等社会科学更多地认同实验方法，也直接推动国内经济心理学的研究。

五、总结与展望

编辑这本书实际上是为了推动国内经济心理学的发展，尤其是我们中央财经大学的经济心理学研究。无论整个心理学，还是经济心理学都产生在西方，西方的研究传统和学术实力在很多方面都远胜于我们。因此，踏踏实实地学习西方的学术思想和实验方法是一个必要的过程。作为本领域最核心的期刊——《经济心理学杂志》，自 1981 年创刊直到 2005 年，在该刊发表文章最多的国家依次是美国(421 篇次署名该国)、荷兰(261 篇)、英国(256 篇)、德国(96 篇)、瑞典(63 篇)等，中国仅有 10 篇(Kirchler & Hölzl，2006)。这些数据大致反映出欧美各国经济心理学研究的雄厚实力；本书中评介的实验，也大多是由欧美学者完成的。当然，这些数据也说明我们还有多少路要走。

在西方，经济心理学的发展主要是由各个大学的研究团队直接推动的。在美国，很多一流大学，如普林斯顿大学、芝加哥大学、密歇根大学、卡内基梅隆大学等，都有经济心理学的团队。此外，大学之外的一些民间研究机构也有著名的团队。例如，1976 年在美国俄勒冈的尤金市创建的决策科学研究所，就是一家广受尊敬的民间研究机构，像斯洛维奇(P. Slovic)、利切坦斯泰因(S. Lichtenstein)等经济决策领域的权威学者都长期在这里工作。在欧洲国家虽然研究团队数量不像美国那么多，那么遍地开花，但是往往在某些大学形成了传统深厚的研究梯队，确保经济心理学研究能薪火相传。例如，荷兰的蒂尔堡大学的经济心理学研究就有良好的传统，这方面的工作由该校的行为经济研究所和社会心理学系的社会决策研究组承担。该校的经济心理学研究传统始于 1972 年，这一年范德霍芬(V. Veldhoven)被任命为荷兰第一个经济心理学教授，他的继任者(如 T. Poiesz，F. van Raaij，后者的博士论文导师为范德霍芬)以及现在的经济心理学教授泽林伯格(M. Zeelenberg)都是享有国际声誉的学者。蒂尔堡也是 1976 年第一届欧洲经济心理学研讨会召开的地方，范拉伊(F. van Raaij)则是《经济心理学杂志》创刊的重要推动者。又如英国的埃克塞特大学心理学院经济心理学研究组，该研究组是英国最大的经济心理学研究群体，这个小组的领导者是利亚(S. Lea)，他在 1991 年至 1995 年间担任《经济心理学》杂志的主编，著述甚多，其他研究者也都有出色的学术成绩。他们的研究涉及债务心理、储蓄与投资心理、金钱心理、消费心理、税收心理、经济社会化等众多领域。此外，像维也纳大学心理学院、斯德哥尔摩经济学院的媒体和经济心理学研究中心也都不时贡献一些出色的研究成果。国外大学的经济心理学研究团队建设经验对我们有很大启发，我们应该借此经验并结合实际情况建设一流的团队。

在我国，经济心理学研究起步较晚，发展相对缓慢，但是近年来情况在明显改观。1978 年心理学教授西蒙获得诺贝尔经济学奖时，国内心理学者还几乎不了解，那时的政治和社会环境注定了我们很难在学术上保持与世界同步。然而，2002 年心理学教授卡尼曼获得诺贝尔经济学奖的信息，给国内心理学界带来了巨大的震动，这时我们已经能以开放、平和的心态看待国际学界的每一次进步，并奋起直追。2004 年夏，第 28 届国际心理学大会在北京召开，卡尼曼教授受邀作了题为"认知错觉的前景"的主题演讲，更是极大地鼓舞了国内决策研究以及整个经济心理学的发展。中国经济的快速发展以及国际地位的迅速提升，无疑给我国经济心理学研究提出了广泛的研究课题，也为学术研究成果获得国际影响提供了契机。我们需要也应该扎扎实实地开展经济心理学研究，做好教材建设和学生培养工作，为打造一流的经济心理学研究团队，培育有国际影响的学者，产生有原创性的学术成果做一些实际的工作。

参考文献

凯默勒，罗文斯坦(2010). 行为经济学：过去，现在和将来. 载于：凯默勒，罗文斯坦，拉宾(编)，行为经济学新进展(pp. 3－61). 贺京同，宋紫峰，杨继东，那艺等译. 北京：中国人民大学出版社.

霍伊尔，麦金尼斯(2011). 消费者行为学. 崔楠，徐岚译. 北京：北京大学出版社.

李纾(2005). 确定、不确定及风险状态下选择反转："齐当别"选择方式的解释. 心理学报，37(4)，427－433.

普劳斯(2004). 决策与判断. 施俊琦，王星译. 北京：人民邮电出版社.

饶育蕾，盛虎(2010). 行为金融学. 北京：机械工业出版社.

斯密(2003). 道德情操论. 蒋自强，钦北愚，朱钟棣，沈凯璋译. 北京：商务印书馆.

舍莫(2009). 当经济学遇上生物学和心理学. 闾佳译. 北京：中国人民大学出版社.

特维德(2003). 金融心理学：掌握市场波动的真谛. 周为群译. 北京：中国人民大学出版社.

西蒙(2002). 生活在跨学科的空间. 载于：曾伯格(主编)，经济学大师的人生哲学(pp. 261－276). 北京：商务印书馆.

辛自强(2012). 心理学研究方法. 北京：北京师范大学出版社.

辛自强(2014). 经济心理学的历史、现状与方法论. 北京师范大学学报(社会科学版)，1，44—52.

俞文钊，鲁直，唐为民(2000). 经济心理学. 大连：东北财经大学出版社.

Easterlin，R. A. (1973). Does money buy happiness? *The Public Interest*，30，3—10.

Falk，A.，& Heckman J. J. (2009). Lab experiments are a major source of knowledge in the social sciences. *Science*，326(23)，535—538.

Furnham，A.，& Lewis，A. (1986). *Economic mind*: *The social psychology of economic behaviour*. Brighton，UK: Wheatsheaf Books Ltd.

Hilton，D. (2008). Theory and method in economics and psychology. In: A. Lewis(Ed.)，*The Cambridge handbook of psychology and economic behavior* (pp. 9—36). Cambridge，UK: Cambridge University Press.

Kahneman，D.，& Tversky，A. (1979). Prospect theory: An analysis of decision under risk. *Econometrica*，47，263—291.

Kirchler，E.，& Hölzl，E. (2006). Twenty-five years of the Journal of Economic Psychology(1981—2005): A report on the development of an interdisciplinary field of research. *Journal of Economic Psychology*，27(6)，793—804.

Kirchler，E.，& Hölzl，E. (2003). Economic psychology. *International Review on Industrial and Organizational Psychology*，18，29—80.

Lea，S. E. G. (2008). Evolutionary psychology and economic psychology. In: A. Lewis(Ed.)，*The Cambridge handbook of psychology and economic behavior* (pp. 512—526). Cambridge，UK: Cambridge University Press.

Lewin，S. B. (1996). Economics and psychology: Lessons for our own day from the early twentieth century. *Journal of Economic Literature*，34 (3)，1293—1323.

McKenzie，C. R. M. (2003). Rational models as theories-not standards-of behavior. *Trends in Cognitive Sciences*，7(9)，403—406.

Roland-Lévy，C.，& Kirchler，E. (2009). Special issue: Psychology in the economic world. *Applied Psychology*，58 (3)，363—369.

Saad，G.，& Gill，T. (2000). Applications of evolutionary psychology in marketing. *Psychology & Marketing*，17(12)，1005—1034.

Saad，G. (2007). *The evolutionary bases of consumption*. Mahwah，NJ: Lawrence Erlbaum Associates.

Scott，J. (2007). *Fifty key sociologists*: *The formative theorists*. London: Routledge.

Simon，H. A. (1956). Rational choice and the structure of the environment. *Psychological Review*，63(2)，129—138.

Wärneryd，K. E. (1982). The life and work of George Katona. *Journal of Economic Psychology*，2(1)，1—31.

Tversky，A. ，& Kahneman，D. (1981). The framing of decisions and decision problem. *Science*，211，453—458.

Tversky，A. ，& Kahneman，D. (1992). Advances in prospect theory：Cumulative representation of uncertainty. *Journal of Risk and Uncertainty*，5，297—323.

Xin Z. ，& Liu，G. (2013). Homo economicus belief inhibits trust. *Plos One*，8(10)，e76671.

Yaqub，M. Z. ，Saz，G. ，& Hussain，D. (2009). A meta analysis of the empirical evidence on expected utility theory. *European Journal of Economics*，*Finance and Administrative Sciences*，15，117—133.

第一章

决策心理学

JUECE　XINLIXUE

不确定情境下的风险决策：前景理论

决策中的框架效应

被"植入"的决策标准：锚定效应

人的判断与贝叶斯推理

越多越好？情感评估和计算评估的不同逻辑

1. **不确定情境下的风险决策：前景理论**

日常生活中人们需要不断做出各种决策，小到决定早餐吃油条还是饼干、出门选乘公交还是地铁，大到选择职业、挑选人生伴侣、确定生活方式乃至人生目标。大多数情况下，人们能够依据选项结果的预期效用做出合乎理性的选择。但另外一些时候，人们的行为却明显地违背了效用最大化的理性预期。例如，投资者有时会抛掉正在上涨的股票，放弃本来应得的收益，有时又会抱着正在下跌的股票不放，任由损失扩大；明知肇事逃逸将面对更加严厉的惩罚，但有些司机却在事故发生后选择铤而走险。又比如，人们似乎不愿意花钱安装火灾警报器、更换旧轮胎或戒烟，虽然这些举措只是付出很小的成本却能大大降低风险。人们这些令人困惑的表现与传统经济学所描述的"理性人"的形象相去甚远，这难免让我们感到有些沮丧，甚至开始怀疑人生。事实上，人们这类看似非理性的行为往往出现在带有概率或风险性质的决策情境中，而揭示这些非理性表现背后的心理机制的，就是经济心理学家丹尼尔·卡尼曼及其同事阿莫斯·特沃斯基。他们提出的前景理论（prospect theory）系统地解释了在不确定情境下人们的决策行为为何会明显地偏离理性的预期，并揭示了人们风险偏好的变化规律。

一、卡尼曼和特沃斯基

2002 年 10 月 9 日，瑞典皇家科学院宣布，将该年度诺贝尔经济学奖授予心理学教授卡尼曼与经济学教授弗农·史密斯（Vernon Smith）。消息传出，心理学界一片欢腾。虽然早在 1978 年，兼具心理学家和经济学家双重身份的赫伯特·西蒙就曾获得过诺贝尔经济学奖，但他更多是作为经济学家获得这一殊荣的。而卡尼曼则不同，他从本科到博士阶段一直接受的是心理学训练，可以说，是真正意义上第一个凭借心理学研究荣获诺贝尔经济学奖的心理学家。正如瑞典皇家科学学院总结的那样："丹尼尔·卡尼曼将源于心理学的综合洞察力应用于经济学的研究，从而为一个新的研究领域奠定了基础。"

卡尼曼 特沃斯基

　　卡尼曼是我们这个时代最有影响力的社会科学家之一，他 1934 年出生于以色列的特拉维夫，1954 年在以色列的希伯来大学获得心理学与数学学士学位，1961 年获得美国加利福尼亚大学伯克利分校心理学博士学位，1978～1986 年任加拿大不列颠哥伦比亚大学心理学教授，1986～1993 年任美国加州大学伯克利分校心理学教授，从 1993 年开始，他开始担任普林斯顿大学心理学教授和公共事务教授。卡尼曼著作颇丰且影响深远，他的重要著作在发表后的近 20 年中平均每年被引用超过 100 次，他的新作《思考：快与慢》(*Thinking，Fast and Slow*)迅速成为了世界范围内的畅销书。

　　特沃斯基，美国行为科学家，因对决策过程的研究而闻名于世。他于 1937 年 3 月 16 日出生在以色列海法市，1961 年获得位于耶路撒冷的希伯来大学文学学士学位，主修哲学和心理学。1965 年在密歇根大学获得哲学博士学位。特沃斯基在希伯来大学(1966～1978)和斯坦佛大学(1978～1996)从事教学工作多年，曾作为戴维斯—布莱克首席行为科学教授和斯坦福冲突和谈判中心的首席调查员。1992 年以来，他被任命为经济和心理学高级客座教授和特拉维夫大学的萨克勒(Sackler)高级研究学院终身会员。1982 年他获美国心理学会颁发的杰出科学贡献奖，1985 年当选为国家科学院院士。1996 年 6 月 2 日，特沃斯基因患恶性黑色素瘤在位于斯坦福的家中不幸去世，终年 59 岁。去世前期，他还在哈佛大学行为科学高级研究中心和俄勒冈研究院工作过。特沃斯基的主要研究兴趣在于不确定性判断和决策方面。他在这些领域的贡献体现出他对于关键问题准确无误的直觉以及使用数学推理阐明心理问题的强大能力。他生前发表了 120 多篇论文，每一篇都具有极高的学术价值，其中 15 篇在《心理学评论》(*Psychological Review*)上发表，超过其他任何一个曾在这本刊物上发表文章的单个作者。

他还合作撰写了 10 部著作。他的工作不仅对心理学，而且对经济、法律等需要面对不确定性进行决策的领域都产生了巨大影响。遗憾的是，由于诺贝尔奖不颁给已去世的人，故特沃斯基无缘和卡尼曼分享这一殊荣，但这丝毫不影响他在学术界的地位和声誉。

下面将要介绍的是卡尼曼和特沃斯基题为《前景理论：风险情境下的决策分析》(*Prospect Theory*：*An Analysis of Decisions under Risk*)的经典文章。此文 1979 年发表于《计量经济学》(*Econometric*)杂志第 2 期，并成为了该刊历史上被引用最多的文章。

二、卡尼曼和特沃斯基对传统期望效用理论的批判

在这篇文章中，卡尼曼和特沃斯基首先指出了传统的期望效用理论的不足。一直以来，期望效用理论在对风险决策的分析中占据统治地位。其模型内涵是：在风险情境下，最终结果的效用水平是通过决策主体对各种可能结果进行加权估价后获得的，决策者谋求的是加权估价后所形成的预期效用的最大化。

风险决策可以被视为在前景和赌博之间抉择。一个所谓"前景"(prospect)是指以概率 p_i 获得结果 x_i。其中 $p_1 + p_2 + \cdots + p_i = 1$。研究者为使表述简化，在此省略 0 结果项，将之前的"以 p 的概率得到 x 同时以 $1-p$ 的概率得到 0"的 $(x, p; 0, 1-p)$ 以 (x, p) 表示，用 (x) 表示确定得到 x 的无风险期望。

在两种期望之间进行选择时，期望效用理论的应用基于以下三条假设：

(1)期望：$U(x_1, p_1; \cdots x_n, p_n) = p_1 u(x_1) + \cdots + p_n u(x_n)$。其含义为：某个包含若干结果的前景的整体效用 U，是各结果的期望效用之和。

(2)资产整合：当且仅当 $U(w+x_1, p_1; \cdots; w+x_n, p_n) > u(w)$ 时，在资产水平 w 上 $(x_1, p_1; \cdots x_n, p_n)$ 是可接受的。也就是说，如果某一前景和个体的自有资产进行整合后产生的效用超过这些初始资产单独带来的效用，那么这一前景就是可以接受的。因此，效用函数对应的是最终的状态(包含了个体的初始资产水平)，而不是收益或者损失。

(3)风险厌恶：如果一个人更喜欢确定的前景，而不是任何能带来期望价值 x 但是有风险的前景，那么他就是一个风险厌恶者。在期望效用理论中，风险厌恶和凹形的效用函数是等价的。风险厌恶的普遍性可能是风险决策研究最著名的结论。它导致 18 世纪的理论学家认为随着金钱的增加，效用是边际递减的，这一主张甚至延续至今。

卡尼曼和特沃斯基指出，人们在不确定性条件下进行判断与决策时并不遵守期望效用理论，而是系统地违背了该理论的几大公理。接着他们采用让被试对"假想式选择"做出反应的方法证明了几个违反这些期望效用理论公理的现象。

三、实验研究及主要结论

卡尼曼和特沃斯基向被试呈现一系列假想式的问题，每个问题的选项都包含不同的结果和概率。问题的形式举例如下：

下面 A、B 方案中你更偏好于哪个？

A.50％的可能性赢 1000 元，50％的可能性什么也得不到

B. 确定得到 450 元

被试被要求想象他们真实地面对这样一个问题，并说出自己的选择。被试都是匿名的，并且在指导语中说明这个问题没有所谓正确答案，目的只是想探究在有风险的情况下人们如何做出决策。问题以问卷的形式呈现，每份问卷中大概包含 12 个问题。问题被设计成了几种不同的形式，所以被试面对的是不同顺序的题目。除此之外，每个问题的选项顺序也进行了平衡。研究者通过一系列实验指出了四种违背传统期望效用理论的现象。

（一）确定效应

问题 1：从以下两个选项选择：

A.33％的可能得到 2500 元，66％的可能得到 2400 元，1％的可能得到 0 元

B. 确定得到 2400 元

问题 2：从以下两个选项中选择：

C.33％的可能性得到 2500 元，67％的可能性得到 0 元

D.34％的可能性得到 2400 元，66％的可能性得到 0 元

结果表明，在问题 1 中 18％的人选 A，82％的被试选择 B；在问题 2 中 83％的被试选择 C，17％的人选 D。人数百分比存在统计意义上的显著差异。而且，综合所有人的选择表明，61％的被试在两个问题中做出了模式化的选择，即在问题 1 中选择 B 而在问题 2 中选择 C。根据传统期望效用理论，问题 1 的偏好可表示为 $u(2400) > 0.33u(2500) + 0.66u(2400)$，变形得 $0.34u(2400) > 0.33u(2500)$，这和问题 2 的偏好明显不一致。

研究者又采用了另外几种类似的问题组合，也得到了相似的结果。

问题 3：从以下两个选项中选择：

A. 80%的可能得到 4000 元

B. 确定得到 3000 元

问题 4：从以下两个选项中选择：

C. 20%的可能性得到 4000 元

D. 25%的可能性得到 3000 元

结果在问题 3 中 20%的被试选择 A，80%的被试选择 B。在问题 4 中，65%的被试选择 C，35%的被试选择 D。需要注意的是，C=(4000, 0.20)可以表示为(A, 0.25)，D=(3000, 0.25)可以表示为(B, 0.25)，传统效用理论的相消性公理(substitution axiom)认为，如果人们偏好 B 胜于 A，那么任何带有相同概率的(B, p)也应优于(A, p)。而研究中被试的反应却违背了这一公理。从表 1 所示的问题 3 中可以看出，显然，将选项的概率从 100%降低到 25%，比从 80%降低到 20%对被试的影响要大得多(也就是说，在概率降低的数值差不多的情况下，从"确定有"到"以 p 的概率有"的变化会造成更大的心理冲击)。卡尼曼和特沃斯基将这一现象称为"确定效应"(certainty effect)，即人们偏好确定的收益，而厌恶可能的风险。通俗的说法就是"落袋为安""一鸟在手胜过十鸟在林"。

(二)反射效应

刚才的确定效应是在两种收益情境中进行选择。如果换成损失情境呢？研究者又提出了一些和损失有关的选择问题。结果如表 1 右边一栏所示：

表 1　收益和损失情境下被试选择的人数百分比

积极前景(收益情境)		消极前景(损失情境)	
问题 3：(4000, 0.80)<(3000) N=95　　[20%]　　[80%]*		问题 3′：(−4000, 0.80)>(−3000) N=95　　[92%]*　　[8%]	
问题 4：(4000, 0.20)>(3000, 0.25) N=95　　[65%]*　　[35%]		问题 4′：(−4000, 0.20)<(−3000, 0.25) N=95　　[42%]　　[58%]	
问题 7：(3000, 0.90)>(6000, 0.45) N=66　　[86%]*　　[14%]		问题 7′：(−3000, 0.90)<(−6000, 0.45) N=66　　[8%]　　[92%]*	
问题 8：(3000, 0.002)<(6000, 0.001) N=66　　[27%]*　　[73%]*		问题 8′：(−3000, 0.002)>(−6000, 0.001) N=66　　[70%]*　　[30%]	

注：（　）内左边的数字表示收益或损失值，右边的小数表示概率，如果是确定事件，则只有左边的数字。图中〔〕中的数字表示选择的人数百分比，* 表示统计上差异显著。下同。

从这一结果可以看出，和收益情境不同的是，面对损失时，人们的风险偏好发生了反转，其偏好情况正好是收益情境的"镜中倒影"，因此，卡尼曼和特沃斯基称之为"反射效应"（reflection effect）。反射效应表明，在损失情境下，人们的风险偏好会显著提高。也就是说，面对不可避免的损失，人们宁愿放手一搏。

(三)概率保险

购买保险这一行为的盛行往往被视为是一种明证，可以证明金钱的效用函数是内凹曲线。否则人们为何花费超过预期成本的金钱购买保险？然而，有关某项保险政策的吸引力的实验却并不支持金钱效用函数任何时候都是内凹的观点。例如，人们偏好自付额小但理赔覆盖面比较小的保险方案，胜于自付额高但理赔覆盖面较大的方案，这与风险厌恶相违背。另一类与效用曲线不一致的保险问题称为概率保险（probabilistic insurance）。研究者列举了下列实验。

这项实验由斯坦福大学的 95 名学生参与。这个实验解释了为何概率性保险不受欢迎。

问题 9：你发现保险公司提供了一个新的险种：概率保险。在这个项目中，你只要付通常保险费的一半。为了防止损失，有 50% 的概率你可以支付另一半的保费，那么保险公司就会承担所有的损失，另外有 50% 的概率你可以拿回你的保费并且自己承担所有的损失。例如，如果一个事故发生在一个月的奇数天，你要付另一半的保险金并且你的损失由保险公司承担，但是如果事故发生在偶数天，那么你的保险金会被退还，你的损失也不会被保险公司承担。你是否会购买这种概率保险？

结果 95 名被试中 20% 的人选择买，而 80% 报告不买，人数百分比的统计差异显著。这一实验说明，概率保险是没有吸引力的，显然，将亏损概率从 p 降低到 $p/2$ 远没有将这一概率从 $p/2$ 降低到 0 那么有价值。

(四)隔离效应

为了简化选择，人们常常不考虑选项中的共有成分，而去关注不同成分。这一取向可能导致偏好的反转，因为两个前景可能被按照不止一种方式分解为"共有的"和"独特的"成分，而不同的成分可能导致迥异的偏好。研究者称这一现象为"隔离效应"（isolation effect）。

问题10：假设有这样一个两阶段赌博。在第一阶段，你有0.75的概率结束游戏并不赢得任何奖金，以及0.25的概率进入下一阶段。如果你进入第二阶段，你有两种选择：

A. 80％的可能性赢得4000元

B. 肯定赢得3000元

被试必须在游戏开始前做出选择。对于这一赌局来说，个体面对的实际选择是：以0.25×0.80＝0.20的概率赢得4000元，还是以0.25×1.0＝0.25的概率赢得3000元。

结果141名被试中，78％的被试选择B。这一问题和之前的问题4实质一样，但结果正好相反。显然，人们忽略了第一阶段的赌博，而这一阶段赌博的结果是两种选择所共有的。这个问题的决策树如图1和图2所示：

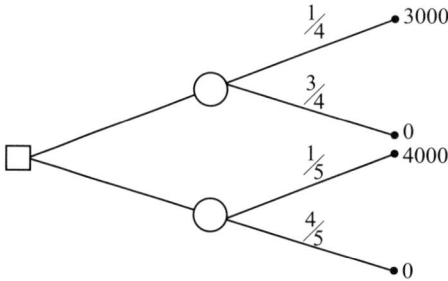

图1　问题4的决策树示意图　　　　图2　问题10的决策树示意图

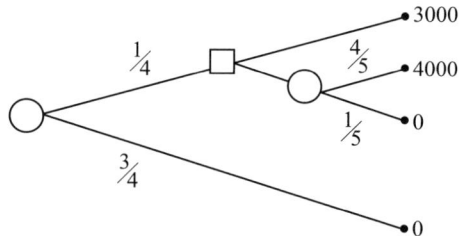

隔离效应意味着，相对于相同概率和结果的风险投资，固定收益的"或有确定性"（contingent certainty）提高了选项的吸引力。接下来卡尼曼和特沃斯基又通过下列问题展示了结果的呈现方式的变化如何改变个体的选择。

研究者请被试考虑考虑下面的问题。

问题11：不算你自己的钱，现在你拥有1000元。你现在被要求在下面两者之间做出选择：

A. 有50％的可能性得到1000元

B. 确定得到500元

结果70个被试中16％的人选择A方案，84％的人选择B方案。人数百分比的统计差异显著。

问题12：不算你自己的钱，现在你拥有2000元。现在要求在下面两者之间做出选择：

C. 有50％的可能性损失1000元

D. 肯定损失 500 元

结果 68 名被试中有 69% 的人选择方案 C，31% 的人选择方案 D，统计差异显著。

综合来看，绝大多数的被试在第一个问题中选择 B，在第二个问题中选择 C。这些选择印证了前面所说的确定效应和反射效应。然而，如果考虑这些条件的最终状态（即将初始拥有 1000 元考虑进去），这两个选择问题其实是相同的：

$$A=(2000，0.50；1000，0.50)=C；B=(1500)=D.$$

事实上，问题 12 只是在问题 11 的初始资金的基础上加了 1000 元，并从结果中减去了 1000 元。显然，被试并没有将初始资金和预期结果视为一体。这一模式显然违背了效用理论。举例来说，按照效用理论，无论是达到 100 000 美元之前的财富水平是 95 000 美元还是 105 000 美元，100 000 美元的财富都会被赋予相同的效用。因此，选择获得 100 000 美元还是选择以 50% 对 50% 的概率获得 95 000 美元或 105 000 美元，并不依赖于个体当前拥有大于或小于这些金额的资产。再根据风险厌恶假设，效用理论认为拥有 100 000 美元的确定性使得其总是成为决策中的首选。然而，被试对问题 12 和之前一些问题的回答表明，个体只有在拥有资金量较小时才会呈现此反应模式。这种个体忽略各选项中所共有资金的现象说明，决定价值（效用）的载体是财富的相对变动，而非包含当前财富的最终资产水平。这一结论是下面所要阐述的前景理论的基石。

四、前景理论及其模型

（一）前景理论

基于以上对于违背期望效用理论的现象的讨论，卡尼曼和特沃斯基提出了一种新的关于个体风险决策的解释，即前景理论。该理论针对的是货币结果和既定的概率，但它可以扩展到更为复杂的选择。前景理论将选择过程分为两个阶段：初期的编辑（editing）阶段和随后进行的评估（evaluation）阶段。编辑阶段由对所给前景的一系列基本分析构成，分析过程中会对这些前景形成一个更为简化的表征。在第二阶段，个体对被编辑的前景进行评估并选择价值更高的前景。

1. 编辑

编辑阶段主要包含四个部分。

（1）编码（coding）：个体将结果知觉视为损失或收益，而非财富的最终状态。损失和收益是相对于某个参照点来说的。通常参照点对应的是当前财产水平，损失和收益与实际的支出和收入一致，然而有时参照点的位置也会受到个体当前面临的前景和对未来预期的影响。

（2）合并（combination）：将与产出相同结果相关联的概率进行合并，可以简化问题。例如，[200，0.25；200，0.25]的结果，可以合并为[200，0.5]并以此形式进行评估。

（3）分离（segregation）：将不同前景分解为无风险成分和风险成分。例如，[300，0.80；200，0.20]会被分解为无风险的[200]和有风险的[100，0.80]。

（4）相消（cancellation）：消除的情况可能有两种：一种是前面所述的隔离效应，个体对于一个两阶段的赌局，通常只考虑第二阶段。另一种情况是个体会忽略不同赌局中的相同成分。例如，有两个赌局可以选择：[200，0.20；100，0.50；－50，0.30]和[200，0.20；150，0.5；－100，0.30]，个体可能会将两种选择中的相同成分[200，0.20]消除，使这两种选择变成[100，0.50；－50，0.30]和[150，0.50；－100，0.30]，然后再进行评估。

此外，编辑过程中还有两种操作，一种是简化（simplification）；一种是对占优性的觉察（detection of dominance）。简化是指对概率或结果进行"四舍五入"式的粗略表征。例如，[101，0.49]会被编码为[100，0.50]。简化的一种非常重要的形式就是忽略极端小概率的结果。对占优性的觉察是指对前景的结果进行扫描，以发现哪种前景是占优性的。

许多偏好反转都源于对前景的编辑。例如，与隔离效应相联系的偏好不一致性是由于对相同成分的删除。许多选择的非传递性（intransitivities）源自使得不同前景的差异减小的简化操作。

2. 评估

在此阶段，个体对之前编辑的前景进行评估，选择价值（或效用）最高的选项。前景的整体效用，记为 V，可以用 π 和 v 来刻画。

π 和 p 构成决策权重 $\pi(p)$，反映的是概率 p 对于整体前景价值的影响程度。v 和单个结果构成 $v(x)$，反映的是这一结果的主观价值。需要注意的是，v 测量的是相对于参照点的损失或收益。根据前景理论，如果赌局是常态的（要么 $p+q<1$，或 $x \geqslant 0 \geqslant y$，或 $x \leqslant 0 \leqslant y$），则有：

（1）$V(x, p; y, q)=\pi(p)v(x)+\pi(q)v(y)$

卡尼曼和特沃斯基认为，个体对于绝对积极或绝对消极的赌局的评价原则和（1）式不同。在编辑阶段，此类前景被分解为两种成分，一种是无风险成分，如确定获得的最小收益或确定遭受的最小损失；另一种是风险成分，如可能发生的收益或损失。这种评估方式可以表述为：假如 $p+q=1$ 且 $x>y>0$ 或 $x<y<0$，则有：

(2)$V(x, p; y, q)=v(y)+\pi(p)[v(x)-v(y)]$

也就是说，绝对积极或绝对消极的前景等价于无风险的成分加上各结果价值的差值和更为极端的结果相关的权重的乘积。例如，$V(400，0.25；100，0.75)=v(100)+\pi(0.25)[v(400)-v(100)]$。方程(2)的本质特征就是，将决策权重赋予了风险成分，而没有赋予无风险成分。同时，方程(2)的右边可以变形为 $\pi(p)v(x)+[1-\pi(p)]v(y)$。因此，在 $\pi(p)+\pi(1-p)=1$ 的时候，方程(2)就变为了方程(1)。

前景理论的方程保留了传统期望效用理论的一般双线性模式，然而，为了适用于前文所提到的那些效应，前景理论假设价值依赖于相对变化而非最终状态，决策权重和设定的概率并不一致。这些与期望效用理论的分歧必将导致一些正常情况下无法接受的结果，如偏好的不一致性、不可传递性以及对占优性原理的违背等。当决策者意识到这种偏好的异常时，他们会主动纠正自己的选择，但在更多的时候，决策者并没有机会察觉自己违反了期望效用理论的原则，此时前景理论所提到的各种效应就会出现。

(二)价值函数

前景理论的核心是价值函数(the value function)。价值函数可以用图 3 表示：

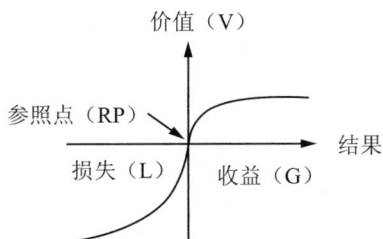

图 3 价值函数

(来源：Kahneman & Tversky, 1979)

价值函数的 X 轴表示相对于参照点的收益和损失，Y 轴表示价值(或效用)，原点并非绝对零点，而是心理上损失和收益的相对分割点。这个函数直观反映了三个重要内容。

(1)人们对于损失和收益的心理敏感性都是递减的。从图 3 中可以看出，在收益部分，效用是内凹的曲线，而损失是外凸的曲线。

(2)人们对损失和收益的感受并不是对称的。也就是说，相同金额的收益和损失相比，人们对损失更敏感，表现在价值函数上就是损失的心理曲线比收益的心理曲线更陡峭，这就是所谓"损失厌恶"(loss aversion)。举例来说，假如有这样一个赌局，掷硬币猜正反，如果掷出正面你就赢得50 000元，掷出反面你就输50 000元，你愿意玩吗？大多数人的回答都是不愿意，尽管这是一个完全公平的赌局（输赢概率都是50%）。这是因为相对于赢得50 000元的快乐，人们更在意如果输掉50 000元的痛苦。也就是说，相同金额的损失和收益，损失带给人的心理冲击更大。

（3）损失和收益是相对于参照点而言的。因此，引发收益或损失感的不是实际的金额或结果，而是相对于参照点的收益或损失。人们做决策时并没有把已有的资产和面临的可能收益或损失一体化，也就是说，在决策时，人们考虑的不是资产的最终状态，而是更看重相对的变动；人们看的不是最终的结果，而是看最终结果与参照点之间的差额。

价值函数有助于理解之前所述的一系列实验的结果。由于收益的敏感性是递减的，因此，人们更偏好确定的较小收益，而不选择不确定的更大收益，表现出风险规避的倾向，这就产生了确定效应。同样，对于损失来说，敏感性也是递减的，相对于确定的损失，人们表现出更强的风险偏好，以期通过放手一搏来获得一个避免损失的机会，表现出反射效应。价值函数中的参照点不是绝对的零点，而是人们心理上对损益做出判断的一个相对参考点。参照点转换也说明，人们往往是根据相对的损失或收益而不是最终资产状况来制定他们的决策，表现出隔离效应。

（三）权重函数

卡尼曼和特沃斯基还提出了权重函数(the weighting function)。现实生活中，买彩票是赌自己会走运，买保险是赌自己会倒霉。这是两种很少发生的事件，但人们却十分热衷。卡尼曼和特沃斯基揭示了这一奇特现象，即人类具有强调小概率事件的倾向。考虑下面两个问题。

问题14：

A：0.001的可能性得到5000元

B：肯定获得5元

结果72名被试中72%的人选择A，28%的人选择B，统计差异显著。

问题14′：

A：0.001的可能性损失5000元

B：肯定损失5元

结果72名被试中17%的人选择A，83%的人选择B，统计差异显著。

从结果可以看出，无论是在损失还是收益情境中，小概率事件都对被试的决策产生了很大的影响。面对小概率的赢利，多数人是风险偏好者。面对小概率的损失，多数人是风险厌恶者。因此，权重曲线如图4所示：

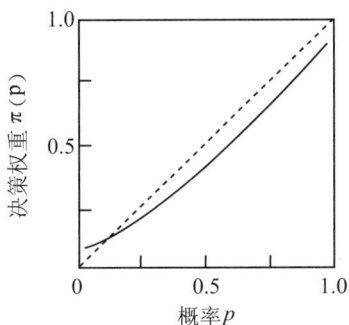

图4　决策权重曲线

（来源：Kahneman & Tversky，1979）

决策权重曲线说明，人们对事件赋予的权重并不是和概率等比变化的，而是在心理上赋予小概率事件更大的权重。这种效应被称为"迷恋小概率事件"。泽克豪斯(Zeckhauser)曾举过的一个例子：假如你被强迫玩俄罗斯轮盘赌(Russian Roulette，即一种危险的赌博，要拿一把6发左轮手枪对自己的脑袋开枪)，有两种选择：A. 如果能够把子弹从4枚减少为3枚，你愿意花多少钱？B. 如果能够把子弹从1枚减少为0枚，你愿意花多少钱？研究发现，相对于把死亡的概率从4/6降低到3/6，人们更愿意为把死亡概率从1/6减至0支付更多的钱。也就是说，相对于减少风险，人们更愿意消除风险，这也说明了人们对小概率事件的重视。

五、研究评价

这篇文章的结论在经济心理学研究中占据举足轻重的地位，其突破性的结论、简洁有效的研究范式、严谨的逻辑都具有深刻的启发意义。

第一，卡尼曼和特沃斯基的前景理论作为一种决策模型，是针对传统的期望效用理论的不足提出的。之前的经济心理学实验已经发现，如果加入人类的心理和行为过程，在对人类实际的投资决策过程进行研究时，传统的期望效用理论存在着局限。人们在不确定性条件下进行判断与决策时并不遵守期望效用理论，而是系统地违背了该理论的几大公理，比如，占优性公理、传递性公理、恒定性公理等。一些研究者也针对传统期望效用理论的问题提出了修正模型，如弗里德曼－萨维奇模型、马克维茨的通用财富模型等，而卡尼曼和特沃斯基的价值函数则在这些模型的基础上更进了一步，这一模型和其代表的前景理论是目前为止较为完善的风险决策理论。

第二，前景理论的提出拓展了西蒙关于人类"有限理性"(bounded rationality)的观点。西蒙将人类理性的有限性归结为加工问题时心理及时间资源的有限性。卡尼曼和特沃斯基的前景理论则认为，非理性行为的出现是由于面对风险决策时，人们对损失的天然厌恶和对问题的表征方式导致了不同的风险偏好，继而出现违背传统期望效用理论的行为。如此一来就丰富了有限理性的内涵：如果西蒙所说的有限理性是由于资源有限性导致的被动犯错，那么卡尼曼和特沃斯基就证明了，人们在努力试图遵循理性原则的时候仍然会主动犯错。

第三，卡尼曼和特沃斯基采用的"假想式选择"范式也有其优点。首先是题目形式简单，便于理解，题目也并不包含复杂的计算，适用性广且易于操作；其次是所有问题都涉及简单的金钱计算，有利于诱导被试报告自己的真实偏好；最后是其结果的形式直观，能够直接证明研究者的假设。

第四，卡尼曼和特沃斯基在进行选择实验的同时，又用严谨的数学语言描述、归纳和总结了风险决策行为背后的心理机制和规律，研究兼具实验主义和逻辑实证主义的色彩。这种方法让经济学和心理学、数学等多种学科之间形成了广泛的交叉，拓展了相关学科（尤其是经济学和心理学）的研究疆域。

六、前景理论启示下的其他经典研究

前景理论是风险决策领域的统领性的理论模型，对其他一些经济心理学现象也具有很强的解释效力，并引出了一系列新的概念和研究。

(一)框架效应

框架效应是指对相同客观信息的不同表述方式能够显著地改变决策模型，即使框架差异的程度不应对理性决策产生影响。经典实验是特沃斯基和卡尼曼(1981)所做的"亚洲疾病问题"实验。研究发现，针对结果相同但表述方式不同的选项，被试更倾向于选择包含"生存"字样的方案，而不选择带有"死亡"字样的方案。这说明人们都是天生的损失厌恶者，相同的决策结果表述为损失或者获益能够改变人们的风险决策偏好。

(二)心理账户

心理账户是指人们在心理上会依据来源、目的和储存方式对结果（尤其是经济结果)进行编码、分类、估价及管理，它揭示了人们在进行(资金)财富决策时的心理认知过程。前景理论对心理账户的编码规则进行了有力的解释(详见第三章的心理账户一节)。

(三)参照依赖

参照依赖效应是参照点理论的延伸。芝加哥大学商学院的奚恺元(Christopher K. Hsee，1998)曾做过一个冰激凌实验：他分别给不同的被试呈现盛在 5 盎司杯子里的 7 盎司冰激凌和盛在 10 盎司杯子里的 8 盎司冰激凌，并问这些被试愿意花多少钱购买？假设如果人们喜欢冰激凌，那么 8 盎司的冰激凌比 7 盎司多，如果人们喜欢杯子，那么 10 盎司的杯子也要比 5 盎司的大。可是实验结果表明，在分别判断的情况下，人们反而愿意为分量较少的冰激凌付更多的钱。也就是说，人们其实是根据冰激凌到底满不满来决定给不同的冰激凌支付多少钱的。这种现象可以用前景理论的参照点变化来解释。正如卡尼曼所言：人们在做决策时，并不是去计算一个物品的真正价值，而是用某种比较容易评价的线索来判断。

(四)禀赋效应

禀赋效应是指个体在拥有某物品时对该物品的估价高于没有拥有该物品时的估价的现象。理查德·泰勒(Richard Thaler)将前景理论引入了对禀赋效应的解释。之所以会有禀赋效应的产生，是因为(1)损失厌恶。卖者把失去物品看作损失，把得到金钱看作收益。而买者把失去金钱看作损失，获得物品看作收益由于损失比等量收益产生的心理感受更加强烈，所以双方为了避免损失带来痛苦，卖者倾向于提高卖价，而买者倾向于降低买价，因而导致个体表现出禀赋效应。(2)参照点转换(shifting reference-point)。根据这一理论的解释，人们拥有某一物品后，心理上会逐渐适应这种拥有状态，参照点随之发生变化。也就是说没有某一物品时，参照点是 0，拥有某一物品后，参照点由 0 转变为 x，如果失去，虽然总的来说没赔没赚，但由于参照点的变化，心理上感受到的是损失(如图 5 所示)。显然，参照点转换理论基于损失规避概念，将参照依赖与时间因素考虑进来，有助于更好地理解长时禀赋效应(long-term endowment effect)。

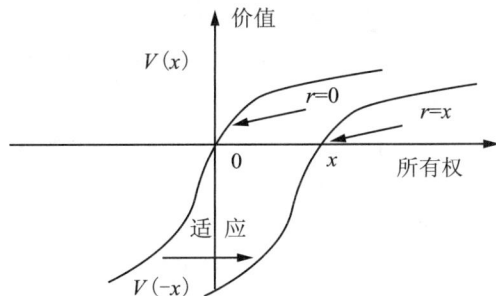

图 5　禀赋效应中参照点的转换

(来源：Strahilevitz & Loewenstein，1998)

七、前景理论的现实表现

前景理论所阐述的各项原理在现实生活中也有广泛的表现和应用。

(一)确定效应

在闯关智力问答节目中,很多已经闯过几关的选手面临"拿现有奖品退出比赛"和"继续闯关有可能获得更大奖励或因答错丧失一切奖励"时会选择前者;在金融市场上,投资者急于变现已有的收益而卖掉正在上涨的股票;在餐厅结账时,有时收银员会让你在拿发票和免费领一瓶饮料之间选择,很多人会选择饮料,这也是偏好确定收益的一种表现。

(二)反射效应

在足球比赛中经常出现这样的场面:落后一球的一方往往倾巢而出发动进攻,完全放弃防守,甚至连门将都弃门而出,冲到对方的禁区参与进攻,因为输一个也是输,输两个三个也是输,不如搏一把;有司机撞倒路人后选择逃逸,也是由于面对"承担责任"和"有可能逃脱惩罚"的选择时抱着侥幸心理;股票市场上,投资者抱着正在下跌的股票眼巴巴地期待奇迹,于是越套越牢,等等。

(三)迷恋小概率事件

人们本能地赋予小概率事件以相对更高的权重。这也解释了为何人们喜欢购买彩票和保险,同时对小概率的食品安全、致死性流行病问题如此敏感。

(四)概率保险问题

概率保险的问题解释了为何人们往往不愿意花钱安装防盗警报器、更换旧轮胎或戒烟,因为这些举措都可视作概率保险。人们更愿意花费成本去消除风险而非降低风险。

(五)参照点和参照依赖

例如,体育比赛的领奖台上,冠军自然开心,那么第二开心的是亚军还是季军呢?其实是季军。因为亚军的参照点是冠军,他更多是为没有获得冠军而懊恼,而季军很开心,因为他的参照点是没有登上领奖台的第四名;我们都相信,收入越高越幸福,那么,你会选择同事每月都挣8000元,你挣7000元的工作,还是同事挣5000元,你挣6000元的工作呢?这个问题留给诸位自己思考吧。不过西方有句谚语是这样说的:"如果你比你小姨子的老公每年多挣1000块钱,就算是一个有钱人了。"

八、前景理论背后的故事

前景理论受到世人的重视还有这样一个时代背景。21世纪初，美国发生了震惊世界的"9·11"事件，这是美国本土在历史上首次遭遇大规模袭击。这次袭击不仅殃及数千无辜的生命，还动摇了美国民众对于未来的信心。在此之前，美国民众对自身、国家和未来都有一种普遍的乐观情绪：一方面，因为美国是世界上经济最强大的国家，人人都沉醉于经济强势带来的政治、军事和文化的话语权；另一方面，美国人有一种根深蒂固的观念，认为自己是上帝的选民，美国是受到上帝眷顾的国家（"天佑美国"）。而"9·11"事件则无情地粉碎了这种自信，让乐观情绪一去不复返。这时不仅美国民众，甚至全世界的人们都有一种感觉：世界充斥着种种不确定性，未来并非想象中那样乐观，一种前所未有的茫然和焦虑情绪弥漫在世人心中。在这样一个多事之秋，人们转而从心理学中寻求对于不确定性和风险的再认识，以及面对未卜的前景时该何去何从的答案。卡尼曼和特沃斯基有关不确定情境下人们进行风险决策的研究正好迎合了这一时代性的心理需要，他们提出的前景理论在突破传统效用模型的基础上更好地揭示了人们在决策中的不确定性及其根源。

最后说说"前景理论"这个名称的来历。曾有人问卡尼曼，为何将他的这一理论命名为前景理论？卡尼曼回答："我只是想赋予这个理论一个响亮的名字，好让人们记住它。"确实，卡尼曼本来完全可以将它命名为"风险决策理论""损益权衡理论"等，但这些中规中矩的命名不会像"前景理论"这样让人眼前一亮。"前景"一词包含展望和希望的意象，与人们心底的诉求产生了一种微妙的契合：尽管世事无常，好景不长且命途多舛，但人们既懂得在顺境中知足常乐，又敢于在逆境中奋力拼搏，始终向往光明的前景，期许更好的未来。从这个角度来说，"前景理论"这个名字算是对理论自身所包含的启示的一个最直接且最积极的应用吧。

[窦东徽 评介]

评介文献

Kahneman, D., & Tversky, A. (1979). Prospect theory: An analysis of decision under risk. *Econometrica*, 47, 263—291.

参考文献

李爱梅, 凌文辁(2007). 心理账户：理论与应用启示. 心理科学进展, 15(5), 727—734.

Hsee, C. K. (1998). Less is better: When low-value options are judged more highly than high-value options. *Journal of Behavioral Decision Making*，11，107—121.

Thaler，R. (2008). Mental accounting and consumer choice. *Marketing Science*，27 (1)，15—25.

Tversky，A.，& Kahneman，D. (1981). The framing of decisions and the psychology of choice. *Science*，211，453—458.

2. 决策中的框架效应

在很多国家，驾照上会标注意外死亡后是否愿意捐献器官。在奥地利器官捐献率接近100%，在德国只有12%，在瑞典有86%，而在丹麦只有4%。为什么地理位置和文化风俗接近的国家会有如此大的差异？

这些巨大的不同，部分是由呈现决策问题的方式所决定的。在捐献率高的国家，如果你决定不捐献器官需要填写一份表格，否则被看作捐献志愿者。在捐献率低的国家，则需要填写一份表格才能成为捐献志愿者。从这个例子中我们可以看出，某些重要的决定会受到一些看似无关紧要的情境特征控制，问题呈现的框架（frame）正是这样一个重要的干扰因素。所谓框架是指陈述一个决策问题的形式，它可能会影响决策。特沃斯基和卡尼曼于1981年发表在《科学》（*Science*）杂志上的文章"决策框架与选择心理学"从选项框架、可能性框架和结果框架三方面系统揭示了框架效应（frame effect）的存在，并用前景理论做出了解释。

一、引言：框架对决策的影响

对于一个决策问题，我们需要界定可供选择的选项、行为的结果以及事件发生的可能性或条件概率。所谓决策框架（decision frame）就是指"决策者对与特定选择相联系的行动、结果以及可能性所持的概念"。决策框架部分是由问题形式决定的，部分是由社会规范、习惯和决策者性格特征决定的。理性的决策要求对选项的偏好不应该因问题框架而改变。然而，当改变了对选项、结果和可能性的表述框架后，人们的选择偏好发生了系统的反转。特沃斯基和卡尼曼（1981）构建了一系列选择问题，来揭示这一现象，并且解释了其中的心理原则。这篇研究中所列出的结果均来自于以斯坦福大学和不列颠哥伦比亚大学的学生为被试所做的简短的课堂问卷调查。我们来看一下有关"亚洲疾病问题"的调查结果(结果中 N 代表调查人数,方括号中的数字代表选择该选项的人数百分比。下同)。

问题 1[N=152]:

假设美国正在准备应对一种罕见的亚洲疾病的爆发,该疾病可能会导致 600 人死亡。科学家提出了两种可供选择的对抗该疾病的方案。假设以下为经过准确的科学估算得出的每一个方案实施后的结果:

如果采用方案 A,200 人将获救。[72%]

如果采用方案 B,有 1/3 的可能 600 人将获救,但有 2/3 的可能没有人获救。[28%]

你会选择哪个方案?

关于这个问题,大多数人的选择都是规避风险的:肯定能救活 200 个人的预期比有 1/3 的可能性救活 600 个人这个期望值相等但有风险的预期更有吸引力。

第二组的被调查者,听取了与第一组同样的故事,但采用了不同的选择框架,问题如下:

问题 2[N=155]:

如果采用方案 C,400 人将会死亡。[22%]

如果采用方案 D,有 1/3 的可能没有人死亡,而有 2/3 的可能 600 人会死亡。[78%]

你会选择哪个方案?

大多数人在问题 2 中的选择是冒险的:确定的 400 人死亡比 2/3 概率600 人死亡的选项更无法让人接受。问题 1 和问题 2 中的选择表明了一个通常的模式:包含了获得的选项是促使人们规避风险的,包含了损失的选项则使人冒险。但是,我们很容易看出这两个问题是等效的,它们之间唯一的区别是,在问题 1 中的结果是通过活下来的人数来描述的,而在问题 2 中是通过死亡的人数来描述的。这种改变伴随着从风险规避到冒险的明显的偏好反转,这一结果可以用前景理论来解释。

二、前景理论对框架效应的解释

在前景理论提出之前,解释不确定状态下的决策最有影响力的理论是期望效用理论。期望效用理论主张,人们会根据效用大小来做出决策,其理论可以用数学公式表达为:$EU=\Sigma p_i U(x_i)$。其中 p 代表事件发生的概率，$U(.)$ 代表价值的效用函数。然而该理论不能很好地解释上述"亚洲疾病"问题中人们表现出来的偏好反转。

特沃斯基与卡尼曼修改了期望效用理论，提出一个与观察结果相适应的描述模型——前景理论（Kahneman & Tversky，1979）。他们区分了在选择过程中的两个阶段：在最初的阶段，对选项、结果或事件发生的可能性形成框架；在随后的阶段，进行了选择评估。设想这样一种预期，结果为 x 的可能性为 p，为 y 的可能性为 q，维持现状的可能性为 $1-p-q$。根据前景理论，价值函数 $V(.)$ 与结果有关，决策权重函数 $\pi(.)$ 与可能性（概率）有关，所以总体的预期价值等于 $\pi(p)V(x)+\pi(q)V(y)$。即前景理论可以用数学公式表达为：$EV=\Sigma\pi(p_i)V(x_i)$。

前景理论与期望效用理论有两点主要的差别。第一，将中立的参考结果赋值为零，所得结果表示为正向或反向偏差（获得或损失）。价值函数为 S 形曲线，大于参照点的部分是凹的，小于参照点的部分是凸的（如图 1 所示）。即获得 10 元和 20 元的主观差距大于获得 110 元和 120 元之间的主观差距。损失的情况也类似。并且，对损失的反应比对获得更极端。损失一定数量的钱所产生的痛苦比获得同样的钱所带来的快乐从程度上讲更强烈。第二，在期望效用理论中，一个不确定结果的效用是通过概率加权计算得出的；在前景理论中，一个不确定结果的价值是通过乘以决策权重函数 $\pi(p)$ 得出，这是一个有关概率（p）的（单调）函数，不是概率。权重函数 $\pi(.)$ 有以下的性质：第一，不可能事件是不存在的，也就是说 $\pi(0)=0$，因为这是一个正态的量表，所以 $\pi(1)=1$，但是该性质在靠近端点时不符合。第二，在低概率时 $\pi(p)>p$，但是 $\pi(p)+\pi(1-p)\leqslant1$。因此，低概率时都是权重高估，函数曲线相对平缓的，高概率时则不会出现权重高估，且后者的效应比前者更为显著。第三，$\pi(pq)/\pi(p)<\pi(pqr)/\pi(pr)$，其中 $0<p$，q，$r<1$。也就是说，对于两个概率任一固定的比率，当概率低的时候相对于概率高的时候，决策权重比率更接近 1（权重函数如图 2 所示），例如，$\pi(0.1)/\pi(0.2)>\pi(0.4)/\pi(0.8)$。决策权重主要是一种定性的特征，因此，可以应用于结果出现的可能性是主观评价的而不是明确给出的情况。然而在这种情况下，决策权重可能受到事件的其他特性影响，如模棱两可或含混不清。

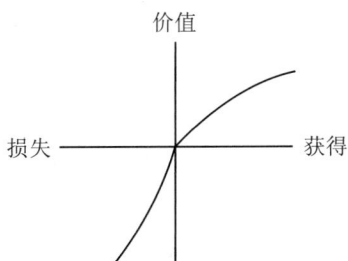

图 1　假设的预期函数

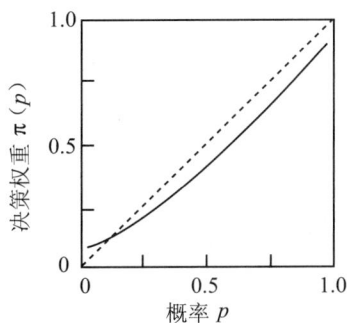

图 2　假设的权重函数

如果 π 和 V 自始至终是线性函数，选择之间的偏好顺序将独立于行为、结果和可能性的框架。然而由于 π 和 V 的非线性特征，不同的框架会导致不同的选择。

三、行动、可能性和结果的框架效应

(一)行动的框架

问题 3[$N=150$]：假设你面临以下一组选择，先考虑两个选项，再决定你更倾向于哪个选项。

决策 1(二选一)：

A. 肯定获得 240 美元。[84%]

B. 25% 的机会获得 1000 美元，75% 的机会什么都得不到。[16%]

决策 2(二选一)：

C. 肯定失去 750 美元。[13%]

D. 75% 的机会失去 1000 美元，25% 的机会什么都没失去。[87%]

在决策 1 中，大多数人选择规避风险，一个无风险的预期比一个等价或有更大期望值但有风险的预期更受欢迎。相反，在决策 2 中，大多数人选择冒险，一个有风险的预期比一个等价的无风险预期更受青睐。这种在获得的框架下选择风险规避而在损失框架下选择冒险的模式可以用 V 和 π 的性质来解释。因为价值函数是 S 形，获得 240 美元的价值比获得 1000 美元的 24% 的价值更大，损失 750 美元的价值（负值）比损失 1000 美元的 75% 更低。那么这个价值函数的形态就能解释在决策 1 中的风险规避和在决策 2 中的冒险行为。而且对于中等和较高概率的低估也可以解释在决策 1 中对确定获得的偏好，以及在决策 2 中对确定损失的回避。相同的分析也可以解释问题 1 和问题 2。

　　因为决策 1 和决策 2 是一起呈现的，被调查者实际上是从下列组合中选择一个预期：A 和 C，B 和 C，A 和 D，B 和 D。有 73％的被调查者选择了最普遍的组合(A 和 D)，而只有 3％的调查者选择了最不受欢迎的组合(B 和 C)。然而，在问题 4 中，组合 B、C 明显优于组合 A、D。

　　问题 4[N＝86](二选一)：

　　A ＆ D.　25％的机会获得 240 美元和 75％的机会损失 760 美元。[0％]

　　B ＆ C.　25％的机会获得 250 美元和 75％的机会损失 750 美元。[100％]

　　当预期选项被组合后，第二种选择的优势就变得很明显，所有的被调查者都选择了这个更优的选项。在问题 3 中较差的选项组合更受欢迎，这表明了这一问题被看作一对独立的选择。被调查者明显不能接受两个看似合理的选项组合成一个站不住脚的结果。有研究者用钱为报酬进行了类似问题 3 的调查，也得到了相似的偏好反转的选择模式。货币的刺激并不能阻止人们做出违反理性的选择。

　　在真实世界中有很多同时发生的决策被感知为独立的，如果决策被组合后偏好的顺序经常会反转。在回答问题 3 时被调查者没有对选项进行组合，即使在指导语中鼓励被调查者这样做并且组合也很简单，人们仍然独立地做出决策。同时做出多个决策的实际问题往往具有复杂性，例如，证券投资选择，在没有计算帮助的情况下人们很少会将选项做整合，即使他们知道应该这样做。

(二)可能性的框架

　　以下的三个问题描述了对事件发生的可能性的不同表述产生的框架效应，分别呈现给三组不同的受调查者。每一组被告知每十个被调查者中将随机挑出一个人参加游戏，游戏中有机会得到真钱作为报酬。受调查者当场在一个装有球的袋子里取出一个球，特定颜色的球代表胜出，事先告知该颜色球在球袋中的比例，胜出者能立即拿到钱。

　　问题 5[N＝77]：你会选择以下哪个选项？

　　A. 获得 30 美元。[78％]

　　B. 80％的机会获得 45 美元。[22％]

　　问题 6[N＝85]：思考下列有两个阶段的游戏，第一个阶段，有 75％的机会结束游戏但不赢任何东西，有 25％的机会进入第二个阶段。如果你到达第二个阶段，请二选一：

　　C. 获得 30 美元。[74％]

　　D. 80％的机会获得 45 美元。[26％]

　　你必须在游戏开始前做出选择，也就是，在第一个阶段的结果出来之前。请做出你的选择。

　　问题 7[N＝81]：请做出你的选择。

　　E. 25％的机会获得 30 美元。[42％]

　　F. 20％的机会获得 45 美元。[58％]

　　让我们来分析一下这些问题的结构。第一，问题 6、7 描述概率和结果的措辞是一样的，预期 C 是有 25％的机会获得 30 美元，预期 D 是有 20％的机会(0.25×0.80＝0.20)获得 45 美元。因此，一致性的原则要求在问题 6、7 中做出相同的选择。第二，请注意问题 6 和问题 5 唯一的不同在于对初始阶段的介绍。如果到达该游戏的第二个阶段，问题 6 就变成了问题 5；如果这个游戏在第一个阶段就结束了，那么无论做出哪种选择都不会影响最终的结果。因此，对问题 5、6 来说也没有什么理由做出不同的选择。通过分析，从一个层面上来说问题 6 和问题 7 是等价的，从另一个层面上来说问题 6 和问题 5 是等价的。然而，参与者在问题 5、6 上回答相似，但是在问题 6、7 上的回答却大相径庭。这种回答的模式为我们展示了两种选择现象：确定效应与虚假确定效应。

　　问题 5 和问题 7 的对照描述了一种现象，我们称为确定效应(certainty effect)：与不确定相比，当结果最初确定时，结果出现的概率降低所产生的影响更大。前景理论用 π 的性质来解释这种效应。在问题 5 和问题 7 中，如果对于被调查者来讲价值比率 $V(30)/V(45)$ 的值介于权重比率 $\pi(0.20)/\pi(0.25)$ 和 $\pi(0.80)/\pi(1.0)$ 之间，那么他们就会在 A 和 B 之间选择 A，在 E 和 F 之间更倾向于 F，这一结果不符合期望效用理论。

　　在问题 6 中的第一阶段，无论是否进入第二个阶段，产生的结果都是相同的(没有获得)。因此，我们猜测，人们在评估选项时假设已经达到了第二阶段。当然在此框架中，问题 6 将会变成问题 5。更普遍地，我们认为在下列情况下人们会对决策问题做出有条件的评估：(1)在一种情况下所有的选择会出现相同的结果，例如，在问题 6 中没有能进入游戏的第二阶段；(2)只有在该情况不发生时，选项中结果出现的概率才起作用。问题 6 和问题 7 在结果和可能性上都是一样的，但是回答却存在明显的差异，这一现象被称为虚假确定效应(pseudo certainty effect)。在问题 6 中对获得 30 美元的预期比问题 7 中显得更有吸引力，好像有确定的优势。然而，因为实际上获得是取决于是否达到该游戏的第二个阶段，所以选项 C 的确定感是虚幻的。

许多重大的决策涉及通过付出一些成本而降低或排除遭受某种危险的可能性。在低概率范围内 π 函数的形状说明了一种保护行为可以将某种伤害发生的概率从 1% 降为 0，其价值远高于将相同的伤害从 2% 降为 1% 的保护行为。事实上，一项概率性保险如果能将损失的概率减小一半，人们认为其价值低于能消除全部风险的常规保险的半价。一种保护行为既能被框定为有条件的，也可以被框定为无条件的。例如，一项保险条款能覆盖火灾却不包括洪灾，它既可以被描述为对火灾的完全保护，也可以被描述为减少财产损失的总体概率。前面的分析说明能消除风险的保险比能减少风险的保险更有吸引力。

（三）结果的框架

结果积极或消极一般是通过与中性的参照结果相对比而产生的。因此，参照点的改变能决定一个结果评价为有所获得还是有所损失。因为在价值函数上，获得部分为下凹形，损失部分为上凸形，损失曲线比获得曲线更为陡峭，参照点的变化能改变不同结果价值的差异并因此改变对不同选项的偏好。例如，一个人花了一个下午的时间在赛马场上，已经输了 140 美元，正在考虑是否将 10 美元以 15：1 的赔率下注于最后一场比赛。这个决定可以用两种方法考虑：如果以现状为参照点，打赌的结果可以变成要么赚 140 美元，要么亏 10 美元；另外，更大的可能是把当前的状态看作损失了 140 美元，因此，对最后一次赌注形成的框架是一个回到原点的机会或者增加损失为 150 美元。前景理论认为后一种框架比前者产生更冒险的选择。因此，可以预期在输钱之后不能调整参照点的人将会下风险更高的赌注。这个分析来自于对赌场里每天最后一场赌局中风险大的赌注最受欢迎现象的观察。

因为损失的价值函数比获得的更陡峭，相比于描述一个选项的优势，描述另一个选项劣势的框架会放大两个选项之间的差距。泰勒（Richard Thaler）曾经讲述过一个在无风险背景下出现该效应的有趣的例子。在一场有关使用信用卡消费要支付手续费的讨论中，信用卡公司的代表要求将价格差异标识为现金折扣而不是信用卡附加费。两个标识产生了不同的参照点。因为损失比获得更突出，相对于放弃折扣，消费者更不愿意接受附加费。

这些现象强调了参照结果的不稳定性，及其在决策过程中的作用。在上述讨论的例子中，对结果的标识确定了中性参照点。在日常生活中多种多样的因素会决定参照结果。参照结果通常是个体所适应的一种状态，它有时是由社会规范和期望所决定的，有时取决于个体的抱负水平（无论是现实的还是不现实的)。

上述分析仅涉及了基本结果，例如，在单一属性上的获得和损失。然而在很多情况下，一个行为引起了复合的结果，混合了一系列单一属性上的改变，例如，一连串金钱的获益和损失，或在多个属性上一组同时发生的变化。为了描述混合结果的框架形成和评估，我们采用了心理账户(mental account)的概念，即一个结果框架包括：(1)被评估为联合的或者习惯上组合在一起的一组基本结果；(2)被看作中性的或常规的参照结果。例如，在为买车所开设的账户中，购买的花费没有被看作损失，车也不会被看作礼物。当然了，把整个交易看成是积极的、消极的、或者是中性的，取决于很多因素，例如，车的性能，在市场中相似车型的价格等。

人们通常会以最小账户(minimal account)来评估一个行为选项(仅包含该选项的直接结果)。例如，决定是否接受一次赌博所涉及的最小账户包括与该次赌博有关的输赢，而不包括其他资产或者之前赌博的结果。人们一般采用最小账户是因为这种框架模式：(1)简化了评估，降低了认知负担；(2)反映了结果是由选择的行为所导致的直觉；(3)与快乐体验的属性相匹配，相对于固定的状态，人们对令人满意或不满的变化更敏感。然而，有些情况下一个行为的一系列结果影响了一个相关联的行为之前建立起来的一个心理账户的平衡。在这种情况下，当下的决策就会被纳入一个包含范围更广的账户，就像赌徒输了钱之后看待最后一次下注的情况一样。更一般地来说，当决策参考了一个在收支平衡中处于亏损状态的已有账户，就会出现沉没成本效应。因为评估过程是非线性的，最小账户和包含范围更广的账户通常会导致不同的选择。

问题8和9描述了已有账户影响决策的另一种情况：

问题8[N＝183]：假设你决定去看一场演出，门票价格为每张10美元。当要进入剧院时，你发现你丢失了一张10美元的钞票。

你是否仍愿意花10美元买张门票看这场演出？

是[88%]　　　　　　否[12%]

问题9[N＝200]：假设你决定去看一场演出，门票价格为每张10美元。当要进入剧院时，你发现你丢了这张门票，座位没有标号，当然这张票也找不回来了。

你是否愿意再花10美元买张门票看这场演出？

是[46%]　　　　　　否[54%]

对于问题8和问题9的不同回答受到了心理账户的影响。假设在问题9

中购买一张新门票的钱计入到已记录了原始门票价格的账户中，就这个账户而言，看这场演出的费用就需要 20 美元，大部分调查者都认为这个消费明显是过多的。另一方面，问题 8 中，损失 10 美元钞票没有与演出票的价格明显联系在一起，所以它在决策上的影响可以忽略。

以下问题，进一步描述了在不同的账户中植入选择的影响。同一个问题分别用两种不同的版本呈现给不同组别的被试。一组（N=93）给出是在圆括号里的价值，另一组（N=88）给出的是在方括号中的价值。

问题 10：假设你打算购买一件夹克（125 美元）[15 美元]和一个计算器（15 美元）[125 美元]。计算器的销售员告诉你这个计算器正在另一家距离本店 20 分钟车程的分店打折（10 美元）[120 美元]。

你会开车前往另一家商店吗？

对问题 10 的两个版本，回答是明显不同的：68% 的调查者愿意为了在价格 15 美元的计算器上节省 5 美元而多跑一趟；当计算器的价格为 125 美元时只有 29% 的人愿意多跑一趟。显然，调查者没有将问题 10 放在包含 5 美元优惠和付出一些不方便作为代价的最小账户框架中。相反，他们在包含更多内容的账户中评估可能的节省，这一账户包括购买计算器而不包括夹克。根据函数 V 的曲率，5 美元的折扣在计算器价格低时比价格高时更有吸引力。

四、综合讨论和评论

特沃斯基和卡尼曼的研究用 10 个简单的选择问题，系统揭示了框架效应的存在。即便聪明如斯坦福和不列颠哥伦比亚大学的学生，也不能摆脱问题框架的限制做出符合经济学假设的理性选择。决策问题陈述结构的无关紧要的改变，引起了明显的偏好反转。选项，可能性和结果的框架变化跟价值与权重曲线的非线性特征这两方面因素的交互作用导致了选择的不一致性。

决策过程就像在山区旅行，随着视角不断发生改变，周围山的高度看起来是变化的。当同一个决策问题用不同框架来表达时，正像旅行中视角的改变，对选项的价值评估也是变化的，进而导致偏好的反转。在缺乏客观标准的情况下，决策者需要特别关注透视效果的易变性。视角的比喻强调了选择心理的几个方面。面对一个决策问题并且有一个确定偏好的个体：(1)对于用不同框架表述的同一个问题可能形成不同的偏好；(2)通常并没有意识到框架的可选择性，以及框架对于选项的相对吸引力存在潜在影响；(3)希望他们的偏好独立于框架；但是(4)通常不确定怎样解决检测到的不一致性。在某些情况下(例如问题 3、4 或者问题 8、9),把一种框架与竞争框架加以比较,优势就会很明显,但是在另外的情况下(问题 1、2 以及问题 6、7),偏好就不显著了。

框架效应的存在是相当普遍的。在关乎人的生命损失和金钱的选择方面会出现框架效应,在假设问题和现实生活选择中都存在,即使在涉及真实的金钱得失的选择中,人们的决策也不可避免受到框架效应影响。观察到的偏好反转以及选择和判断中的其他错误并非绝对是非理性的。按照最容易获得的框架行事有时是合理的,因为可以节省考虑其他备选框架所需要付出的心理努力。这符合西蒙的"有限理性"(bounded rationality)观点。

《决策框架与选择心理学》是特沃斯基与卡尼曼质疑经济学中理性人假设的代表作之一。根据谷歌学术搜索,该文章到 2012 年 9 月已经被引用 8493 次。框架效应在各种领域被广泛研究,包括传统经济问题中的消费者决策,有关健康的决策和谈判中的讨价还价行为等。有研究者(Kühberger, 1998)对 136 篇有关框架效应的实证研究做了元分析,得出结论,总体来讲存在较小到中等程度的框架效应,不同的研究设计之间存在极大差异。对框架效应大小影响最大的两个因素是对风险的操作和回答的模式。对风险的操作包括改变参照点或者操纵结果的显著性,参照点的改变会产生框架效应,而结果的显著性没有影响。回答的模式包括选择或者判断/评价,选择是框架研究中主要的回答模式,并且受参照点影响很大,而评价和判断受参照点影响小。元分析还发现,无论被试是大学生还是特定的人群,分析单元是个体还是群体,框架效应都同等程度地存在。即使被试是决策问题领域的专家,也会受到框架的影响。有学者(Levin, Schneider, & Gaeth, 1998)对框架效应做了分类,即风险框架效应(risky choice framing effect)、属性框架效应(attribute framing effect)和目标框架效应(goal framing effect)。风险框架效应指,对于本质上相同的信息,个体在获得框架下倾向于风险规避,而在损失框架下倾向于冒险;属性框架效应是指,采用积极框架或消极框架描述一个事物的某个关键特征,会影响个体对该事物的偏好,而且个体一般偏爱用积极框架描述的事物;目标框架效应是指,强调做某事的收益还是不做某事的损失,会影响信息的说服力。特沃斯基与卡尼曼(1981)研究的问题属于风险框架效应。

框架效应的存在已经得到了重复验证,其决策过程的认知神经机制是近年来研究的热点。很多研究已经发现框架效应与大脑的情绪系统相联系,情绪系统在调节决策偏差方面起重要作用(De Martino et al.,2006),规避风险的倾向与调节焦虑和压力在大脑中有相同的功能定位(Trepel et al.，2005)。有研究(Gonzalez et al.，2005)考察了认知努力在决策过程中的调节作用，提出由于消极情绪比积极情绪会激发更多的认知努力，所以在不同的框架下做出决定时认知努力的卷入就会存在差异，研究结果的确证实了认知努力在消极框架下要比在积极框架下参与更多。

在过去的三十年中，框架效应不仅是研究的热点，也被行为经济学家介绍给大众，以改善人们的行为决策，提升幸福感。卡尼曼在其新作《思考，快与慢》中建议："如果人们能对自己会得到多少钱而不是会损失多少钱建立框架，就会对将要发生的事有心理准备。""通过改变参照点来重新建构问题吧，假想我们从未拥有过某个东西，会认为它值多少钱呢？""广告商要你在他们的邮件列表中勾选以表明不愿意接受其信件。如果他们要你在列表中勾选表明愿意接受的话，他们的邮件列表就会短得多。"善用框架效应，让生活更美好。

[孙铃　评介]

评介文献

Tversky, A., & Kahneman, D. (1981). The framing of decisions and the psychology of choice. *Science*, 211, 453—458.

参考文献

卡尼曼(2012). 思考，快与慢.胡晓姣等译.北京：中信出版社.

De Martino, B., Kumaran, D., Seymour, B., & Dolan, R. J. (2006). Frames, biases, and rational decision-making in the human brain. *Science*, 313(5787), 684—687.

Gonzalez, C., Dana, J., Koshino, H., & Just, M. (2005). The framing effect and risky decisions: Examining cognitive functions with fMRI. *Journal of Economic Psychology*, 26(1), 1—20.

Kahneman, D., & Tversky, A. (1979). Prospect theory: An analysis of decision under risk. *Econometrica*, 47(2), 263—292.

Kühberger, A. (1998). The influence of framing on risky decisions: A meta-analysis. *Organizational Behavior and Human Decision Processes*, 75(1), 23—55.

Levin, I. P., Schneider, S. L., & Gaeth, G. J. (1998). All frames are not created equal: A typology and critical analysis of framing effects. *Organizational Behavior and Human Decision Processes*, 76, 149—188.

Trepel, C., Fox, C. R., & Poldrack, R. A. (2005). Prospect theory on the brain? Toward a cognitive neuroscience of decision under risk. *Cognitive Brain Research*, 23, (1)34—50.

3．被"植入"的决策标准：锚定效应

假设一张纸的厚度是 0.1 毫米，对折 100 次后（假如能够做到的话）大概有多厚？或者说，会不会比篮球运动员姚明更高呢（姚明身高 2.26 米）？

这个问题的正确答案是 1.27×10^{23} 千米。这个数字究竟大到什么程度呢？这么说吧，地球和太阳距离 149 597 870 千米（所谓一个天文单位），而一张 0.1 毫米厚的纸对折 100 次后的厚度是这个距离的 800 000 000 000 000 倍！这个结果在数值上可能远远超过你心中的答案，而姚明的身高与之相比，几乎可以忽略不计。为什么会有这种反差呢？因为"0.1 毫米"这个初始值很小，制约了你对结果的估计，而实际上几何级数的递增是非常惊人的。这个例子说明，我们对数值的估计在很大程度上会受到初始信息的影响和制约。这种现象在经济心理学中被称为"锚定效应"。

一、何为锚定效应

锚定效应（anchoring effect），也叫沉锚效应，根据特沃斯基和卡尼曼的定义，锚定效应是指在不确定情境的判断和决策中，人们的某种数值估计会受到最先呈现的数值信息（即初始锚）的影响，以初始锚为参照点进行调整和做出估计，由于调整的不充分使得其最后的估计结果偏向该锚的一种判断偏差现象。在特沃斯基和卡尼曼看来，锚定效应是一种判断启发式。在另一项实验中，他们曾让被试粗略估计一串乘法算式的结果。算式有两种呈现方式：第一种：$1 \times 2 \times 3 \times 4 \times 5 \times 6 \times 7 \times 8$，第二种：$8 \times 7 \times 6 \times 5 \times 4 \times 3 \times 2 \times 1$。结果，被试对第一个算式的结果估计的平均值是 512，对第二个算式结果估计的平均值是 2250。这个结果也说明，在做决策的时候人们会不自觉地给予初始信息过多的重视。在另外一个经典的有关锚定效应的实验中，特沃斯基和卡尼曼让被试转幸运轮，研究者让被试相信，他们转出的结果是随机的。实际上研究者在幸运轮上做了手脚，一组被试"随机"转动的结果是 65，一组"随机"转到 10。随后特沃斯基和卡尼曼让被试回答一个问题：非洲国家在联合国国家总数中所占比例是多少？结果发现，转到 65 的被试平均估计 45%，而转到 10 的被试平均估计 25%。事实上，任何有理性头脑的人都明白，幸运轮无论转到什么数字，都和问题的正确答案无关。但显然被试对问题答案的估计受到了先前转到的数字的影响。

接下来将为大家介绍的是丹·艾瑞里(Dan Ariely)等人所做的一项有趣的研究，这个研究探讨的问题是，你愿意为恼人的噪声支付多少钱？研究表明，即使是为噪声这样令人不快的刺激出价，人们依然受到了先前报价的影响，表现出稳定的锚定效应。

二、评介文章及作者简介

这一系列有关金钱和噪声的研究出现在丹·艾瑞里、乔治·罗文斯坦(George Loewenstein)和德拉岑·普利莱克(Drazen Prelec)所著的《连贯盲目性：不稳定的偏好却有稳定的需求曲线》(*Coherent arbitrariness：Stable demand curves without stable preferences*)一文中。这篇文章于 2003 年发表在《经济学季刊》(*The Quarterly Journal of Economics*)第 118 期上。

对经济心理学或行为经济学有所了解的读者一定不会对艾瑞里这个名字感到陌生。艾瑞里，著名的以色列裔美国心理学家和行为经济

丹·艾瑞里

学家，目前执教于杜克大学，同时也是高级事后分析中心(Center of Advanced Hindsight)的创始人。他出生于纽约，3 岁时返回以色列生活，于 1991 年在以色列特拉维夫大学获得心理学学士学位，1994 年在美国北卡罗来纳大学教堂山分校获得认知心理学硕士学位，两年后获得认知心理学博士学位。1998 年，艾瑞里在杜克大学获得了营销学博士学位，同年取得了麻省理工学院的助理教授席位。从 1998 年起，他在麻省理工学院斯隆管理学院担任管理科学教授，直到 2008 年返回杜克大学担任行为经济学教授。作为行为经济学领域的著名学者他享有广泛的声誉，他出版了一系列有影响力的书籍，如 2008 年的《可预测的非理性：隐藏的力量如何影响我们的决策》(*Predictably Irrational：The Hidden Forces That Shape Our Decisions*)、2010 年的《非理性的积极一面》(*The Upside of Irrationality*)以及 2012 年的新作《不诚实行为的坦诚真相》(*The Honest Truth about Dishonesty*)都是《纽约时报》的畅销书；他在 TED 上演讲的观看量超过了 2.8 万人次。目前，艾瑞里和他的实验室及他所领导的高级事后分析中心主要从事金钱心理学、决策以及社会正义方面的研究。

三、非信息性线索对估价的影响：连贯盲目性

有关价值的经济学理论通常假设，商品和资产的价格源于潜在的"基本"价值。任何对经济学有一点了解的人都对"价值决定价格，价格围绕价值上下波动"这句话耳熟能详。这个基本价值通常用效用来表示。微观经济学假设，消费品——如巧克力、CD、电影、旅游假期、药物等——的需求曲线最终都能够溯源到消费者期望从这些物品中获得的效用。

然而，直接对效用进行测量是十分困难的，经济学理论的实证检验通常验证估价在环境中的变动是否与理论预测相一致。例如，劳动力的估价是否正确反映了工资水平的变动，商品的需求曲线是否是下降的折线或者股票价格是否反映了对于股权回购的预期，等等。然而，这种"配对性的统计"关系对基本价格来说是必要而非充分条件。

艾瑞里认为，人们对于日常物品的估价和体验受到一些非信息性线索的影响，并将这种现象称为"连贯盲目性"（coherent arbitariness）。在这篇文章中，艾瑞里等人提供了这样一种验证：消费者对于一种简单痛楚的绝对估价具有令人惊异的盲目性。通过四个实验，研究者证明了消费者对于一种简单的感官刺激的估价（耳机里播放的不愉悦的噪声）并不与基本价值相一致，而是受到了非信息性的锚定价值的强烈影响。

四、有关噪声和估价的四个实验

研究中所有的实验都遵循以下流程：被试先收听一个声音，然后被问一个锚定性的问题，他们是否愿意为了一定的报酬（高或低）再听这个噪声一段时间（实验 1、2、4 中是 30 秒，实验 3 中是 300 秒）。他们愿意接受的价格是由不同的时长所决定的。第一个实验在个体水平上验证这一效应，第二个实验在模拟的拍卖市场中证明了这一效应，第三个实验引发随机的内部锚和高报酬，第四个实验验证了在多重锚定的情况下，第一个锚对估价的影响最大。

（一）实验 1：非信息性问题的锚定效应

研究者设计实验 1 的主要目的是验证非信息性问题是否会影响人们对噪声的最高接受价格，以证明估价过程中基本价值的缺失。

被试：132 名麻省理工学生。一半是研究生，一半是 MBA 学员。被试被随机分配在 6 种实验条件下。实验长度为 25 分钟左右，被试根据其在实验中的表现获得报酬。

刺激：刺激为不同时长的噪声。这种声音通过一种音响设备产生，频率为 3000Hz。所有的声音听起来都像高分贝的尖叫，与广播的警报类似。刺激以三种时长呈现：10 秒、30 秒和 60 秒。

设计：主要的实验操作是锚定价格，在被试间有三种水平：锚定价格为 10 美分（低锚），50 美分（高锚），没有锚定价格（无锚）。

过程：被试先通过耳机听 30 秒令人难以忍受的噪声，然后被问是否愿意以 10 美分（50 美分）的价格再听一次（3 种时长）。

结果：通过对数据的分析，实验者发现了锚定的主效应，经过 9 轮的测试，高锚定组愿意以平均 59.60 美分的价格再次收听这种恼人的噪声，而低锚定组则愿意以 39.20 美分的平均价格再听一次。两者在 $p=0.001$ 的水平上呈现显著差异，而无锚定组所能接受的平均价格是 43.87 美分，处于两者之间（如图 1 所示）。

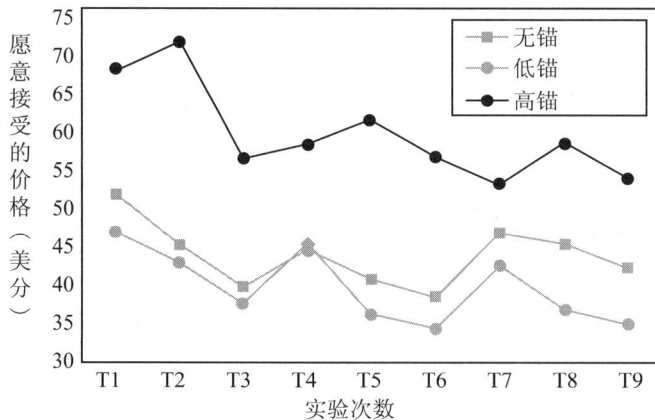

图 1 不同锚定水平下被试愿意为收听噪声接受的平均价格

（来源：Ariely et al.，2003）

(二)实验 2：模拟拍卖中的锚定效应

在实验 1 中，初始的锚定没有随着 9 轮测试而消失，但仍然有这样的可能性，即市场压力或市场信息会降低这种估价的盲目性。因此，研究者又以模拟拍卖的方式设计了第 2 个实验。

被试：53 名麻省理工学院的学生，通过校园广告招募。被试参加实验的报酬包括 5 美元的固定报酬以及从实验中获得的酬劳。被试按照实验条件被随机分组，每组平均 6～8 人，实验时间为 25 分钟左右。

设计：实验 2 的设计基本上与实验 1 相同，主要区别在于(1)锚定的水平不同。锚定的操作分为 10 美分(低锚)和 1 美元(高锚)两种;(2)采用了拍卖的方式,而不是实验 1 中的个人出价。

过程:被试被分成 6~8 人的小组,然后先通过耳机收听 30 秒令人难以忍受的噪声,然后被告知他们是在一个"噪声拍卖"的市场上,他们将为再听噪声并获得报酬的机会而进行竞标出价。

结果:实验 2 的结果仍然发现了显著的锚定效应。低锚定条件下被试平均愿意以 42.91 美分的价格再听噪声,显著低于高锚定条件下的 130.14 美分。对于每一种噪声来说,高锚定条件下的被试平均愿意出价 59 美分再听一次,显著高于低锚定组平均出价 8 美分。结果如图 2 所示("竞价"指被试各轮平均的报价;"赢得"是指出价最低从而赢得竞标的三个被试的平均报价):

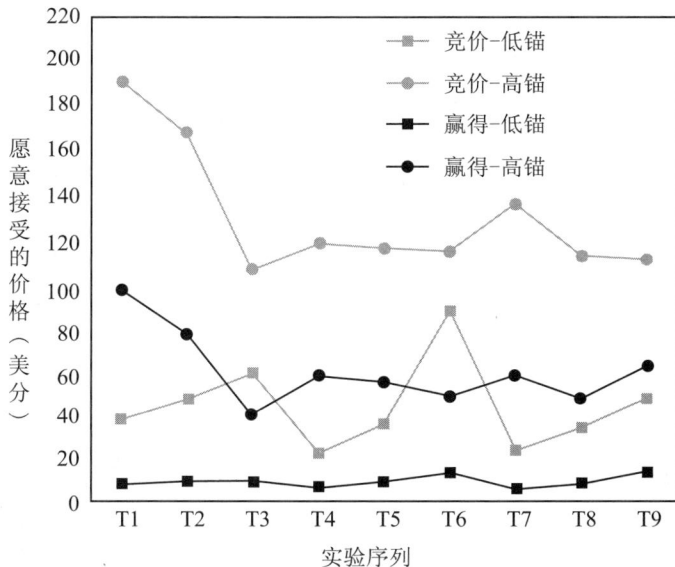

图 2 不同锚定水平下被试愿意为收听噪声接受的平均价格

(来源:Ariely et al.,2003)

(三)实验 3:随机外部锚的锚定效应

实验 3 的目的是为了应对两种可能的质疑:第一种是被试相信锚定值是具有信息提示性的,比如,被试可能认为锚定值和金钱报酬存在数字上的关联;第二种可能的质疑是,前两个实验中的赌注成本太小(收听数十秒的噪声对很多人来说可能不算什么),导致了被试估价的盲目性和随意性。因此,在实验 3 中,研究者一方面加大了刺激的量级(噪声持续时间为 100

秒、300 秒和 600 秒）；另一方面以随机的外部锚［被试的社会安全号码(social security number)的前 3 位］作为锚定信息。

被试：53 名麻省理工学院的学生，通过校园广告招募。被试参加实验的报酬取决于他们在实验中的表现。被试按照实验条件被随机分成两组，实验时间为 25 分钟左右。

设计及流程：实验 3 的刺激基本上与实验 1、2 相同，主要区别在于持续的时间更长了，变为 100 秒、300 秒和 600 秒。锚定的操作也有所不同，被试要求事先提供他们的社会安全号码，然后他们会发现自己号码的前三位被转化成了美分(比如，678 对应 ＄6.78)。被试接受的任务指导与实验 1 相同，但锚定值变成了他们社会安全号码的前三位数字。

结果：社会安全号码前三位的取值范围是 041(＄0.41)～799(＄7.99)，平均数 523，中位数 505。研究者以中位数为界将被试的锚定值分为高锚定组和低锚定组。结果显示，低锚定组平均出价 3.55 美元，显著低于高锚定组的 5.76 美元。

(四)实验 4：初始锚定值和后续锚定值的影响

实验 4 是为了验证这样一个假设：初始锚定值比后续的锚定值有更大的影响作用。

被试：44 名麻省理工学生。被试从校园招募，被随机分配在各实验条件下。实验长度为 25 分钟左右，被试根据其在实验中的表现获得报酬。

刺激：刺激材料采用 30 秒的噪声，噪声有三种属性：(1)和实验 1 中一样的高分贝噪声；(2)变化的高分贝噪声(围绕高频噪声频率上下变动的噪声)；(3)白色噪声(无规律、频率范围广的噪声)。

设计：实验包含两个因素。第一个因素是锚定值，分为 10 美分(低锚定)、50 美分(中等锚定)、90 美分(高锚定)。这一因素进行被试内操作，也就是说，每个被试都会接受这三种锚定的测定。每一种锚定值都与三种性质的噪声之一相匹配。第二个因素是顺序，有升序和降序两个水平。升序条件是：被试以低锚定、中等锚定、高锚定的顺序接受问题；降序条件是：以高锚定、中等锚定、低锚定的顺序接受问题。

过程：实验过程与实验 1 相似。被试听完 30 秒的噪声后，被询问是否愿意以 10 美分、50 美分、90 美分的报酬再听一次。被试以两种顺序接受问题，一种是升序，以 10 美分、50 美分、90 美分的顺序呈现；另一种是降序，以 90 美分、50 美分、10 美分的顺序呈现。在此之后，被试接受一次特别的测试，问他们愿意以多少钱为报酬单独再听一次 30 秒的噪声。

结果：结果显示，顺序表现出显著的主效应，降序条件下（90－50－10），被试平均愿意接受的价格为66.4美分，显著高于升序条件（10－50－90）下的40.8美分。锚定值本身对结果没有显著影响，但顺序与锚定值之间存在显著的交互作用。对每一种噪声的单独分析显示，在第一种噪声条件下，升序组的出价显著低于降序组；第二种噪声条件下，三种锚定条件的出价都是50美分，这里出现了所谓掠夺效应（carry-off effect），因此，升序条件的出价显著低于降序条件；最有意思的比较来自于第三种噪声条件下，在这种条件下，初始锚定和特定锚定（先于特定刺激的锚定）的作用是相反的。升序条件下，初始锚定是10美分，特定锚定是90美分，降序条件下，初始锚定是90美分，特定锚定是10美分。如果特定锚定强于初始锚定，那么升序条件下的出价应该高于降序条件；而如果初始锚定强于特定锚定，那么降序条件的出价应该高于升序出价。但事实上，降序条件下的被试愿意接受的价格显著高于升序条件。由此可见，初始的锚定有比先前判断产生的锚定更强的效力。

五、研究评价

艾瑞里等人的这篇文章通过四个实验证明了人们在对物品进行价值估计时会受到非信息性线索影响的现象，即连贯盲目性。所谓"连贯"，即人为地将价值估计与无关线索建立关联。艾瑞里等人的实验同时也反复证明了这样一个观点，锚定是造成估价的盲目性的重要原因。这个研究有以下几个特点。

第一，逻辑关系层层递进。这四个实验的逻辑关系是，看是否有些因素会减少或消除这种效应。第一个实验证实了人们对噪声的估价受到初始锚定值的影响。第二个实验验证市场压力是否会降低这种效应。结果发现采用模拟竞标的方式之后，被试仍然表现出受到锚定效应的影响。第三个实验提高了赌注，锚定效应仍然显著。第四个实验证明，在多种锚定存在的情况下，初始锚定仍然有较强的效力。这种建立各种实验条件、逐步排除可能影响因素的方法非常严谨地证实了锚定效应的稳定性。

第二，以噪声作为刺激材料，除了具有新颖性之外，还有其他优势。首先是容易控制和操作，研究者可以随意改变刺激的属性，如时长、频率等；其次，如果采用普通物品作为刺激，很可能由于个体对物品的偏好造成污染，而所有被试对噪声的"偏好"差异不大；再次，以噪声这种无形刺激作为材料，由于缺乏价格参照，被试不易对价格产生心理预期，使得实验者能自由地对锚定值进行设定；最后，噪声是一种厌恶刺激，因此，能有效控制被试出于对报酬的贪婪而不断接受刺激的欲望，在一定程度上有利于实验成本的控制。

第三，被试的报酬取决于在实验中的表现，且为真实的金钱，有利于提高被试参与实验的积极性，并真实表现自己的偏好和选择，因此，使得结果具有较强的外部效度。

六、锚定效应的其他相关研究

锚定效应的相关研究集中在锚定效应的证明、分类及影响因素方面。

(一)锚定效应的证明

和艾瑞里等人的金钱噪声研究类似，还有许多心理学家和行为经济学者针对锚定效应做了一系列有趣的研究。例如，普利莱克和艾瑞里(2006)曾在 MIT 举行了一场古怪的拍卖，他们拿出红酒、笔记本、无线轨迹球等拍卖品，让被试先写下自己社会安全号码的后两位，然后再对这些拍卖品进行竞标，结果发现，社会安全号码后两位数字较高的被试，出价是数字较低被试的 3.46 倍。号码为 80～99 的被试平均为轨迹球出价 26 美元，而号码为 00～19 的被试平均出价是 9 美元。在威尔逊(Wilson)等人 1996 年的研究中，一组志愿者得到一份粘贴有额外小纸条的问卷。每张小纸条上写着一个介于 1928 和 1935 之间的四位数"ID 号"。实验人员要一组参与者把这个数字抄写到问卷上，而后就请他们估计当地电话簿上医生的人数。结果，平均的估计值是 221 名医生。另一组得到了稍有不同的指示，实验人员要求志愿者注意 ID 号是用红色还是用蓝色写的(表面上的借口是，这将决定他们填写问卷的哪一页)。结果，这部分人给出的平均答案是 343 名医生。这个实验说明，只是对该数字多瞟了那么一眼，进行了更深入的加工，估计值就提高了 55％。接着，一个小组得到的要求是，看看 ID 号是否介于 1920 和 1940 之间(所有的 ID 都处在这一范围内)。这个问题的真实目的是强迫参与者把数字当成数值来看。结果这一组参与者估计电话簿上医生的人数平均为 527 名。还有一组被试被要求猜测电话簿上医生的人数是大于还是小于 ID 号，接着又请他们做出具体的估计。结果这个小组的平均答案为 755 名。威尔逊指出："任意一天里，我们脑海中都有许多任意的数字，比如，电台里播报过的温度，我们刚在电脑键盘上输入的数字，我们刚刚校对过的时钟的数字，我们读过的一本书或问卷上的页码，表面上，这些一闪而过的数字恐怕不会被用来做无关的判断"，但实际上却影响了我们的判断和政策。

(二)锚定效应的分类

研究者一般根据引发锚定效应的研究范式将锚定效应进行分类。根据提问步骤将两步式外部锚引发的锚定效应称为传统锚定效应（traditional anchoring effect），将一步式外部锚引发的锚定效应称为基本锚定效应（basic anchoring effect）。传统锚定效应就是前述特沃斯基和卡尼曼让被试先转幸运轮再提问的范式；基本锚定效应指威尔逊（1996）等人提出的一步式的无关锚定的信息使最终的估计值趋向无关信息的值而产生的锚定效应。艾普雷（Epley）和吉洛维奇（Glilovich）（2001）又根据锚定信息的来源将锚分为外部锚（experimenter-provided anchor）和自发锚（self-generated anchor）。外部锚是指情境中其他人直接提供的锚定值。例如，非洲国家在联合国国家总数中所占比例是高于10%还是低于10%？自发锚是个体根据以往经验和信息线索在自身内部产生的比较标准。例如：美国针对阿富汗的军事行动是什么时候开始的？个体可能不知道精确的答案，但他（她）可能知道2001年震惊世界的"9·11"事件，所以会利用这一经验信息形成自发的锚定值，判断美国对阿富汗的军事打击应该发生在2001年或2002年。综上，我们可以如图3那样对锚定效应进行分类。

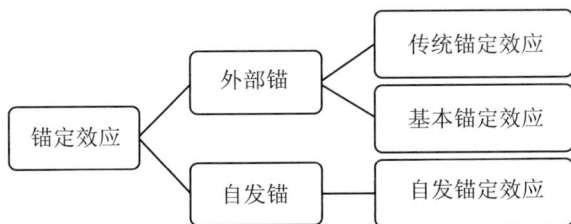

图3 锚定效应的分类

(三)锚定效应的影响因素

在锚定效应的影响因素方面，研究者针对不同类型的锚定效应进行了研究。对于传统锚定效应，影响因素主要有锚定信息的特征、专业能力、情绪、人格特征等。锚定信息的特征包括锚定值的大小，可行锚与不可行锚，锚定值和判断目标是否同质、同维等。专业能力方面，在对汽车估价的研究中发现，传统锚定范式下，专家和新手都存在锚定效应。情绪方面，有研究发现悲伤情绪导致更大的锚定效应，可能是因为悲伤情绪导致精细化思维，会让个体对锚定信息进行更深入的加工。人格方面，大五人格中"开放性"得分较高的被试有更强的锚定效应，研究者将其归因为开放性较强的个体对外部信息更敏感。影响基本锚定效应的因素有个体技能、时间因素等。例如，有研究者在对汽车估价的研究中发现，非专家和专家相比，更容易出现基本锚定效应。还有研究者发现，时间压力会让被试在做出判断时更多依赖锚定信息。而影响自发锚定效应的因素有动机、认知和信念。艾普雷和吉洛维奇采用金钱奖励，鼓励被试尽可能做出正确判断，结果发现金钱奖励对动机的提高能有效降低自发锚，但对传统锚无影响。还有研究发现，身体动作也会造成锚定效应。有研究者让被试进行判断时点头或摇头，结果发现，点头的被试出现了更强的锚定效应，可能是因为点头的动作让个体在信念方面更认同锚定信息（详见李斌，徐富明等人 2010 年综述文章）。

七、研究启示及现实应用

艾瑞里等人有关锚定效应的研究对经济活动有丰富的启示意义。首先，锚定效应在金融市场的估价方面有明显的体现。在房地产交易过程中，起始价较高的交易最后达成的成交价比起始价较低的交易最终达成的成交价显著要高（Northcraft & Neale，1987）；在金融市场上，只要过去的价格作为新价格的锚定值，新价格就趋于接近过去的价格，这就是所谓"价格黏性"。谁能说道琼斯股值应该是多少？在缺乏必要信息的条件下，判断股票价格水平时，最可能锚定的数字是记忆中距离现在最近的价格，人们对今日股价的估计，取决于昨日的股价，导致股价日复一日停滞不前。同样，锚定效应影响投资者对市盈率的判断。美国投资者在 20 世纪 80 年代普遍认为日本股票的市盈率过高，这是因为他们以美国股市的市盈率为锚定值。而到了 90 年代中期，不再认为东京股市市盈率过高，尽管其市盈率还是比美国的要高得多，因为此时 80 年代末东京较高的市盈率已成为其比较参照的初始锚定值。其次，在劳动力市场上，劳动力价格的确定具有一定的盲目性。工人们确认他们的工资水平是否适当，依据的是他以前的工资水平。先前的工资水平就相当于一个锚定值。这也导致另外一个结果：工人对工资的相对变动更敏感，胜过对绝对水平的关注。

除此之外，锚定效应在商业和消费领域中还有很多应用。第一，如果一家企业想给自己的产品一个较高的定位，那它最好将自己的实体店铺开在机场或高档商场，与其他著名品牌毗邻，让其他高端品牌成为自己的锚定值。第二，在定价中商家可以利用锚定效应引导消费者行为。比如，有一个流传广泛的故事：有两家粥店，由于同质化竞争，经营的产品、服务、装潢相差无几，但甲店的营业额总是比乙店高一倍。调查后发现，唯一的区别就是，乙店的服务员问顾客：粥里加鸡蛋吗？而甲店的问法是：加一个鸡蛋还是两个鸡蛋？可见，甲店的服务员巧妙地用问话把顾客牢牢锚定在"至少加一个鸡蛋"的水平上。第三，商业谈判中也会用到锚定效应。一般来说，在信息不透明的情况下，谈判双方都希望对方先出价，这样就可以将这个价格作为锚定值，以此为基础向下压价，使得谈判朝有利自己的方向发展。因此，在购物过程中经常出现这种情况：买家和卖家都想让对方先报价。但在信息透明的情况下，谈判双方可能会争着先出价以形成锚定，从而占据主动。第四，锚定效应原理也证明，知名厂商推出"天价极品"的做法其实是一种销售策略。例如，瑞士的手表品牌会推出各种镶钻的限量款，著名内衣品牌"维多利亚的秘密"会推出镶钻内衣，等等。事实上商家并不指望这些曲高和寡的商品能够卖出去，它们的真正作用是在消费者心中设置一个较高的锚定值，这样消费者再看到该品牌其他档次的商品时不再感觉那么昂贵了（虽然还是很贵），因此，很容易打开荷包购买。同样，土地竞标中，开发商对"地王"的竞标如此火热，也是锚定效应的一种应用，获得"地王"的称号就建立一个初始的锚定值，等楼盘落成，潜在的买家已经形成了心理预期，相对容易接受较高的价位。

总的来说，锚定效应是一种心理偏差，会影响人们对于数量、概率和价格的估计。锚定效应所展现的人类的非理性也带来了这样一种隐忧：即人们其实有时并不知道自己真正喜欢什么，他们为物品支付的价格时常并不与价值或效用挂钩。正如艾瑞里在《汤姆·索耶和价值建构》（*Tom Saw-yer and the construction of value*）一文中所说的那样：在这样一个人们不知道自己真正喜欢什么的世界上，自愿的交易不一定会促进幸福感，同样，市场交易也不一定能改善社会福利。

[窦东徽　评介]

评介文献

Ariely, D., Loewenstein, G., & Prelec, D. (2003). Coherent arbitrariness: Stable demand curves without stable preferences. *The Quarterly Journal of Economics*, 118, 73—105.

参考文献

李斌，徐富明，王伟，邓子娟，张军伟(2010). 锚定效应的种类、影响因素及干预措施. 心理科学进展, 18(1), 34—45.

威廉·庞德斯通(2011). 无价. 闾佳译. 北京：华文出版社.

Ariely，D.，Loewenstein，G.，& Prelec，D.（2006）. Tom Sawyer and the Construction of Value. *Journal of Economic Behavior & Organization*，60(1)，1—10.

Epley，N.，& Gilovich，T.（2001）. Putting adjustment back in the anchoring and adjustment heuristic：Differential processing of self-generated and experimenter-provided anchors. *Psychological Science*，12，391—396.

Northcraft，G. B.，& Neale，M. A.（1987）. Experts，amateurs，and real estate：An anchoring-and-adjustment perspective on property pricing decisions. *Organizational Behavior and Human Decision Processes*，39，84—97.

Tversky，A.，& Kahneman，D.（1974）. Judgment under uncertainty：Heuristics and biases. *Science*，185，1124—1130.

Wilson，T. D.，Houston，C，E，Etling，K. M.，& Brekke，N.（1996）. A new look at anchoring effects：Basic anchoring and its antecedents. *Journal of Experimental Psychology*，125(4)，387—402.

4. 人的判断与贝叶斯推理

人们日常生活中的很多判断和决策都符合贝叶斯推理问题的模式。例如，医生根据检查阳性的结果推断病人是否患某种疾病，法官根据现场证据推断某一嫌疑人是否有罪，股民根据某一股票的表现推测其上涨的概率并做出投资决策，等等。那么，人们的实际判断是否与根据贝叶斯定律计算得到的结果相符呢？卡尼曼和特沃斯基（1973）通过实验发现：即便是统计学专家对日常问题的直觉判断也不符合贝叶斯定律，并提出启发式与认知偏差理论，该理论撼动了传统经济学的"理性人"假设，成为经济心理学的奠基之作。然而，德国心理学家吉仁泽却提出了相反的观点，认为人们在不确定情境下出现的决策不是认知偏差或缺陷，而是对环境的一种适应，符合"生态理性"。吉仁泽等人 1988 年发表在《实验心理学杂志》的研究报告"呈现方式和内容：把基础概率作为连续变量"重复并扩展了卡尼曼和特沃斯基著名的"工程师—律师"实验，提出如果改变基础概率的呈现方式，或者把问题内容变成被试日常生活中熟悉的概率问题，那么普通人也能做出符合贝叶斯定律的概率判断。

一、引言：挑战卡尼曼的人

吉仁泽（Gerd Gigerenzer，又音译为歌德·吉戈伦尔，他本人更愿意使用中文名字吉仁泽)1947 年 9 月出生，1977 年获慕尼黑大学心理学博士学位。目前担任德国柏林马普人类发展研究所所长及哈丁风险普及中心主任。他曾任芝加哥大学心理学教授和弗吉尼亚大学法学院杰出访问教授，他还是弗吉尼亚大学达顿商学院巴顿学者，以及柏林－勃兰登堡科学院和德国科学院研究员。

吉仁泽(左图)及"适应行为与认知"研究小组成员

　　吉仁泽的主要研究方向是人类思考和决策的模型，他所带领的适应行为与认知(Adaptive Behavior and Cognition，简称 ABC)研究小组，在判断和决策领域做出了开创性研究，发表了数百篇论文和研究报告，出版了几十本专著。吉仁泽因提出了有限理性、生态理性和社会理性的全新思想和研究方案而闻名全球，并多次获得国际性奖励。他在《心理学评论》上发表的论文"从工具到理论"(Gigerenzer，1991)获 AAAS(美国科学促进会)行为科学研究奖。他的著作《估算过的风险》的英文版获得 2002 年美国出版协会社会和行为科学最佳图书奖，并被翻译成 18 种文字出版。目前，他的很多著作已有中译本，例如，《简捷启发式——让我们更精明》《适应性思维——现实世界中的理性》以及《成败就在刹那间》。吉仁泽善于用清楚简练的语言把复杂的算法讲解得简明易懂，这是很多学者难以企及的。

　　1996 年，吉仁泽与卡尼曼和特沃斯基曾经有过一场著名的争论(Kahneman & Tversky，1996；Gigerenzer，1996)，争论的焦点是决策偏差的本质在于认知错误还是在于任务信息与认知机制不匹配。吉仁泽认为卡尼曼等人揭示的很多决策偏差不是由于人们的认知缺陷造成的，而是由于研究者提供的信息与认知的机制不协调。概率表征不适合我们的大脑构造，在人类长期进化过程中，理解数字的自然格式是"频率"(如，7 人中有 3 人得过疾病 A)而非"概率"(如，每个人有 0.429 的概率患疾病 A)。以概率形式呈现判断问题，就像是给一个十进制的计算器输入二进制的数字，算出的结果自然是垃圾。下面将要介绍的实验是吉仁泽反驳卡尼曼和特沃斯基的启发式偏差理论的经典研究之一。

二、概率与判断

从大约 1660 年到 19 世纪中期，概率理论与理性思维非常一致。在经典概率理论中，微积分的原则就是理性人中的精英在面对不确定情况下的直觉规则。如果这些理性的直觉偏离了概率理论的法则，那么后者将受到质疑。19 世纪早期，概率理论从对理性人直觉的描述转变为对非理性大众行为的描述。在 20 世纪六七十年代，实验心理学重建了概率理论与不确定情境下理性思维之间的联系。但是，重建的联系与旧有的观点存在两点重要的差别。首先，在新的潮流中概率理论而不是直觉判断被看作规范性的标准。虽然不同的统计方法对于同一个问题会给出不同的答案，但是心理学家通常假定统计学家的声音是一致的，这是新规范性观点的一个重要前提。其次，概率理论与人类思维的联系成为实验研究的主题。心理学家们从实验中了解人类的判断，并且发现即使是专家的判断也往往会明显偏离统计规则，例如贝叶斯定律。

贝叶斯定律是概率论中一种常用的统计推断方法，在经济和社会科学领域有着广泛的应用。简单来说，贝叶斯定律解决的是这样一类问题：事件 H 和－H 互斥且构成一个完整事件，P(H) 和 P(－H) 分别代表两个事件出现的概率，也称先验概率或基础概率。在 H 和－H 中都能观察到某一共同特征 D，D 在两个事件中存在的概率分别为击中率 P(D/H) 和虚报率 P(D/－H)。当 D 出现时，根据基础概率和击中率、虚报率就可以推断事件 H 出现的概率 P(H/D)，称为后验概率。其计算公式如下：P(H/D)＝P(H)×P(D/H)/(P(H)×P(D/H)＋P(－H)×P(D/－H))。日常生活中很多可能性评估的问题属于贝叶斯类型的概率修正问题。在一项经典实验中（Eddy，1982），研究者让一些医生根据下列信息对乳房 X 光片呈阳性的一名 40 岁妇女患乳腺癌的概率做出估计。

一名 40 岁妇女患乳腺癌的概率是 1%。

如果一名妇女患有乳腺癌，X 光检查正确诊断的概率是 80%，如果患者没有得乳腺癌，X 光检查误诊的概率为 9.6%。

那么该妇女患乳腺癌的概率有多大？

这个例子中，H 是患乳腺癌，P(H) 为 1%，X 光检查发现肿瘤为特征事件 D，P(D/H)为 80%，而 P(D/－H)为 9.6%。应用贝叶斯定律很容易计算出，该妇女患乳腺癌的概率(后验概率)为 7.8%，即 P(H/D)为 7.8%。然而 95%的医生都判断患病的概率在 70%～80%之间。换句话说，医生估计的概率大约是该妇女实际患病概率的 10 倍。这表明，人们在实际生活中作判断时往往会忽视基础概率而更依赖特征事件 D，即使专家也难以避免这类认知偏差，人的头脑并不是为了按照概率规则工作而构造的。从新规范性观点来看，这种偏离似乎表明在不确定情境下人类思维普遍存在非理性。

　　然而，吉仁泽认为在上述问题中，我们应该更重视实验结果是什么，而不是规范性的观点。该研究正是以此为出发点进一步探讨贝叶斯概率推断问题。研究的核心问题是什么情况下以及为什么基础概率会被忽视。最初，忽视基础概率被解释为代表性启发式，这一理论被看作解决条件概率推断问题普遍的通用的启发式(Kahneman & Tversky，1973)。然而，特定的条件似乎也会鼓励被试使用基础概率。第一，基础概率被使用的程度取决于它们被感知为"原因"的程度，也就是，只有因果上非冗余的基础概率会被使用。第二，当与生动、鲜明、具体的个别化信息相比基础概率显得遥远、苍白和抽象时，基础概率容易被忽略。第三，任务的特性影响基础概率被忽略的程度。吉仁泽等人假设对基础概率的使用很大程度上取决于被试的内部问题表征而不是一般代表性启发式。一个问题是否被表征为贝叶斯类型的条件概率推断问题取决于以下因素：(1)信息的呈现；(2)对于问题内容(而不是结构)先前的经验。实验 1 中，使用了卡尼曼和特沃斯基(1973)的"职业"(工程师－律师)问题，但是让被试自己完成随机取样的过程，引导被试把问题表征为条件概率推断。在实验 2 中，使用了一个简单的符合贝叶斯定律的日常问题。研究者假设，在这些例子中，忽视基础概率的情况将降低甚至消失。

三、两项实验

(一)实验 1：工程师－律师问题

　　忽视基础概率的一个经典证明是"工程师－律师"问题(Kahneman & Tversky，1973)。被试被告知，一组心理学家写下了对 30 名工程师和 70 名律师的性格描述，从中随机选出 5 个。看了每个描述之后，被试要评估被描述者是工程师的可能性有多大。另一组被试看到的是同样的性格描述，只是得到相反的基础概率，也就是 70 名工程师和 30 名律师。研究结果表明，工程师基础概率高的组，被试判断的平均百分比只比基础概率低的组高 5％，卡尼曼和特沃斯基从中推断，基础概率被忽略了。他们提出了一种一般启发式——代表性启发式来解释对基础概率的忽略。代表性启发式理论认为人们仅仅依据性格描述与他们关于工程师的刻板印象之间的相似性来判断后验概率。代表性启发式的主要支持来自于这样一个事实，在性格描述没有提供任何相关信息的情况下，得到不同基础概率信息的两组被试做出的可能性判断是相同的。

性格描述是在一个总体（基础概率已定）中随机选择的，这是运用基础概率的关键条件。如果性格描述不是随机选择的，基础概率就是无关条件。在上述研究中，性格描述故意设计得符合美国人对工程师或律师的刻板印象，或者与人们对这两种职业的印象无关，并且用言语方式告诉被试这些描述是随机选取的。一个基本问题是，对于样本随机选取这样一个关键信息的言语告知是否足够引起被试的注意，并且激活相应的问题表征。另外一个问题在于，如果性格描述实际上并非随机选取，那么告诉被试随机选取是否有效？可能会有一些线索暗示信息并非是随机选择的——例如，描述极符合刻板印象。

本实验想要了解如果被试实际观察到了随机选择过程的情况下，会出现什么样的结果。实验 1 的一部分直接重复了卡尼曼和特沃斯基（1973）的工程师－律师问题，使用言语告知的方式提供基础概率信息。另一部分则做出了改进，让被试亲眼看到随机选择的过程。研究者预期，目击取样过程会使被试更关注基础概率，在问题表征中基础概率会是其中的一部分，不会出现对基础概率的忽略。

实验选择德国康斯坦大学 97 名男女学生，他们参加实验可以获得一定的报酬。在观察取样过程的条件下，每个被试单独参加实验；在言语告知的条件下，对一组被试同时施测。被试并不了解本实验是关于忽视基础概率的研究。研究采用 2×2 的被试间设计，自变量为工程师的基础概率（30％或者 70％）和随机取样的过程（言语告知或者观察）。被试随机分配到四种条件下。因变量是被试所判断的描述对象是工程师的后验概率。

研究中使用了六段性格描述的材料。其中两段是卡尼曼和特沃斯基（1973）使用过的材料，有关杰克的描述（符合美国人心目中典型的工程师印象）和有关迪克的描述（不提供与职业刻板印象有关的信息）。另外四段来自于真正的工程师和律师的朋友们对他们的描述。一段是对工程师的描述，三段是对律师的描述。所有真实描述与对杰克的描述长度相当，其中一段如下：

托马斯·欧，30 岁，单身。他看起来有点安静，但是在社交场合自信、风度翩翩。他很可靠。对他来说，成功并不是生活中最重要的事。他关心地方政治，也热心环境保护。他有慢跑的习惯。

两个言语告知组是对卡尼曼和特沃斯基（1973）研究的重复。被试得到一份有性格描述和指导语的问卷。被试看到的封面故事如下：

一组心理学家访谈了在其职业领域有成就的 30 名工程师和 70 名律师，并给他们做了性格测试。以这些信息为基础，心理学家们为这 30 名工程师和 70 名律师中的每一个人写了一段简短的描述。你将会看到从 100 段描述中随机选出的 6 段。对于每一段描述，请回答你认为这个人是工程师的概率在 0 到 100 之间可能是多少。有一组专家已经完成过这个任务，他们判断的准确性很高。根据你的估计与专家组估计的接近程度决定你将获得多少奖金。

这是其中一组被试 24 人（低基础概率/问卷组）看到的指导语；另一组被试 24 人（高基础概率/问卷组）看到的是工程师 70 人而律师 30 人，其他内容与上述指导语完全相同。在封面故事之后，所有被试看到的是完全相同的六段描述，并估计每一个被描述者是工程师的概率。所呈现的 6 段描述的顺序系统变化以控制顺序效应；也就是说，在每一组被试中，每一段材料都有四次被排在第一位。对 6 段描述进行判断之后，所有被试进行一个"虚无"判断："假设现在没有给你提供随机选出的这个人的任何信息。这个人是上述 100 人样本中 30 名工程师之一的概率有_____％。"

在两个观察组（被试分别为 24 人和 25 人），性格描述被印在小卡片上，卡片背面印着 E（代表工程师）或者 L（代表律师）。首先给被试看 10 张卡片，其中 3 张（或者 7 张，取决于基础概率条件）标记为 E，另外 7 张（或者 3 张）标记为 L。被试看不到另一面的描述。然后实验者把卡片擦起来，让被试既看不到标记字母也看不到描述，把卡片放到一个空罐子里，摇一摇。被试从罐子里随机取出一张描述卡片，把它交给实验者，实验者把卡片翻开让被试看到性格描述的一面。观察了从罐子里随机选择的程序后，被试判断被描述者是工程师的概率，其程序与言语告知组相同。为了保证所有被试都能对全部六段描述做出评价，并且避免重复抽到同一段描述，每一个罐子中所有卡片上的描述都是一样的，每个被试抽六次，每次用一个不同的罐子。这一点被试完全不知道，因为他们从每个罐子里只抽取一张卡片。

实验结果表明，在言语告知条件下，工程师基础概率为 70％时，被试对每个描述判断的概率均高于基础概率为 30% 时，平均判断概率高出 9.8%，而卡尼曼和特沃斯基的研究结果中是 5%。研究者还分析了完全忽视基础概率及完全符合贝叶斯推理两种情况下预期概率与被试实际判断的概率之间的差异。实际回答与完全忽视基础概率情况下预期回答的差异，可以用两种基础概率条件下概率估计的差值来表示。因为如果完全忽视基础概率的话，在两种概率条件下的估计应该是一致的，存在差异就表示受到了基础概率信息的影响，平均概率差异即 9.8%。实际回答与贝叶斯推理的预期概率之间的差异，通过贝叶斯定律可以计算得出，平均概率差异为 18.4%。总之，该研究发现的忽视基础概率的现象弱于卡尼曼和特沃斯基的研究，基础概率的影响几乎是卡尼曼和特沃斯基研究中的两倍，然而，在言语告知基础概率的条件下，实际观察结果与贝叶斯推理的差异几乎是其与忽视基础概率差异的两倍。

在观察随机取样过程的条件下，基础概率为 70% 时比 30% 时，被试的概率判断平均高出 17.3%。实际观察结果与贝叶斯推理得到的预期结果的平均差异从 18.4% 降低到 10.1%。这表明，当被试亲眼看到随机取样过程时，概率判断结果更接近贝叶斯定律的预期而不是代表性启发式的预期。

研究结果支持了最初的假设。随机取样是应用贝叶斯定律的关键条件，也是实验中促使被试运用基础概率的重要信息变量。如果改变信息的呈现方式，把注意力引向随机取样，被试的表现就会更接近贝叶斯定律，而不是忽略基础概率。

(二)实验 2：足球问题

工程师-律师问题有两个特征值得特别关注：被试对猜测职业问题的熟悉度以及基础概率的个体内变异问题。首先，被试并不熟悉根据一段描述猜测一个人的职业这种活动，特别是不会把这种问题解释为贝叶斯条件概率问题。即使他们在日常生活中曾经猜测职业，目标人群也不是从总体中随机选择的。例如，在一个著名的德国电视节目里，专家猜测候选人的职业，候选人对专家的提问只能回答是或否。这里，主要的启发式是搜索进一步的信息，而基础概率是不相关的，因为候选人不是随机选择的。事实上，如果专家以职业的基础概率为依据开始猜测，把这一问题转化为贝叶斯问题，猜测的成绩会很差；相反，他们必须预测一些不常见的职业。其次，当性格描述改变时，基础概率信息在个体内是保持不变的。实际上，所有发现了忽视基础概率(或者严重估计不足)现象的实验都是给不同被试呈现不同的概率信息，即基础概率是被试间变量。当然，工程师-律师问题不适合给同一个被试提供不同的基础概率和判断信息，因为要告诉被试有四个工程师和律师群体，工程师的比例不同，并且在每个群体中随机选取一些人，等等；这使得问题看起来很不合常理。

研究者选择了一个日常生活中人们熟悉的条件概率判断问题，并且基础概率的改变也很自然：足球问题。每周都有上百万的观众观看德国足球甲级联赛，联赛中 18 支实力最强的队伍相互竞争。每周，观众所面临的情境很像贝叶斯条件概率推理问题。比赛之前，他们对于 A 队赢得比赛的概率有些预期，这一预期是基于这支球队之前的表现。在比赛中，他们会获得一些新的判断信息，例如他们支持的球队落后 2 球，这可能会改变他们最初的概率预期。虽然观众并不总是把球队之前获胜的比率考虑进来，但是这一日常情境非常符合贝叶斯推理。并且，基础概率的改变非常自然，因为球队与球队之间以及每个球队不同年度在每个赛季赢得比赛的比率上都存在差异。我们使用一支球队在一个赛季中赢得比赛的比率作为基础概率，中场的比赛结果作为判断信息。被试的任务是估计 A 队赢得本场比赛的概率，本场比赛是在整个赛季中随机选出的。这样，被试的任务与工程师—律师问题有一样的结构：根据判断信息（中场比赛结果）把先验概率（整个赛季获胜的比率）修正为后验概率。研究中使用了四种基础概率和三组中场比赛结果（平局，领先一球记为＋1，落后一球记为－1）。研究者提出了三种实验假设：代表性启发式假设，仅使用基础概率假设和贝叶斯推理假设（见图 1）。

首先，代表性启发式假设预期被试对赢得比赛的后验概率的判断是依据显著事件（这里是中场比赛结果）与类别（赢得比赛）之间的相似性。中场时领先一球比平局与赢得比赛的特征更相似。同样，中场时平局比落后一球与比赛获胜的特征更相似。这一假设预期会出现平行的线，也就是说判断与基础概率无关。其次，仅依赖先验概率的假设是一种极端保守主义的表现，预期后验概率与基础概率呈线性关系，随基础概率的增加而增加。最后，要说明贝叶斯定律对足球问题的预期，我们要使用两个简化的假设。(1)我们假设被试把中场时的平局看作与判断无关的信息。因此，图 1c 中平局的线就是基础概率线，同图 1b。(2)＋1 和－1 的线是以平局线为中心对称。这是有关足球问题的最简单的贝叶斯模型。忽视基础概率的观点预测，只有中场结果有显著的效应。极端保守主义预期，只有基础概率有显著作用。而贝叶斯模型预期，二者都有显著的效应，而且有显著的交互作用。（图 1c 中的线并非平行线，而是曲线）。

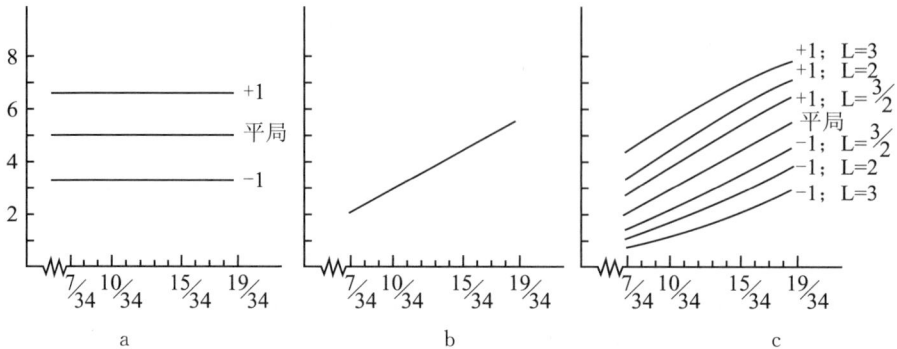

图 1 足球问题的三种预期假设

注：x 轴代表基础概率，y 轴代表被试判断的后验概率

吉仁泽等人认为是内在问题表征而不是一般代表性启发式影响概率判断。足球问题是人们日常生活中所熟悉的问题，并且每个被试都接触到变化的基础概率，这两个条件将使得被试在表征问题时不会忽略基础概率信息。为了控制熟悉性和个体内基础概率变异的单独影响，研究者设计了两个平行的实验，都使用了足球问题。在第一个实验中，基础概率和判断信息都采用被试内设计；在第二个实验中，判断信息是被试内设计，而基础概率是被试间设计，就像工程师—律师问题一样。

基础概率为被试内变量的实验以 48 名男女学生为被试，参与实验将获得报酬。实验采用 3×4 被试内设计，自变量为中场比分（领先一球，平局，落后一球）和基础概率（34 场比赛中有 7、10、15、19 场获胜）。实验为平局包括 0∶0、1∶1、2∶2 这三种结果，领先一球的比分包括 1∶0 和 2∶1，落后一球的比分包括 0∶1 和 1∶2。在看这 12 个足球问题之前，每个被试先看了其他四个足球问题，这四个问题没有被分析，只是让被试熟悉问题形式。12 个问题的呈现顺序是随机的。

足球问题的设计和实验程序如下：

在联邦德国足球甲级联赛 1978/79 赛季，A 队在 34 场比赛中有 10 场获胜。剩下的比赛或者平局或者输掉了比赛。我们从这个赛季中随机挑选了一些比赛，来检验他们的最终比赛结果与中场时的结果是否一致。例如，在赛季第七天的比赛中，中场比分为 2∶1，A 队领先一球。你认为这场比赛 A 队获胜（也就是说这场比赛是 34 场比赛中的 10 场获胜比赛之一）的可能性有多大？

基础概率为被试间变量的实验以 144 名男女大学生为被试。设计和程序同上，只是每个人只回答了 3 个足球问题(而不是 3×4 个)，每个被试的问题中基础概率都是相同的，但是有不同的三种中场比分。这样，四分之一的被试回答了同一种基础概率的问题。

研究结果表明，在基础概率为被试内变量的实验中，四种基础概率条件下被试判断概率的平均值存在显著差异，中场比分也显著影响被试的概率判断，基础概率和中场比分还存在显著的交互作用。这一结果符合根据贝叶斯定律做出的假设，不符合忽视基础概率以及完全依据基础概率做出保守判断的预期。基础概率为被试间变量的实验也得到了相似的结果，每个被试只接触一种基础概率信息并没有使得被试忽略这一信息。

四、综合讨论与评价

在工程师—律师问题中研究者通过让被试观察到关键性的随机取样过程，成功地降低了忽视基础概率的现象。这使得概率判断更接近贝叶斯定律。在足球问题中，研究者模拟了日常生活中人们在已知中场比分的情况下对球队赢得比赛的概率估计，其结果也没有偏离贝叶斯定律。

关于人们是否自然地按照贝叶斯定律进行推断，存在着两种相互矛盾的主张。19 世纪初，启蒙运动中的经典概率论者(孔多塞、泊松及拉普拉斯等)认为概率论等同于受过教育的"开明人士"的常识，数学工具特别是贝叶斯定律和伯努利规则真实地描述了人类的判断过程。爱德华兹(Edwards，1968)首次通过实验表明人类的判断虽然有些"保守"，但通常与贝叶斯规则计算的结果是一致的。然而，20 世纪七八十年代，以启发式和偏差理论为基础的一系列实验却得出相反的结论：在贝叶斯推理问题上，人们系统地忽视基础概率。贝叶斯定律不再被看作对头脑工作方式的描述，人们是采用"代表性启发式"之类的粗略估计而非统计学规则来计算事件的概率。在这一争论中，吉仁泽主张，两种观点均基于不完全的分析：它们都把注意焦点放在认知过程(贝叶斯式的或者其他方式的)问题上，而没有考虑在认知算法规则(cognitive algorithm)与信息格式之间建立联系。例如，数字可以表征为罗马数字、阿拉伯数字、二进制数字及其他格式，不同的信息格式表征能够一一对应起来，在这种意义上它们具有数学上的等价性。但是，这些表征方式相对一种算法规则(比如乘法)的实施来说却有天壤之别。类似地，人类获得的算术算法规则也是为特定表征方式设计的，用罗马数字进行除法运算就需要思考更长时间。吉仁泽设计了一系列实验来说明信息的内在表征对判断的影响，探讨如何帮助人们在无须特别指导的情况下按照贝叶斯规则进行推理，本章所介绍的研究就是其中之一。吉仁泽等（1988）确认了在贝叶斯类型的概率推断问题中，观察到随机取样的过程是信息呈现的关键变量，问题熟悉度是关键的内容变量。

让我们再回到本章"概率与判断"部分提到的"乳腺癌"问题。吉仁泽认为医生做出的判断之所以偏离贝叶斯定律，并不是如启发式和偏差理论所认为的那样：人类大脑缺乏按照统计规则进行推理的能力，而是因为信息的格式不是以人类进化过程中所遭遇的自然环境中的形态来呈现的。大多数实验者是按照概率或者百分比来呈现信息的，概率和百分比在 19 世纪之后才逐渐成为普通概念，并且主要是用来表示利息和税金等，并不常用来表征不确定性。直到 20 世纪后半叶，概率和百分比才作为不确定性的表征方式在西方国家的日常语言中普及和流行开来。原始的数字格式是经由自然取样获得的自然频数。以"乳腺癌"问题为例，设想一下在文盲社会里的一个医生，他周围的人们正饱受一种从未见过的严重疾病的折磨。这个医生没有书籍可以参考，也不会进行统计测量；他唯一可以依靠的是他的经验。幸运的是，他发现了昭示这种疾病的一种症状，虽然不是十分确定。在他的一生中，曾经见过 1000 个人里有 10 人患有此病。这 10 人中有 8 人出现了上述症状；没有患病的 990 人中，有 95 人也有此症状。这样，共有 8＋95＝103 人出现了症状，其中只有 8 人患有此病。现在来了一个新病人，也出现了上述症状，那么他实际上患此病的概率有多大呢？这位文盲社会的医生无须使用计算器来估计贝叶斯后验概率。他唯一需要做的事情是，记录有症状而患病的人数(8)以及有症状而未患病的人数(95)。新病人实际患病的概率很容易从这些频数中得出：$P(H/D)=8/(8+95)$。这个概率不到 8％，从经验中学习的这位医生不会愚蠢到轻易相信这个概率会达到 75％的地步(Gigerenzer，2000)。吉仁泽和他的同事曾经用"乳腺癌"问题及其他三个类似的医学诊断问题测试过德国慕尼黑的 48 位医生(Hoffrage & Gigerenzer，1998)，这些医生的平均从业年限为 14 年。其中 24 位医生阅读了以概率格式提供的信息，另外 24 位医生阅读了以自然频数格式呈现的同样的信息。在概率格式条件下，24 位医生中只有 2 位(8％)提供了贝叶斯式的答案。对乳房 X 光片呈阳性的病人患乳腺癌概率估计的中数为 70％，然而，在自然频数格式条件下，24 位医生中有 11 位(46％)给出了贝叶斯式的答案。这一结果启发我们，不要去怪罪医生或者外行们的头脑，而应该用与人类头脑进化过程中遭遇信息的方式相对应的自然频数来重新表征教科书、课堂及医患互动活动中使用的信息。

信息需要被表征。如果一种表征在人类进化过程中是循环出现的和稳定的，那么心理算法规则就应当是以这种表征来操作的。吉仁泽用这种观点来理解不确定条件下人类的推断活动，发展出生态理性观。生态理性观试图解答的问题是："在何种环境中（过去的或现在的）人们的判断是合理的?"吉仁泽还指出区分过去的和现在的环境尤其重要，因为人类迅速地改变着他们的环境。研究过去的环境如何不同于目前的环境有助于提醒我们：生态观有其进化的和历史的维度。吉仁泽为研究人类的理性提供了全新的理论框架。

［孙铃 评介］

评介文献

Gigerenzer，G.，Hell，W.，& Blank，H.（1988）．Presentation and content：The use of base rates as a continuous variable. *Journal of Experimental Psychology：Human Perception and Performance*，14，513—525.

参考文献

吉戈伦尔，托德(2002)．简捷启发式——让我们更精明.刘永芳译.上海：华东师范大学出版社.

吉仁泽(2006)．适应性思维——现实世界中的理性.刘永芳译.上海：上海教育出版社.

吉仁泽(2009)．成败就在刹那间.聂晶译.北京：中国人民大学出版社.

Edwards，W.（1968）．Conservatism in human information processing. In B. Kleinmuntz（Ed.），*Formal representation of human judgment*（pp. 17 — 52）. New York：Wiley.

Gigerenzer，G.（1996）. On narrow norms and vague heuristics：A reply to Kahneman and Tversky. *Psychological Review*，103(3)，592—596.

Gigerenzer，G.（2000）. *Adaptive thinking：Rationality in the real world*. New York：Oxford University Press.

Gigerenzer，G.（2011）. The science of heuristics：Decision-making in an uncertain world. In X. T. Wang & Y. — J. Su（Eds.），*Thus spake evolutionary psychologists*（pp. 181—183）. Beijing，China：Peking University Press.

Hoffrage，U.，& Gigerenzer，G. (1998). Using natural frequencies to improve diagnostic inferences. *Academic Medicine*，73，538—540.

Kahneman，D.，& Tversky，A.（1973）. On the psychology of prediction. *Psychological Review*，80，237—251.

Kahneman，D.，& Tversky，A.（1996）. On the reality of cognitive illusions. *Psychological Review*，103(3)，582—591.

Kahneman，D.，Slovic，P.，& Tversky，A. (1982). *Judgment under uncertainty：Heuristics and biases*. Cambridge：Cambridge University Press.

5. 越多越好？情感评估和计算评估的不同逻辑

　　经济学和心理学中的一个经常争议的问题是人对客观事物数量的反应是如何进行的。比如，拿到 200 元钱是否比拿到 100 元钱更开心，如果是的话，开心多少？期望效用理论以及前景理论都认为人对大部分事物的数量的边际感受或边际效用是递减的。奚恺元和罗腾斯泰施（Hsee，& Rottenstreich，2004）的研究则提出了一个新的解释，人们对有些事物的判断，是以情感为主，对有些事物的判断以计算为主。当人们用情感来评估事物时，他们对这件事物是否存在相当敏感，但对事物的数量则不敏感。当人们用计算来评估事物时，人们对事物的存在与否及数量都较为敏感。情感评估和计算评估也能够解释前景理论中价值函数的凹性以及概率函数的非线性。

一、引言：奚恺元及其研究

　　奚恺元（Christopher K. Hsee），1963 年出生于上海，中学毕业后随父母移民美国，进入夏威夷大学学习心理学。1993 年获得耶鲁大学心理学博士学位，师从于最早提出"情商"（EQ）概念的著名心理学家阿贝尔森（R. Abelson）。毕业后受聘于芝加哥大学布斯商学院，2000 年被评为终身教授。在美国和中国，他被几乎所有的一流大学邀请做过讲演，并广受好评。在教学方面，他有十多年的管理学教学经验。他开设的《经理决策》课程从心理学角度帮助学生发掘在企业决策中常见的错误并传授纠正的方法，这门课是芝加哥大学商学院最受欢迎的课程之一。工作之余，奚恺元还有许多个人爱好，他爱听贝多芬的弦乐四重奏，也爱吃上海的冷馄饨。在其个人主页上还能欣赏到奚恺元教授的摄影和油画作品。

奚恺元

　　奚恺元所做的有关联合评估和单独评估之间偏好反转的研究是其早期的代表性工作（Hsee，1996）。2002 年卡尼曼在诺贝尔经济学奖的获奖致辞中用将近三分钟时间介绍了他的"餐具实验"（Hsee，1998），以之说明"人的理性是有限的"。奚恺元提出"可评估性假说"（evaluability hypothesis），用评估模式解释人们在现实选择中出现的偏好反转现象。该理论提出两种评估模式：在联合评估（joint evaluate，JE）中，两个或多个价值并列呈现互相比较；在单独评估（single evaluate，SE）中，只呈现一个价值并被评估。任何评估必然是两种模式中的一种，或者是两种模式某种程度的结合。评估模式可以解释偏好反转。当两个被选择的物品 A 和 B 都具备一个较难评估的特性（hard-to-evaluate attribute，HA）和一个容易评估的特性（easy-to-evaluate attribute，EA）时，如果 A 的 HA 特性比 B 好，但 EA 特性比 B 差，那么在联合评估时人们受 HA 的影响更大，会选择 A；但在单独评估时，人们受 EA 影响更大，因此会认为 B 更有价值。评估模式也影响个体的价值敏感性。在联合评估中，评估者可以利用一个刺激物的价值作为对另一个刺激物价值做出评价的参照，而在单独评估中则不能，因此，在联合评估模式下可评估性及价值敏感性高于单独评估。在可评估假设的基础上，奚恺元及其合作者总结了影响客观数量与主观反应之间关系的三大因素：评估过程（计算型还是情感型）、评估模式（联合评估还是单独评估）和易评估性（易评估还是难以评估）（Hsee，Rottenstreich，& Xiao，2005），并用这一理论来解释财富与幸福之间的辩证关系。

奚恺元的研究不仅说理清晰，而且生动有趣。本文所介绍的研究"音乐、熊猫和抢劫犯：以情感论价值"于 2004 年发表在《实验心理学杂志》（*Journal of Experimental Psychology：General*），至 2012 年 9 月已被引用 253 次，是奚恺元最具影响力的实证研究之一。该研究从评估过程的角度探讨数量与价值的关系，通过四项实验揭示了当人们通过计算或情感对某事物做出评估时价值函数的变化。

二、数量范围与价值

一个愿意为赚取 30 美元而工作 3 小时的人，会为了 60 美元工作多久？一个愿意为保护一只濒危动物而捐 10 美元的人，会为了 4 只濒危动物捐多少钱？这种问题涉及一种刺激物的数量或范围（scope）和这种刺激物所激发的主观价值（value）之间的关系。正如上述例子一样，主观价值的概念是十分宽泛的，几乎适用于任何刺激物。范围的概念同样宽泛，刺激物的任何定量的方面都可以成为范围变量。正因为如此，范围和价值的关系长期受到理论关注。例如，消费的标准经济理论和前景理论都包含了对这一关系的复杂分析。

奚恺元和罗腾斯泰施在考察范围和价值的关系时，运用了基于过程的价值决策解释。已有研究确定了两种思考模式，一种是深思熟虑、基于规则的；另一种是联想式的、基于情感的。以这一双过程模型为基础，可以区分人们评估某一特定目标价值大小的两种过程：基于计算的评估和基于情感的评估。基于计算的评估是指同时考虑刺激物的性质和范围，根据某种运算法则来确定偏好。基于情感的评估是指根据对刺激物的感觉来确定偏好。事实上，感觉依赖于刺激物的性质而不是范围，而计算会明确地考虑范围。感觉是相对定性的，计算是相对定量的。

这两个过程产生不同的范围和价值之间的关系，如图1所示。具体来说，如果根据计算进行评估，刺激物数量变化所对应的价值改变在整个范围内是相对恒定的，相应的价值函数自始至终非常陡（如虚线所示）。然而，如果根据情感进行评估，价值对一个刺激物是否存在的敏感度高（从0到某个范围的变化），但是对进一步的范围变化很不敏感，相应的价值函数除了开头一段都非常平缓（如实线所示）。下面的四个实验验证了这一假设。

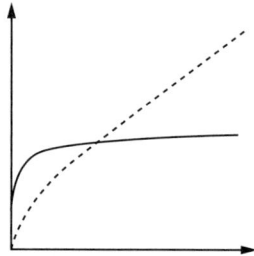

图1　基于计算（虚线）和基于情感（实线）的价值函数
注：图中 x 轴代表刺激的数量范围，y 轴代表主观的价值感。

三、实验研究

（一）实验1：麦当娜的唱片

在这个实验中，使用一个表面无关的启动任务，控制被试"通过计算评估"和"通过情感评估"的倾向。实验为2（范围）×2（启动）的组间设计，随机将被试分配到四种实验处理中。

研究的被试是115名芝加哥大学的学生，他们分别完成一个短的问卷册，并得到2～4美元的报酬。参与者被告知问卷册里的问卷彼此无关。大多数的确无关，但是其中两个构成了现在的研究。一个是启动任务问卷；

另一个紧随其后，测量了该研究所关心的问题。

启动任务问卷有两种条件。在启动计算评估的问卷中，被试被问了 5 个需要仔细计算的问题。例如："如果一个物体运动速度是 1.52 米/分钟，请你计算 360 秒可以运动多少米？""如果一个消费者买 30 本书花费 40 美元，那么，请你计算这个消费者平均每本书花费多少钱？"在启动情感评估的问卷中，被试被问了 5 个需要报告感觉的问题。例如："当你听到'乔治·布什'（注：当时任美国总统)这个名字时你的感觉？请用一个单词描述你的主要感觉。""当你听到'婴儿'这个词时你有什么感觉？请用一个单词描述你的主要感觉。"

第二个问卷要求被试假设：出于家庭原因，他们的一个外国朋友突然要离开美国。这个朋友是麦当娜的歌迷，拥有一些麦当娜的 CD 唱片，并且想向他们打包出售这些 CD。被试要回答："你最多愿意支付多少钱买这些 CD？"这包 CD 唱片的数量是范围变量。在其中一个版本的问卷中，这包 CD 是 5 张，另一个版本是 10 张。

研究者预测，在启动计算评估的条件下，被试会用为一张 CD 支付的价格乘以 CD 数量来计算最终愿意支付的价格。而在启动情感评估的条件下，被试较少去计算，而是依据他们对麦当娜的情感来决定最高支付价格。依赖计算涉及计数，应该对数量范围很敏感；但是一个人对麦当娜的情感应该不依赖 CD 的数量，对数量范围不敏感。

实验结果与预测一致。在启动计算评估的条件下，被试愿意为 10 张 CD 支付的价格显著高于 5 张 CD $[M_{10}/SD = 28.81/25.21，M_5/SD = 15.10/11.43；t(55) = 2.69，p < 0.01]$。然而，在启动情感评估的条件下，被试的最高支付意愿不受 CD 数量的影响 $[M_{10}/SD = 19.77/18.07，M_5/SD = 22.64/18.14；t(54) < 1，ns]$。方差分析（ANOVA）显示，范围和启动有显著交互作用 $[F(1，109) = 5.57，p < 0.05，MSE = 348，\eta^2 = 0.05]$，但是主效应都不显著 $[F(1，109) < 1，ns；F(1，109) = 2.32，ns]$。

数据还揭示了这样的交叉影响。在购买 5 张 CD 的情况下，启动情感评估组的被试比启动计算评估组的支付意愿更高 $[\$22.64\ vs.\ \$15.10，t(56) = 1.91，p < 0.06]$。与之相反，在 10 张 CD 的情况下，启动情感评估组的支付意愿较低 $[\$19.77\ vs.\ \$28.81，t(53) = 1.51，ns]$。这一结果显示，麦当娜令人产生的情感平均来说属于中等强度。如果情感更加积极，则在两个范围水平下被试愿意支付的价格更高。相反，如果情感不太积极，则在两个范围水平下被试愿意支付的价格更低。

在这个实验中，并没有直接要求被试根据计算或者情感评估来决定支付价格，而是通过一个前测的启动问卷，微妙地影响了被试的评估过程。这种启动的操作可以作为计算评估和情感评估的操作定义。实验 1 直接操作了评估过程本身，然而，在很多现实生活情境中，涉及对评估过程的间接操作，人们依赖计算或者情感进行评估受到下列因素的影响：(1)目标的价值；(2)目标的呈现方式。也就是说，改变目标的价值或者呈现方式能够(间接)影响个体采用计算评估或情感评估。具体来说，对于富有情感的目标和呈现方式，人们会更多采用情感评估，导致对范围不敏感；而对于缺乏情感的目标或呈现方式，人们则会采用计算评估，导致对范围敏感。接下来的三个实验验证了这一假设。

(二)实验 2：音乐书和现金

该实验为 2(范围)×2(目标)组间设计。在芝加哥大学校园的公共场所招募了 331 名本科生，告诉他们要单独完成几个不相关的研究，并得到 2～4 美元的酬劳。在这个实验中，要求被试想象在校园书店里临时工作，并且可以得到相应的报酬，被试要回答为了获得特定的报酬愿意工作多长时间，在 0～10 小时之间做出选择。

获得的报酬是目标变量，有两种条件，一本音乐书或者现金。在"音乐书"条件下，让被试想象获得的报酬是一本立刻要上的音乐课需要的书，并且引导被试想象自己喜欢音乐，这本音乐书正是自己所期待的。在"现金"条件下，告诉被试获得的报酬是现金(对这一形式的报酬没有任何进一步的说明)。

音乐书是富有感情的，而现金是相对缺乏感情的。为了确认这一观点，研究者后来又单独招募了一组被试(招募的地点和方式与实验被试相同)询问了这一问题："哪种形式的报酬更能引发人们的情感?"大多数人(76％)认为音乐书更能引发情感。

报酬的价值是范围变量。"音乐书"条件下，被试被告知这本书的标价是 30 或 60 美元，"现金"条件下，被试同样被告知报酬是 30 或 60 美元。

如果缺乏情感的现金激发了"计算评估"，而富有情感的音乐书激发了"情感评估"，那么在"现金"条件下被试应该对范围敏感，而在"音乐书"条件下被试对范围相对不敏感。在"现金"条件下，被试可能参照 10 美元/小时的工资标准，根据计算评估大约为 30 美元工作 3 小时，为 60 美元工作 6 小时。尽管在这个锚点的基础上会有所调整，在"现金"条件下的回答仍然会表现出对范围的敏感。相反，一个人可能感觉像喜欢 60 美元的书一样喜欢 30 美元的书；事实上，在"音乐书"条件下也的确是指导被试这样去想的。在"音乐书"条件下，如果被试按照自己的情感来决定为了这本书工作多长时间，那么这个条件下的回答应该对范围不敏感。

结果正如预期的那样，感情缺乏的现金组，被试愿意为 60 美元工作的时间比 30 美元更长[$M_{60}/SD=5.39/1.93$，$M_{30}/SD=3.23/1.46$，$t(162)=8.06$，$p<0.01$]，然而在富有感情的音乐书组，被试对书的价格较不敏感[$M_{60}/SD=5.33/2.63$，$M_{30}/SD=4.40/2.03$，$t(165)=2.54$，$p<0.05$]。方差分析显示范围和目标有交互作用[$F(1, 327)=7.48$，$p<0.01$，$MSE=4.26$，$\eta^2=0.02$]，即音乐书组的范围敏感性小于现金组。方差分析也显示出范围和目标的主效应显著，虽然这并不是该研究的兴趣点[范围 $F(1, 327)=46.33$，$p<0.01$，$\eta^2=0.12$；目标 $F(1, 327)=5.92$，$p<0.01$，$\eta^2=0.02$]。

此外，数据显示出交叉效应。在报酬价值 30 美元时，相对于缺乏感情的现金，被试愿意为富有感情的音乐书工作更长时间[4.4 小时 vs. 3.2 小时，$t(158)=4.19$，$p<0.01$]。相反，在报酬价值 60 美元时，被试愿意为音乐书付出的工作时间稍短[差异并不显著，5.3 小时 vs. 5.4 小时，$t(169)=1$，ns]。

这个实验在某些方面可能有点程式化，音乐书和现金在很多潜在的重要方面存在差异。尽管如此，把现金和音乐书进行比较的一个重要的优点就是生态效度高：在现实情况下，哪一个评估过程起作用往往取决于目标的性质。现金和音乐书的并列在某种程度上模拟了这种现实的情境。下一个实验沿用了实验 2 的一般方法。实验 2 通过改变目标激发了计算或者情感评估，从而间接操纵了评估过程。接下来的实验也间接操纵了评估过程，然而，在后面的两个实验中控制目标保持不变，通过改变目标的呈现方式来影响评估过程。

(三)实验 3：保护大熊猫

该实验为 2(范围)×2(呈现方式)的组间设计。137 名芝加哥大学本科生作为被试要单独完成一个简短的问卷，并获得 1 美元报酬。他们被要求想象芝加哥大学动物学系的某一学生团队在遥远的亚洲地区发现一些大熊猫。这个团队打算保护这些濒危动物，并为营救活动募捐。

范围变量是大熊猫的数量，被试被告知这个团队发现 1 只或 4 只熊猫。

呈现方式变量是对大熊猫数量的表述方式。向被试展示一个表格表明被发现大熊猫的数量，但有的是富有感情的，有的是缺乏感情的。在缺乏情感的条件下，表格中用一个大圆点代表一只大熊猫。也就是说，在缺乏感情的条件下，这个表格包括 1 个或 4 个大圆点。在富有感情的条件下，表格中用可爱的熊猫照片来代表每一只熊猫，如图 2 所示。也就是说，在富有感情的条件下，表格中包括 1 张或 4 张可爱的熊猫照片。

图 2 熊猫

操纵检验，在同样的地方，用同样的方式，研究者招募一组新的被试，来确认照片比大圆点引发了更多的感情。研究者询问被试，"当你看这个（些）大圆点（照片）的时候，在多大程度上激发了你的情绪？"被试在 10 等级量表上做出回答，1 代表"很少"，10 代表"很多"，大圆点的平均值是 3.8，照片的平均值是 7.0[在每种条件下被试都是 25 人，$t(48) = 4.95$，$p < 0.01$]。被试同样被问及，"这个团队请求募捐的感召力有多强？"在一个从 1～10 的等级量表上（1 代表"非常弱"，10 代表"非常强"）做出评价，大圆点的平均值是 4.5，照片的平均值是 5.9[在每种条件下被试都是 25 人，$t(48) = 1.95$，$p < 0.06$]。

研究的因变量测量了被试对于"你最多愿意捐多少钱？"的回答。让被试在 0 美元，10 美元，20 美元，30 美元，40 美元或 50 美元中圈选一项。这个选项在表格的上方，选项 10 美元在第一个大圆点或是照片的上方，20 美元在第二个大圆点或是照片的上方，依此类推。这个布置是打算凸显"一只熊猫值 10 美元"的参考值。

一方面，研究者预计情感缺乏组的被试将会通过计算而决定捐献多少钱，他们关注的是大熊猫的数量和暗示的参考值。另一方面，情感丰富组将不会计数，而是考虑感情的唤起。计数组应该对范围敏感，相反，情感组关注可爱的照片而不是计数，对于范围不敏感。

实验结果与预期一致。大圆点组显示了对范围的敏感性；即为四只熊猫捐的钱显著多于为一只熊猫的捐献[$M_4/SD = 22.00/16.48$，$M_1/SD =$

$11.67/11.47$，$t(58)=2.82$，$p<0.01$]。相反，照片组对范围不敏感；在范围变量的两个水平上，被试捐款没有显著差异[$M_4/SD=18.95/15.21$，$M_1/SD=19.49/14.13$，$t(75)=1$，ns]。数据还显示了范围和呈现方式的交互作用显著[$F(1,133)=4.76$，$p<0.05$，$MSE=209$，$\eta^2=0.03$]，范围的主效应显著[$F(1,133)=3.86$，$p<0.05$，$\eta^2=0.03$]，而呈现方式的主效应不显著[$F(1,133)=1$，ns]。

统计结果再一次显示了交叉影响。在一只大熊猫的条件下，照片组的被试比大圆点组捐款更多[$\$19.49$ vs. $\$11.67$，$t(67)=2.47$，$p<0.05$]，但是在四只大熊猫的条件下，照片组的被试捐款略少[但差异不显著，$\$18.95$ vs. $\$22.00$，$t(66)=1$，$ns$]。交叉效应表明照片引发的情感是中等强度的。假如照片更可爱一些（比如，一个熊猫母亲哺育幼崽），情感丰富组在两种范围水平下的捐款可能都更多。另外，如果照片是令人厌恶的（比如，一个丑陋的熊猫在吃蛇），情感丰富组在两种范围水平下的捐款可能都更少。

（四）实验 4：审判抢劫犯

在实验 3 中，情感丰富组和情感缺乏组因获得不同的描述线索（照片或大圆点）而产生了不同强度的情感。在实验 4 中，所有被试获得完全相同的描述线索，通过带有移情作用的指导语引导被试产生情感，从而操纵不同情感强度的呈现方式。

该实验是 2(范围)×2(移情)的组间设计。在芝加哥大学的校园公共场所招募 274 名本科生，单独完成一份短问卷，并获得 1 美元报酬。问卷中要求被试为监狱提出建议，说明对一个夜晚抢劫学生的罪犯应该判处多少年监禁（最高 10 年）。

范围变量通过改变该罪犯之前犯罪的次数来操纵（0 或 4 次）。移情变量有两个水平，移情（富有感情）和无移情（缺乏感情）。在移情条件下，被试给出判决建议之前，被告知："把你自己放在受害人的立场上，考虑一下晚上被抢劫你会有什么感受。请用一句话来描述你的感受。"而在无移情的条件下，省略了这个指导语。

实验 4 在方法上有两个特别值得一提的优点：第一，在之前的几个实验中有价值的目标——无论是 CD 包，还是为了获得报酬而工作，又或者保护濒危的大熊猫——这些都涉及积极的情感体验。实验 4 中，目标是抢劫犯的罪行，在情感体验上是消极的。研究者预期在积极情感领域获得的结果同样适用于消极情感方面。第二，为了促进计算评估，实验 2 和实验 3

提供了明确的参照系数(例如,工作报酬 10 美元/小时,拯救一只大熊猫需捐款 10 美元),而实验 4 中不提供外在的参照,需要被试自发建立计算规则(例如,"之前犯罪四次需要监禁多少年")。

人们经常依靠感觉做出惩罚的判定。研究者预计,在情感丰富的条件下,这一趋势将非常明显。相比于"无移情组"的被试,"移情组"被试应该较少进行计算,更依赖他们在移情条件下描述感觉的句子来定罪。不管之前犯罪 0 次还是 4 次,感情是一样的。

实验结果同样符合预期。在无移情条件下,被试给出的判决建议具有更高的范围敏感性[$M_0/SD = 2.56/2.49$, $M_4/SD = 5.78/3.39$, $t(136) = 6.37$, $p < 0.01$]。相反,在移情条件下,被试给出的判决建议对范围敏感性低 [$M_0/SD = 3.43/2.84$, $M_4/SD = 4.65/3.39$, $t(134) = 2.17$, $p < 0.05$]。方差分析显示范围和移情存在交互作用[$F(1, 270) = 7.72$, $p < 0.01$, $MSE = 9.35$, $\eta^2 = 0.02$],并且范围有显著的主效应[$F(1, 270) = 35.35$, $p < 0.01$, $\eta^2 = 0.11$],而移情主效应不显著[$F(1, 270) = 1$, ns]。同先前的几项实验一样,存在交叉影响。在之前 0 次犯罪条件下,移情组建议的监禁时间更长[3.4 vs. 2.6 年, $t(132) = 1.99$, $p < 0.05$],但是在之前 4 次犯罪条件下,移情组建议的监禁时间更短[4.7 vs. 5.8 年, $t(138) = 1.99$, $p < 0.05$]。

四、综合讨论和评论

上述四项实验揭示了一致的决策模式:当依据情感进行评估时,价值对范围不敏感;当依据计算进行评估时,价值对范围敏感。其他研究者也发现了决策者忽视范围的现象。例如,研究者(Desvousges et al. , 1993)分别问三组被试"你将会捐多少钱来营救 2000 只/20 000 只/200 000 只被困在油池里的迁徙的候鸟?"平均的答案分别是 80 美元/78 美元/88 美元,显示出惊人的范围忽视。卡尼曼(Kahneman et al. , 2000)用情感评价来解释这一现象,认为人们会想象"一只筋疲力尽的鸟,它的羽毛浸在黑油中,无法挣脱",被试决定捐多少钱是基于他们对这一想象场景的情感。情感评价是范围不敏感的,因为"对一组相似物的评价往往取决于对一个典型成员的态度"。奚恺元和罗腾斯泰施(2004)的这项研究明确地将"情感评估"和"计算评估"并列分析,提供一种基于过程的决策价值计算。

现实世界的价值函数是典型的凹函数,随着范围的增加,每增加一个数量单位所产生的价值感增量逐渐减小。结合上述四个实验的数据,可以推测之所以形成凹函数部分是因为大多数现实生活中的评估结合了计算和情感。适当地将两个极端的函数(图 1 所示的线性函数和阶梯函数)在数学上组合就成了一个凹函数。在这样的组合中,函数凹得程度更加依赖情感评估。

让我们来考虑一个函数族 $V = A^{\alpha} S^{1-\alpha}$。在这里,V 表示主观价值,A 是目标的情感强度,S 是它的范围,α 是一个情感的聚焦系数(0 到 1)。当 α 比较小时,价值评估主要取决于范围而不是情感;当 α 比较大时,价值评估更依赖情感而不是范围。可以用这个函数族来解释"保护大熊猫"的实验结果。在那个实验中,S 就是熊猫的数量(1 或 4),在照片条件下的 A 比大圆点条件下大($A_{照片} > A_{圆点}$)。为了简单起见,假设在缺乏情感的条件下被试完全关注范围(α=0),而情感丰富的条件下,被试完全关注感受(α=1)。那么大圆点组对熊猫的主观价值评估在数值上等于它的范围,而照片组对熊猫的主观价值评估等于它的情感强度。因此,当评估过程受情感支配时,该模型对范围很不敏感;当受计算支配时,该模型对范围非常敏感。如果 $1 < A_{照片} < 4$,那么就会出现我们在实验结果中所看到的交叉影响。

上述说明中,令 α 的值等于 0 或 1,价值函数 V 是阶梯函数或线性函数。那么 α 是介于 0 和 1 之间的值就产生了一个凹形的价值函数。事实上,大多数现实世界的价值函数是凹形的。之前的理论用饱和原则(the principle of satiation)来解释凹的价值函数曲线,根据该理论,个体对某一产品消费得越多(比如,工作得到的报酬,保护的熊猫,晚餐中的牛排等),个体进一步消费该产品的欲望(价值感)就越低。按照这个观点,饱和的速度越快,这个价值函数凹的程度越大。虽然饱和对价值有重要的影响,但奚恺元等人对价值函数的凹形还提出了另一种解释。当评估受情感支配时,价值函数是高度凹形(α 接近 1),当受计算支配时,价值函数是低度凹形。换句话说,不同价值评估过程被采用的程度是价值函数形状的重要影响因素。

模型 $V = A^{\alpha} S^{1-\alpha}$ 突出了两个能够解释情感影响偏好的机制。首先,基于 A 的取值,情感可能是价值的来源。其次,基于 α 的取值,一个人可能关注情感或范围。大致上,如果 A 有较高的取值通常 α 的值也较高,因为显著的情感常常是吸引注意力的(例如,在这项研究中假定可爱的熊猫照片是吸引人的,对被抢劫的受害者的移情会让人全神贯注)。但是,A 和 α 并不需要完全相关,并且在理论上二者是独立的。

上文介绍的这项研究考察了评估过程(情感评估 vs 计算评估)对价值函

数的影响，罗腾斯泰施和奚恺元（2001）的另一项研究《金钱、热吻和电击：以情感论风险》则考察了评估过程（情感评估 vs 计算评估）对权重函数的影响，可以说是该研究的姊妹篇。其中的一个实验要求被试回答最多愿意支付多少钱换取 1% 或 99% 的机会赢得 500 美元的优惠券。优惠券可以被用来支付学费（缺乏感情的）或者支付即将到来的赴巴黎、威尼斯和罗马的旅行（富有感情的）。在机会为 1% 的条件下，被试愿意为旅行优惠券支付更多，但是在 99% 的条件下，被试愿意为学费优惠券支付更多。换句话说，当这个奖品缺乏情感时比富有情感时，人们对概率由 1%～99% 的变化更敏感。缺乏情感的预期价值对概率变化的敏感性在整个概率范围内（从 0 到 1）是相对恒定的（见图 3 中虚线）。相对恒定的敏感性意味着缺乏情感的预期导致通过计算做出评价。富有情感的预期价值对是否存在不确定性高度敏感（比如，概率从 0 或 1 到某一个中间值的变化），但是对概率的进一步变化非常不敏感（见图 3 中实线）。也就是说富有情感的预期导致通过情感做出评价。大多数现实世界的评价由计算和情感混合构成，结果概率权重函数是介于图 3 中的虚线和实线之间的。大多数研究者观察到的正是这样的一条曲线。

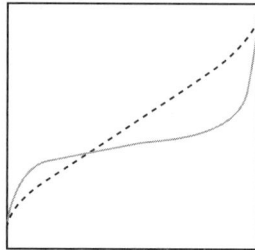

图 3 基于计算（虚线）和基于情感（实线）的概率权重函数

注：x 轴代表概率，y 轴代表权重或者概率对价值的影响

价值敏感性是诸多领域关注的核心问题，比如，心理物理学、前景理论、需求的价格弹性理论和幸福研究。奚恺元和他的同事们发表了十多项研究，从不同的角度阐述了刺激物数量范围与个体主观价值感受之间的关系。近期，奚恺元等人对这一领域的研究做了总结，提出一般可评估性理论（General Evaluability Theory，GET），来解释何时人们是价值敏感的、何时人们会错误估计自己和他人的价值敏感性。

一般可评估性理论包含三个基本假设（Hsee & Zhang，2010）：假设 1，价值的可评估性取决于三个因素，模式（评估模式：联合评估还是单独评估)、知识(评估者有关被评估对象所掌握的知识)以及自然可评估性。自然可评估性是指某事物在没有任何参照、也未经学习的情况下,其数量或性质的改变可以引起相应的主观感受改变的程度。例如,环境温度具备较高的自然可评估性,人们天生能够判断什么样的温度是舒适的,而钻石的大小则具备较低的自然可评估性,一般人在没有任何参照的情况下很难准确评估一颗钻石的价值。采用联合评估模式,评估者拥有关于被评估对象的丰富知识,并且被评估对象具有高自然可评估性,则价值的可评估性高,反之,价值的可评估性低。假设 2,模式、知识和自然可评估性结合起来产生对价值的低敏感性。也就是说,只有三个因素都处于低可评估性水平时,最终的评估才是低敏感性的。假设 3,如果评估者处于高可评估性条件下,而被评估者(是其他人或者是评估者自己未来的情况)处于低可评估性条件下,评估者会高估被评估者的价值敏感性,即使评估者已经知道被评估者处于低可评估条件下。

这一理论简洁而富有启发性。它仅用三条假设就能解释和整合很多看似无关的发现,如忽视持续时间、情感预测错误。并且它可以应用到以下几个重要的研究领域:价值、时间贴现和概率权重;价格和需求的关系;福利和幸福。

奚恺元的研究都是围绕着如何最大化人们的效用这个主题展开的,并且致力于从行为决策的角度探讨幸福学,研究如何在资源有限的情况下提高人们的幸福感。他戏称自己是卡尼曼所竭力提倡的"快乐学"(hedonics)研究阵营的主力军。在数量与价值的关系上,他提出了"少即是更好"(less is better)的观点。因为,决策通常是在联合评估的条件下进行的,这种情况下具有高可评估性,并且采用计算评估过程;而生活常常是在单独评估中展开的,这种条件下具有低可评估性,并且采用情感评估过程。结果,做决策时人们往往追求多多益善,而在生活中,常常是多多麻烦。那么,什么时候越多越好呢?一般可评估性理论给我们提供了一系列通往幸福的答案。

[孙铃 评介]

评介文献

Hsee, C. K. & Rottenstreich, Y. (2004). Music, pandas and muggers: On the affective psychology of value. *Journal of Experimental Psychology: General*, 133(1), 23—30.

参考文献

Desvousges, W. H., Johnson, F., Dunford, R., Hudson, S., Wilson, K., &

Boyle，K. (1993). Measuring resource damages with contingent valuation: Tests of validity and reliability. In J. Hausman (Ed.)，*Contingent valuation: A critical assessment* (pp. 91—164). Amsterdam: North-Holland.

Hsee，C. K. & Zhang，J. (2010). General evaluability theory. *Perspectives on Psychological Science*，5(4)，343—355.

Hsee，C. K. (1996). The evaluability hypothesis: An explanation for preference reversals between joint and separate evaluations of alternatives. *Organizational Behavior and Human Decision Processes*，67，247—257.

Hsee，C. K. (1998). Less is better: When low-value options are judged more highly than high-value options. *Journal of Behavioral Decision Making*，11，107—121.

Hsee，C. K.，Rottenstreich，Y. & Xiao，Z. (2005). When more is better: On the relationship between magnitude and subjective value. *Current Directions in Psychological Science*，14(5)，234—237.

Kahneman，D.，Ritov，I.，& Schkade，D. (2000). Economic preferences or attitude expressions? An analysis of dollar responses to public issues. In D. Kahneman & A. Tversky(Eds.)，*Choices，values，and frames* (pp. 642 — 672). New York: Cambridge University Press.

Rottenstreich，Y. & Hsee，C. K. (2001). Money，kisses，and electric shocks: An affective psychology of risk. *Psychological Science*，12，185—190.

第二章

博弈心理学

BOYI　XINLIXUE

赢者不罚:基于囚徒困境重复博弈的验证

直觉使人慷慨而理性让人贪婪:合作行为的认知机制

1 美元等于 100 美分? 金钱数量表征对合作行为的影响

反社会惩罚的跨文化比较:公共物品博弈的证据

6. 赢者不罚：基于囚徒困境重复博弈的验证

合作是人类行为一个重要特质，也是一项重要的进化难题。为了研究合作的演化，许多学者将惩罚机制作为破解合作之谜的敲门砖。以往已有大量实验研究达成共识，与奖励相比，惩罚可以更有效地促进合作。然而，美国哈佛大学的诺瓦克(M. A. Nowak)教授领衔的进化动力学项目组在《自然》杂志上的最新研究提出了不同看法，他们认为惩罚虽然能促进合作，却不能提高群体的平均获益，而且博弈获益最多的人从不采用惩罚策略。

一、引言：利他惩罚对合作影响的争议

自从利他惩罚或有代价的惩罚(altruistic/costly punishment)概念提出以来，研究者们均认为它是保证和促进合作的有效机制，这些研究大多基于公共物品博弈的范式进行(Fehr & Gächter，2002)。然而，2008年3月德里波(A. Dreber)和诺瓦克等四位研究者在《自然》杂志上以"赢者不罚"(Dreber，Rand，Fudenberg，& Nowak，2008)为题发表的论文通过改进的囚徒困境测验证实，合作中利他惩罚不是一种十分有效的行为，它浪费了社会资源，惩罚的成本几乎抵消了合作水平提高带来的效益，而且团队中的赢者几乎不去惩罚别人。

德里波　　　　　　　　　　　诺瓦克

德里波博士，现为瑞典斯德哥尔摩经济学院助理教授，进化动力学项目组成员，师从诺瓦克。她在博弈与合作领域已发表论文近20篇。

诺瓦克，1965年出生于奥地利维也纳，现定居美国，哈佛大学数学系

及生物系教授，进化动力学项目主持人。他在维也纳大学学习生物化学和数学专业，于 1989 年获得博士学位。同年，他来到牛津大学任教，并于 1997 年成为数理生物学教授。1998 年他来到普林斯顿大学建立了第一个理论生物学的项目。2003 年他又被聘到哈佛大学。同年，他从投资家及科学、教育事业慈善家杰弗瑞·爱泼斯坦（Jeffrey Epstein）那里获得三千万美元资助用于开展进化动力学研究。他对数理生物学的所有领域均表现出浓厚的兴趣，尤其是传染疾病的动力学、癌症遗传学、合作的进化和人类语言等。迄今为止，他已获得多项奖励，是许多核心杂志的编委会成员，并已发表 300 余篇论文，其中 40 篇论文发表于《自然》，15 篇论文发表于《科学》。

二、重复的囚徒困境博弈中的利他惩罚

自 1950 年图克提出囚徒困境以来，这一范式成为博弈研究中最经典的实验，相关论文数以千计，在经济学、管理学、社会学、心理学等诸多学科均可找到它的身影。无数研究者采用这一范式讨论了经济和社会现象。从 1994 年普林斯顿大学博弈论专家约翰·纳什被授予诺贝尔经济学奖开始，至今共有 6 届（1994、1996、2001、2005、2007、2012）诺贝尔经济学奖与博弈论的研究有关。

囚徒困境说明了合作问题的精髓。两名被试可以选择合作（C）或者不合作（D），如果两个人均选择合作则两人获益最多，反之最少。但一方合作而另一方不合作，则合作方收益最低，不合作方收益最高。因此，囚徒困境的另外一种解读是，合作意味着要付出一定的代价获取收益，而不合作则是从对方手中获取收益。因此，如果不存在任何合作进化的机制，那么自然选择的过程当然是选择不合作。但是，这些合作进化机制是存在的，研究发现这体现为间接互惠和直接互惠机制（Nowak，2006）。直接互惠意味着在双方之间要进行多次重复博弈，"我的行动决定于你对我采取了何种行为"。间接互惠意味着要在一个群体中进行多次重复博弈，"我的行为还取决于你对他人采取了何种行为"。

研究发现利他惩罚与合作密切相关。利他惩罚（用"P"来代表），指一个人付出代价使另一个人损失其收益以达到惩罚的目的。人们用它来惩罚那些采取背叛策略的个体。利他惩罚本身不是合作的进化机制，但需要合作进化机制的解释。与声誉效应类似，利他惩罚是一种间接或直接互惠机制：如果我因为你的背叛而惩罚你，是直接互惠；如果我因你背叛他人而惩罚你，则是间接互惠。利他惩罚的概念说明了传统博弈应该从基本的合作与

背叛两种反应形式扩展为合作、背叛和惩罚三种反应形式。诺瓦克等四位研究者将经典的囚徒困境测验加入"利他惩罚"机制，探讨了合作行为。图 1 的 a 部分为扩展后的囚徒困境的单边支付矩阵：合作被界定为付出 c 单位的筹码使对方获取 b 单位收益；背叛被界定为获取 d 单位收益，相应的对方损失 d 单位的收益；利他惩罚被界定为付出 α 单位筹码以使对方损失 β 单位收益。b 部分为依据 a 部分支付矩阵构造出的两人支付矩阵。例如，若两人均选择合作，则两人获益为 $(-c) + b = b - c$。

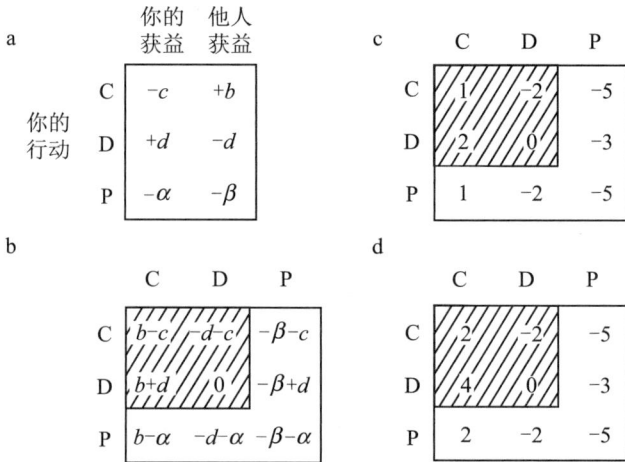

图 1　支付矩阵

（来源：Dreber，Rand，Fudenberg，& Nowak，2008）

三、实验过程及结果解释

为了探讨多轮博弈情境下，利他惩罚对合作的影响，研究招募 104 位被试（女性 45 人，男性 59 人，平均年龄在 22.2 岁）在哈佛商学院计算机实验室（采用"Z-TREE"软件）进行了改进的重复型囚徒困境博弈实验测试。实验中，成对的被试通过计算机屏幕进行匿名重复博弈实验。被试不知道他们的组合会持续多久，但知道进行下一局的可能性为 75%。在任意一轮博弈中，被试同时在可供选择的策略中进行抉择，这些策略以中立的语言在计算机屏幕中显示。每一轮结束之后，对方选择的策略及双方获益均会展示在屏幕上。测验结束时，游戏者的最终分数会展示出来。然后，该被试随机重新与其他被试组合，进行另一轮游戏。测试完毕，给予被试一定报酬。

研究设计了两个控制实验（C1 和 C2）及两个处理实验（T1 和 T2）。在

C1 和 C2 两个控制实验中，被试进行标准的重复型囚徒困境博弈。他们在每一局游戏中均可选择合作或背叛策略。合作意味着支付 1 个单位筹码，对方获得 2 个单位(C1 和 T1 中)或 3 个单位(C2 和 T2 中)筹码。背叛意味着自己获取 1 个单位筹码，对方损失 1 单位筹码。在 T1 和 T2 处理实验中，被试每局游戏均有三种策略选择：合作、背叛和惩罚。惩罚指支付 1 个单位筹码，使对方损失 4 个单位筹码。研究采用 4∶1 的惩罚比率，该比率曾被证实是促进合作的最有效的参数设置。实验的实际支付矩阵见图 1 的 c 和 d 部分。其中，C1(阴影部分)及 T1 对应 c 部分，C2(阴影)和 T2 对应 d 部分。例如，在图 1 的 c 部分，阴影代表了 C1 的控制实验，若博弈双方均选择合作(C)，双方的获益为(−1)＋2＝1。若加入惩罚机制 P，当博弈双方均选择 P 策略时，双方获益为(−1)＋(−4)＝−5。

决策	获益	排名
a 排名靠前的人均选择合作		
C C C C	8	1
C C C C	8	2
b 惩罚并毁灭		
C P P P P	−10	25
D D D D D	−9	22
c 背叛恢复合作		
C D C D C	10	15
D D C C C C	4	9
d 容忍背叛转向合作		
C C C C C	2	6
D D C C C	14	19
e 相互惩罚导致相互毁灭		
C P P P D D	−20	30
D D P P P P	−14	25
f 报复不能重建合作		
C C C P D D P P P	−6	24
C C D D D D D D D	−4	22
g 先发制人的打击		
C P D	2	29
C C D	−4	24

图 2　博弈实例

(来源：Dreber，Rand，Fudenberg，& Nowak，2008)

　　该研究共进行了 1230 对重复的博弈互动，每一次实验的局数从 1 到 9 轮不等。图 2 的 a 至 g 为控制实验 T1 和 T2 中的 6 对博弈组合在所有局测验汇总所用策略的明细。其中，b，e，g 进行的是 T1 实验，a，c，f 进行的是 T2 实验。两人结束游戏后，总收益与最后排名会列示出来。由图 2 可知，许多博弈是完全合作，如 a 组被试所示；有时，合作可以通过原谅对方的背叛得以保持（d 组），有时，用背叛来回应对方的背叛行为会恢复合作（c 组）。很显然，利他惩罚不能重建合作（b，f 组）。在一些情况下，利他惩罚会引起反惩罚，双方互相搞破坏（e）。更有甚者，在赋予被试利他惩罚策略的情形权力后，往往导致被试无缘无故地做出惩罚行为，以致产生灾难性的后果（g）。

将两个可控实验 C1 和 C2 对比可知，合作频率随着收益成本比值的提高而提高。在 C1 中，合作决策为 21.2%，而在 C2 中合作决策达到了 43.0%。对两个不同参数设置的博弈实验来说，合作都是子博弈的完美均衡。与相应的控制实验相比，惩罚均提高了合作频率，在 T1 和 T2 中分别有 52.4% 和 59.7% 的决策是合作的。

然而，惩罚行为并不增加平均收益。在 T1 和 T2 中，7.6% 和 5.8% 的决策是惩罚，但通过 C1 和 T1、C2 和 T2 之间的对比发现，平均收益上并无显著差异。由此，惩罚行为对群体来说，没有益处，这否定了惩罚可能由群体选择进化而来的观点。

T1 和 T2 的实验数据从个体角度来看发现，合作或背叛策略与获益之间相关均不显著，但是惩罚策略的应用却和获益之间显著负相关（见图 3）。在实验 T1 中，排名前 5 的个体获益最高，却从未使用惩罚策略。在 T1 和 T2 两个实验中，最终获得最低收入的个体均经常使用惩罚。因此，为了获益的最大化，最好永远不要使用惩罚。

对于上述研究结果，可能存在这样的质疑，即博弈中的赢者仅仅是因为幸运，碰巧他们的合作伙伴均不认为有必要实施惩罚。为了对这个假定进行验证，研究者们分析了获益与人们应用的一阶条件策略之间的关系。图 4 的散点图表明，在 T1（a）和 T2（b）两个控制实验中，获益不仅与应用惩罚策略的概率之间存在显著的负相关，而且获益与每一局与对方采取背叛策略后自己立即选择惩罚策略的概率显著负相关。因此，较少的获益，并不是由与背叛者互动的"坏运气"造成的。对手采用背叛策略（D）后，赢的个体倾向于采用"D 对 D"的针锋相对策略反应，而失败者则采用"P 对 D"的惩罚策略反击。应对他人背叛的策略是与博弈胜利还是失败明显相关的唯一策略特征。

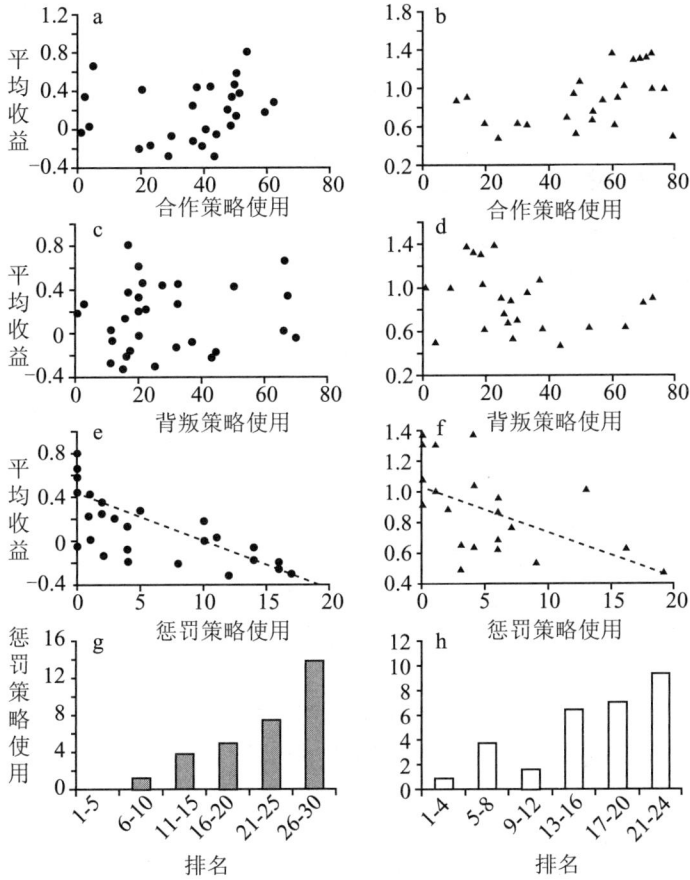

图 3 惩罚并毁灭

（来源：Dreber，Rand，Fudenberg，& Nowak，2008）

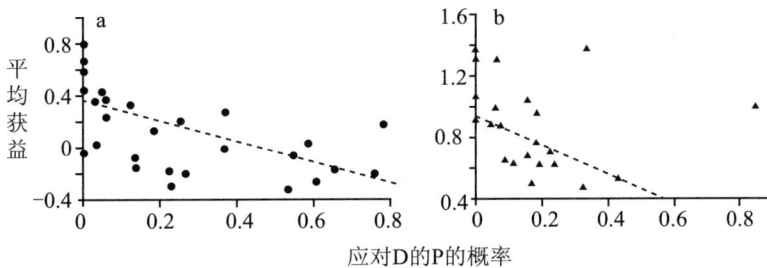

图 4 针锋相对策略优于利他惩罚策略

（来源：Dreber，Rand，Fudenberg，& Nowak，2008）

　　即使上述质疑不存在，还存在一种可能，即随着博弈进行，利他惩罚策略的应用会越来越有效。为了检测这一假设，研究者单独分析了最后四分之一轮次的实验数据。数据再次证明，在个人的收益与个人采用的惩罚行为之间确实存在强烈的负相关。

四、讨论与评论

　　德里波等四位研究者的上述研究发现，利他惩罚对合作的促进是有限的，它并不能带来群体平均获益的提高，而且在博弈实验中，赢家从来不使用惩罚。在同一期《自然》杂志上，两位研究者(Milinski & Rockenbach, 2008)撰写文章评论他们的研究结果不仅"非常有趣"，而且符合现实生活。例如，甘地作为不使用惩罚(非暴力)的典型代表最终站在了社会交往的顶层。与以往研究者(Fehr & Gächter, 2002)发现的利他惩罚可以有效促进合作的一系列研究不同，该研究代表了利他惩罚对合作作用的另一派观点：利他惩罚不会得到演化且不能促进合作演化，也并非合作演化的单独机制，在合作博弈中，如果直接互惠可行，人们将不会选择这一策略。自该研究发表以来，已被引用200多次，在本领域引起广泛关注。

　　在以往实验中，惩罚一般作为公共物品博弈一局或几局之后的独立选择。公共物品博弈相当于多次囚徒困境博弈。博弈中，每个参与者均可对共有资金库进行投资，无论个体是否投资，加总后的投资会乘以某一个系数然后平均分配给大家。公共物品博弈进行完毕后，一般询问人们是否愿意付出一定的资金代价来惩罚另外的人使其获益减少。人们往往愿意对那些不做出投资或投资很少的人进行惩罚。而且，实验发现，这种惩罚策略确实提高了大家的投资贡献度。然而，这只是表面现象。经过仔细计算后发现，在大多数情况下，惩罚并不提高平均获益，在有些实验中，惩罚反而降低了平均获益。研究结果表明，虽然惩罚能促进合作，但是惩罚的成本几乎抵消了合作水平提高带来的效益，无论是惩罚者还是受罚者均受到影响。因此，选择利他惩罚策略不能增加群体的平均获益。当然，实验进行得更长及相关参数得到修改设置以后，惩罚行为可能会提升平均收益。

　　有些学者认为，利他惩罚是在匿名的一次性博弈中稳定合作的机制。这个观点是否属实已不重要，因为我们实际生活的互动大都处在一个重复的、有声誉影响的背景之中。随着人类成千上万年的进化，祖先们在相对小的群体中生活，成员彼此熟悉。这种群体的互动必然是重复的、可扩充的。因此，我们的策略本能或多或少要考虑到对方直接或间接对自己行为的观察。所以，该研究应用了重复的囚徒困境博弈。另外，现代生活中，人们的互动往往是熟人之间的互动，因为我们不能排除下一次互动的可能，即"下一轮次"博弈。因此,如果利他惩罚在人类合作的演化进程中至关重要,那么,它在重复的博弈实验中肯定会发挥有利作用。但是,该研究的结果并不支持上述观点,所以,应重新审视利他惩罚对合作的作用,它可能并没有那么重要。

该研究对传统的囚徒困境博弈进行改进,在研究设计上具有创新性:利他惩罚始终是三个可供选择的策略之一。因此,利他惩罚的运用存在一个机会成本,如果选择本策略,博弈者会失去选择合作或背叛策略的机会。该研究的设计还减少了实验者与被试的需求效应,因为他们总是有许多选择。另外,在以往许多实验中,不可能对惩罚实施报复行为,但在该实验中这是很自然的行为。

该研究的数据表明,利他惩罚极大地降低了惩罚者的收益,因此,在可能有直接互惠机制的合作博弈中是要被个人选择所淘汰的。可以推断,利他惩罚的进化并不是为了提高合作水平,很有可能是别的原因,比如,强迫个体屈服以及建立权威统治。惩罚使群体可以对个体行为进行有效控制,一个强者可以对一个弱者进行惩罚。人们往往参与冲突并知道冲突要付出代价,利他惩罚会激化冲突而非缓和它。利他惩罚可能会促使人们屈服而非合作。利他惩罚在别的实验中或许是有利的,但是在合作博弈实验中却是不合适的。该研究已经在直接互惠框架下进行了论证:赢者不惩罚他人,而输者选择惩罚且走向毁灭。

[张梅 评介]

评介文献

Dreber, A., Rand, D. G., Fudenberg, D., & Nowak, M. A. (2008). Winners don't Punish. *Nature*, 452, 348—351.

参考文献

Fehr, E., & Gächter, S. (2002). Altruistic punishment in humans. *Nature*, 415, 137—140.

Milinski, M., & Rockenbach, B. (2008). Human behaviour: Punisher pays. *Nature*, 452, 297—298.

Nowak, M. A. (2006). Five rules for the evolution of cooperation. *Science*, 314, 1560—1563.

7. 直觉使人慷慨而理性让人贪婪：
合作行为的认知机制

　　合作对于人类社会行为至关重要，但是选择合作需要个体承受一定代价使他人获益。以往研究及日常生活中均可发现，很多人均愿意为共同利益做出一定牺牲，在经济学实验中，实验对象甚至经常做出超越自身利益所允许的合理程度的合作，但人们对这种合作行为背后的认知机制知之甚少。2012年9月兰德（D. G. Rand）、格林（O. D. Greene）、诺瓦克以"自发的慷慨与深思熟虑的贪婪"为题发表在《自然》上的研究采用双过程框架（dual-process framework）探讨了人类合作决策的认知基础。研究发现，博弈中似乎人们内心的第一反应是合作，但如果给予更多时间思考，人们则趋向贪婪，不再那么慷慨。

一、基于双加工模型探讨合作背后的认知机制

　　以往研究发现，为了共同利益，许多人愿意做出牺牲。为了探讨这种行为背后的认知机制，研究引入了直觉与沉思共同影响决策的双加工框架（Chaiken & Trope，1999；Sloman，1996）。直觉一般与平行加工、自动化、无意志努力、缺乏对决策过程的洞察及受情绪影响相关联。沉思则一般与序列加工、意志努力、不受情绪影响相关联。此外，广泛用于区分直觉与沉思的心理特点之一是加工速度：直觉反应相对更快，而沉思反应需要额外的思考时间。

　　以双加工框架看待合作会涉及如下问题：我们是否从直觉上就是利己主义的，只有通过沉思才能抛弃自私冲动强迫自己去合作？或者我们从直觉上是合作的，通过对自身利益的沉思抑制了合作冲动，表现出自私行为？或者，是否直觉与沉思之间不存在认知冲突？兰德等人的研究采用经济合作博弈实验探讨了上述问题。

　　兰德，1982年出生于美国加利福尼亚州，诺瓦克主持的进化动力学项目成员，哈佛大学心理系、系统生物学讲师及博士后，2013年7月成为耶鲁大学心理学系助理教授。2000～2004年就读于康奈尔大学，获得计算生物学学士学位。2006～2009年就读于哈佛大学，获得系统生物学博士学

位，导师一位是诺瓦克，另一位是格林。他科研实力较强，目前已在核心期刊发表论文 10 余篇，并引起广泛关注。2009 年他关于合作的研究（"积极互动促进公共合作"）曾登上《科学》杂志封面，而且许多媒体进行了报道。2012 年，他入选美国《连线杂志》"50 个将改变世界的人"名单。

兰德　　　　　　　　　格林

格林，哈佛大学心理系助理教授。他将行为研究与神经影响技术相结合研究道德决策。他的研究主要探讨道德判断中情感与认知过程的相互作用。1997 年获得哈佛大学哲学学士学位，2002 年获得普林斯顿大学哲学博士学位，2002～2006 年在普林斯顿大学做博士后。目前已发表论文 40 余篇。

二、研究的设计及结果

研究探讨直觉、沉思与合作（捐献额）的关系，进行了三方面不同的实验验证，试图证明直觉会促进合作，而沉思将限制合作。

（一）基于网络数据的相关实验

研究首先测查了被试决策时间对个体行为的影响。假设 1 认为利己主义是直觉的，亲社会行为需要通过沉思克制个体的自私冲动。基于这一假设可预测，越快的决策将带来越少的合作。相反，假设 2 认为直觉优先促进亲社会行为，而沉思会导致自私增加。基于这一假设可预测，较快的决策将带来更多合作。

上述两个截然相反的假设哪个是正确的呢？研究采用单轮的四人小组公共物品博弈（Fehr & Gächter，2002）进行了验证。被试的选取与以往研究有所不同，参与研究的 212 名被试均来自在线的劳动力市场——亚马逊（Amazon）土耳其机器人（AMT）。AMT 是一个 Web 服务应用程序接口，是亚马逊的一项网络服务。人们注册之后，通过完成一定任务可赚取少量金钱。由于通过 AMT 征集的被试更具异质性，因此，与大学生相比，他们是更为可靠的被试样本。研究与标准的 AMT 报酬相一致，给每个被试均 40 美分，并询问他们愿意贡献多少钱给公共基金库。捐献的钱将会翻倍，然后平均分配给组内的所有成员。例如，假如被试捐献 1 美分给公共基金库，则基金库中资金变为 2 美分，四名组员每人将获得 0.5 美分。

图 1 显示了决策时间与捐献金钱（捐献比率）之间的关系。其中，a 部分为较快与较慢决策在捐献金钱比率上的对比。秩和检验的结果表明，决策较快的个体与较慢的个体相比，实际上贡献了更多的钱。b 部分为个体决策时间与捐献金钱的散点图。Tobit 回归分析的结果表明，个体捐献额会随着决策时间的增加而显著下降。这说明直觉反应更具合作性，给予时间思考会降低合作。

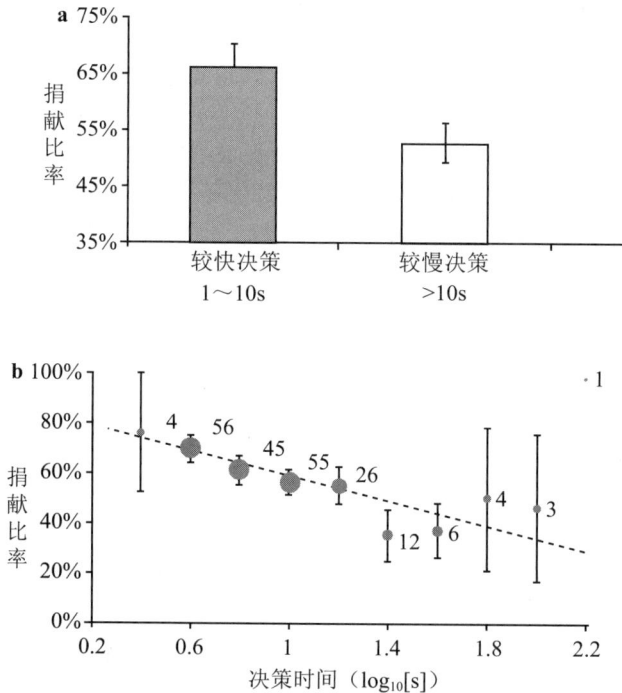

图 1　决策时间与捐献比率之间的关系

（来源：Rand，Greene，& Nowak，2012）

（二）基于之前实验数据的验证

之后，研究者通过对以往所获数据的再挖掘进一步验证了上述假设。这些实验的研究对象均是有关大学生的实验室实验，实验软件自动记录了被试的决策时间,且均已公开发表。但是这些时间数据以往均未进行分析。为了测查被试进行测验的心理,研究者将分析视角聚焦于每个实验序列的第一轮。在一项单轮囚徒困境博弈实验($n=48$)、一项带有执行偏差的重复囚徒困境博弈实验($n=278$)、一项重复的带与不带惩罚的囚徒困境实验($n=104$)、一项重复的带或不带奖励/惩罚的公共物品博弈实验($n=192$)中,研究者均发现了决策时间与合作之间的负相关关系。通过这一系列实验室的大学生被试数据、在线的国际样本的研究结果,进一步证实了有关决策时间与合作行为结果的稳健性,即较快的决策与更多的亲社会行为密切相关。

(三)证实直觉与合作因果关系的三项实验研究

上述研究结果发现了决策时间与合作行为之间的相关关系,研究在此基础上进一步证实直觉与合作之间的因果关系。为此,研究者进行了三项实验研究。

首先,研究者重新在 AMT 上在线招募了 680 名被试,并按照之前的单轮公共物品博弈中操纵了其决策时间,将其分为有时间压力、无时间压力和有时间延迟三种水平。在时间压力条件下,强迫被试在 10 秒钟内快速决策。这种条件下的被试与标准的公共物品博弈实验相比,有更少的时间用来沉思,因此,假定他们的决策被预期是更直觉的。在时间延迟条件下,被试得到要仔细考虑自己决策的指示,选择捐献额前强迫等待至少 10 秒。因此,在这种条件下,决策被预期是更加沉思的。研究结果见图 2。图 2 的a 部分描述了不同时间条件下,被试的捐献情况。结果表明,与图 1 的相关研究结果相一致,秩和检验的结果表明,时间压力条件下被试的捐献率显著高于时间延迟条件下被试的捐献率,也显著高于无时间压力下被试的捐献率;被引导进行更多沉思和决策延迟的被试的捐献比率显著低于无时间压力被试的捐献比率。而且,研究还发现,两种控制条件下的捐献率与图 1 所示的基线实验均存在差异。上述结果与预期相一致。

其次,研究者招募了 211 名波士顿地区的大学生,通过将赌注翻十倍在实验室中重复了时间限制实验。结果如图 2b 所示。秩和检验的结果表明,与之前预期一致,有时间压力条件下被试的捐献比率显著高于时间延迟条件下被试的捐献比率。研究还评估了被试对于组中其他成员行为的预期,虽然时间延迟条件下被试对组员的预期要高于时间压力条件下被试对组员的预期,秩和检验结果表明,上述预期差异未达到显著水平。由此可推测,那些被强迫进行直觉反应的被试似乎具有更多的亲社会偏好,而不是简单的捐献更多钱,因为他们对于组中其他成员行为预期更为积极,对别人没有那么高的预期。

最后,研究进一步采用了直接激发直觉与沉思的概念启动任务探讨决策时间与合作行为的关系。为此，研究者在 AMT 上又重新招募了 343 名被试，让他们完成单轮的公共物品博弈测验，实验有促进直觉和促进沉思两种实验处理。促进直觉的情境为：在阅读公共物品博弈的指导语前，要求被试写一段关于他们的直觉导致正确决策，或者仔细推敲论证导致错误决策的情境。促进沉思的情境为：要求被试写一段有关他们的直觉导致错误决策，或仔细论证导致正确决策的情境。研究结果如图 2c。秩和检验的结果表明，与上述 7 项研究的结果相一致，在促进直觉的启动条件下被试的捐献比率更高显著高于促进沉思的启动条件下被试的捐献比率。

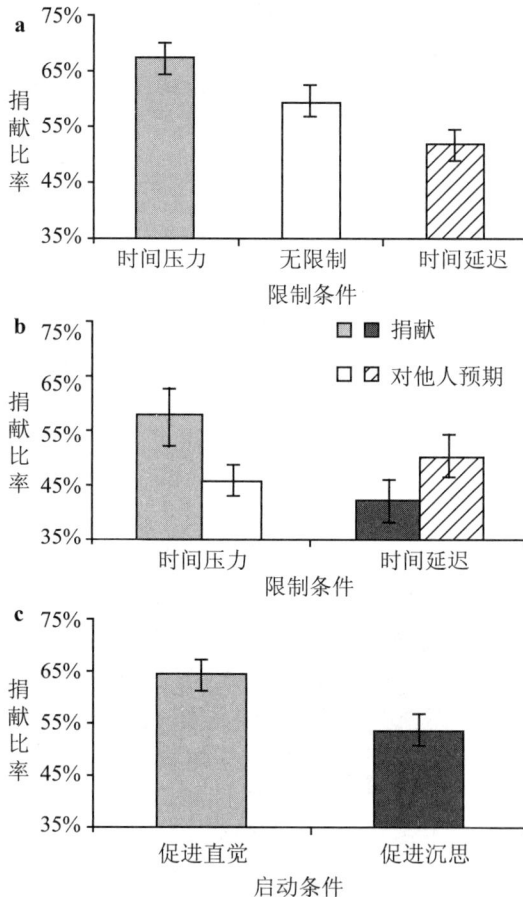

图 2 诱导直觉思维可促进合作

（来源：Rand，Greene，& Nowak，2012）

三、研究结果的解释与讨论

研究通过一系列实验证实了增加决策时间，即沉思会导致合作水平的降低，相反，减少思考时间，即直觉则会提高合作水平。但是，为什么人们会对合作具有预先设定的直觉？研究者大胆假设，人们的直觉产生于日常生活情境。在日常生活中，合作在一般情况下都是有益的。因为许多重要的互动经常重复，人们的声誉经常处在危险之中，而且对于好与不好行为的惩罚也可能存在。因此，实验的被试才会产生社会交互的合作直觉，并把这种合作直觉带到了实验室。所以，博弈情境中，他们的第一反应就是合作。之后，他们需要通过沉思来克制这种合作冲动，使自己适应于实验产生的、合作是不利行为的不同情境。

上述假设对于直觉对合作影响效果的个体差异进行了清晰预测，其假设和推理是否正确？研究者从两方面进行了检验。第一，如果上述效应起因于通过生活经历形成的直觉，则对于实验室合作实验的熟悉性应该降低这些效应。假设通过在 AMT 上对启动实验的重复进行了检验，结果见图 3a。与预测相一致，研究发现启动与经验之间显著相关：只有对那些新接触实验任务的被试来说，促进直觉会增加合作，而对已对实验熟悉的被试来说促进直觉和沉思的启动无差异。

第二，这一机制还预测，如果被试在合作有益的日常生活背景中发展了直觉，被试将只存在合作直觉。若其他人同样是合作的，即使存在重复、声誉和处罚，合作仍将作为最佳选择。研究通过在 AMT 上重复之前的基线研究验证了这一假设，结果见图 3b。与预测相一致，研究发现，只有对那些报告日常生活中有合作观念的互动伙伴的被试来说，快速决策才与高捐献比率相关。

因此，对于一些人来说，直觉反应要比沉思反应更具合作性；还有些人不论是直觉反应还是沉思反应均导致相对较少的合作。但是，研究并未发现直觉反应比沉思反应的合作少的案例。所以，直觉反应在该研究中一般是促进合作的，它产生于日常生活经验。

在该研究结果的基础上，可能有人会这样下结论：合作是先天的，基因决定的，而非文化传递的结果。但是，事实并非如此，该研究证实：直觉反应在发展过程中也可以通过文化进化、社会学习进行塑造。研究结果与展示儿童自发的助人行为的研究相一致。未来通过探讨直觉与沉思在儿童合作行为上的作用，及跨文化研究可以对这一问题进行更深入研究。

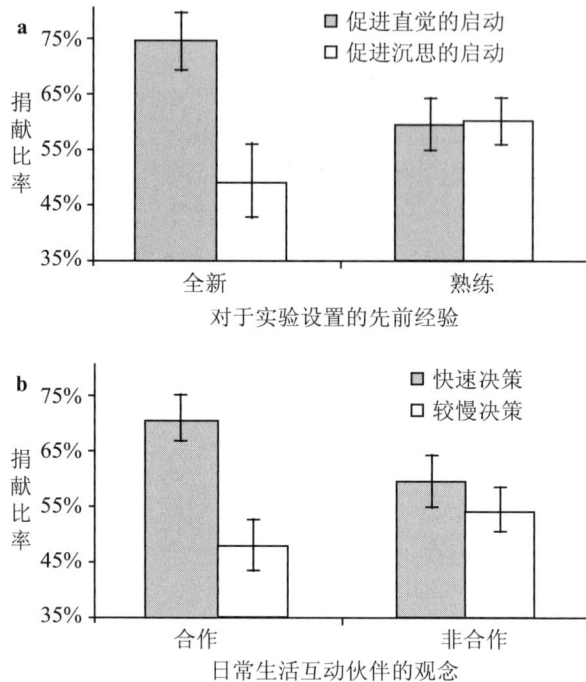

图 3　合作直觉产生于日常生活拓展到实验中的证据

（资料来源：Rand，Greene，& Nowak，2012）

　　该研究探讨了人类合作行为的认知基础，具有重要理论意义。其结果有助于解释合作行为的起源，对设计促进合作的机制提供了启示：激励决策者最大限度的理性可能会无意识地使他们变得更为自私。由此，通常人们对于合作重要性的理性论证也可能会具有相似的自相矛盾的效应。反之，致力于促进亲社会直觉的干预可能是更成功的。这对于科学理解及国家政策的制定均具有重要启示：虽然有关利己主义的残酷逻辑很具诱惑性，我们的第一反应是选择合作。

　　研究采用 10 项实验从多个角度证明了人类合作行为的直觉性及沉思可能是决策更为利己的重要原因。该研究实际上涉及了不同的人性观：人之初性本善，还是性本恶，研究支持"性善论"，认为"性恶"是由于沉思导致的理性所致，并解释了性善产生的原因——日常生活经验。这不仅对科学研究、对人们的日常生活也有重要启发，是一项贴近生活实际的研究。该研究自 2012 年 9 月发表以来，已引起许多研究者的关注，目前已有四位研究者引用该研究结果发表文章。例如，有研究者指出："如何使生活变得更美好？那就不要去思考它！"同月，格史特发表于《自然》上的文章便引用该文来说明人类行为的合作本能。可以相信，在将来该研究会引起更多的关注。

［张梅 评介］

评介文献

Rand，D. G.，Greene，J. D.，& Nowak，M. A.（2012）. Spontaneous giving and calculated greed. *Nature*，489，427－430.

参考文献

Chaiken，S.，& Trope，Y.（1999）. *Dual-process theories in social psychology*. New York：Guilford Press.

Fehr，E.，& Gächter，S.（2002）. Altruistic punishment in humans. *Nature*，415，137－140.

Horton，J. J.，Rand，D. G.，& Zeckhauser，R. J.（2011）. The online laboratory：Conducting experiments in a real labor market. *Experimental Economics*，14，399－425.

Sloman，S. A.（1996）. The empirical case for two systems of reasoning. *Psychological Bulletin*，119，3－22.

8.1 美元等于100美分？金钱数量表征对合作行为的影响

　　合作是一种具有进化意义的行为。通过合作，动物可以分享食物和抵御捕食者的威胁，人类可以在博弈中获得更多的共同利益。然而，现实中的合作行为却没有如理论假设的那般普遍。这一现象在囚徒困境博弈中表现得尤为明显。通常认为，正是博弈中个人不采取合作所获得的回报与个人采取合作行为所获得的回报这两者之间的差别（往往前者更大），是"诱惑"人们背叛的主要因素。但是，真的是经济回报决定了人们是否合作吗？有研究者（Furlong & Opfer，2009）给出了不同的回答。他们认为，是回报（如金钱）的数量结构，而非真正的经济价值，影响了人们是否参与合作，而这一结果是由人类数量加工的特点决定的。也就是说，人类的认知特点，左右了他们的合作行为。

一、引言：关注数量表征

长期以来，研究者试图从各个角度探讨人类合作行为的影响因素。有学者从比较心理学的角度提出，基本的认知能力是生物互惠和利他行为的基础，包括折算、数量比较和记忆等(Stevens & Hauser，2004)。近年来，一批研究者开始探讨数学认知能力对个体决策的影响，如贝叶斯推理对风险评估的影响(Gigerenzer & Hoffrage，1995)，以及算术能力在应对框架效应时的作用(Peters et al.，2006)，其中，数量表征对合作决策的影响也开始被关注。大量数量表征的研究证实，无论是婴儿、儿童，还是在时间压力条件下的成人，也无论是鸽子、小白鼠以及其他哺乳动物，它们的数量估计和数量比较都遵从费希纳定律——高估小数值之间的差异，而低估大数值之间的差异(Dehaene，2007)。

2009年，俄亥俄州立大学的奥佛(J. E. Opfer)和他的学生弗朗(E. E. Furlong)进行了一项关于数量表征与合作行为关系的研究——"认知对经济收益影响合作的限制"，该论文发表在影响力颇高的《心理科学》杂志上，引起了学术界的关注。

奥佛现任教于俄亥俄州立大学心理系，他的研究兴趣主要集中于数学认知领域，他曾于博士后阶段师从该领域著名学者席格勒(R. S. Siegler)。近十年来，奥佛完成了大量有关数量表征、推理、数学教育等方面的研究，本文即将介绍的这篇文章则是他将纯数认知领域的研究扩展到经济心理学领域的代表作品。本文第一作者弗朗是奥佛的学生，本科学数学出身的她在博士期间跟从奥佛进行了一系列有关数认知的研究。2008年博士毕业后，她曾留校任教两年，目前正于耶鲁大学进行比较心理学方向的博士后研究，研究兴趣集中于动物认知和数量表征等领域。

奥佛　　　　　　　　　　弗朗

"认知对经济收益影响合作的限制"这篇文章的核心在于解释了人类合

作行为如何受到认知能力的限制及影响。他们在博弈研究中发现了人们面对等同的金钱回报，因为数字呈现形式的差别而做出不同的选择的现象。例如，当回报的1美元变为100美分时，人们竟然会从背叛的策略中转化为合作。这篇论文发表后产生了很大的反响，《纽约时报》、加拿大广播公司等媒体都对该研究结果进行了报道。

二、研究方法

　　该研究共包括三个实验，均采用了经典的囚徒困境范式：同时有两位参与者进行博弈，他们可以做出与对方合作或者背叛对方的决定，但在做出决定前并不知道对方的选择。更重要的是，参与者的最终回报会由他们自己的选择和同伴的选择共同决定。我们将通过博弈的回报矩阵（见图1）来详细介绍这一方法。

参与者的选择

同伴的选择		合作	背叛
	合作	\$3(R)	\$5(T)
	背叛	\$0(S)	\$1(P)

图1　囚徒困境范式中参与者的回报矩阵

（来源：Furlong & Opfer，2009）

　　在囚徒困境博弈中，可能出现四种情形以及随之带来的四种可能的收益。我们将这四种情形按照收益的高低依次排列为：同伴合作而参与者单方背叛，参与者可获得5美元，同伴获得0美元，参与者的收益此时被称为"背叛的诱惑"（temptation to defect，T）；参与者与同伴共同合作，双方各自获得3美元，参与者的收益此时被称为"共同合作的奖励"（reward for mutual cooperation，R）；参与者与同伴共同背叛，双方可各自获得1美元，参与者的收益此时被称为"共同背叛的惩罚"（punishment for mutual defection，P）；同伴背叛而参与者单方合作，参与者可获得0美元，同伴获得5美元，参与者的收益此时被称为"傻瓜的报偿"（sucker's reward，S）。这样就创设了一种两难困境，如果任何一人背叛，背叛者将得到最大的个人收益，然而，如果两人共同合作，他们的收益之和（6美元）将比任何其他情形中都更高。

　　在经典的博弈理论看来，正是收益的结构，即单方背叛的收益高于合作的收益（R/T＜1）导致了不合理的低合作率（Rapopor & Chammah，1965）。然而，弗朗和奥佛却认为，是否合作取决于回报数值的结构而不只是回报实际价值的结构，因此，只需操纵回报矩阵的数值就可以改变参与者的合作行为。人们在思考背叛或合作时，会在大脑中对不同的收益进行比较，比较的前提是对收益进行对数表征。因此研究者假设，如果用更大的数值来表示收益，那么合作和背叛收益之间的区分度就会下降，进而降低参与者的背叛率。

在该研究中有两个重要变量：第一个是数值（numeric value），是指在实验中表示回报大小的具体数字；第二个是经济价值（economic value），是指在实验中获得回报的实际价值大小，它由数值和单位共同决定。为了探究数值的表征如何影响合作，研究者在研究 1 和研究 2 中在控制了实际经济价值的情况下操纵了数值大小这一变量，在研究 2 和研究 3 中还同时操纵了数值大小和经济价值大小这两个变量。因此，在本次研究中，研究者不仅考察了在经济价值相同，但数值改变的回报矩阵中参与者合作行为的变化（研究 1），而且也考察了经济价值和数值都改变的情况下的参与者合作行为（研究 2）。此外，研究 3 还设置了 5 种收益矩阵，以验证合作行为是由回报矩阵的对数之比决定[ln(R)/ln(T)]，而不是由简单比例（R/T）决定。

三、系列实验研究

（一）研究 1

31 对大学生参与了研究 1。他们被随机分到两个组，一个组的收益矩阵用美元表示，另一个组的收益矩阵用美分表示，同时保证每组的实际收益相同。具体来讲，美元组的被试面对的收益回报分别为：3 美元、5 美元、0 美元和 1 美元，见图 1；而美分组的回报为 300 美分，500 美分，0 美分和 100 美分。每对被试中一人作为"参与者"，另一人作为"同伴"。同伴被要求使用"以牙还牙"策略：在第一轮博弈的时候选择合作，在之后的回合中，复制对手在前一轮的选择。例如，如果同伴第一轮合作，而参与者第一轮选择背叛，那么同伴在下一轮也会选择背叛。研究中要求参与者最大化自己的收益，博弈总共进行 80 轮。

在这个连续的囚徒困境博弈中，该研究关注了博弈中的四种行为指标：单方合作、双方合作、共同背叛和原谅（当对手先背叛后，参与者重新选择合作的次数）。实验结果发现，虽然两组参与者面对的回报矩阵的实际价值完全一致，但是美分组的被试单方合作和双方合作次数均显著高于美元组，而美元组的被试背叛次数显著高于美分组这一结果推翻了经典博弈理论的观点，即人们在博弈中倾向选择带来更高经济回报的行为，仅仅改变同等经济回报的呈现方式，不会对博弈产生影响。本研究支持了奥佛和弗朗提出的基本假设，即在博弈中人们是否合作取决于回报数值的结构而不只是回报的实际价值。

然而，研究 1 并未考虑参与者对美元或者美分的偏好的影响，因此，研究 2 则试图解决这一问题。

(二)研究 2

在研究 2 中，为了排除参与者对货币单位偏好的影响，采用了 2(单位：美元、美分)×2(数值：1、100)两因素被试间实验设计。这意味着参与者不仅面临数额不同、实际价值相同的博弈矩阵，而且还需要解决数值相同，实际价值不同的博弈矩阵。研究 2 中的四类矩阵如下表所示(表 1)，被试被随机分配到四个实验组。

表 1　实验 2 博弈矩阵表

	双方合作	参与者背叛	同伴背叛	双方背叛
"1 美元"实验组	3 美元	5 美元	0 美元	1 美元
"100 美分"实验组	300 美分	500 美分	0 美分	100 美分
"1 美分"实验组	3 美分	5 美分	0 美分	1 美分
"100 美元"实验组	300 美元	500 美元	0 美元	100 美元

同时，研究 2 为排除社会反馈的作用，参与者改为在电脑上进行博弈。电脑程序中设定一位"虚拟同伴"，虚拟同伴也是采用与研究 1 中相同的"以牙还牙"策略。除此之外的其余研究步骤与研究 1 相同。

研究 2 进行了以上述四种行为指标作为因变量，单位(美元和美分)和数值大小(1 和 100)作为自变量的多元方差分析，结果发现单位主效应不显著，也就是说单位并不对结果产生直接的影响，同时，单位和数值大小之间也不存在交互作用。随后，研究者分别以单方合作、双方合作和共同背叛的次数作为因变量，进行 2(数值大小：1、100)×3(实际价值：0.03 美元、3 美元、300 美元)二因素方差分析，结果发现，数值大小的主效应均显著，面对数值大的回报的被试组表现出更多的合作行为和更少的背叛行为。实际价值主效应不显著，数值大小和实际价值对原谅的预测作用也不显著。例如，"1 美元"被试组共同合作收益是 3 美元，"100 美分"被试组相应收益是 300 美分，二者实际价值相等，但后者的合作行为显著高于前者；

而且,"1 美元"被试组的共同合作收益为 3 美元,他们的合作行为却与"1 美分"组之间没有差异。研究 2 将单位作为一个变量加入实验研究中,排除了价值单位的偏好对结果产生影响的可能,再次证实是不同的数量形式在影响囚徒困境中的博弈行为。因此,研究 2 的结果进一步证实了本研究基本假设,那就是,是博弈中的收益矩阵数值大小在影响合作,而不是收益的实际价值。

(三)研究 3

研究 1 和研究 2 证实了数值的大小在博弈中的效应,而人们对数量的表征为对数表征的特点,则极有可能是解释这一效应的关键原因。在研究 3 中,研究者找到了支持这一解释的有效证据。

研究者认为,由于人们表征收益价值数量的方式是对数形式,因此,对收益矩阵的数值进行线性的转化时(如 3 变为 300),头脑中无法正确地储存比例信息。例如,线性模型理论预测,因为 R/T 的值小于 1,所以会有背叛行为,而且因为 3/5 等同于 300/500,所以进行这样的数值转变不会影响收益。然而,如果人们进行的是对数表征,结果就不同了。$\ln(300)/\ln(500)$ 近似于 1,而 $\ln(3)/\ln(5)$ 近似于 0.68,因而对于"300 美分"组,合作与背叛之间的收益的主观差别小于"3 美元"组,因此,他们背叛的"动机"也就更少,这似乎恰好可以解释研究 1 和研究 2 中矩阵数值更大的被试组,合作行为更多的结果。

为了检验以上解释的真实性,研究 3 中,以"3 美元"组的矩阵作为基线,分别乘以 0.01 和 0.001,又分别增加 100 和 1000 美元,建立了表 2 所示的五个收益矩阵。

表 2　研究 3 收益矩阵(单位:美元)

	双方合作 (R)	参与者背叛 (T)	同伴背叛 (S)	双方背叛 (P)	线性模型 R/T	对数模型 $\ln(R)/\ln(T)$
"1"组	3	5	0	1	0.6	0.68
"0.001"组	0.003	0.005	0	0.001	0.6	1.10
"0.01"组	0.03	0.05	0	0.01	0.6	1.17
"101"组	103	105	100	101	0.98	1.0
"1001"组	1003	1005	1000	1001	0.99	1.0

研究者将双方合作与参与者单方背叛的收益之比,作为"背叛的诱惑"

之指标，这个比例越小，则背叛的诱惑越大，反之则越小。表2中呈现了在线性模型假设和对数模型假设下的"背叛的诱惑值"。在结果分析时，将两个模型对应的背叛诱惑的值作为两个预测变量，将四类博弈行为作为结果变量进行回归分析。共有96名本科生参与了研究3。除了收益矩阵外，其余实验过程均与研究1等同。结果显示，对数模型能够非常好地预测单方合作行为，解释率为97%，而线性模型的解释率为0；对数模型也能预测双方合作行为、双方背叛行为和原谅行为，其解释率分别为0.71、0.55和0.42，而线性模型的解释率相应为0.07、0和0.02。这一结果说明，人们在博弈中对收益进行比较时，对数模型是表征收益大小的主要方式。在合作行为中，人们加工信息时依然遵从数量表征的基本特点，正是经过了数量比较的对数转换，使得收益比较受到数值大小的影响，从而左右了参与者的博弈选择。总之，研究3证实了人们数量表征的对数模型是导致数值大小影响决策的关键原因。

四、综合讨论和评论

上述研究通过三个重复囚徒困境实验，证实了人们在涉及数字的博弈决策中，对数字的主观表征特点左右了最终的合作行为。因此，是否参与合作并非由收益的实际价值决定，而是由表示经济价值的数量形式决定。在研究1中，通过两个参与者之间的囚徒困境博弈，发现在保持实际价值不变的情况下，仅仅改变收益的数值大小就能改变个体的博弈选择。当回报用大的数值表示时（如300美分），比用小的数值表示时（如3美元）人们表现出更少的背叛和更多的合作。研究2则通过实验排除了价格单位影响的可能性，即发现相同的数值情况下，改变货币单位（1美元和1美分相比）对参与者的选择没有影响。研究3最终用个体数量表征的对数模型解释了上述现象的原因。

在诺贝尔经济学奖获得者卡尼曼等人提出的"前景理论"中也有关于金钱价值大小对决策的影响（Kahneman & Tversky, 1979），他们认为货币收益的心理效应也服从费希纳定律，同等的经济收益在基数大时造成的心理感受会小于基数小时的心理感受。前景理论能解释用不同表述方式引发不同行为决策的"框架效应"。不过，卡尼曼等的研究仍是关注金钱价值本身的作用，并没有考察究竟是金钱的数量表征还是对金钱的整体认识导致的这一现象。弗朗和奥佛的研究则分离了数值和单位的影响，最终确定是表示金钱的数值而非金钱的实际价值在决策中产生作用。

　　此外，关于数学认知对决策的影响也受到了心理学研究者的很大关注，涌现了大量相关研究。但是，在这些研究中，大多数均是采用相关范式，仅仅证明了数学知识的多少或者数学认知水平的高低与决策行为的关联，无法提供因果关系的有效证据(周正，辛自强，2012)。奥佛和弗朗另辟蹊径，研究通过有意图地改变合作回报中数值大小，证实了数量认知和博弈决策之间的因果关系，为数学认知在经济决策中的作用提供了更充分的证据。总之，奥佛和弗朗的研究为探索数学认知在决策和合作行为中的影响做出了有价值的贡献，为推动该领域的研究起到了不可忽视的作用。

〔周正　评介〕

评介文献

Furlong, E. E. , & Opfer, J. E. (2009). Cognitive constraints on how economic rewards affect cooperation. *Psychological Science*, 20, 11—16.

参考文献

周正，辛自强(2012). 数学能力与决策的关系：个体差异的视角. 心理科学进展，20(4)，542—551.

Dehaene, S. (2007). Symbols and quantities in parietal cortex：Elements of a mathematical theory of number representation and manipulation. In P. Haggard, Y. Rossetti, & M. Kawato (Eds.), *Attention and performance XXII：Sensorimotor foundations of higher cognition* (pp. 527—574). Cambridge, MA：Harvard University Press.

Gigerenzer, G. , & Hoffrage, U. (1995). How to improve Bayesian reasoning without instruction：Frequency formats. *Psychological Review*, 102, 684—704.

Kahneman, D. , & Tversky, A. (1979). Prospect theory：An analysis of decision under risk. *Econometrica*, 47, 263—291.

Peters, E. , Västfjäll, D. , Slovic, P. , Mertz, C. K. , Mazzocco, K. , & Dickert, S. (2006). Numeracy and decision making. *Psychological Science*, 17, 407—413.

Rapoport, A. , & Chammah, A. M. (1965). *Prisoner's dilemma：A study in conflict and cooperation*. Ann Arbor, MI：University of Michigan Press.

Stevens, J. R. , & Hauser, M. D. (2004). Why be nice? Psychological constraints on the evolution of cooperation. *Trends in Cognitive Sciences*, 8(2), 60—65.

9. 反社会惩罚的跨文化比较：公共物品博弈的证据

日常生活中，人们一般会对那些不付出努力却通过他人努力获得利益的人，即"搭便车"者自发地进行惩罚，以保证合作的实现。这很容易理解。但是，有一种现象却很容易被人们忽略：那些表现出较高亲社会行为的个体，如群体中贡献较多的人，也会受到惩罚，这就是反社会惩罚现象。2008 年 3 月，通过对全世界 16 个国家的调查，赫尔曼(B. Herrmann)、托尼(C. Thöni)、格史特(S. Gächter)以"反社会惩罚的社会差异"为题发表在《科学》杂志上的文章指出，虽然反社会惩罚广泛存在，但是其在不同社会中存在很大差异。

一、引言：公共物品博弈中的反社会惩罚现象

在人类进化中，人类的一些关键行为，如共同捕获大型猎物、分享食物、储存公共财产资源和战争均涉及公共物品(public goods)。在这些情境下，所有群体成员、包括那些对此没有做出任何贡献的人，均可分享这些物品。公共物品博弈便是对这一现象的抽象模拟，其一般形式为(Fehr & Gächter, 2002)：N 个人(如 4 个)在最初得到一笔固定资金 M 后，可以选择贡献 0 至 M 的钱投资给公共基金库。他们每单位的投资将会获得 M 倍收益，之后，增加后的钱在 N 个人之间平分，不论其投资钱的多少。

基于这一博弈范式的近期研究表明，利他惩罚，即个体即使付出代价也要去惩罚那些搭便车个体的倾向，可以用来解释合作行为(Fehr & Gächter, 2002；Hauert, Traulsen, Brandt, Nowak, & Sigmund, 2007；Rockenbach & Milinski, 2006)。同时，在实验中还存在另一种很容易被忽略的现象：人们不只会去惩罚搭便车的人，也同样惩罚那些合作者。例如，在实验中由于过去贡献得太少而遭到惩罚的参与者(即免费搭便车者)很可能会报复那些合作者，因为正是这些合作者才最有可能去惩罚他们。赫尔曼等三位研究者详细描述并对比了这种反社会惩罚现象。

赫尔曼　　　　　　　　托尼　　　　　　　　格史特

　　赫尔曼，1969 年出生于德国慕尼黑市巴伐利亚州。2000～2004 年在哥廷根大学获得应用经济学的博士学位。2004～2005 年为哈佛大学肯尼迪管理学院博士后，2005～2008 年为诺丁汉大学经济学院博士后。2008 年以后作为经济学者供职于某超国家组织。目前已发表 20 余篇论文，他主要致力于经济学或行为科学领域人们的合作行为及惩罚行为的研究。

　　托尼，2005 年获得瑞士圣加伦大学的博士学位，目前为该校的助理教授，格史特的学生。研究领域主要集中于合作行为的研究，目前已发表论文十余篇。

　　格史特，1965 年出生于奥地利福拉尔贝格州。1994 年他在维也纳大学获得经济学博士学位，之后分别在维也纳大学及林茨大学任讲师。1999 年他在苏黎世大学获得教授资格。2000 年后在圣加伦大学工作，2005 年成为德国诺丁汉大学的教授，从事经济决策心理方面的研究。他的研究领域主要集中于实验经济学和行为经济学，对劳动经济学、组织经济学、认识经济学等也有所涉猎。作为有国际声望的德国籍经济学家，他目前已在《自然》《科学》等顶级杂志上发表 70 余篇文章。

二、研究取样及实验过程

　　对于反社会惩罚的观察源于研究者对人类合作与惩罚行为是否具有文化差异的研究。以往大量跨文化的证据都主要来自于世界上各种小型社会（small-scale societies，如肯尼亚的马拉戈利人，坦桑尼亚的哈扎人）中进行的单轮议价博弈。目前还没有系统的不同社会经济地位及文化背景下有关合作博弈的大规模研究。据此，研究者设计了带惩罚与不带惩罚因素的实验，并将单轮博弈变为多轮博弈以考察不同合作水平在不同社会群体内部是否能够出现并保持稳定。这在单轮实验中是无法实现的。

　　基于上述目的，不同文化背景被试的选取至关重要。研究者采用的方法是选取复杂、完善的社会群体，使其包含最大限度的文化和经济背景的差异的同时，还具有可比性。然而，被试群体的社会人口学变异可能会与研究所关心的真正变异相混淆。考虑到对被试进行大规模随机取样不可行，只能让所有被试群体尽可能地具有可比性。大学生就是这样一个适合的样本群体。他们具有相似的年龄，基本居住在城市并具有中产阶级背景，而且具有相似的教育水平。通过选取相同类型的样本群体可以将社会经济地位的混淆尽可能减到最小，以考察不同文化差异对合作与惩罚行为的影响。最终，研究者选取了 16 个不同国家和地区的 1120 名被试，他们均为大学生。每个小样本包含 40～152 人不等，例如，中国的 96 名被试选自四川成都的西南交通大学。

　　抽取的所有被试群体均进行相同的公共物品博弈。博弈采用真实金钱，分带惩罚（P 实验）和不带惩罚（N 实验）两种条件进行。每个小组的四名成员均进行两种条件下的博弈：给予每个成员 20 元代币，他们需要决定留下多少代币给自己，多少捐给群体。个体每捐献 1 代币给群体，小组中的四名成员均可获得 0.4 代币，而不论他/她是否做出任何贡献。由于捐献 1 代币给群体的代价是确切的 1 代币，但是得到的回报却只有 0.4 代币；所以，不论其他 3 个组员向群体贡献多少代币，自己将所有代币均留下而不捐献最符合成员自身利益。然而，如果所有群体成员都不捐献自己的代币，则整个小组则没有代币可以分享。另外，若每个小组成员都将自己的 20 个代币捐出，则每个小组成员均可赢得 $0.4 \times 80 = 32$ 的代币。

　　实验采用计算机程序匿名进行，每个组员均不知道其他组员的身份。他们同时决定捐献多少代币，决策完毕后，会被告知其他组员捐献的代币数。P 与 N 实验的关键差别在于：在 P 实验中，被试在得知其他组员的捐献额后，可以选择对其他任何组员实施惩罚；但在 N 实验中，被试得知其他组员的捐献额后即结束测试。实施一次惩罚，可对成员施以 0～10 分不等的减分。每减 1 分将使被惩罚者丧失 3 个代币，惩罚者付出 1 个代币。所有惩罚决定均同时进行，但被试不知道是谁惩罚了自己。研究的目标之一是看与 N 实验相比，P 实验中的惩罚是否以及在何种程度上稳定了合作机制。为了允许不同合作水平的出现，研究将两种情况下的博弈重复了 10 次，并保持每个小组成员不变。

三、研究结果及分析

　　研究首先分析了不同文化群体中被试的惩罚行为。目的是考察那些对群体捐献一定量代币的个体如何惩罚比他捐献得少、捐献得多、捐献一样的组员。图 1 为惩罚者实施惩罚的差异。[−20，−11]表示被惩罚者比惩罚者少捐献 20 个代币，反之，[11，20]表示被惩罚者比惩罚者多捐献 20 个代币，[0]表示二者的捐献相等。

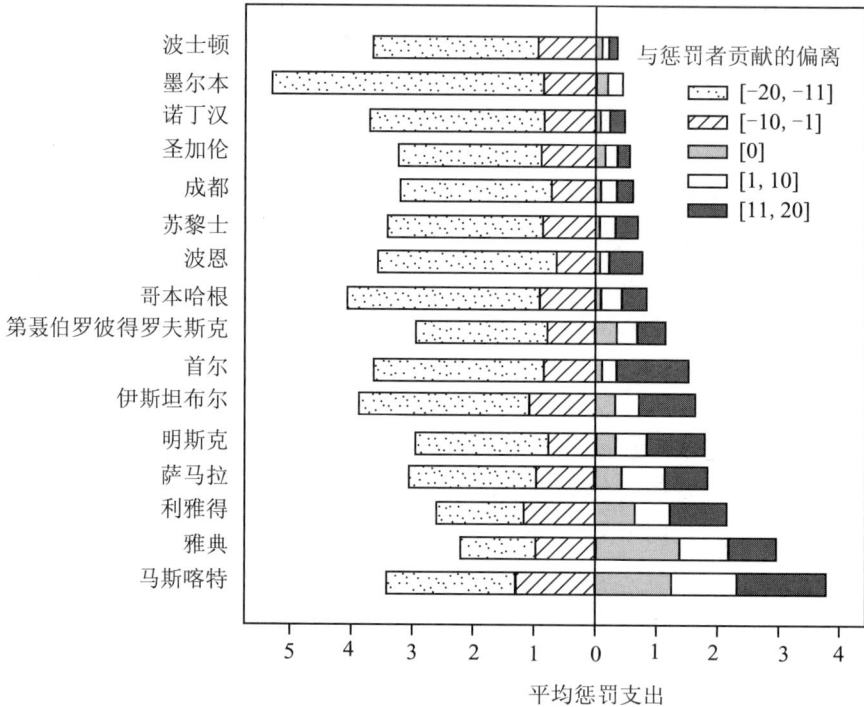

图 1　不同偏离条件下被试的平均惩罚支出

（来源：Herrmann，Thöni，& Gächter，2008）

由图 1 可知，不同样本群体中的惩罚行为存在显著差异，尤其是在反社会惩罚方面。以反社会惩罚为因变量，以不同样本为自变量，控制误差、阶段效应、人口学变量后的回归分析表明，不同样本群体的反社会惩罚存在显著差异。尽管在某些样本群体中存在很少的反社会惩罚行为，但在其他样本群体中，被试会对那些与自己贡献相等数量或更多代币的组员进行惩罚，而且对这类组员的惩罚就像他们对搭便车个体的惩罚那样严厉。但是，对于搭便车个体的惩罚在不同样本群体中差异并不显著。

对于免费搭车者的惩罚很可能是由于一种对公平准则的违反以及一种被剥削的感受所引发的负面情绪所致。但是又是什么因素导致了反社会惩罚呢？一个看似合理的解释是人们可能不愿接受惩罚，所以试图寻求报复。报复之心人皆有之，并且在许多社会中会作为文化自豪感的一部分。该研究对报复性惩罚的测量是指人们由于在之前阶段受到惩罚而实施惩罚。研究发现，在控制了惩罚者与被惩罚者的贡献额后，所有被试群体的反社会惩罚均会随着之前阶段获得惩罚的增加而增加。

　　惩罚机会的出现对于合作水平具有重大影响。这可由图 2 和图 3 进行说明。图 2 为不同测验时期 16 个样本群体贡献额的差异。图 3 为所有样本群体反社会惩罚与贡献额的散点图。

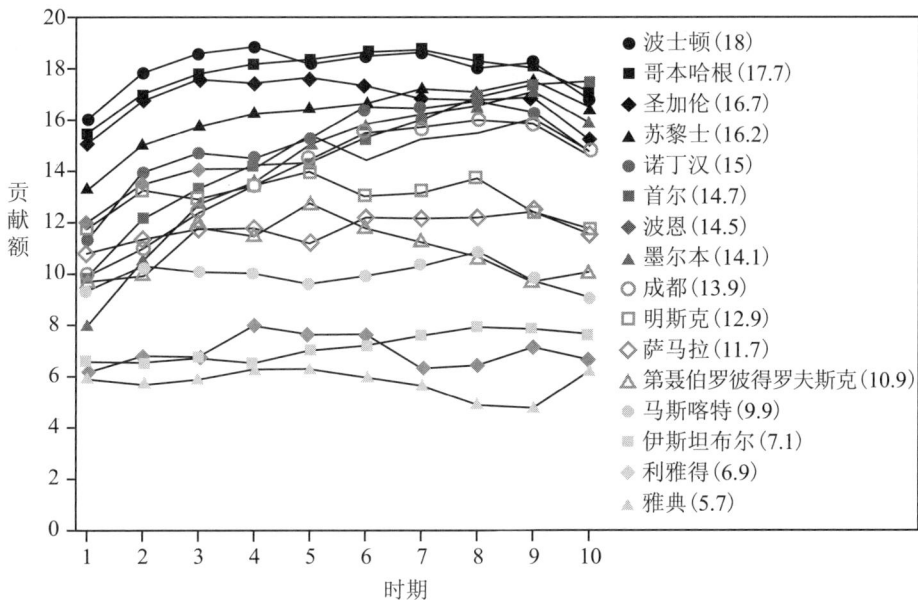

图 2　不同实验期间被试的贡献额

（来源：Herrmann，Thöni，& Gächter，2008）

　　以测验时期为自变量，以贡献额为因变量的 Kruskal-Wallis 检验表明，贡献额在不同的样本群体中差异显著。合作在所有样本群体中是稳定存在的，但水平上存在较大的不同（见图 2）。约有一半被试群体的合作仅停留在初级水平（有惩罚实验的第 1 时期），而其他样本中贡献额会随着实验的进行而不断增加。合作水平最高的群体（个体平均贡献 90％ 的代币）是合作水平最低群体（个体平均贡献 29％）捐献额的 3.1 倍。不同样本群体的合作水平与反社会惩罚显著负相关（图 3）：样本群体的反社会惩罚越高，其平均合作水平越低。由于不同的惩罚与合作模式，在有惩罚实验中样本群体的收益也存在显著不同。在每个实验期间的平均收益上，获益最高与获益最低群体的差异高达250%。

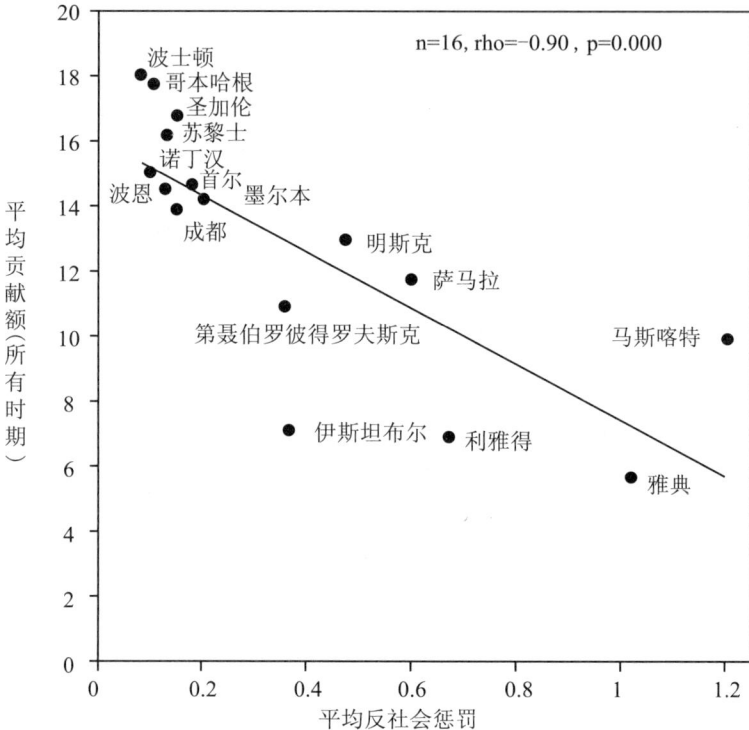

图3　反社会惩罚与贡献额的相关分析

（来源：Herrmann，Thöni，& Gächter，2008）

　　不同样本群体合作率差异的一个重要原因是样本群体对于其受到惩罚的不同反应。回归分析表明，对所有样本群体（有一个除外）来说，在 t 实验期间贡献额小于小组平均水平的而被惩罚的个体，在 $t+1$ 期间均增加了贡献额。但这种增加仅在11个样本群体中达到显著性水平。然而，所受惩罚增加的平均估计范围在不同样本群体中不同。因此，惩罚对于使所有群体中搭便车的人从低贡献额转向高贡献额上的约束力并不强；在有些群体中，惩罚甚至没有任何促进合作的作用。

　　惩罚对低于平均贡献的约束力与样本群体的反社会惩罚程度密切相关。样本群体的反社会惩罚均值与每个因低于小组平均贡献受惩罚点增加的回归系数存在显著负相关。对此，其中一种解释是：某些样本群体成员对于达到或超过平均贡献额会受到惩罚的预期，削弱了低贡献者增加贡献额的动机。另一种解释与人们对于惩罚背后的道德信息感知有关：个体可能在由于低贡献而受到惩罚的羞愧程度上存在不同。因为以往研究发现，甚至非金钱的制裁（社会拒绝信号）都能让低贡献者增加其贡献额。

表 1 的回归分析总结了该研究惩罚对合作的影响的结果。考虑到不同群体惩罚变异的不同，研究以群体平均贡献额作为观测变量。研究的因变量为实验期间 2～10 的平均贡献额，研究的自变量为实验期间 1 中小组的平均贡献额、搭便车个体受到的平均惩罚、群体平均反社会惩罚。模型 1 没有对样本群体的平均合作水平进行控制，而模型 2 通过将样本群体作为哑变量进行了控制。研究结果表明，在惩罚实验中，期间 1 贡献额高的群体在随后期间 2～10 的群体平均贡献额也高；反之，贡献额低的群体则更低。其他条件不变的情况下，与惩罚者自身贡献额相关的群体对搭便车个体的平均惩罚与群体的平均贡献额显著正相关。群体的平均反社会惩罚则与群体达到平均贡献额显著负相关。

表 1　惩罚与合作水平的回归分析

	模型 1	模型 2
期间 1 群体的平均贡献	0.779***	0.720***
	(0.052)	(0.065)
搭便车个体受到的平均惩罚	0.521***	0.480***
	(0.201)	(0.200)
群体的平均反社会惩罚	−2.247***	−1.256***
	(0.350)	(0.325)
常数	5.507***	5.899***
	(0.688)	(1.221)
样本群体作为哑变量	没有	是
调整后的 r^2	0.60	0.67
F 检验	136.9	31.3
p	0.000	0.000
N	273	273

（来源：Herrmann，Thöni，& Gächter，2008）

  研究在 N 试验中同样发现了群体差异，这可以作为 P 实验的基准。以全部 10 个实验期贡献额的平均值作为观测变量，进行 Kruskal-Wallis 秩和检验。平均贡献额在 4.9～11.5 个代币之间变化（图 4）。不带惩罚的 N 实验中最低与最高合作群体 6.6 个代币的差异要明显低于 P 实验中 12.3 个代币的差异。而且，P 实验中贡献额在不同水平均保持稳定，但在 N 实验中普遍逐渐减少到较低水平。与 N 实验相比，惩罚机会的存在对 11 个样本群体具有微弱的合作促进效应。其他 5 个样本群体中有无惩罚的实验中合作的变化不存在显著差异。因此，不能想当然地认为惩罚具有合作促进效应。这与以往美国与西方的研究发现的惩罚总能促进合作的结论相反。

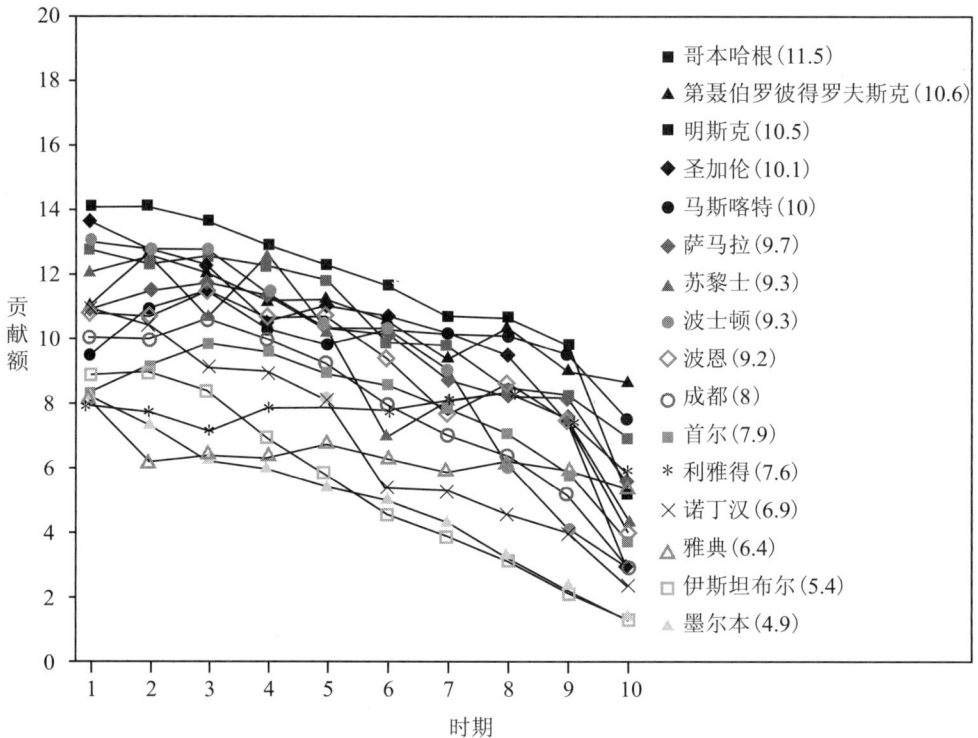

图 4　不带惩罚的 N 实验的 10 个期间平均贡献额的变化

（来源：Herrmann，Thöni，& Gächter，2008）

  上述结果的产生与反社会惩罚有关：群体的反社会惩罚越高，相对于 N 实验，P 实验中合作的增加越少。而且，样本群体在 P 实验期间 1（个体无任何被惩罚经历）的平均合作水平与他们之后用于反社会惩罚的支出均值显著负相关。即，后续阶段中样本群体用于反社会惩罚的支出越高，其初始合作水平越低。

那么，如何解释反社会惩罚及相关的合作水平的群体差异？惩罚可能与合作的社会规范有关。社会规范是一个宏观水平的存在，是关于可接受行为与可能受惩罚的偏离行为的广泛接受的观点。因此，如果群体对于合作与搭便车持不同的社会规范，他们必将有不同的惩罚表现。与社会规范相关的一个典型的集合是公民的合作规范，例如，人们对于偷税、福利滥用、逃避公共交通费用的态度。所有这些问题均可模型化为公共物品问题。社会中公民合作规范越强，搭便车行为越被认为是不可接受的，因而可能会受到更多惩罚。合作者按照规范行动，则不会受到惩罚。较强的公民合作规范可能是反社会惩罚的重要约束。

社会法律的强度也会对反社会惩罚产生影响。如果法律约束较强，人们信任法律的实施是有效的、公平的、无偏见的、公正的，报复是可以避免的。相反，法律约束较弱，情况则相反。因此，一个社会的法律规定反映了其规范是如何实施的。该研究据此建立了两个指标来反映一个社会的法律约束：（1）依据世界观调查的数据构建了不同形式的公民合作规范指标。这一变量的测量方法是让一些公民回答偷税、救济金诈骗等行为是否可以容忍（1代表完全可以容忍，10代表决不可容忍）。人们对于这些行为的谴责越强烈，代表公民合作的社会规范越强。16个国家的均值从6.91～9.79不等（总均值为8.53）。（2）法律规范指标。它建立于不同测量指标之上：人们对制度的信心及遵守社会规范的程度，社会契约、警察、法庭的质量，犯罪与暴力的可能性。其理论范围为－2.5（非常弱的法治）～2.5（非常强的法治）。该研究中法制指标取值范围为－1.23～1.96。

为了探讨惩罚与上述两指标间的相关，研究以惩罚支出为因变量，以公民合作规范与法律规范的值为自变量进行回归分析。研究区分了搭便车与反社会惩罚，控制了惩罚者、被惩罚者、组内其他成员的贡献额、时期效应、被试的社会经济特征。结果表明，社会公民合作规范越强，人们对于小组中贡献额低于自己成员的惩罚越严厉（$p < 0.01$）。法律规范对于搭便车者惩罚的正向预测作用不显著。而对于反社会惩罚，公民合作规范与法律规范均与其显著负相关（$p < 0.05$）。换言之，在那些公民合作规范和法治较弱的社会，反社会的惩罚更严厉。

四、讨论与评论

对于人类如何成功解决合作问题，一直是个谜，经济学、社会学、人类学等诸多学科的结论各不相同。现实生活中，许多外因，如制度、环境条件及人群特点均可提供解释角度。该研究的贡献在于通过实验方法揭示了反社会惩罚会造成置于相同环境下的群体间合作水平的差异。

反社会惩罚虽然在所有样本群体中存在，但是其重要性及不利影响却存在差异。报复是对大多数群体反社会惩罚的可能解释，但是可能与其他动机也有一定关系。一些反社会惩罚可能是试图诱导被惩罚者增加其贡献额，这可以由被惩罚者的贡献越高，反社会惩罚越低的事实来证明。由于实验中惩罚者的惩罚成本要比被惩罚的付出的代价便宜，具有强烈统治偏好、竞争性性格、期望收益最大化特征的个体不仅会惩罚搭便车者，还会惩罚合作的人，以及那些与其贡献相等的人。低贡献者可能会将高贡献者视为想炫耀自己的"老好人"，惩罚是一种对他们的贬损行为。在以往的议价博弈中也发现，人们会对表现过于慷慨的人心存戒备，而拒绝一些超公平的提议。规范从众，即一种想表现得与其他所有人相同的需要和预期，是人类心理的一部分，可能导致对偏离者（不论是合作还是搭便车者）的惩罚。惩罚还可能与内群体和外群体的区分有关，因为人们如果被外群体成员惩罚，则会实施报复。依据以往跨文化研究的心理学研究，集体主义社会的互动基于紧密的社会网络，而个体主义的互动在不同社会群体更具渗透性。因此，该研究中由于群体成员互不相识，集体主义社会中的成员与个体主义社会中相比，可能会更倾向于将其他被试知觉为外群体成员。由此，可能集体主义中的反社会惩罚会比个体主义中的高，这一结论在研究中也得到了证实。

该研究发现，社会合作规范和惩罚密切相关。如果正式强制机制缺失，非正式制裁则会替代它。反社会惩罚与法律规范强度、合作水平显著负相关的结果也说明正式的法律实施制度的质量和非正式制裁仅仅是互补，而非替代关系。当正式法律实施制度运行得越良好时，由于反社会惩罚越少，非正式制裁在维持自愿合作中可能越有效。反社会的惩罚对于合作（与效率）的危害解释了现代社会避免报复并将惩罚权集中于国家手中的基本原理。

该研究通过对 16 个国家的大样本调查，描述了反社会惩罚的现象、探讨了其对合作的阻碍及产生机制，具有重要意义：一方面，越来越多的研究关注反社会惩罚现象。自该研究 2008 年发表以来，已被引用 472 次；另一方面，该研究属于近年来对惩罚是促进合作最有效手段观点的反对派研究，它对未来研究具有启发作用。例如，随后发表于《科学》杂志上的文章进一步指出，与惩罚相比，奖励可能是促进合作更好的手段（Rand，Dreber，Ellingsen，Fudenberg，& Nowak，2009）。

［张梅　评介］

评介文献

Herrmann, B. , Thöni, C. , & Gächter, G. (2008). Antisocial punishment across societies. *Science*，319，1362—1367.

参考文献

Fehr, E. , & Gächter, S. (2002). Altruistic punishment in humans. *Nature*，415，137—140.

Hauert, C. , Traulsen, A. , Brandt, H. , Nowak, M. A. , & Sigmund, K. (2007). Via freedom to coercion: The emergence of costly punishment. *Science*，316，1905—1907.

Rockenbach, B. , & Milinski, M. (2006). The efficient interaction of indirect reciprocity and costly punishment. *Nature*，444，718—723.

Rand, D. G. , Dreber, A. , Ellingsen, T. , Fudenberg, D. , & Nowak, M. A. (2009). Positive interactions promote public cooperation. *Science*，325，1272—1275.

第三章

金融心理学

JINRONG　XINLIXUE

10. *头脑中的记账簿：心理账户*

请思考以下两种情况。

（1）假设你今晚打算去听一场音乐会，票价是 100 元，正要出发时，发现自己丢了 100 元钱。你是否还会买票去听这场音乐会？

（2）假设你昨天花了 100 元钱买了一张今晚音乐会的门票。在你马上要出发的时候，突然发现你把价值 100 元的票弄丢了。如果你想要听音乐会，就必须再花 100 元买票，你是否还会去听？

不知你的答案是否和已有的研究结论一致：在第一种情况下，大部分人仍然选择买票去听，而第二种情况下，大部分人回答说"不去了"。事实上，从绝对损失的角度来看，这两种情况都损失 100 元，但为什么人们的选择会出现如此大的差异呢？难道买票的 100 元和现金 100 元的价值有什么不同吗？这个问题可以用经济心理学上的一个著名理论——"心理账户"（mental account）来解释。

一、心理账户的概念及演变

心理账户是指人们在心理上对结果（尤其是经济结果）的编码、分类和估价的过程，它揭示了人们在进行财富（资金）决策时的心理认知过程。在引言里提到的例子中，人们其实在心中建立了"门票"和"现金"两个账户。如果丢了钱，是"现金"账户的损失，"票"的账户没有受到影响。但如果是丢了票，再花钱买票就感觉为"票"的账户花费了 200 元，很多人就不愿意再买票了。

心理账户的概念也经历了一系列的演变。1980 年，芝加哥大学著名行为金融和行为经济学家理查德·泰勒（Richard Thaler）首次提出"心灵账户"（psychic accounting）的概念，用于解释个体在消费决策时为什么会受到"沉没成本效应"（sunk cost effect）的影响。次年，卡尼曼和特沃斯基在对上文提到的"演出门票问题"进行分析时使用了"心理账户"（psychological account）的概念，意指消费者在决策时根据不同的决策任务形成相应的心理账户。1984 年，卡尼曼和特沃斯基认为心理账户概念用"mental account"表达更为贴切。

  1985 年，泰勒发表了《心理分账与消费者选择》(*Mental Accounting and Consumer Choice*)一文，正式提出心理账户理论。在原先同名研究的基础上，泰勒于 2008 年在《市场营销科学》(*Marketing Science*)杂志 27 卷第 1 期上发表了这篇文章的更新版本，对心理账户理论进行了系统的阐述，分析了心理账户的成因以及心理账户如何导致个体对最简单的经济学定律的违背。泰勒认为：小到个体、家庭，大到企业集团，都有明确或潜在的心理账户系统。进行经济决策时，这种心理账户系统常常遵循一种与经济学的运算法则相矛盾的潜在心理运算规则，其心理记账方式与经济学和数学的运算方式都不尽相同，因此，它经常以非预期的方式影响着决策，使个体的决策违背最简单的理性经济法则。泰勒列举了一系列典型现象以阐明心理账户对传统经济规律的违背，并提出了心理账户的"非替代性"特征。接下来我们就来介绍这篇有关心理账户问题的经典研究。

  在介绍这项研究之前，先简单介绍一下作者泰勒。泰勒 1945 年生于美国新泽西的东奥兰治市，1974 年毕业于罗彻斯特大学，获经济学博士学位。现执教于芝加哥大学布斯(Booth)商学院，是金融和行为科学教授并担任行为决策研究中心主任，同时在国民经济研究局(NBER)主管行为经济学的研究工作。泰勒教授的研究主要集中于心理学、经济学等交叉学科，并且在储蓄和投资行为研究方面具有很深的造诣，被认为是现代行为经济学和行为金融学领域的先锋经济学家。他发表了大量高水平的论文和专著，其中代表著作有《赢家诅咒》(*The Winner's Curse*)和《准理性经济学》(*Quasi-rational Economics*)。他还为"助推小组"(Nudge Unit)提供咨询，这是一个由英国政府组建的机构，旨在制定通过帮助公民做出更好的选择来提高公共福利的政策。

泰勒

二、金钱的可替代性与非替代性

  按照传统的微观经济学理论，金钱不会被贴上标签，它具有可替代性(fungibility)。人们把所有的财富放在一个整体账户进行管理，每 1 元钱与另外的 1 元钱都可以随意地替换和转移。而实际研究则发现，与传统理论相反，人们会根据财富来源与用途将其划分成不同性质的多个分账户，每个分账户都有单独的预算和支配规则，金钱并不能很容易地从一个账户转移到另一个账户。泰勒将这种金钱不能很好转移、不能完全替换的特点称为"非替代性"（unfungibility）。

在这篇文章中，泰勒首先举了四个"非替代性"的例子。

例1：L夫妇和H夫妇在西北部进行了一场海钓之旅，他们捕获了一些三文鱼，并将这些鱼打包通过航空公司寄往家中，结果包裹在运输途中丢失。他们因此获得了300美元的赔偿金。拿到钱后，两对夫妇去餐馆大快朵颐了一番，花了225美元，而在此之前，他们从来没有在饭馆里消费过这么多钱。

例2：X先生带了50美元参加每月一度的扑克大赛。他拿了一手最大为Q的同花顺，并以10美元叫牌，Y先生拥有100股IBM公司的股票，今天上涨了50%，账面上多了正好50美元。他拿了一手K最大的同化顺，但他选择了不跟。最后X先生赢了。Y先生对自己说：如果我有50美元，我也会跟。

例3：J夫妇存了15 000美元准备买一栋理想的别墅，他们计划在5年后购买，这笔钱放在商业账户上的利率是10%；可最近他们刚刚又贷款11 000美元买了一部新车，新车贷款3年的利率是15%。

例4：S先生看中了商场里的一件羊毛衫，价格为125美元，他觉得贵就没舍得买。月底的时候，他妻子买下这款羊毛衫作为生日礼物送给他，他非常开心。而S夫妇只有一个联合的家庭账户。

例1中，L夫妇的做法显然违反了传统期望效用理论的可替代性原则。300美元本来没有任何标签，但这对夫妇显然把它放在了"飞来横财"和"食物"两个账户里。即使他们两家每家的年收入增加150美元，相信他们也不会去吃那顿豪华大餐。例2证明，账户兼具局部性和暂时性的特异属性。牌局中玩家的特定行为会因当前所处的资产水平而改变，但不会受整个一生的损益情况的左右，也不会受其他账户变动（如股票的账面收入）的影响。例3对可替代性的违背则来源于家庭理财的自我控制问题。通常人们对已经有了预定开支项目的金钱，不愿意由于临时开支挪用这笔钱，对于J夫妇来说，存起来买房的钱，已经放在了购房这一预定账户上，如果另外一项开支（买车）挪用了这笔钱，这个账户就不完整了。从理性上说，家庭的总财富不变，在银行看来，只是从一笔账上扣除了车贷而已。但因为财富改变了存放的位置，固定账户和临时账户具有非替代性，人们的心理感觉不一样。例4中，自己花费购买羊毛衫，属于生活必需开支，125美元感觉太贵了；而作为送给丈夫的生日礼物，属于情感开支，相对更容易接受。

可见，为不同的消费项目设立的心理账户之间具有非替代性。

这四个"非替代性"的例子也说明，至少有三种原因导致了心理账户之间的非替代性。(1)来源不同造成的非替代性。其含义是，按财富的不同来源而设立的心理账户之间具有非替代性。意外之财和辛苦挣来的钱相比，虽然金额相同，但"意外之财"账户有着更大的边际消费倾向。人们总是会很快花掉意外收入，而辛苦挣来的钱则花得比较仔细，如例1中的L、H夫妇的行为。(2)消费项目导致的非替代性。为不同消费项目设立的心理账户之间具有非替代性。如例3和例4中的情况。(3)存储方式导致的非替代性。即不同存储方式导致心理账户的非替代性。如例2中Y先生遇到的情况。

三、心理账户的运算法则

(一)价值函数理论

心理账户理论可以说主要依据了卡尼曼在前景理论中提出的价值函数。价值函数理论对理解心理账户的运算法则有两个重要启示：(1)损失或收益框架会影响个体的风险偏好，进而影响心理账户的操作；(2)设置不同的参照点会改变人们对决策结果的认知。因此，对于前景理论的理解有助于更好地了解心理账户背后的心理机制。

(二)损失与收益

现实生活中，决策者常常需要同时面对多个决策问题(或多个期望)进行选择(如同时买进和卖出多只股票)。心理账户和价值函数理论的结合，可以分析决策者面对多个期望时的决策行为。举例来说，假设某投资者在项目A上损失100美元，在项目B上获利200美元。他会在心里如何处理呢？有两种方式：

第一种，分账：分成两个账户，感受到一个亏损100美元，一个盈利200美元。

第二种，整合：合成同一账户，感受到100美元的盈利。

按照这种思路，根据损益情况和金额的高低，任何两项投资结果都可能出现四种组合：

(1)复合收益(multiple gains)：二者均得。

(2)复合损失(multiple losses)：二者均失。

(3)混合收益(mixed gains)：得大失小。

(4)混合损失(mixed losses)：得小失大。

那么，个体面对这些情境，会选择合账还是分账呢？

根据价值函数理论，个体的选择应该是这样的（如图 1 所示）。

(1)假如两笔收入 X、Y 均为正，分账价值为 V(X)＋V(Y)，合账价值为 V(X＋Y)。因为价值曲线在右上角为内凹形，所以 V(X)＋V(Y)＞V(X＋Y)。也就是说，两项皆是收益，人们通常选择心理分账，因为两项收益带来的心理效用的叠加大于两项收益之和带来的心理效用。

(2)假如两笔收入 X、Y 均为负，分账价值为 V(－X)＋V(-Y)，合账价值为 V(-X-Y)。因价值曲线在左下角为外凸形，所以 V(-X)＋V(-Y)＜V(-X-Y)。也就是说，两项皆是损失，人们通常选择心理合账，因为两项损失之和带来的心理损失感要小于两项损失分别呈现带来的损失感。

(3)假如两笔收入 X、-Y，且余额为正，分账价值为 V(X)＋V(-Y)，合账价值为 V(X-Y)。因价值曲线在右上角为内凹形，所以 V(X)＋V(-Y)＜V(X-Y)。也就是说，一得一失，得大于失，宜选择心理合账，感受为收益，因为人们对损失敏感度更高。

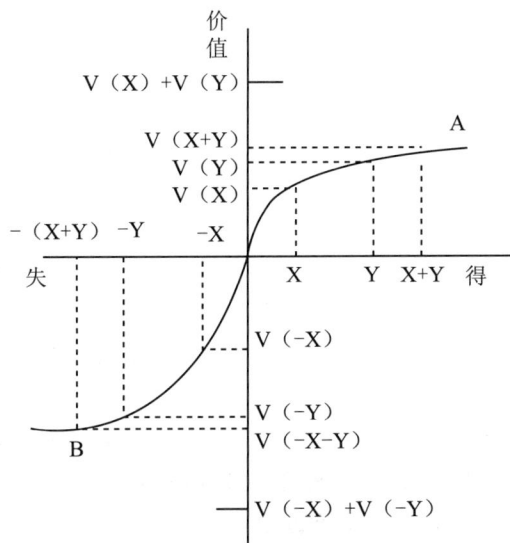

图 1 心理账户的运算法则

（来源：李爱梅，凌文辁，2007）

(4)假如两笔收入 X、-Y，且余额为负，分账价值为 V(X)＋V(-Y)，合账价值为 V(X-Y)。则有两种情况：

a. 小得大失且相差很大，应分开估价。从图 1 中看出 V(X)＋V(-Y)＞

V(X-Y)。也就是说，一得一失，损失更大，且得失差异悬殊，那么采取分账的方式，人们会感觉在损失基础上有一点小小的安慰，看到一线希望。这叫作一线光明(silver lining)法则。

b. 小得大失且相差不大，应整合估价。从图 1 中看出 V(X)＋V(-Y)＜V(X-Y)。也就是说，一得一失，损失更大，且得失差异不大，合账能降低人们对损失的敏感度。

泰勒采用了一个小实验来证明分账和合账的假设。被试为 87 名康奈尔大学的大学生。研究思路是给被试呈现成对的分账或合账的结果，然后让他们选择自己更偏好哪种框架。实验采用 4 种情境，每种情境对应上述 4 种组合之一。指导语、任务、结果如下：

下面你将看到四种情境。每个情境中都有两个事件，分别发生在 A 先生和 B 先生的生活中。你需要判断 A 先生和 B 先生谁会更开心一些。

1. A 先生获得了参加全球大乐透的票，可以参加多场抽奖。他在一期乐透中赢得了 50 美元，在另一期中赢得了 25 美元。

B 先生获得了一张参加一场全球大乐透的票。他赢得了 75 美元。

谁更开心一些呢？结果，56 人认为 A 先生更开心，16 人认为 B 更开心，15 人觉得两人一样开心。

2. A 先生收到来自收入调查部门的一封信，通知他因为他在税务报表上有一个小的计算错误，需要补交 100 元。同一天，他又收到了来自州税务当局的一封信，内容与之前的那封差不多，又将补交 50 元。

B 先生收到了来自收入调查部门的一封信，通知他因为他在税务报表上有一个小的计算错误，需要补交 150 元。

谁更沮丧一些？结果，66 人认为 A 先生更沮丧，14 人认为 B 更沮丧，7 人认为两人没有区别。

3. A 先生在他的第一次纽约州乐透中赢得了 100 美元，同时，在一场离奇的事故中，他损毁了公寓的地毯，必须赔偿房东 80 美元。

B 先生在他的第一次纽约州乐透中赢得了 20 美元。

谁更开心一些？结果：22 人认为 A 先生更开心，61 人认为 B 先生更开心，4 人认为没有区别。

4. A 先生的车在一个停车场被撞坏了，他不得不花费 200 美元去修。同一天，他在办公室的足球押注中赢了 25 美元。

B 先生的车在一个停车场被撞坏了，他不得不花费 175 美元去修。

谁更沮丧？结果，19 人认为 A 先生更沮丧，63 人觉得 B 更沮丧，5 人觉得没有区别。

大部分被试的选择符合心理账户运算法则。面对两项收益,大部分人采取分账的方式,将两项收益放在两个心理账户里,让效用最大化;面对两项损失,大部分采取合账的方式,利用损失敏感性递减的特性,减少损失对心理造成的冲击;面对一项损失和一项收益,而收益金额大于损失时,人们选择合账的方式,尽量避免损失的感知;面对一项损失和一项收益,损失大于收益且相差悬殊时,人们遵从"一线光明"法则,采取分账的方式,尽可能地放大收益的功效,抵消损失带来的冲击,并获得希望感。

四、研究评价

理查德·泰勒的研究证实了两个问题。第一,人们会建立多个心理账户管理和支配财富,体现出不同账户间金钱的不可替代性。第二,面对多重损失和收益的情境,被试进行了合账或分账的处理,体现出价值函数所描述的规律。

此项研究的理论意义在于,打破了传统经济学研究消费者行为时只考虑价格和产品属性的定势,将心理效用引入了消费者决策模型,为深入理解前景理论提供了丰富的佐证,也在消费者行为和前景理论之间建立了一座桥梁。同时,心理账户理论也挑战了传统的生命周期理论。经典的生命周期理论建立在理性人假设基础之上,认为人总是能够深谋远虑,在任何时候都会考虑几十年以后的长远利益,并站在这种高度,根据一生的总财富来合理安排一生中每个阶段的消费,使一生的总效用达到最大。谢夫林(Shefrin)和泰勒(1988)提出行为生命周期理论(behavior lifecycle hypothesis)修正了传统的生命周期假说,使之能更好地描述现实中人们的消费行为。行为生命周期理论的两个最重要的概念是自我控制和心理账户。根据行为生命周期理论,消费者根据生命周期不同财富的来源和形式,将它们划分为三个心理账户:(1)现期可花费的现金收入账户(I);(2)现期资产账户(A);(3)未来收入账户(F)。消费函数可以表示为 $C=f(I,A,F)$ 三者之间有如下关系:$1 \approx C/I > C/A > C/F \approx 0$。这就是说,现金收入账户的边际消费倾向最大,接近于1;现期资产账户次之;未来收入账户最小,接近0。

五、心理账户的后续相关研究

(一)关于消费倾向的研究

国内学者李爱梅和凌文辁对不同来源的财富的消费结构和资金支配方

向进行了研究，发现不同来源的财富的处理方式是不同的（转引自李爱梅，凌文辁，2007）。对于彩票收入，支配方式的优先级是人情花费、储蓄和休闲享乐支出；对于正常工资，支配方式的优先级依次为日常必需开支、储蓄、家庭建设和发展支出；对于奖金收入，支配优先级为储蓄、人情花费、家庭建设和发展支出。这个结果说明，人们会依据不同来源的财富建立心理账户，而从处理方式来看，意外收入账户的边际消费倾向是比较大的。

（二）有关价格感知的研究

卡尼曼和特沃斯基（1982）就曾引用心理账户的概念研究消费者的购买决策。研究者给出了两种情境：

实验情境 A：假定你要买一件夹克和一个计算器。在某商场夹克的价格是 125 美元，计算器的价格是 15 美元。这时候有人告诉你，开车二十分钟后另一个街区的一家商场计算器的价格是 10 美元。请问：你会去另一个商场买计算器吗？

实验情境 B：假定你要买一件夹克和一个计算器。在某商场夹克的价格是 15 美元，计算器的价格是 125 美元。这时候有人告诉你，开车二十分钟后另一个街区的一家商场计算器的价格是 120 美元。请问：你会去另一个商场买计算器吗？

在这两个情境中，其实都是对"是否开车 20 分钟从 140 美元的总购物款中节省 5 美元"做出选择。然而被试在两个情境中的回答却不一样。在情境 A 中，68%的实验对象选择去另一家商场；而在情境 B 中，只有 29%的实验对象选择开车去另一家商场。选择偏好发生了逆转。卡尼曼认为，消费者在感知价格的时候，是从三个不同的心理账户进行得失评价的。（1）最小账户（minimal account）：不同优惠方案优惠的绝对值；（2）局部账户（topical account）：相对值账户；（3）综合账户（comprehensive account）：总消费账户。虽然两种情景中所省的钱是同样的 5 美元（最小账户），最终花费都是 120 美元（综合账户），但消费者的决策更多考虑了相对账户。虽然都是 5 美元，情境 A 中相当于省了 1/3，而情境 B 中只相当于省了 1/25，因此情境 A 中的个体更愿意不辞劳苦驱车去买更便宜的计算器。

（三）在金融投资理论中的应用研究

"心理账户"思想在金融领域的应用，最著名的当属费舍尔和斯塔特曼（Fisher & Statman，2000）提出的行为资产组合理论（Behavior Portfolio Theory，BPT）：人们在投资时会依据风险不同而把资金分别放在不同的投资账户中。基金公司也会建议投资者建立一个资产投资的金字塔，把现金放在金字塔的最底层，把基金放在中间层，把股票放在金字塔的最高层。这样的投资模式和心理账户相对应，能够有效地避免资金风险。

六、心理账户的现实表现及应用

泰勒关于心理账户的研究有助于解释现实中的个体经济行为。

第一，心理账户有助于解释某些特定的消费行为。例如，为何人们在获得年终奖之后会大肆采购？这有文化和习俗的原因，但心理账户的作用也不可小视。心理账户也指出了家庭理财的必要性和切实可行的方法。依据消费目标建立多个账户，有助于抑制消费冲动，也有助于使每一支出获得最大的效用（比如，买一件贵重的物品，选择有纪念意义的日子买，变日常消费的心理账户为情感账户，能够带来最佳的心理体验）。心理账户还解释了为什么在旅游、装修这些活动中，人们那么憎恶支出增项。因为不断增加的费用每项都是单独的心理账户，带来不断的损失感，与其这样，还不如一次告知所有费用。

第二，心理账户也解释了"为什么赌徒的口袋总是空的"这一问题，因为赌徒都是风险偏好者，他们将赢来的钱和输掉的钱进行分账处理，将赢得的钱视为意外之财放在收益账户里，总保持着较大的边际消费倾向，而不会和之前的损失进行合账，因此有钱就赌，孤注一掷。拉斯维加斯流传着一句话："永远不要输掉左边口袋的钱。"这其实是心理账户理论的一个反应用：用现实的存储位置来提醒赌徒不要将所有的钱都视为赌资，见好就收，更要懂得"止损"。

第三，心理账户理论对政府如何制定刺激消费的举措有一定的启示。根据心理账户理论，要想刺激居民消费，可以先给予其一定的额外金钱奖励。我国台湾地区就曾给居民发放红包，结果居民的消费额远高于红包中的金额，可谓以小博大。另外，到底是减税好，还是退税好？相同金额，但带来的心理效用的差别是显而易见的。

第四，心理账户对于日常人际沟通也有启示作用。如何宣布好消息和坏消息？根据心理账户的运算法则，合理的做法是：如果有几个好消息，应该把它们分别推出和宣传；如果有坏消息，应该把它们放在一起推出和宣布；如果有一个大的好消息和一个小的坏消息，就应该一起推出，使其带来的快乐超过带来的痛苦；如果有一个大的坏消息和一个小的好消息，就应该分别推出，使人们经受打击后还能看到一线希望。

最后再说一个心理账户的趣事：泰勒的一个同事曾为不断的交通罚款

和各种账单所困扰，后来泰勒利用心理账户的理论给了他一个小建议，帮他克服了这一烦恼。具体做法就是：每年预存一笔费用以应付各种罚款，每次罚款、扣税都从这个账户扣除，就像银行预提了坏账准备金一样，这样不断的小额支出带来的痛苦就小了很多。

[窦东徽　评介]

评介文献

Thaler，R.（2008）. Mental accounting and consumer choice. *Marketing Science*，27(1)，15—25.

参考文献

李爱梅，凌文辁（2007）. 心理账户：理论与应用启示. 心理科学进展，15(5)，727—734.

Kahneman，D.，& Tversky，A.（1984）. Choices，values，and frames. *American Psychologist*，39(4)，341—350.

Tversky，A.，& Kahneman，D.（1981）. The framing of decisions and the psychology of choice. *Science*，211，453—458.

Shefrin，H.，& Thaler，R.（1988）. The behavior life cycle hypotheses. *Economic Inquiry*，26(4)，609—644.

Shefrin，H.，& Stadman，M.（2000）. Behavior portfolio theory. *Journal of Financial and Quantitative Analysis*，35(2)，127—151.

11. **我有故我爱：资产定价的禀赋效应**

捕猎野鸭是美国人最热衷的活动之一，随着人类活动对自然环境的影响日益加剧，这项传统活动的黄金岁月一去不复返。北达科他州、南达科他州和明尼苏达州所拥有的适宜野鸭生存的湿地只占全美国总湿地面积的10%，却承载着超过55%的野鸭的生息和繁衍。出于可持续发展的考虑，要么对捕猎者的人数进行限制，要么让捕猎者承担（至少是部分承担）湿地保护的成本。学者哈马依克和布朗（Hammaek & Brown，1974）就此曾做过一个调查，结果发现了一个有趣的现象：捕猎野鸭者愿意平均每人支付247美元的费用以维持适合野鸭生存的湿地环境，但若要他们放弃在这块湿地捕猎野鸭，他们要求的赔偿却高达平均每人1044美元。也就是说，让这些捕猎者放弃捕鸭的权利比让他们购买作为公共物品的捕鸭资格要难得多。

这种个体在拥有某物品时对该物品的估价高于没有拥有该物品时的估价的现象在经济心理学中被称为"禀赋效应"(endowment effect)。接下来我们就来介绍一篇关于禀赋效应的经典研究。

一、禀赋效应及其对科斯定理的挑战

要介绍的这篇文章的题目是《禀赋效应和科斯定理的实验验证》(*Experimental Tests of the Endowment Effect and the Coase Theorem*),该文章在 1990 年 12 月发表于《政治经济学期刊》(*The Journal of Political Economy*),作者是丹尼尔·卡尼曼、杰克·奈什(Jack Knetsch)和理查德·泰勒。其中,泰勒是禀赋效应概念的提出者和对这一现象进行深入研究并取得重要成果的研究者。

禀赋效应的研究源于研究者使用条件估价法(contingent valuation method)调查消费者对于公共物品的估价(如上例提到的野鸭湿地保护)。随后,泰勒(1980)首次提出了禀赋效应这一概念,认为禀赋效应导致了 WTA(willingness to accept,即愿意接受的价格)与 WTP(willingness to pay,即愿意支付的价格)之间的差异,并将其定义为:与得到某物品所愿意支付的金钱相比,个体出让该物品所要求得到的金钱通常更多。在泰勒所举的一个经典的禀赋效应例子中,研究者给被试呈现如下两个情境:(1)假设在一周内你有 0.001 的概率感染一种疾病,如果感染的话,会很快且无痛苦地死去,那么你最多愿意花多少钱来治愈这种疾病;(2)假设某项研究需要志愿者,在研究过程中志愿者有 0.001 的概率感染这种疾病,如果你参加这项研究,你会要求研究者最少付给你多少钱。结果发现,虽然面对的是相同的死亡概率,但被试在两种情境中所给出的货币量并不一致:第一个情境中被试给出的平均价格是 200 美元,而第二个情境则是 1000 美元。泰勒解释说,因为在第二个情境中,被试将自己所拥有的健康视为一种禀赋,对其评价更加积极,因而导致对其估价增加,产生禀赋效应。

同时,禀赋效应也是对经济学中著名的科斯定理的一种挑战。科斯定理(Coase theorem)由罗纳德·科斯(Ronald Coase)提出,该定理认为,在某些条件下,经济的外部性或曰非效率可以通过当事人的谈判而得到纠正,从而达到社会效益最大化。科斯定理有两个前提条件:明晰产权和交易成本。只要财产权是明晰的,并且交易成本为零或者很小,那么无论在开始时将财产权赋予谁,市场均衡的最终结果都是有效率的,能够实现资源配置的帕雷托最优。科斯的这一思想在其后的几十年里产生了深远的影响,但现实中的很多事例却并不符合这一定理的预期。人们常常看到，少数人之间的谈判以失败而告终，如劳资双方无法就加薪达成一致而引发工会罢工，民众和政府就拆迁补偿难以达成一致，房产交易经过漫长的议价却最终流产，等等。这些例子都说明，财产的初始配置方式会对交易的结果产生重大影响，这其中必定隐藏了某种心理机制，使得即使在交易成本为零的情况下，谈判也很难形成最优的结果，使市场效率大打折扣。泰勒等人的研究证明，禀赋效应的存在就是造成这些问题的心理根源。

二、研究方法

卡尼曼、奈什和泰勒用以下一组试验证明禀赋效应的存在，并观察了禀赋效应的影响程度。研究主要采用重复交易实验。

实验 1 考察了"代币券和咖啡杯的禀赋效应"，被试为 44 名美国康奈尔大学法律和经济学类高年级本科生。

实验过程是这样的：每个被试都收到了一份装有任务说明和 11 个表格的数据包，每一个都代表实验中一个交易市场。前三个交易市场选用的材料是诱导价值代币券。卖方收到如下说明（与买方的区别标注在方括号内）：

在这笔交易中，被交易的货物是代币券。你是所有者，你现在拥有一张代币券[你是买方，所以你有机会去买一张代币券]，它的价值对你来说是 x 美元，因为你可以找实验员兑付与之相应的现金。代币券的价格因不同的个人而不同。代币券的价格将会在之后决定。对于下表中的每一个价格，请指出你是否愿意：（1）将你的代币券以该价格卖出并接受市场价格[以该价格购进代币券并兑换上文标示的一笔现金]。（2）保留你的代币券并兑换上文标示的一笔现金[不以该价格购买代币券]。对于每一个价格，在每个相应栏里标记一个"×"来表示你的决定。

部分给卖方的回复表格如下：

当交易价格是 8.75 美元时，我将会卖出_____我不会卖出_____
当交易价格是 8.25 美元时，我将会卖出_____我不会卖出_____

代币券被同时给予买方和卖方，其价格范围从 0.25 美元到 8.75 美元，相邻价格以 0.5 美元递增。被试在三个连续交易中交替扮演买方和卖方，并在每一次实验中被分配以不同的个人赎回价值。

每个交易周期完成后，实验者收集所有被试的表格，并立即计算和公布市场结算价格、交易的数量以及在市场出清价格下是否存在过度需求或供给。在每一个诱导交易中随机抽取三名买家和三名卖家，并根据他们在表格中陈述的偏好和该期间市场出清价格向他们支付相应的现金。

在三个诱导交易之后又进行了一轮实验。这次被试被给予了康奈尔大学的咖啡杯，该咖啡杯在书店每个售价 6 美元。实验员要求所有被试检查一个杯子（自己或别人的都可以），之后告知被试，有四个咖啡杯交易将按照与之前的诱导交易中相同的程序真正付诸执行，所有四个交易时段都维持最初分配的买方和卖方的角色。在每个交易结束后宣布结算价和交易量。第四个交易阶段完成之后，宣布被随机选中的交易，其中的交易被立即执行。所有那些表示过将放弃杯子并以市场清算价格换取一笔钱的卖家都将他们的杯子兑换为现金，而那些买家则支付相应的价格以获取杯子。这样的设计允许学习在连续交易中发生，但每个实验都具有潜在约束力。之后另外四个连续交易也采取相同步骤，这四个交易使用盒装的钢笔，盒子上可以看到书店的 3.98 美元的价签，这些钢笔被分配给在杯子市场曾经扮演买家的被试。

对于每个商品交易市场，被试都要完成一个与诱导价值代币时类似的表格，有如下说明：

你现在拥有一些物品作为个人财产［你现在不拥有那些你同伴所拥有的物品］。如果价格对于你来说是可以接受的，你可以选择卖掉它们［买入一个］。对于每一个的可能的价格，标示你是否愿意（1）卖出你的物品并接受这个价格［支付这个价钱并接收这件物品把它带回家］或者（2）保留你的物品并带走它［不以这个价格购买商品］。对于每个价格，在对应的栏目里标注"×"以表示你的决定。

研究结果表明，消费品交易中的买家和卖家面对的是与诱导价值交易中相同的刺激。买方通过同意在任何低于商品价值的价格时购买商品使得自己的收益最大化，卖方则通过同意在任何高于商品价值的价格时卖出商品来使自己的利益最大化。结果如表 1 所示：

表 1 诱导价格交易市场

交易序列	实际的交易（笔）	期望的交易（笔）	价格（美元）	期望的价格（美元）
1	12	11	3.75	3.75
2	11	11	4.75	4.75
3	10	11	4.25	4.25

表 2　消费品交易市场

交易序列	交易	价格	买方支付价格中数(美元)	卖方销售价格中数(美元)
		咖啡杯(期望的交易数＝11)		
4	4	4.25	2.75	5.25
5	1	4.75	2.25	5.25
6	2	4.50	2.25	5.25
7	2	4.25	2.25	5.25
		钢笔(期望的交易数＝11)		
8	4	1.25	0.75	2.50
9	5	1.25	0.75	1.75
10	4	1.25	0.75	2.25
11	5	1.25	0.75	1.75

从表 1 和表 2 的结果可以看出，代币券交易和消费品交易产生了截然不同的结果。在诱导价值交易中，和预期一样，买入和卖出的平均价格是相同的。对三个交易时期的数据进行合计，发现实际交易量(V)和期望交易量(V^*)的比率为 1.0。相比之下，杯子和钢笔交易的平均销售价格要比平均购买价格高出 2 倍以上，在 V/V^* 比率方面，咖啡杯只有 0.20，钢笔0.41。无论在咖啡杯市场或是钢笔市场，在连续交易时期内成功交易量都没有增加，没有任何迹象表明被试学会了采用相等的买价和卖价。也就是说，交易经验并没有降低或消除禀赋效应。

此后研究者又进行了三个实验。实验 2 是在康奈尔大学微观经济学本科生中进行的。程序与实验 1 相同，不同之处在于实验 2 的消费品是一副折叠式双筒望远镜，在书店售价 4 美元。实验 3 和 4 在西蒙弗雷泽大学经济学本科生中进行，被试被要求估计商品最低销售价或最高买入价，而不是回答一系列在实验 1 和实验 2 中使用的"是"或"否"的问题。诱导价值交易没有实行真正的货币支付，紧跟其后的分别是实验 3 中的 4 个钢笔交易和实验 4 中的 5 个杯子交易。在实验 3 中，被试被告知，前 3 个钢笔交易是练习机会，所以只有第 4 个和最后的交易是有约束力的。在实验 4 中，被试被告知会在 5 个交易中随机抽取 1 个付诸实施，方法和实验 1 和实验 2 中相同，其他程序不变。

实验 2~4 得出的结果与实验 1 类似。合计所有四个实验中诱导价值交易量，算出的 V/V* 值为 0.91。即便是在被试并没有从交易经验中获益、在实验 1 和 2 中金钱刺激极为有限、在实验 3 和 4 中没有金钱刺激的情况下，这种效应也会出现。在消费品交易中，所有被试虽然都面临金钱刺激、同时具有在诱导价值交易中获得的市场交易经验，但 V/V* 的平均值为 0.31，卖价均值则是对应的买价的 2 倍以上。消费品市场和诱导价值市场的交易程序是完全相同的。

以往一些研究得出的结论是，WTA 和 WTP 之间的差异将会因市场经验而急剧减少。这些研究认为交易经验具有一种"惩戒效应"，并通过比较买方和卖方在前期假设问题或不具约束力的市场实验中的回答以及在随后的使用真正货币支付的约束力实验中的表现差异来评估这种影响。在本项实验中，消费品是真实的，WTA 和 WTP 的差异在一系列约束力实验中被发现是稳定存在的。

总之，以上的实验直观地证明了禀赋效应的存在：一旦人们得到可供自己消费的某物品，人们赋予该物品的价值就会显著增加。这种非理性的行为常常会导致市场效率的降低，而且这种现象并不会随着交易者交易经验的增加而消除。

三、研究评价

首先，这篇文章在研究方法方面颇有可取之处。第一，同时考察了代币券和消费品的禀赋效应，将成功交易量纳入衡量禀赋效应的指标体系，和以往的研究建立了关联；第二，从另一个方面揭示了市场交易经验不能降低禀赋效应的机制，证明了禀赋效应的稳定性；第三，通过真实交易、随机选择交易市场进行兑现、约束性交易的方式，迫使被试做出真实反应，使得研究结论具有很强的外部效度。

其次，这篇文章所证实的禀赋效应，解释了某些市场效率的问题，具有很强的现实意义。传统经济理论认为人们为获得某商品愿意付出的价格和失去已经拥有的同样的商品所要求的补偿没区别，即自己作为买者或卖者的身份不会影响自己对商品的价值评估，但禀赋效应理论否认了这一观点。因为禀赋效应的存在，商品的拥有者往往希望以很高的价格卖出商品，因为他对这个商品的估值已经非理性地提高了，而商品的购买者却不能接受这个高价，这样就很容易导致交易量的缩小，影响市场效率。

最后，禀赋效应的证实对科斯定理提出了挑战。科斯定理指出，只要交易成本为零，财产的法定所有权分配就不会影响经济运行的效率，资源配置的最终状态与产权配置的初始状态无关。但考虑到禀赋效应的存在，情况并非如此。从以上实验可以明显观察到，在代币券实验中，市场效率与预期很接近，可以近似地认为达到了市场效率最优，这从交易量上可以清楚地看出来。而在交易规则和过程都与之相似的实物交易中，交易成本没有显著增加，但市场效率却大打折扣。按照科斯定理，在不存在交易成本的情况下，初始的资源配置并不影响最终的结果，资源仍会最有效率地进行分配。但实际上，资源配置比科斯预测的更有"黏性"，由于市场效率的低下，市场最终的配置结果往往就接近于最初的配置情况。因此，初始的产权配置对最终的资源分配有着决定性的作用。

四、相关的拓展研究

泰勒等人的这项研究证明了禀赋效应的存在之后，引发了研究者对禀赋效应的深入研究。

首先是禀赋效应普遍性和稳定性的研究。大量研究证明，禀赋效应是一种相对稳定的个体偏好，是经济心理学中一种极为普遍的现象。(1)禀赋效应具有跨物品的稳定性。除了泰勒研究所用的咖啡杯，其他研究者发现，无论是彩票、巧克力、体育纪念品等私人商品，还是对空气、课程辅导服务等公共商品，个体都表现出稳定的禀赋效应。(2)禀赋效应具有跨时间和跨年龄的稳定性。禀赋效应的强度不随个体的年龄和经验的增加而减弱，儿童和成人都表现出禀赋效应。最近的研究发现，其他灵长类动物会对食物产生禀赋效应。例如，研究发现，黑猩猩不愿意以刚刚得到的食物来交易即使它们偏好的食物。(3)此外，禀赋效应具有跨情境的稳定性。无论是实验室情境还是现场研究都证实了禀赋效应的存在(详见刘腾飞，徐富明等人2010年综述文章)。最新的一项研究发现，在线交友中也存在禀赋效应。研究者给被试呈现了一些虚构的约会对象的资料，然后询问一部分被试他们愿意花多少钱购买这些对象的联系方式；另一部分被试则假想已经拥有了这些对象的联系方式，问他们愿意接受多少钱把这些信息卖出去。结果发现被试卖出信息的要价要远高于买入信息的出价，表现出禀赋效应。更有趣的是，女性被试的 WTA/WTP(9.37)远高于男性被试(2.70)，也就是说女性被试更加珍视已经拥有的联系方式，更不愿意放弃它们(Nataf & Wallsten, 2013)。

其次，禀赋效应与公平观念的研究。禀赋效应的启示之一就是，人们对待机会成本和真实损失的态度是不同的。放弃的收益和实际知觉的损失相比，痛苦要小得多（Kahneman，Knetsch，& Thaler，1991）。研究者通过对多伦多和温哥华的部分居民的调查证明了，人们认为加价（即损失）比削减折扣更不公平。这也解释了为何那些对现金顾客是一种定价、而对刷卡顾客征收更高价格的商业机构更倾向于将现金价格视为一种折扣，而不是将刷卡价格称为一种加价。这一法则在法律的公正观中亦有充分的体现，在侵权诉讼中，法官判断的依据是"造成的损失还是未能获利"。在合同法中，如果违约方的行为是以获取预期外的收益为目的的，则相对于以避免损失为目的的行为更容易被认定为违反合同。

最后，禀赋效应的研究也启发了与之相关的"安于现状偏差"（status quo bias）的研究。有研究者认为安于现状偏差是指个体在决策时保持过去或者当前的选择的一种倾向，并且认为禀赋效应就是安于现状偏差。事实上，两者的相同点是：禀赋效应与安于现状偏差都是损失规避的表现（Kahneman et al.，1991；Thaler，1980）。两者的不同之处在于：禀赋效应更多是相对于某一物品而言，由于损失规避，个体对拥有的物品估价增加，不愿意交换被给予的物品；安于现状偏差是相对于某一事件的状态，为了避免改变现状所带来的损失，被试不愿意改变当前的拥有状态。例如你排队时，看到旁边的队似乎行进得更快，你犹豫了一下，还是留在原来的队伍中，因为你担心如果换过去后，原来队又会快起来。这时你所表现的就是一种安于现状偏差，你并不是害怕失去某样物品的所有权，只是不愿意改变当前的状态。

五、禀赋效应的现实表现及应用

除了开始提到的有关野鸭的例子，禀赋效应在现实生活中的例子也比比皆是。首先，禀赋效应的存在会导致买卖双方的心理价格出现偏差，从而影响市场效率。例如在二手交易中，如果我们是卖家，总是觉得买家出价太低，而当我们是买家的时候，又总是拼命想压低价格；劳务市场中，应聘者的薪酬目标总是和雇主愿意支付的金额存在一定差距（侯佳伟，窦东徽，2012）；城市化进程中，有关部门和居民在拆迁补偿金额方面总是很难达成一致。其次，由于禀赋效应使人产生的"安于现状情结"，人们往往不愿意改变现有的状态。一个典型的例子就是工资刚性，人们甚至宁可失业不愿意降低工资。另一个例子就是传统组织变革的困难。

虽然禀赋效应的存在会降低市场交易效率和阻碍变革，但它也有很多积极的应用，特别是在商业领域。很多精明的商家利用禀赋效应引导和改变着消费者的购买行为。最典型的例子就是"试用"。例如，服装经销商会鼓励顾客"试穿"，汽车经销商殷勤地邀请顾客"试驾"，宠物店老板热情地让顾客的孩子把小猫或小狗抱回家"试养"几天，等等。虽然只是短暂的试穿、驾驶新车跑一圈或将小猫小狗放在自己家养几天，但足已在顾客心理上造成"拥有感"，也就是说，参照点已经发生了向收益方向的偏移，如果试用之后不买，顾客心理上将蒙受损失（虽然他们不曾真正拥有过这些东西），为了避免损失，很多顾客都会打开钱包。其次，由于对损失的厌恶是造成禀赋效应的一个原因，因此，商家在推销商品时说"物有所值"就远没有说"物超所值"对顾客的影响大。另外，现在非常火爆的网络购物也在巧妙地利用禀赋效应。你会发现，很多电商的购物页面中都有"购物车"这一功能，也就是说，你可以先选择心仪的商品放入虚拟的购物车，但不一定真的花钱去买。但就是这么一个虚拟的"放入购物车"的操作，就会让每一个买家产生名义上的拥有感，如果放弃购买，从购物车里把商品拿出来，就会造成一种心理的损失。就是这样一个小小的设计，不知为电商带来了多大的收益和利润！

［窦东徽　评介］

评介文献

Kahneman，D，Knetsch，J. L.，& Thaler，R. H. (1990). Experimental tests of the endowment effect and the Coase theorem. *The Journal of Political Economy*，98(6)，1325－1348.

参考文献

侯佳伟，窦东徽(2012).流动人口的人力资本禀赋效应及其代际差异，南方人口，27(6).69－77.

刘腾飞，徐富明，张军伟，蒋多，陈雪玲(2010).禀赋效应的心理机制及其影响因素.心理科学进展，18(4)，646－654.

Hammack，J.，& Brown，G. M. (1974). *Waterfowl and wetlands：Toward bio-economic analysis*. Baltimore：Johns Hopkins University Press，26－27.

Kahneman，D.，Knetsch，J. L.，& Thaler，R. H. (1991). The endowment effect，loss aversion，and status quo bias. *Journal of Economic Perspectives*，5，193－206.

Nataf，C.，& Wallsten，T. (2013). Love the one you're with：The endowment effect in the dating market. *Journal of Economic Psychology*，35，58－66.

Thaler，R. H. (1980). Toward a positive theory of consumer choice. *Journal of Economic Behavior and Organization*，1，39－60.

12. 滚雪球效应：货币幻觉对名义惯性的影响

　　任意一种货币都具有实际价值和名义价值两种价值形式。名义价值即货币的票面价值，实际价值则代表了货币的实际购买力，相同的名义价值并不等于相同的实际价值，例如，现在的 100 元与 10 年前的 100 元在名义上都是 100 元，但是它们的实际价值并不相同，即它们能购买到的商品是不同的。与此相对，在正常情况下，一千克大米卖 5 元钱，当通货膨胀率为 50％时，一千克大米应定价 7.5 元。同样，当发生通货膨胀或通货紧缩时，工资也应得到相应的增长或降低。而实际上，产品的价格或工资的调整幅度（或速度）往往要小于（或慢于）通货膨胀或通货紧缩的幅度（或速度）。这种名义价格调整缓慢的现象被称为名义惯性（nominal inertia），在经济领域中广泛存在（Bernanke & Carey，1996）。显而易见，名义惯性是非理性的。那么，为什么会出现这种情况呢？一种可能的解释就是货币幻觉导致名义惯性的存在，我们所介绍的这项研究正是探讨了货币幻觉对名义惯性的影响。

一、货币幻觉：个体水平与群体水平

　　人们在感知同一事物时可能会侧重于不同的维度，例如损失维度或获得维度。对于货币而言，存在名义价值和实际价值两种表现形式，在感知货币价值时，人们更容易依赖货币的名义价值，而忽略货币的实际价值。货币幻觉（money illusion）指的就是在经济交易中，人们因倾向于以货币的名义价值而非实际价值思考而对其消费和投资行为造成影响的一种认知偏差。货币幻觉广泛存在于收入比较、买卖交易、合同签订、投资等各种领域，并且不具有群体差异性（Shafir，Diamond，& Tversky，1997；Tyran，2007）。

　　由于在经济活动中人们总是使用货币的名义价值来表示，这使得个体也倾向于依赖货币的名义价值进行思考和交往，并将货币的名义价值等同于其实际价值，这也成为货币幻觉最基本的形式。例如，与没有通货膨胀、工资也未变时相比，个体认为在通货膨胀率为 5％的情境中工资上涨 4％更加可观，也会更加喜欢后一种情况。在这个例子中，工资的增长是以名义价值形式呈现的，个体错误地将名义增长等同于实际增长。而实际上，前者的实际工资没有变化，后者的实际工资下降了1%。当以货币的实际价值呈现时，货币幻觉就不存在了。上述这种货币幻觉源自于个体的认知偏差，会对个体决策产生影响，称之为个体水平的货币幻觉。实际上，货币幻觉还会发生在群体水平上，并造成群体性后果。

群体水平上的货币幻觉描述的是一种"滚雪球"效应，指的是不仅单个个体身上存在货币幻觉，个体还可以预期到他人的行为同样会受到货币幻觉的影响，由于参与交往的每个个体都具有这种预期，使得个体水平的货币幻觉的影响在群体水平上被逐渐放大了，并最终造成群体行为的巨大改变。货币幻觉要在群体水平上发生作用要求不同个体的行为策略是互补的，即个体的名义价值收益与群体的平均价格水平正相关。在存在货币波动的市场中，为了实现个体的名义价值收益最大化，当个体认为其他个体或商家的价格与货币波动前接近时，个体也需要使自己的价格与货币波动前的价格接近。在真实的交往中，个体间的行为策略往往是互补的（Cooper & Haltiwanger，1996），因而群体水平上的货币幻觉也理应存在。

二、货币幻觉与名义惯性

尽管货币幻觉与名义惯性都与货币的价值表现形式有关，但在对名义惯性进行解释时，研究者并没有将货币幻觉作为备选项之一。一方面，部分经济学家不情愿接受人是非理性的或有限理性的这一事实；另一方面，他们也不认为诞生于个体认知偏差的货币幻觉会对群体层面的名义惯性具有影响。而实际上，上述任意一种观点都并不合理，货币幻觉与名义惯性有着内在的一致性。

由于行为策略的互补性，在一个拥有若干市场主体的经济体中，当货币供给保持稳定时，要实现市场主体的利益最大化，就需要这些参与经济活动的主体间达成一个均衡价格，即这些市场主体对某一商品或工人工资的出价额一致。当发生货币波动时，市场主体的出价额也应做出与货币波动率一致的价格调整。由于货币幻觉的存在，可能使得市场主体固着在货币的名义价值上，不情愿进行价格调整，出现名义惯性。要检验货币幻觉对名义惯性的这种影响，就需要存在实际的、能够被参与者预期到的货币波动；同时，为了区分出货币幻觉的影响，还需要具有两个可比较的经济情景，分别为以货币的名义价值呈现和以其实际价值呈现。然而，上述条件在真实情境中很难满足。由于实验经济学可以对上述各种参数进行操控，模拟现实的情境，因而能够检验货币幻觉对名义惯性的影响。菲尔（E. Fehr）和蒂兰（J. R. Tyran）2001 年发表在顶级经济学期刊《美国经济学评论》上的《货币幻觉重要吗？》一文就使用实验模拟了货币波动情形，并检验了发生货币波动后，货币幻觉对名义惯性的影响。

菲尔　　　　　　　　　蒂兰

菲尔，1956 年出生于奥地亚，在维也纳大学系统学习了经济学，并在该校取得经济学博士学位，曾在伦敦政治经济学院和维也纳科技大学任教，曾任经济科学协会和欧洲经济协会主席。1994 年起任瑞士苏黎世大学经济学教授，现任苏黎世大学经济系主任和经济实证研究所主任，为世界排名前 1‰ 的经济学家，被 IDEAS/REPEC 誉为仅次于马克思的最伟大的德语经济学家。

蒂兰，1997 年在苏黎世大学取得经济学博士学位，曾任教于瑞士圣加仑大学和丹麦哥本哈根大学，2010 年起任教于维也纳大学，现为维也纳大学经济学教授、维也纳实验经济学中心主任。

菲尔最突出的成就来自于行为经济学领域，行为经济学打破了传统经济学的"理性人"假设，试图将心理学的研究成果应用于经济学研究中。正是基于此背景，菲尔对经济学家过早地将货币幻觉从名义惯性的原因备选项中删除感到不满。在菲尔看来，个体在经济活动中并不总是理性的，会受到各种非理性因素的影响，货币幻觉就是其中之一。为了证明货币幻觉对名义惯性的影响，菲尔和蒂兰在实验中对货币波动后的名义惯性及货币幻觉可能的影响进行了真实被试的模拟研究，结果发现，个体水平和群体水平的货币幻觉均对名义惯性有所影响，尤其是由于"滚雪球"效应的存在，使得群体水平的货币幻觉对名义惯性产生了重大影响（Fehr & Tyran，2001）。下文就是对他们实验的详细介绍。

三、两项实验

(一)实验设计

菲尔和蒂兰的研究使用真实被试在实验室中模拟了货币波动前后的市场定价活动。在研究中,每个被试代表一个公司,每 n 个被试组成一个匿名小组,他们的任务是完成货币波动前和后两个阶段、多轮次的商品定价博弈,以使得个体收益最大化。在博弈中,依据货币供给量的不同设定不同的均衡价格,当个体、群体的出价额与均衡价格一致时收益最大。当货币供给量不变时,均衡价格不变;当发生货币波动时,均衡价格也发生同样比例的变化。如果个体是理性的,则被试的出价额应该迅速调整到新的均衡价格,若被试的出价额没有得到及时调整,则证明存在名义惯性。

为了检验发生货币波动后货币幻觉对名义惯性的影响,被试需完成货币波动前和波动后两阶段的定价博弈,实验采用 2(价值呈现形式:实际价值与名义价值)×2(博弈对手:计算机对手与真实被试对手)的实验设计(见表 1)。被试的实际收益等于其名义价值收益与群体平均出价额的比值。在每轮博弈后,每个被试都能够看到以前所有轮次的收益矩阵,在实际价值条件下,被试看到的收益矩阵是实际收益矩阵;在名义价值条件下,被试看到的是名义价值收益矩阵。因而,在名义价值条件下存在个体或群体水平的货币幻觉;而在实际价值条件下并不存在货币幻觉。在计算机对手的条件下,计算机的出价规则是完全理性的,个体可以预期到它们的出价额,该条件下的名义惯性反映了个体水平的货币幻觉或其他的非理性行为的影

表 1　定价博弈的实验条件

	实际价值	名义价值
计算机对手	RC 组:个体收益以实际价值形式呈现,共 22 组,每组包含一个真实的参与者和三个计算机玩家	NC 组:个体收益以名义价值形式呈现,共 24 组,每组包含一个真实的参与者和三个计算机玩家
人类被试对手	RH 组:个体收益以实际价值形式呈现,共 10 组,每组包含 4 个真实的参与者	NH 组:个体收益以名义价值形式呈现,共 11 组,每组包含 4 个真实的参与者

注:该表来自于 Fehr & Tyran(2001),四组简称中的 R 代表实际价值,N 代表名义价值,C 代表计算机玩家,H 代表真实玩家。

响；而在人类被试对手的条件下，个体不能够完全预期到其他三个被试的出价额，因而，此时的名义惯性还受到群体水平的货币幻觉或合作行为的影响。

表 2　四种实验条件下名义惯性的影响因素

实验条件	名义惯性的影响因素	
	货币幻觉	其他因素
RC	无	其他的个体非理性行为
NC	个体水平的货币幻觉	其他的个体非理性行为
RH	无	其他的个体非理性行为、合作行为中的影响因素
NH	群体水平的货币幻觉	其他的个体非理性行为、合作行为中的影响因素

由表 2 可以看出，在不同的实验条件下，名义惯性可能由不同的因素导致，通过对比四种条件下结果的差异，就可以区分出个体与群体水平的货币幻觉与其他非理性与合作行为对名义惯性带来的影响。

（二）实验 1：负向货币波动后的名义惯性

负向货币波动指的是在一定时间内，货币供给减少了，此时的商品价格也会相应降低。在实验 1 中，货币波动前的货币供给为 42，均衡价格为 18，然后，货币供给减少为 14，相应的均衡价格也变为 6。计算机对手条件下的被试分别进行货币波动前和波动后博弈各 10 轮次，人类被试对手条件下的被试各进行 20 轮次的货币波动前和波动后博弈。在每一轮博弈中，个体需要设置自己的出价额，并估计组内其他个体或计算机的平均出价额以及对自己估计数额的信心。四种实验条件下的被试在货币波动前的末次博弈中均达到了均衡价格，他们在货币波动后的出价额见表 3。

表 3　负向货币波动后被试的出价额与平均效率损失

轮次	平均价格				平均效率损失（百分比）			
	RC	NC	RH	NH	RC	NC	RH	NH
1	6.0	8.1	9.1	13.1	0.0	10.4	51.8	65.1
2	7.0	7.4	7.7	12.9	3.6	8.2	20.0	47.5
3	6.0	6.8	7.4	11.4	0.0	4.4	15.0	34.8
4	6.0	6.4	6.9	10.4	0.6	6.5	9.1	27.4

轮次	平均价格				平均效率损失（百分比）			
	RC	NC	RH	NH	RC	NC	RH	NH
5	6.0	6.9	7.0	9.9	0.0	8.0	14.8	17.4
6	6.0	6.8	6.6	10.2	0.0	15.6	7.7	15.9
7	6.0	7.5	6.3	9.7	0.0	9.3	4.5	16.4
8	6.0	6.8	6.4	9.1	0.0	15.5	4.6	10.7
9	6.0	6.5	6.3	8.7	0.0	4.3	3.8	9.5
10	5.9	6.5	6.8	8.6	1.6	3.8	11.0	13.8
11			6.1	8.1			4.6	8.2
12			6.2	7.6			3.3	6.4
13			6.2	7.2			2.1	6.2
14			6.2	6.9			2.8	4.6
15			6.1	6.7			2.6	2.6
16			6.1	7.3			2.1	9.6
17			6.0	6.8			0.9	5.2
18			6.1	7.2			1.8	14.2
19			6.1	7.5			1.4	12.5
20			6.2	7.0			3.0	2.4

注：该表节取自 Fehr & Tyran(2001)，平均效率损失反映了个体实际收益与均衡价格下实际收益的差距。

由表 3 可以看出，在 RC 条件下，货币波动后个体的出价额在第一轮次的博弈中就达到了均衡价格，而且所有 10 轮次的出价额均等于或接近于均衡价格，他们的平均效率损失也很低，说明该条件下名义惯性并不存在，该结果也排除了个体非理性行为的存在。在 NC 条件下，个体的平均出价额在 10 轮次中逐渐接近均衡价格，但都没有达到均衡价格，同时也存在一定程度的平均效率损失，因而，在这种条件下，个体水平的货币幻觉导致了名义惯性的出现。在 RH 条件下，同样出现了一定程度的名义惯性以及平均效率损失，说明与合作行为相关的因素导致了名义惯性的存在。在 NH 条件下，出现了最大程度的名义惯性和平均效率损失，并且在 20 轮次的博弈中一直存在。分别与 RH 和 NC 组的结果进行比较，可以清晰地看出，群体水平的货币幻觉对 NH 条件下的名义惯性起了巨大作用。上述描述性结果也得到了其他统计分析的支持。

个体水平的货币幻觉对名义惯性造成的影响较为微弱，但货币幻觉在群体水平上却会造成非常大的影响，这证明了货币幻觉的"滚雪球"效应。

这种效应的存在可能源于个体使用名义价值来代表实际价值，在名义价值条件下，被试误以为较高的名义价值等同于较高的实际价值，因而不愿意向下调整出价额。由于预期到其他个体同样不情愿向下调整出价额，使得群体水平的货币幻觉影响力剧增，名义惯性出现了长时期的持续。如果该解释合理，那么，当发生正向货币波动后，受货币幻觉影响的个体会更加乐意提高出价额，以获得更高的（名义价值）收益，即名义价值调整的时间更快。研究者在实验 2 中对这一假设进行了检验。需要注意的是，出价额更快地调整不意味着名义惯性不存在，而是在正向货币波动后，名义惯性有不同的影响。

（三）实验 2：正向货币波动后的名义惯性

实验 2 中设置了 RH 和 NH 两种条件，每种条件下各包含 12 组共 48 个被试。由于在实验 1 中，货币波动前被试的出价额较早地达到了均衡价格，因而实验 2 中的货币波动前和波动后的博弈轮次均为 15 次，波动前的均衡价格为 12.5 元，波动后的均衡价格为 25 元。被试在货币波动后的出价额和平均效率损失见表 4。

表 4　正向货币波动后被试的出价额与平均效率损失

轮次	平均出价额		平均效率损失	
	RH	NH	RH	NH
1	22.5	20.5	22.3	24.0
2	24.3	22.8	3.9	7.2
3	24.8	24.1	1.2	4.2
4	24.9	24.8	0.7	1.4
5	25.0	25.0	0.2	0.9
6	25.0	25.1	0.1	0.3
7	25.0	25.2	0.1	0.4
8	25.0	25.1	0.1	0.1
9	25.0	25.0	0.1	0.1
10	25.0	25.2	0.1	0.3
11	25.0	25.2	0.2	0.1
12	25.0	25.0	0.1	0.1
13	25.0	25.0	0.1	0.1
14	24.3	24.5	6.3	5.9
15	24.6	24.9	4.0	1.4

　　由表 4 可以看出，在正向货币波动后，RH 和 NH 组被试的出价额都非常迅速地达到或接近于均衡价格。而在负向货币波动后，NH 组被试在 20 轮次中的出价额与均衡价格均有较大差异。正向货币波动后被试的平均效率损失同样较低。这说明，在发生正向货币波动后，名义价值调整的时间更快。这支持了被试使用货币的名义价值来代替实际价值的假设。

四、综合讨论与评论

　　通过这两个实验，作者对货币波动发生后的名义惯性进行了实验室模拟研究，发现货币幻觉对名义惯性有着巨大影响。当不存在货币幻觉时，群体成员间的合作会导致名义价格调整的滞后；当存在货币幻觉时，个体水平的货币幻觉会对名义惯性造成较小的影响，但这种影响会通过个体对他人行为的预期被放大，导致群体水平的货币幻觉对名义惯性造成巨大影响。同时，由于个体倾向于使用名义价值来代表实际价值，导致货币幻觉对正向和负向货币波动后的名义惯性造成了不同的影响。

　　此后，菲尔、蒂兰和他们的合作者进行了不同方面的扩展研究。例如，蒂兰及其同事对资产市场的实验研究发现，在通货膨胀时，名义价格能得到迅速调整；而在通货紧缩时，名义惯性会持续较长的时间（Noussair，Richter，& Tyran，2008）。这与菲尔和蒂兰（2001）所发现的货币幻觉对发生货币波动后的名义惯性的影响是一致的。这种结果的一致性与货币供给对通货膨胀（或通货紧缩）的影响是相关的，当货币供给超量（或不足）时会导致通货膨胀或紧缩。在菲尔和蒂兰 2001 年的研究中，他们在策略互补的假设下研究了货币幻觉对名义惯性的影响。2005 年，他们进一步对个体非理性与群体后果间的关系进行了探讨，证明个体水平的心理与行为对群体后果的影响是有条件的，策略环境在其间起着调节作用。在策略互补的环境中，小数量的个体非理性会导致群体行为与理性模型的较大差异；在策略替代环境下，这种影响则并不存在（Fehr & Tyran，2005）。由于在现实的经济活动中，市场主体间的行为往往是策略互补的，因而，个体非理性行为的影响需要得到足够的重视。更重要的是，研究者发现，即使那些拥有非常强的经济学训练背景的被试也不能免于货币幻觉的影响，并造成群体非理性的后果（Bakshi，2009）。可以预见，以货币幻觉为代表的个体心理对群体经济后果的影响会得到研究者越来越多的重视。

　　总结来看，菲尔和蒂兰的研究在两个方面凸显了其重要性。首先，该研究反驳了个体水平的货币幻觉不能用来解释群体水平的名义惯性的观点。

此前，尽管研究者承认个体会倾向于以名义价值来表征货币，但是他们认为这种个体水平的认知偏差不会对群体水平的名义惯性有影响。而菲尔和蒂兰则证明，货币幻觉不仅在个体和群体水平都发生着作用，而且其在群体水平上对名义惯性影响更大。一般来讲，社会或群体层面的变量对个体心理与行为的影响是被普遍接受和关注的，而在相反的方向上，个体心理与行为对社会或群体行为的影响则被极大地忽视了。菲尔和蒂兰的研究恰是证明了个体心理对群体结果的影响，这也是经济学、心理学等研究都需要补足的地方。其次，该研究使用真实被试在实验室中对货币波动前后的行为进行了模拟研究，显示实验方法是研究经济现象的非常有效的工具。在真实的经济活动中，研究者感兴趣的现象往往难以得到操控，因而也无法实现对相关变量的控制进而得出具有强因果效力的解释。实验经济学正是通过对影响经济行为变量的操控而实现了突破。目前，实验经济学已经展现出了强大的生命力，并日益流行。同时，这种研究取向在社会、文化领域中也已逐渐得到重视。

[刘国芳　评介]

评介文献

Fehr, E. & Tyran, J. R. (2001). Does money illusion matter? *American Economic Review*, 91(5), 1239—1262.

参考文献

Bakshi, R. K. (2009). Rational agents and economics training: The case of money illusion in experimental study. *Journal of Economic Theory*, 3(2), 27—32.

Bernanke, B. S. & Carey, K. (1996). Nominal wage stickiness and aggregate supply in the great depression. *The Quarterly Journal of Economics*, 111(3), 853—883.

Cooper, R. & Haltiwanger, J. (1996). Evidence on macroeconomic complementarities. *Review of Economics and Statistics*, 78(1), 78—93.

Fehr, E. & Tyran, J. R. (2005). Individual irrationality and aggregate outcomes. *The Journal of Economic Perspectives*, 19(4), 43—66.

Noussair, C. N., Richter, G., & Tyran, J. R. (2008). *Money illusion and nominal inertia in experimental asset markets*. Paper presented at the meeting of the Economic Science Association European, Pittsburgh CA.

Shafir, E., Diamond, P., & Tversky, A. (1997). Money illusion. *The Quarterly Journal of Economics*, 112(2), 341—374.

Tyran, J. R. (2007). Money illusion and the market. *Science*, 317(8), 1042—1043.

13．老虎机上的拉杆：投资中的控制幻觉

　　M 先生不幸遭遇歹徒绑架，由于付不起赎金，歹徒扬言要撕票。M 先生苦苦哀求，于是残忍的歹徒威逼他玩一个危险的赌局。他们对 M 先生说："你的命将交由上帝决定。"随后给了 M 先生两种选择：A. 一把 6 发左轮手枪，其中放了 1 颗子弹；B. 有 6 把同样的左轮手枪，其中一把塞满 6 颗子弹，其余 5 把是空枪。M 先生要么选择 A，拿起枪对自己开一枪，要么选择 B，从 6 把枪中选择 1 把（只能拿起一次，不能掂重量进行比较）对自己开一枪，如果是空枪，歹徒就放了他（如图 1 所示）。

　　如果你是可怜的 M 先生，你会选择 A 还是 B 呢？

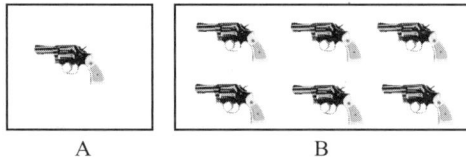

图 1　M 先生面临的两种选择

　　显而易见，无论哪一种方案，导致死亡的概率都是 1/6。但是和大多数人一样，你可能会本能地希望选择从 6 把枪中挑 1 把的 B 方案。为什么呢？因为你感觉在 B 方案中，你可以进行选择，似乎有更大的控制权，因此，有更大的生存概率——虽然这种控制权的感觉并不能增加你生还的概率，只是一种幻觉而已。这就是经济心理学研究的一个有趣现象，叫作"控制幻觉"(illusion of control)。

一、兰格和控制幻觉研究

　　控制幻觉是指在完全不可控或部分不可控的情境下，个体由于不合理地高估自己对环境或事件结果的控制力而产生的一种判断偏差。控制幻觉这一概念是心理学家艾伦·兰格(Ellen J. Langer)率先提出的。兰格是美国著名的心理学家，现任哈佛大学心理学系教授，主要研究领域为控制幻觉、决策制定、老化理论以及专注力理论。兰格生于 1947 年，她从小就显示出了对于行为、心理等事物的好奇心与热爱。她 27 岁(1974 年)获得了耶鲁大

学的社会与临床心理学的博士学位。1981 年她荣获古根海姆学者奖。其他的重要荣誉包括美国心理协会评选的个人杰出贡献奖，美国应用与预防心理学协会颁发的基础科学与应用心理学突出贡献奖，詹姆斯·麦凯恩·卡特尔(James McKeen Cattel)奖以及高尔顿·奥尔波特(Gordon Allport)团体关系奖，等等。她发表了超过 200 篇的学术论文，出版了 6 本学术著作，包括《专注力》(Mindfulness)和《专注学习的力量》(The Power of Mindful Learning)等。她成为历史上首位获得哈佛大学心理学教授终身教职的优秀女性，其研究成果不仅在心理学领域具有重要影响，而且成为了管理学、法学、金融学、医学等其他学科的基础理论。她的新作《逆时针》(Counter-clockwise)则涉及幸福感问题，证明返老还童在心理学上是可以实现的。

兰格认为，控制幻觉就是个体对自己成功可能性的估计远高于其客观可能性的一种不合理的期望。她采用一系列实验来证明和解释控制幻觉的这一现象，并写成了《控制幻觉》(The illusion of control)一文，于 1975 年发表在《人格与社会心理学杂志》(Journal of Personality and Social Psychology)第 32 卷上。她指出，人们在日常生活中经常面对两种情境：第一种是技能情境，在此情境下个体可以通过练习和努力获得想要的结果，是个体可以控制的；第二种是不可控或随机情境，在此情境下个体的行为与结果之间没有因

兰格

果关系，是个体无法控制的。但是这种区分并不总是被人们意识到。个体在不可控情境中也会相信自己能控制某事件的结果，因而会产生控制幻觉。也就是说，人们常常将一些随机事件(如买彩票)看作含有某些技能成分的非随机事件。这些与技能相关的因素就是引发控制幻觉的根源。因此，兰格试图验证这样一个假设：如果鼓励或者允许被试在随机情境下可以像在技能情境下那样采取策略，他们往往会更愿意采取技能导向型的行为。也就是说会产生控制幻觉。

为了能得到更有说服力的结果，兰格选取了极具典型性的完全随机的玩彩票事件，其理由是，如果某些因素可以在完全随机的情境中引发控制幻觉，那么当这些因素被引入原本就存在少许控制的情境中时，控制幻觉应该会大大增强。作者通过六个不同的实验，分别或有联系地将与技能有关的因素一一进行验证分析，这些因素包括(1)选择权；(2)竞争；(3)权力地位；(4)熟

识度；(5)卷入程度等。在实验 1 中，被试在面对一个自信或者是紧张的对手的情况下抽牌比大小，然后比较两组人的下注额 。在实验 2 中，彩票的购买者或有或无选择彩票的权利。在实验 3 中，彩票购买者或有或无选择熟悉或不熟悉的彩票的权利。在实验 4 中，在一个新的碰运气的游戏中，被试或自己或是让别人代为参加这个游戏。在实验 5 中，赌马场上的下注者在不同的时刻被问及他们的自信程度。最后，在实验 6 中，彩票的参与者或者收到一个三位数的彩票，或是在三天中每天收到一个一位数的彩票。这些研究涉及不同的年龄、社会经济地位和性别的个体，并且和现实生活紧密相连。通过实验研究者发现：客观的偶然性似乎并不是支配被试行为的重要变量，人们往往在控制幻觉的作用下采取行动。本文主要介绍实验 2 的主要内容及相关结论。

二、对彩票的估价实验：派发彩票与自选彩票

这项实验的一个基本假设是：当一个偶然情境和技能情境相仿时，人们的行为表现得好像他们可以掌控这些不可控事件似的，甚至是当"成功或失败完全凭碰运气"这一事实非常显而易见时也是如此。彩票提供了一种研究控制幻觉的机会，因为彩票的结果完全取决于运气。实验包含这样一个逻辑，如果一个人真的认为自己可以对于彩票的结果进行控制时，他(她)就会对彩票的价值有更高的估计，超过那些感觉没有控制力的人。如果他(她)认为自己的彩票真具有较高的价值，那么在出让彩票时，他(她)会要求潜在的买家出更高的价钱来购买彩票。兰格在这项实验中就证明了，是否拥有对彩票的选择权，会影响人们对于自己持有彩票的估价。

(一)被试

彩票分发给在长岛的两家公司(一家保险代理公司，另一家制造业公司)内的成年的男性和女性上班族。除去 4 名女性外，所有靠近所谓"彩票代理处"的人们都购买了彩票。被试被随机地安排在两种条件下：一种是最终有 24 名男性和 3 名女性的有选择权的情况，另一种是有 23 名男性和 3 名女性的无选择权的情况。

(二)材料和设计

彩票是标准的 4×2 英尺(10.16×5.08 厘米)橄榄球球星卡片。每张卡片上都有一个著名的橄榄球明星以及他的名字和球队。这些卡片首先是以球队名按字母的先后顺序排列，然后再按每个运动员的姓名进行排序。有两组完全一样、两两对应的彩票，每一组都包含 227 张橄榄球卡片。每个

被试保留其中一组中的某一张彩票,而另一组的相同的彩票被存放在纸箱子里。稍后获胜的彩票将会从这纸箱里选出。

（三）过程

在 1973 年的超级碗比赛(superbowl game,即全美橄榄球大联盟的年度锦标赛,是美国最高级别的橄榄球赛事)开始的前一个星期,研究者将彩票发给了保险代理公司的一名男职员和制造业公司的一名女职员。这两名职员对研究的目的一无所知。他们各自回到自己的公司,然后询问办公室里的同事是否愿意花 1 美元买一张彩票。被试被告知,彩票在他们的公司和另一家公司均有销售,获胜者将会赢取总额为 50 美元的奖金。被试也获悉了开奖日期。在同意购买彩票之后,第一个被试被要求从纸盒子里"选择"他想要的那张彩票(或多张)。被试需要给那张卡片起个名字,以便实验者可以从另一组中选出相同的彩票,然后再把它放在一个抽奖箱里。这时,实验者也要记录被试的名字和他(她)选的那张彩票。第二个被试以同样的方式处理,只不过在同意购买彩票之后,他或她会被"给予"一张与之前选择相匹配的卡片。也就是说,第二个被试的彩票是未经自行选择而直接获得的。如此循环下去,可见,被试是被交替地置于可选择和无选择权的情境之下。彩票在一家办公室中被出售的后一天,另一家公司里也执行了同样的操作。

（四）因变量的测量

实验者逐个接触了所有的被试。被试均被告知:"另一间办公室里有人想买彩票,但是因为我们的彩票已经售罄,他请我询问下你愿意以多高的价格卖出你的彩票?这对我来说都无所谓,但是我应该告诉他要花多少钱呢?"这些人的报价就构成了因变量的测量。如果出现被试不愿意出售彩票的情况,实验者就会去刺激他直到他给出一个报价。然后实验者会对表示"不愿意出售"的被试进行记录,并附上其最终给出的报价。

（五）结果

正如预测的那样,是否拥有选择权很大程度上影响了彩票的价值。在有选择权的情况下被试所要求的出售自己彩票的平均价格为 8.67 美元,而没有选择权的情况下为 1.96 美元,差异非常显著。最初有 15 个被试说他们不愿意卖彩票,在 15 个被试中,买彩票时拥有选择权的被试占到 10 人,另外 5 人则无选择权,显然有选择权时被试更看重彩票的价值而不愿意出售自己手中的彩票。

（六）结论

这一实验的结果支持了之前的假设:拥有选择权利的个体会对持有的

彩票抱有更高的期望价值。相反，被迫接受匹配彩票的人们往往估价较低。这就是控制幻觉的选择效应。此处的选择权，也可以理解为技能要素中的一种，所以是否拥有该权利会造成估价的差异。

三、对此项研究的评价

兰格的这项研究通过实验证实了控制幻觉的存在，并且指出选择权是一种线索信息，使得个体更容易混淆技能情境和随机情境。这一研究具有以下几点特点：

第一，论证逻辑严密。兰格的这篇论文聚焦于支配控制幻觉行为的因素的系统性研究。通过给出对于影响因素的细化分类，并依次在具体的实验中单独地或有联系地展开，对于竞争、选择/熟悉度、参与等因素给出了合理性的论证。在验证控制幻觉的选择效应的实验中，通过交替地赋予被试有或无选择购买股票的权利，很好地验证了选择对于促成控制幻觉的效用。

第二，实验设计巧妙而合理。作者选取彩票事件作为研究材料，与现实生活关联度较高，操作简单，结果直观，同时因为涉及真正的金钱收益，能够诱发被试的真实反应。

第三，以小见大。研究者试图证明，选择权是容易让个体混淆技能情境和随机情境的一个重要因素。如果在彩票这种极端随机的情况下，拥有选择权都可以导致控制幻觉的产生，那么有理由相信，在其他不完全随机的、含有某种控制因素的情境下更能出现控制幻觉。

四、控制幻觉的现实表现和应用

控制幻觉在现实生活中有许多表现，特别是在迷信行为和投资等领域中。

（一）迷信行为

控制幻觉理论可以解释现实生活中人们一些有趣的行为。例如，人们在玩掷骰子游戏时，如果希望掷出大的点数时会大力扔，而希望掷出小的点数时会轻轻地扔，还有在掷之前朝骰子哈气等行为，都是控制幻觉的表现。与之类似的是，许多运动员都有一些小的迷信行为，如 NBA 球星卡尔·马龙在投篮前念念有词、足球运动员进场前亲吻戒指等行为，同样都是控制幻觉的表现。控制幻觉还会表现为"魔力信念"。在一项研究中，研究者让一个人投篮，同时让另一个人在旁边祈祷他投中，如果对方真的投中了，祈祷者就会认为其中有自己的功劳，实际上他没有起到任何作用，也毫无魔力（Pronin et al.，2006）。还有一种控制幻觉的表现被称为"平行世界"信念。平行世界信念是指，人们相信行为与结果之间一定存在对应关系，也就是人们常说的"善有善报，恶有恶报"。但因缘果报的观念和随机偶然性规律是背道而驰的。

（二）在金融和投资领域中的表现

对于个体投资者来说，控制幻觉在金融和投资领域的表现莫过于频繁交易。有数据表明，1998年纽约证券交易所的周转率超过75%。而在中国的情况更是惊人，1996年上海证券交易所的换手率是591%，深圳证券交易所的换手率是902%。但频繁交易是否带来高的投资收益呢？研究者布拉德·巴伯（Brad Barber）和特伦斯·奥丁（Terrance Odean）在此方面做了大量工作。在一项研究中，他们取样1991年至1996年中的78 000名投资者，结果发现年交易量越高的投资者的实际投资收益越低（Barber ＆ Odean，1998a）。奥丁（Odean，1999）还观察了166个投资俱乐部6年的交易，发现平均每年的周转量是65%，年净收益是14.1%，而作为基准的标准普尔500指数收益是18%。也就是说，这些投资者费尽心思地交易，并不比随便买一只标准普尔500强中任意一公司的股票更赚钱。还有研究者发现，1983~1989年间，积极的基金经理的业绩差于标准普尔500指数的表现，扣除管理费，积极的管理减少了基金价值（Lakonishok et al，1992）。此外，男性一般被认为在许多领域（体育技能、领导能力、与别人相处能力）中总是过高估计自己，因此，更高的自信和控制感也会导致控制幻觉。巴伯等人在1991年至1997年中，研究了35 000名投资者的投资行为，将年交易量作为过度自信的指标，发现男性投资者的年交易量比女性投资者的年交易量总体高出45%以上，而投资收益却略低于女性投资者。

（三）博彩项目的设置

同时，对控制幻觉理解最深、运用最为纯熟的应该是博彩行业。成瘾性的博彩者总是表现出更多的控制幻觉，因为他们倾向于将自己的行为与某一结果联系起来，认为可以通过提高自己的博彩技能而获得更多的赢钱机会（Dannewitz ＆ Weatherly，2007）。博彩业者则充分利用控制幻觉，创设条件将技能因素融入赌博的活动中，致使赌博爱好者更倾向于将赌博视为一种技能型事件，从而提高了赌博参与度。最直接的例证就是，早年的彩票销售可不像现今这样火爆。在美国，最早的彩票销售都是像口香糖销售机一样，你塞硬币进去，出来一张彩票。直到20世纪70年代在新泽西州出现自选式彩票之后，彩票的销售量才节节上升。因为这种"参与式博彩"让购买者感觉自己拥有了更大的控制权。同理，老虎机(slot machine)的设计也体现了对控制幻觉理论的应用。本来图案滚动的结果是程序设定的，对赌客来说是不可控的，但有了拉杆或按钮，就让赌客在操作动作中感觉有技能因素的参与，将结果和自己拉拉杆的动作联系起来，由此产生了控制幻觉，使得赌博行为一发不可收拾。在美华人将拉斯维加斯戏称为"拉输回家"，其实十分形象地说明了这一道理。

在一般情况下，控制幻觉对于个体来说是一种需要调整的认知偏差，但在特定情况下，控制幻觉也有其积极的应用。例如，在医疗领域，创设积极的控制幻觉情境有利于病人树立战胜疾病的信心，更主动地配合治疗，从而有助于病情康复。另外，这也涉及控制幻觉的心理意义问题。任何一种心理现象能够经历人类漫长的进化过程被保留下来，必定有其适应价值。控制幻觉的积极心理意义就在于：面对一个不可控和充满不确定性的世界，人们需要找到一个"抓手"让自己感到有所掌控，从而保持信心和希望。或许可以这么说，面对变幻莫测的世界，一部分洞若观火的个体心灰意冷缴械投降，最终被命运所淘汰；而另外一部分个体却依赖虚幻的控制感磕磕绊绊地生存了下来，使得种群得以延续。

[窦东徽　评介]

评介文献

Langer，E. (1975). The illusion of control. *Journal of Personality and Social Psychology*，32，311—328.

参考文献

陈雪玲，徐富明，刘腾飞，蒋多，张军伟(2010). 控制幻觉的研究方法、形成机制和影响因素. 心理科学进展，18(5)，800—809.

Barber，B.，& Odean，T. (2001). Boys will be boys: Gender, overconfidence, and common stock investment. *Quarterly Journal of Economics*，116，261—292. Dannewitz，H.，& Weatherly，J. (2007). Investigating the illusion of control in mildly depressed and nondepressed individuals during video-poker play. *The Journal of Psychology*，141，307—319.

Fenton-O'Creevy，M.，Nicholson，N.，Soane，E.，& Willman，P. (2003). Trading on illusions: Unrealistic perceptions of control and trading performance. *Journal of Occupational and Organizational Psychology*，76(1)，53—68.

Lakonishok，J.，Shleifer，A.，& Vishny，R. W. (1992). The impact of institutional trading on stock prices. *Journal of Financial Economics*，82，23—43.

Lefcourt，H. M.（1973）. The function of the illusions of control and freedom. *American Psychologist*，28，417—425.

McKenna，E. P.（1993）. It won't happen to me: Unrealistic optimism or illusion of control? *British Journal of Psychology*，84，39—50.

Odean，T.（1999）. Do investors trade too much? *American Economic Review*，89（5），1279—1298.

Pronin，E.，Wegner，D.，McCarthy，K.，& Rodriguez，S.（2006）. Everyday magical powers: The role of apparent mental causation in the overestimation of personal influence. *Journal of Personality and Social Psychology*，91(2)，218—231.

第四章

消费心理学

XIAOFEI XINLIXUE

14. 概率作为心理距离对消费偏好的影响：
解释水平的视角

在英语的日常语言中，我们会说一个不可能事件只有"remote possibility"，其字面意思为"极小的可能性"，而"remote"既表示"极小的"，也有"遥远"之意。可能性很小的事件似乎可以理解为遥远的事情，那么概率大小是否可以理解为心理距离大小呢？托多罗夫等人（Todorov，Goren，& Trope，2007）的文章试图说明人们思考概率的方式如何影响对事件的心理解释和消费偏好。

一、引子：基于解释水平理论研究消费心理

自 1998 年以来，解释水平理论（construal level theory）的影响逐渐扩大，似乎正在成为继期望效应理论、前景理论、双过程理论之后的又一个具有广泛应用价值的理论。解释水平理论的提出者是目前在美国纽约大学工作的特鲁普（Yaacov Trope）和在以色列特拉维夫大学工作的利伯曼（Nira Liberman）。

特鲁普　　　　　　　　　　　利伯曼

特鲁普现为美国纽约大学心理学系教授。他出生于 1945 年 6 月 17 日，有三个孩子。1970 年在以色列特拉维夫大学心理学和社会学系本科毕业，1972 年和 1974 年在密歇根大学心理学系分别获得硕士和博士学位。他1974～1989 年在耶路撒冷希伯来大学心理学系先后担任讲师、高级讲师、副教授和教授；1990～1998 年在特拉维夫大学心理学系担任教授；1990 年开始在纽约大学心理学系担任教授至今。

利伯曼现为以色列特拉维夫大学心理学院教授。她 1997 年在该校获得博士学位，1996～1999 年在美国哥伦比亚大学从事博士后研究，2000～2001 年在美国印第安纳大学担任助理教授，2001 年回到特拉维夫大学工作至今。

在 1998 年，利伯曼和特鲁普(Liberman & Trope，1998)发表了关于解释水平理论的"种子"研究，从此，这个理论的种子萌芽、成长、壮大，并不断被应用到各个领域(Liberman，Sagristano，& Trope，2002；Trope & Liberman，2000，2003；Trope，Liberman，& Wakslak，2007)。解释水平理论将心理距离与心理解释的抽象程度联系了起来，认为心理距离影响人们在评估事件时究竟是依据事件的核心特征做出抽象的解释，还是依据事件的次要特征做出具体的解释，而解释水平不同最终导致不同的决策或结果偏好。

在解释水平理论看来，个体会使用具体的、低水平的解释去表征较近的事件，而用抽象的、高水平的解释表征较远的事件。低水平的解释是相对没有结构的、背景化的表征，主要表征事件的从属的、次要的特征；高水平的解释则是图式化的、去背景化的表征，它只抽取了信息的要点，表征事件的上位的、核心的特征。由此，对近期事件的表征有丰富的细节，注重次要的、边缘的特征，远期事件的表征则排除了这些次要的、从属的特征而只保留抽象的核心特征。

这里所说的心理距离的远与近，可以是时间距离(如某种购买行为将发生在明天，还是明年)，还可以是空间距离(如事件发生在身边，还是一个遥远的城市)、社会距离(是为自己的好友挑选礼物，还是为一个不熟悉的客户挑选礼物)。各种心理距离的不同，将影响最终的决策。而消费心理学的主要目标之一是探讨人们如何评估某些事物或事件，并做出决策。这种决策依赖于人们是根据事件的核心特征还是次要特征来进行评估。因此，探讨心理距离如何影响消费心理和行为，就成了颇有理论意义和现实价值的课题。下面要介绍的特鲁普课题组完成的实验，就探讨了概率作为心理距离对解释水平和消费偏好的影响。

二、概率会影响消费偏好吗

通常认为，人们对于事件结果的偏好，不受其概率的影响。具体来说，如果一个人更喜欢 A 而不是 B，那么这种偏好不应该随着 A 和 B 出现的概率高低(如 0.01 或 0.99)而变化。然而，托多罗夫等人(2007)的文章试图说明，结果出现的概率影响人们决策时赋予事件不同特征的权重。以下面的决策任务为例：

A：花 15 分钟在网上填写有关信息后可以免费获得 10 张 CD 光盘。

B：在网上点击一下可以免费获得 1 张 CD 光盘。

这个任务里有两个特征维度：得到光盘的数量和要付出的努力程度。研究者假定，当概率较低时，人们在判断结果的吸引力时，更可能根据中心特征（能得到什么）而非次要特征（如何得到）来决定；当概率较高时，两个特征都变得很重要。

为什么概率信息会影响消费决策或结果的偏好呢？这是因为概率可能作为一种心理距离改变了人们决策过程中的心理解释水平。根据解释水平理论（Liberman，Sagristano，& Trope，2002；Liberman & Trope，1998；Trope & Liberman，2000，2003），人们如何解释事件，取决于事件的心理距离。对于心理上很遥远的事件，更强调其主要的或核心的特征，而对于心理上较近的事件，更强调其次要的或从属的特征。例如，对于远期的活动，人们更多地表征其结果状态（目标特征，体现为目标令人期望的程度），而对于近期的活动，则更多表征其实现方式或手段（手段特征，体现为获取某结果的手段的可行程度）。

研究者认为，类似于时间的或空间的距离，事件的概率也是心理距离的一个维度，它可能影响人们对事件的解释水平。不可能的结果比可能的结果看上去更遥远，因此，会被在更高的水平上解释。当结果发生的概率很低时，事件的核心特征（目标特征，即得到光盘）就比次要特征（手段特征，如花费烦人的 15 分钟）在决策中的作用更为突出；而当结果的概率增高，手段特征可能变得更为突出，即这时人们更多地关注如何得到那个结果，而不是结果是什么。总之，根据解释水平理论可以预测，结果概率增加时，相比目标特征的权重，可能增加了手段特征在决策中的权重，由此，减少了或翻转了对结果的偏好，从概率较低时偏好得到 10 张光盘（这是更期望得到的，但可行性更低的结果）转为偏好得到 1 张光盘（这虽不是最期望的，然而是更为可行的结果）。

总之，一个事件的结果总要涉及"期望程度"（desirability）和"可行程度"（feasibility）两个特征。前者往往比后者更为核心或重要，因为人们总是先考虑想要什么，再考虑如何得到它。托多罗夫等人（2007）要研究的问题是：当事件发生的概率不同时，人们如何基于这两个特征做评估，并决定选择或偏好哪一种结果。

　　研究的基本思路是，首先设置"高期望但低可行"的结果和"低期望但高可行"的结果，并假定，如果人们直接比较评估这两个结果（通过对比的方式评估二者，这是一种联合评估），他们应该更偏好前者，而可行性特征变得不重要或者可以忽略不计。然后，给被试呈现不同的概率条件，让其单独评估对每一种结果的偏好或结果的吸引力。按照常识而言，如果做单独的评估，无论在高概率还是低概率的情况下，被试都应该更偏好高期望的结果而非低期望的结果；然而，按照解释水平理论，这种偏好只应发生在事件出现概率较低的情况下，当概率较高时，可行程度的特征将更为突显，这将降低期望程度这一特征在决策中的权重，这可能导致对"高期望但低可行"的结果和"低期望但高可行"的结果的偏好没有差别，或者更偏好后者（即出现偏好的反转）。

三、系列实验

（一）实验 1

　　实验中要求被试对不同的结果做决策，表明自己是喜欢，还是不喜欢。每个结果都涉及两个特征：结果令人期望的程度（中心特征）和得到这个结果的可行程度（次要特征）。研究者重点对比"高期望但低可行"的结果和"低期望但高可行"的结果上人们的偏好是否有差异。

　　被试为来自纽约大学的 41 名大学生。研究者在宿舍里找到这些被试并要求他们填写一份关于决策任务的问卷；此外，要求另外 17 名大学生直接比较这些结果。

　　做决策任务的调查时，研究者告诉被试，纽约的一些大公司正要向年轻人促销它们的产品，这些公司专门推出了针对纽约大学学生的促销活动。给每个被试四种不同的促销活动的描述，被试读完这些描述后要评价自己是否愿意签名支持这些促销活动，评价采用 10 点量尺，1 代表"根本不愿意"，10 代表"极为愿意"。

　　研究采用 2（概率：高、低）×2（结果："高期望但低可行"的结果、"低期望但高可行"的结果）的被试内设计。在高概率条件下，告诉被试只要他们签名支持促销活动，他们几乎可以肯定（99％的可能）免费得到一张购买该公司产品的购物券；在低概率的情况下，告诉被试他们有 1％的机会得到一张购物券。在每种概率条件下，分别有两种结果：高期望程度的结果是得到 10 张 CD 光盘，但是要拿着购物券乘坐 30 分钟地铁到公司门店才能换取光盘（高期望，但不方便或不可行），低期望程度的结果是得到 1 张 CD

光盘，但换取地点很近便（低期望，但较为可行）。除了换取某公司的光盘外，还采用了其他 3 个公司的产品，如图书、电影票和地铁通票。四个公司的产品和四种实验处理都作了平衡安排，每个被试按照随机顺序接受实验处理。

研究结果的分析包括对直接的联合评估结果的分析和对上述主实验（决策任务问卷）结果的分析。

首先来看直接的联合评估结果。研究者向另外 17 名没有参加主实验的被试直接提供每一对"高期望但低可行"的结果和"低期望但高可行"的结果（以成对方式呈现），让他们在 10 点量表上评价结果的价值，1 代表"根本没有价值"，10 代表"极为有价值"。对于每一种促销活动，"高期望但低可行"的结果都被认为比"低期望但高可行"的结果更有价值。对于所有促销活动而言，其中前一类结果价值评估的平均数为 8.06（$SD = 1.50$），后者为 5.74（$SD = 1.86$），二者差异显著。

再来看在不同概率条件下单独评估的结果。统计结果表明，概率的主效应显著，这意味着被试总是喜欢高概率的结果（$M = 8.05$，$SD = 1.95$），而不是低概率的结果（$M = 6.87$，$SD = 2.37$），这是不言而喻的。然而，更重要的是，研究发现概率高低和结果类型之间存在交互作用。在低概率的情况下，被试更喜欢"高期望但低可行"的结果而不是"低期望但高可行"的结果；在高概率情况下，被试更喜欢"低期望但高可行"的结果而不是"高期望但低可行"的结果。随着概率的增加，"低期望但高可行"的结果的吸引力明显增加，但是"高期望但低可行"结果的吸引力没有明显增加。这表明当结果出现的概率高时，手段有关的特征在决策中占有更大权重。比如，当一定能得到光盘时，这时考虑更多的是换取光盘的方便程度，即可行性问题，这个因素将更加影响人们对结果的选择，而不是结果本身的大小（1 张还是 15 张光盘）。

对实验 1 的结果可以用解释水平理论，或者勒温对冲突的分析框架来解释，即当心理距离减少后，获得这个结果的代价就成了决策中的突出因素。在直接的联合评估中，人们对高期望结果的偏好，只是当结果出现的概率低时才是这样的，而结果概率很高时要考虑的突出因素不是期望程度，而是得到结果的可行程度（如换取光盘是否方便）。

（二）实验 2

在实验 1 中，所得结果可能混入决策方式的影响，因为研究表明，在确定条件下（或高概率条件下）联合决策更可能让人产生对高期望结果的偏好(Hsee & Zhang，2004)，也就是说决策方式和概率的影响在实验 1 中没有有效分离。因此，实验 2 中只采用了联合决策条件，考察该条件下结果类型与概率的影响。研究者假定，在联合决策中，被试可以在期望程度特征上比较结果，而不需要考虑相对次要的可行程度特征，概率因素也会被忽略。

实验 2 的被试为 41 名普林斯顿大学的学生。研究依然采用 2(概率：高、低)×2(结果："高期望但低可行"的结果、"低期望但高可行"的结果)的被试内设计。被试要做 10 次选择，内容如赢取购书卡、一台电脑、手机等。每种选择包括"高期望但低可行"的结果和"低期望但高可行"的结果两个版本。前者如"得到 50 美元的购书卡，但是必须先花 20 分钟完成客户调查"，后者如"得到 10 美元的购书卡，但是必须先花 5 分钟完成客户调查"。对于每次选择，被试从成对出现的这两种结果中选出 1 个。当然，呈现给被试时，两类结果出现的顺序或位置作了平衡。在其中 5 次选择中，规定"赢得选择的机会为 1%"，另外 5 次规定"赢得选择的机会为 99%"。

结果表明，在两种概率条件下，被试都更喜欢"高期望但低可行"的结果，而不是"低期望但高可行"的结果。概率高低对结果偏好没有影响，高概率情况下被试选择"高期望但低可行"结果的比率为 83%，在低概率情况下被试选择"高期望但低可行"结果的比率为 82%，二者没有显著差异。

综合实验 1 和实验 2 的结果，概率对决策中两种特征(期望程度与可行程度)权重的影响只发生在单独决策条件下(逐个地或单一地评价每一种结果)而非联合决策条件下(以对照方式从两种结果中选择一个)。概率之所以没有起作用，是因为在每次联合决策中，两个选择的概率都相同，故可以不作考虑。

(三)实验 3

为了在更为真实的金钱决策背景下，更为全面地考察人们的决策过程，又开展了实验 3。在实验 3 中，被试要在购买彩票这一真实背景下做单独决策。如同实验 1，研究者期望概率的增加，能增加手段特征在决策中的作用。

为了更完整地分析潜在的决策过程，研究者系统操作了目标特征(高期望、低期望)和手段特征(高可行、低可行)，二者交叉形成了四类结果。这样可以考察对目标的期望程度和手段可行程度各自如何影响被试的偏好。概率(高、低)仍然为被试间因素。

由于目标特征作为中心特征，总是在决策中发挥更重要的作用，因此可以假定，无论概率高低，被试总是更喜欢"高期望结果"而非"低期望结果"。然而，在高概率条件下，被试将更喜欢"高可行结果"而非"低可行结果"，因为手段特征随着结果出现概率的增加将在决策中被赋予更高权重。也就是说，手段特征比目标特征对概率的变化更为敏感。

实验 3 的被试为普林斯顿大学的 146 名大学生。86 名学生参加主实验，60 名学生参加联合决策测试。

主实验中给每个被试 32 个面值"两毛五"的硬币(共 8 元)。给每个被试四类奖品：图书礼品卡、免费的压缩盘、游戏卡、免费餐券。针对每类奖品的描述，被试在 10 点量表上单独评价其吸引力。然而要根据被试买的彩票决定是否能赢得这些大奖。被试选择要买的彩票数量(每张彩票价格是"两毛五")，可以在 0 张到 8 张(8 张需要 2 美元)之间选择。被试可以把要买彩票的钱分别投给放在四种奖品前的罐子里(呈现在计算机上)，针对每种奖品，限制被试最多只能花费 2 美元买彩票。

该实验为 2(概率：高、低)×2(期望程度：高、低)×2(可行程度：高、低)的混合设计，其中概率为被试间因素，其他两个为被试内因素。概率条件分别为 1%(低)和 99%(高)。结果有四类：例如，某网上书店提供 50 美元(高期望结果)和 10 美元(低期望结果)的两类图书礼品卡，但是要被试花费较长的时间(低可行程度)或较短的时间(高可行程度)才能获得。其他奖品类别下，期望程度和可行程度这两个被试内因素的操作方法与此类似。在被试完成实验后，访谈他们是如何决策的。根据被试的谈话文本，从目标特征(期望程度)和手段特征(可行程度)两个维度编码被试的决策过程。期望程度被编码为三类："-1"代表"对这个奖品没有期望"，"0"代表"没有提及是否期望这个奖品"，"1"代表"对这个奖品有期望"；类似地，可行程度也编码为三类，例如，"我很希望能得到书作为奖品"就编码为正向的期望反应(1)；"得到它，这太费劲了"就编码为负向的可行程度(-1)。

先来看直接的联合决策结果。为检验"高期望但低可行"结果是否比"低期望但高可行"结果更有价值或吸引力，研究者让没有参加主实验的 60 个学生做了直接的联合评估。被试除了从每一对结果中选择一个外，还要估计每种选择的"前景"值多少钱。在四类奖品条件下，相比"低期望但高可行"结果(平均估价为 25.9 美元)，被试均给"高期望但低可行"结果(平均估价为 97.7 美元)更多的金钱价值。这说明，联合决策时，人们主要考虑结果是否令人期望，而非是否可行。这时高期望的结果自然更为诱人，更有价值。

再来看个别决策结果。对主实验的个别决策结果的分析，基本验证了实验1的结果：即被试只在低概率条件下，相比"低期望但高可行"的结果，均更喜欢"高期望但低可行"的结果；而在高概率条件下，对这两种结果的偏好没有差异。这表明只有在结果出现概率很高的情况下，被试决策中才更为重视手段特征（可行程度）。对访谈结果的分析也表明，在决策中，手段特征比目标特征对概率的变化更敏感。在低概率情况下，只有期望程度因素能预测被试对决策吸引力的判断（体现为愿意购买彩票的数量或花费的钱数），可行程度因素没有预测作用；而在高概率情况下，两个因素都有预测作用。可见，手段的可行程度是否能预测被试的结果偏好，要依结果出现的概率而定。

四、综合讨论和评论

三个实验均表明，概率确实是心理距离的一个方面，高概率事件被知觉为更近的，低概率事件被知觉为更远的。概率的变化影响了心理解释的水平，即概率影响目标特征和手段特征在决策中的作用。在低概率情况下，人们偏好高期望的结果，而在高概率情况下，可行程度因素成了决策中的突出因素，即概率不同时，人们对结果的偏好发生了偏转。

一般的决策理论假定，在决策中有关影响因素里总是有一个固定的核心因素发挥着更大的作用，其他因素的作用则更小一些。而该研究的结果表明，概率条件发生改变时，影响决策的因素可能会发生变化，由此，人们对结果的偏好也会发生反转。

这意味着概率和结果偏好并不是彼此独立的。在结果发生概率很低的情况下，人们更关注的是结果本身是否重要，即能得到的是什么；在概率很高的情况下，人们更关注如何得到这些结果。然而，传统的理论，如期望效用理论和前景理论，都假定概率和结果的价值是彼此独立的。如果一个人偏好结果 A 而不是 B，则这两个结果出现的概率与偏好的顺序无关。不过，托多罗夫等人（2007）的研究结果表明，事情并非如此，先前理论所做的因素"独立性"假设是有问题的。

托多罗夫等人（2007）的研究考察了概率作为一种心理距离如何影响人们的消费决策中的结果偏好，其理论基础是解释水平理论。实际上，解释水平理论正在被日益广泛地应用到消费心理和消费行为的研究中。2007年，解释水平理论的提出者特鲁普和利伯曼等人（Trope, Liberman, & Wakslak, 2007）联合撰写了一篇综述文章概述了以往基于该理论的实证研究成果，并展望了该理论在消费心理研究中的前景。这篇文章作为靶子文章发表在了《消费者心理学杂志》上，在该文章后相应发表了多篇评论文章。

目前，特鲁普和利伯曼的课题组已经做过一些消费心理的研究。除了上面介绍的实验外，他们（Thomas，Chandran，& Trope，2006）的另一项研究，也将期望程度和可行程度的区分应用到分析消费者的选择上。他们认为，可行程度的信息对消费者当下的购买意愿有较大影响，而对于将来的购买意愿没有影响；相比之下，期望程度信息对将来的购买意愿应该有较大影响，但对当下的购买意愿没有影响。在研究中，他们让被试了解到一个商店正在销售存储卡，在阅读了产品的介绍后，他们要表明自己的购买意愿。然后，给被试提供了存储卡促销的信息。信息中包括了产品的期望程度（如给存储卡增加了一个令人期待的功能特征，但价格不变）或者产品的可行程度（如在店内就能领到价格打折优惠券）。然后，让被试想象在很远的将来某个时间购买或者很快就购买这款产品，并让他们表明自己的购买意愿。如同研究者假定的，如果在近期购买，关于打折的信息（可行程度因素）能增加购买意愿，而增加的额外功能（期望程度因素）没有影响；相比之下，在很远的将来购买时，能增加购买意愿的因素是期望程度因素，而非可行程度因素。这说明，时间距离放大了期望程度信息的作用，而减少了可行程度信息的作用。

其他学者也在积极尝试应用解释水平理论。例如，有学者（Kim & John，2008）探讨了消费者对"品牌拓展"的适合性的评估。所谓品牌拓展，指企业在原有成熟品牌的基础上，增加该品牌旗下的某种新产品，甚至增加新的产品或服务类型。消费者如何评价品牌拓展的适合性，将影响其消费行为。该研究发现，在抽象水平上解释环境的消费者对品牌拓展的重要性给予更高的评价，而在较低水平上解释环境的消费者则不同。

随着基于解释水平理论的实证研究成果的增多，人们愈益看到了该理论的重要价值。根据谷歌的学术搜索，截至2012年9月，利伯曼和特鲁普发表的第一篇关于解释水平理论的文章（Liberman & Trope，1998）已经被引用了至少600次；他们在《心理学评论》上以"解释水平"为题发表的文章（Trope & Liberman，2003）已经被引用了至少1000次。难怪有学者（Fiedler，2007，p.101）指出，"毫无疑问，特鲁普和利伯曼的解释水平理论已经成为社会心理学中的突出主题，对于判断和决策研究尤其如此。"这个理论对于购买决策和购买意图、品牌表征、谈判、风险认知、消费者的耐心等问题的研究都有重要意义。

举例来说，经济心理学中发现的"禀赋效应"是否可以重新用解释水平理论加以诠释？禀赋效应是指人们一旦拥有了某件物品，就会高估该物品的价值。其表现是买入该物品时愿意支付的最高价格和放弃或卖出该物品时愿意接受的最低价格之间总是有一定的差距。100 元买入的商品，一旦成了自己的东西，别人出价 100 元时物主通常不乐意卖。结合解释水平理论，卖方和买方出价的不对称，或者这种禀赋效应，是否会受到双方的社会距离、地理距离等因素的影响呢？这是个值得探讨的问题。

类似地，关于跨期选择问题的研究也值得引入解释水平理论。通常人们宁可牺牲长期的更大利益，而选择即时的满足。比如，人们愿意选择"现在得到 20 元"而不是"一年后得到 50 元"。对这种跨期选择的问题，传统的解释是随着时间的增加，效用会以指数形式下降，所以宁可选择当下的小收益，而放弃某个时间段之后的较大收益。然而，如果"两年后能得到 50 元"的话，人们就不愿意选择"一年后得到 20 元"。这一现象显然违背了期望效用理论的解释。为什么同样相隔一年，两种情形下人们的选择会逆转呢？时间因素到底如何影响决策？解释水平理论又当如何解释呢？这些问题都有待研究。

可以这么说，解释水平理论的出现，使人们可以重新思考和解释经济心理学、消费心理学领域的一系列问题，从而形成新的认识。当然，解释水平理论本身也有一些有待解决的问题，或者学者们对问题有不同看法。例如，是否还存在其他心理距离因素，在同一个心理距离维度上，一定是距离远时就导致高水平的解释，距离近时就导致低水平的解释吗？这些都值得进一步思考和研究。

[辛自强　评介]

评介文献

Todorov，A.，Goren，A.，& Trope，Y.（2007）. Probability as a psychological distance：Construal and preference. *Journal of Experimental Social Psychology*，43，473—482.

参考文献

Fiedler，K.（2007）. Construal level theory as an integrative framework for behavioral decision-making research and consumer psychology. *Journal of Consumer Psychology*，17，101—106.

Hsee，C. K.，& Zhang，J.（2004）. Distinction bias：Misprediction and mischoice due to joint evaluation. *Journal of Personality and Social Psychology*，86，680—695.

Kim，H.，& John，D. R.（2008）. Consumer response to brand extensions：

Construal level as a moderator of the importance of perceived fit. *Journal of Consumer Psychology*，18，116—126.

Liberman，N.，Sagristano，M. D.，& Trope，Y.（2002）. The effect of temporal distance on level of mental construal. *Journal of Experimental Social Psychology*，38，523—534.

Liberman，N.，& Trope，Y.（1998）. The role of feasibility and desirability considerations in near and distant future decisions：A test of temporal construal theory. *Journal of Personality and Social Psychology*，75，5—18.

Liberman，N.，Trope，Y.，& Wakslak，C. J.（2007）. Construal Level Theory and Consumer Behavior. *Journal of Consumer Psychology*，17，113—117.

Trope，Y.，& Liberman，N.（2000）. Temporal construal and time-dependent changes in preference. *Journal of Personality and Social Psychology*，79，876—889.

Trope，Y.，& Liberman，N.（2003）. Temporal construal. *Psychological Review*，110，403—421.

Trope，Y.，Liberman，N.，& Wakslak，C. J.（2007）. Construal Levels and Psychological Distance：Effects on Representation, Prediction, Evaluation, and Behavior. *Journal of Consumer Psychology*，17，83—95.

15．品牌评价中数字量表与文字量表的差异

想象你正打算购买一台电脑，为选择 A 品牌还是 B 品牌而发愁。当评价两个品牌时，若采用客观数字衡量电脑屏幕尺寸、电池寿命等指标，A 品牌明显优于 B 品牌，然而采用主观文字描述却觉得 A 品牌与 B 品牌均是"非常好"，没有差别。采用数字和文字评价两个品牌为何会产生差异呢？评价用的量表会"操纵"品牌评价结果吗？迪莫夫特和约翰逊（Dimofte & Johansson，2009）对该现象进行了研究。

一、引子：评价方式引起的结果差异

人们对事物的评价或判断都是依据一定标准的，也就是说，评价或判断的结果取决于人们所用的标准。这些标准可以笼统地划分为主观和客观两类，主观标准如"优差""好恶"，客观标准则往往用数值表示事物属性。

早在 1991 年，以贝奈特（M. Biernat）为代表的研究者针对评价标准展开了一系列研究。贝奈特于 1989 年取得密歇根大学心理学博士学位，现在

是堪萨斯大学心理学教授，她的研究焦点是社会心理学中的刻板印象和偏见。

贝奈特

在研究中，贝奈特利用一些刻板印象，如性别、种族刻板印象，分析被试在用数字或文字对两种性别或种族某些特征的评价上是否存在差异。例如，人们普遍认为男性的年收入高于女性，这就是著名的"收入刻板印象"。贝奈特等（Biernat，Manis，& Nelson，1991）给被试呈现男性和女性的头像，让他们估计其年收入数值或用"非常不成功—非常成功"的文字表述评价，发现数字估计时，男性和女性存在显著差异，与收入刻板印象一致，在文字评价中这种差异消失了。

之后的二十年，贝奈特与其他研究者进行了大量相关的研究。直到2009年，迪莫夫特和约翰逊（2009）采用类似的方法，将研究扩展到消费领域，发现量表类型会引起消费者对品牌评价结果的改变。

迪莫夫特

约翰逊

迪莫夫特和约翰逊在研究上有过多次合作，他们这篇题为《品牌评价标准中基于量表的自动变化》的文章于2009年发表在《消费心理学杂志》上。迪莫夫特曾任美国乔治敦大学市场营销学助理教授，现为圣地亚哥州立大学市场营销学助理教授。其研究领域包括消费者内隐认知（如品牌信息的无意识加工）、营销指标和国际市场营销等。约翰逊现为乔治敦大学商学院教授，主要研究国际营销战略、全球化品牌、日本管理学和营销决策问题的量化分析。

二、数字与文字量表的差异：社会心理学到消费心理学的证据

由量表类型引起的评价结果改变类似"量表型偏好反转"（scale-type preference reversal）。所谓偏好反转（preference reversal，PR）是指由决策任务的信息表达方式不同或者反应模式不同而引起的决策偏好不一致的现象。其中一种量表型偏好反转就是指人们在回答不同量表时会改变对两个选择的偏好。

常用的数字量表是指以数值来表示对事物的评价或态度的量表，如典型的用"1~7"之间的整数做七点评价；文字量表指以语言描述，如"非常不喜欢—非常喜欢"七个选项表示的喜好程度。有的研究也将数字与文字结合起来，用"1"代表"非常不喜欢"，以此类推，"7"代表"非常喜欢"。

贝奈特等（1991）在研究中向被试呈现男性和女性的头像，让被试在数字量表或文字量表上估计他们的身高、经济地位和体重。被试在客观的数字量表上的回答反映出性别刻板印象，即男性在身高、体重及经济地位上均高于女性。让人吃惊的是，主观的文字量表消除了性别刻板印象，使得男性和女性间的差异减小甚至消失了。他们用标准改变效应（the shifting standards effect）解释这一现象，认为两种量表导致不同结果的原因在于被试在主观量表中放宽了对弱势方（女性）的标准。

后来，贝奈特和曼尼斯（Biernat & Manis，1994）运用其他方面，如对种族的刻板印象成功证明了标准改变现象，检验并发展了标准改变模型。他们得出了一个更普遍的结论：对于来自不同社会群体的目标对象，判断者的主观评判也许不能反映他们持有的刻板印象，因为他们采用了不同的评价标准。

贝奈特对上述问题进行了持久、深入的探讨。近期，贝奈特等人（Biernat，Tocci，& Williams，2012）的研究用数字评分和语言描述评价一家法律公司的男性和女性律师的工作表现，当管理者在数字量表上评分时，认为男性比女性更应该升职，在用语言描述进行评价时要么不存在性别差异，要么反而更青睐女性。研究数据还反映了一种微妙的性别偏见模式——人们在人际温暖这一特质上对女性的期望很高，且认为在高科技的胜任力上女性不如男性，总的来说对女性的偏见普遍存在。

二十年间大量的相关研究均得到了相似的结果，说明数字量表和文字量表的差异的确存在。但是，心理学出身的贝奈特对于数字和文字量表差异的探讨集中在社会心理学领域，改变研究对象和领域，类似的方式能否

得到一致的结果呢？迪莫夫特和约翰逊（2009）在研究中创设了消费情境，试图考察用数字量表和文字量表进行品牌评价时的差异，并进一步解释差异产生的机制，对贝奈特的研究进行了扩展和深入。借鉴已有研究结果，他们提出了三个假设：

假设一：在文字量表测量中，主观判断标准的使用会自动改变消费者预期。假设在数字量表中被试认为 A 品牌优于 B 品牌，那么这种差异在文字量表中会被减弱。

假设二：消费者专业知识会减弱标准改变效应，导致新手型消费者比专家型消费者在文字量表中的标准改变更明显。

假设三：消费者更少地将 B 品牌与良好属性相联系，但在回答文字量表后这种倾向不存在了。

三、五个实验：从现象到本质

为了验证量表类型引起的品牌评价差异，解释这种差异产生的过程并揭示这个过程的特征，迪莫夫特和约翰逊（2009）进行了五个实验，包括一个预实验和四个正式实验。

预实验证明标准改变现象确实存在。实验1、实验2进一步确定标准改变效应背后的处理机制，证明其自动化特征并考察消费者专业知识的调节作用和期望的中介作用。实验3关注标准改变效应的不对称性，最后实验4验证了消除标准改变效应的途径。

（一）预实验：标准改变现象真的存在吗

预实验创设了品牌扩张的营销环境重现标准改变效应。品牌扩张是一种利用成功品牌已有的声誉推出新产品的活动，比如，海尔品牌在冰箱产品享誉全国之时又相继推出了洗衣机、空调等产品。品牌扩张成功与否依赖于消费者对该品牌的期望，而这种期望的反映形式恰恰是消费者对该品牌新产品的评价。

研究者选取了原来生产花生酱的品牌"绅士"（Planters）和生产黄油的品牌"蓝多湖"（Land O'Lakes），这两种品牌据说都要进军花生酱市场，样本群体对它们的熟悉度接近且相关知识较少。采用2（品牌：绅士或蓝多湖）×2（量表类型：数字或文字）混合设计，品牌为被试间因素，量表类型（呈现顺序随机）为被试内因素。138名本科生参加了该实验，他们在阅读杂志上对绅士或蓝多湖品牌的花生酱新品的评论之后，在数字量表（1到10之间的数值）和文字量表（从"一点不喜欢"到"非常喜欢"的七点评价）上对该产品进行总体评价。

结果表明，在数字量表中，被试认为绅士牌的品牌扩张更可能成功，但文字量表中，两种品牌扩张被知觉为同样可行，说明量表导致了标准改变，验证了假设一。重要的是，对比被试在两种类型的量表上的评分，对绅士牌无差异，对蓝多湖牌却有显著差异。也就是说，与预先假设一致，评价标准的改变是针对两个品牌中期望较低的一方（蓝多湖），被试对高期望品牌（绅士）的评价标准保持不变。

(二)实验1：量表对品牌评价的影响受产品知识的调节

实验1引入了消费者对产品的专业知识这一新变量，在预实验的基础上进行了扩展。例如，采用等距的数字单位（如像素）而不是简单的得分点（1～10之间的整数点）去获得客观判断，对品牌的评价也由整体评价扩展到对产品特定属性的评价。

实验1采用2(DVD品牌：索尼或RCA)×2(量表类型：数字或文字)×2(专业知识：高或低)被试间设计。213名被试在一个从"一点不知道"到"全都知道"的六点量表上报告对DVD产品的专业知识水平，依据选择前三项还是后三项分为两组，划分为新手型消费者和专家型消费者。实验中，向被试呈现索尼或RCA品牌新款DVD播放器的评论，随后让被试对产品整体形象、图像分辨率、浏览器缓冲长度三种属性进行文字或数字的评分。为了证明标准改变效应包含无意识的成分，主试在文字量表条件下给所有被试同样的反馈，告诉被试他们的回答反映了对该品牌的过度偏好，在从"完全不同意"到"完全同意"的七点量表上测量他们对这一反馈的同意程度。

结果发现，对索尼的整体评价高于RCA。并且，主观量表普遍引起更积极的回答，进一步分析表明这主要由新手型消费者在主观量表中对RCA的评分有显著上调引起，尽管他们在客观量表上认为RCA的性能显著弱于索尼。但无论是整体评价还是具体属性的评价，专家型消费者对两个品牌没有显示出显著差异。如此，假设二得到了证明。

被试对主试反馈的同意程度不受量表类型的影响，有趣的是被试普遍更同意他们过度偏好索尼的反馈，这可能间接反映了被试在改变对劣势品牌RCA的评价标准时的无意识特征。

(三)实验2：量表引起的标准改变能被意识到吗

之前的实验已经确认了标准改变效应的存在以及消费者专业知识在其中的调节作用。在此基础上，研究者进行了实验2，共包含两个子实验。

第一个子实验将商品扩展到金融产品领域，进一步观察标准改变效应的产生机制，即主观期望如何影响新手型消费者，使之在主观量表中改变对劣势品牌的评价。实验采用2(品牌：谷歌或雅虎)×2(量表：数字或文字)×2(专业知识：低或高)被试间设计，被试在阅读相关的金融新闻报道后估计谷歌或雅虎股票的每股收益。为了评估与股票相关的期望的作用，被试还要在七点量表上报告所评论的股票是否达到他们的个人预期(从"完全没有达到"到"完全超过")以及该预期对于估计每股收益的影响程度(从"一点都没影响"到"完全影响")。

量表类型、产品专业知识对两种品牌股票每股收益的影响呈现出与实验1相同的结果。产品专业知识对被试预期的符合程度存在主效应，并且与量表类型存在交互作用。专家型消费者的报告更加积极，可能是由于他们准确判断复杂信息的能力较强。研究者还进一步分析了期望的中介作用，发现了一个有趣的结果：期望的中介作用在新手型消费者对劣势品牌雅虎的每股收益做出估计时起作用，然而在新手型或专家型消费者对优势品牌谷歌的估计中不起作用。

第一个子实验表明新手型消费者在主观量表评价之后比专家型消费者更多地体验到与预期的不一致(偏爱劣势品牌)。此外，那些因产品评论引起更积极感受的消费者声称这种积极感受在主观评价中并未起重要作用，这似乎说明了标准改变效应的无意识特性。为了直接测量这一特性，研究者进行了第二个子实验。

该实验运用了内隐联想测验的方式，以考察被试无意识地偏好一种品牌的程度，假设是被试对优势品牌的自动偏好程度会被文字量表启动的应答所减弱。采用2(品牌：米其林或凡士通)×2(量表：数字或文字)被试间设计，其中已有研究表明米其林品牌的轮胎被认为安全性更高。首先，给被试呈现一页关于两种品牌的新产品的材料，被试阅读后在七点的数字或文字量表上给出安全性能的评分。随后，被试进行内隐联想测验，以评估他们对两种品牌和安全属性的内隐联系。

在评分测量中，数字量表上米其林轮胎被认为比凡士通安全，但在文字量表上两品牌的差别减小。内隐联想测验的结果则表明，被试更容易将米其林而不是凡士通与"安全"联系，但是受文字量表启动的被试反应表明两种品牌的安全性差异降低了。如此，假设三得以证明。由于被试否认他们放宽了对劣势品牌的评价标准，因而内隐联想测验恰好说明标准改变的过程是无意识的。

(四)实验3：两品牌评价中标准改变的不对称性

如上述内隐联想测验结果，在呈现数字量表后，被试更容易将凡士通轮胎与"不安全"联系，但是呈现何种量表对米其林轮胎无影响，也就是说标准改变效应对两个品牌具有不对称性。实验3进一步寻求了不对称性的新证据。

采用2(品牌：宏基或索尼)×2(量表类型：数字或文字)×2(专业知识：低或高)×2(性能水平：低或高)被试间设计，预调查表明索尼品牌的笔记本电脑与更高的期望相联系。同样，先向被试呈现一页宏基或索尼品牌新款笔记本电脑的评论，在页面底部包括产品特性(假设对专家型消费者起作用)和定性描述(假设对新手型消费者起作用)，随后让被试对产品整体及具体属性进行数字或文字评价。在这个实验中，研究者记录了被试在整体评价时的反应时间。和实验1相同，给予被试过度偏好评价品牌的反馈，测量其同意程度。

该实验的结果表明，专家型消费者和新手型消费者对于产品描述的关注点存在差异，前者大多关注属性描述，而后者主要受定性描述的影响。在将品牌描述为高性能水平的情况下，量表类型和产品专业知识引起的评价结果差异与前面的研究结果一致。有趣的是，新手型消费者对于研究者反馈的同意程度在不同量表类型条件下一致，换句话说，他们没有意识到在主观量表条件下的标准改变。在低性能水平的情况下，量表类型使新手型消费者将两种品牌知觉为存在差异，但专家型消费者仍然认为两种品牌是一样的。

实验还发现，不同量表条件下，被试在整体评价时的反应时不一样——无论消费者专业知识以及性能水平如何，其在数字量表上的反应都慢于在文字量表上的反应。这说明处理数字单元更复杂，而新手型消费者认知应答中引起的改变又没有耗费额外的时间，这有力地支持了标准改变效应的自动化特性。

(五)实验4：标准改变效应可以消除吗

前几个实验充分证明，标准改变效应是一个与市场营销者直接相关的特殊认知现象，市场营销者的测量方式选择意义重大。但是，标准改变效应怎样预测和控制呢？实验4试图回答这一问题。

有研究者认为，要抑制无意识的、自动化的改变，可以让消费者在意识层面察觉到自身内隐的认知偏好(Morwitz & Fitzsimons，2004)。实现这一过程的一种途径就是在文字量表中加入条件语句，比如："基于您对X品牌的预先了解和预期，请对该品牌的性能进行评分"，个体对预期的察觉将减少自动改变评价标准的可能，使文字量表与数字量表的评分一致。

实验四采用 2(品牌：索尼或宏基，被试间因素)×2(量表：数字或文字，被试内因素)×2(文字量表类型：直接的或条件的，被试间因素)混合设计。文字量表的直接表述为"你如何评价该索尼新品的性能?"条件表述为"基于你对索尼的预先了解，你如何评价该索尼新品的性能?"实验步骤与之前的几个实验一样。

数据分析表明，在文字评价条件下，当采用直接表述时，索尼和宏基两个品牌没有显著差异，采用条件表述时差异显著，这是由评价之前的表述诱发的品牌预期引起的。由此可见，只要人们能在意识层面觉察到内在的认知偏好，就能有效地消除标准改变效应。

四、综合讨论与评论

以上五个实验证明了品牌评价中标准改变效应的存在，发现了标准改变过程的自动化特征，并验证了品牌期望的中介作用和消费者专业知识的调节作用，最后还得到了消除这一效应的途径。

以贝奈特(1991)发展的"标准改变模型"为基础，迪莫夫特和约翰逊(2009)在消费领域找到了新的证据，进一步丰富了该模型，同时也具有较强的实践意义。

同类品牌的区分是消费营销领域的核心，迪莫夫特和约翰逊(2009)的研究说明消费者普遍地受测量方式的影响，对品牌信息产生无意识的反应，最终影响品牌区分结果。具体来说，消费者使用客观的数字量表能区分两种品牌，在使用主观的文字量表时可能使两个接近的品牌失去区分度。该研究的结果对于营销领域的实践具有较强的指导意义，比如，在广告或推销时运用标准改变效应诱发消费者的无意识改变，或者在必要的时候采取手段消除标准改变效应。

迪莫夫特和约翰逊之后未再进行相关的其他研究，到目前为止，国内外学者也未对该研究结果进行重复验证或改进。数字和文字评价在决定消费者实际行为时哪个更重要？消费者对品牌进行自发的评价时是使用数字还是文字？这些问题还有待解答。

按照已有的结果，似乎可以推测，对两个品牌而言，客观的数字评分会使消费者认为劣势品牌明显比优势品牌差，但实际上两者差别可能并不明显，拒绝劣势品牌类似犯了统计学上的第一类错误。反之，主观的文字评分引起的标准改变可能使消费者选择劣势品牌，而实际上该品牌可能比想象中差很多，导致犯类似统计学上的第二类错误。此外，随着时间的推移和产品专业知识的增长，新手型消费者变成专家型消费者，那么对品牌的认识就不再受制于评价方式。然而，实际情况是否如此需要未来进一步验证。

从另一个角度讲，研究量表类型导致的结果差异具有方法学意义。测量法作为一种重要的研究方法被广泛使用，在使用中选取何种量表才能准确测得心理变量是每个研究者必须思考的问题。数字量表、文字量表及混合量表（数字与文字同时使用）的差异何在？差异是如何产生的？

在实际操作中使用频次最多的是李克特五点或七点量表。以李克特七点量表为例，文字描述采用"非常不喜欢—比较不喜欢—有点不喜欢—中立—有点喜欢—比较喜欢—非常喜欢"，是七个以"中立"为中点的意义相反的形容词。对应的数字赋值采用单侧数值，即从1到7。贝奈特所进行的一系列研究，以及迪莫夫特和约翰逊（2009）的研究多采用这样的方式。很明显，文字描述与数字评分并不严格对应（若是严格对应，数字赋值应从-3到3），那么两种量表类型下的结果差异是否由此引起就不得而知。

要建立数字量表与文字量表严格的对应关系，可以用语义分化量表（semantic differential scale）代替李克特量表。语义分化量表是美国心理学家奥斯古德等人在20世纪50年代发明的一种新的态度测量技术，它以形容词的正、反意义为基础，包含一系列形容词及其反义词。例如，评价某物品好坏程度时，七点的语义差异量表描述为"非常差—很差—有点差—中立—有点好—很好—非常好"，中立点赋值为0并以之为中点往正、反两个方向赋值为-3到3。语义差异量表已广泛运用于态度测量中，研究还发现语义差异量表优于传统的态度量表（Heise，1970）。如果采用语义分化量表后，评价结果差异仍然存在，那么数字和文字量表的差异将获得更有力的支持证据。这也是未来值得研究的方向。

[余小霞 评介]

评介文献

Dimofte，C. V.，& Johansson，J. K.（2009）. Scale-dependent automatic shifts in brand evaluation standards. *Journal of Consumer Psychology*，19(2)，158—170.

参考文献

Biernat，M.，Manis，M.，& Nelson，T. E. (1991). Stereotypes and standards of judgment. *Journal of Personality and Social Psychology*，60(4)，485—499.

Biernat，M.，& Manis，M. (1994). Shifting standards and stereotype-based judgments. *Journal of Personality and Social Psychology*，66(1)，5—20.

Biernat，M.，Tocci，M. J.，& Williams，J. C.（2012）. The language of perform-ance evaluations：Gender-based shifts in content and consistency of judgment. *Social Psy-chological and Personality Science*，3(2)，186—192.

Dimofte，C. V.，& Johansson，J. K.（2009）. Scale-dependent automatic shifts in brand evaluation standards. *Journal of Consumer Psychology*，19(2)，158—170.

Heise，D. R.（1970）. The Semantic Differential and Attitude Research. In G. F. Summers，*Attitude measurement*（pp. 235—253）. Chicago：Rand McNally.

Morwitz，V. G.，& Fitzsimons，G. J.（2004）. The mere measurement effect：Why does measuring intentions change actual behavior? *Journal of Consumer Psychology*，14(2)，64—74.

Wong，K. F. E.，& Kwong，J. Y. Y.（2005）. Comparing two tiny giants or two huge dwarfs? Preference reversal owing to number size framing. *Organizational Behavior and Human Decision Processes*，98(1)，54—65.

16. 商品属性的数量对消费决策的影响

身为消费者的你，在看见"买一送五"或"一份奶粉八层防御"时会不会燃起好奇心想要一探究竟呢？在这些唬人的数字背后，是一字排开的各种商品功能，或是商家额外提供的很多小礼物，它们让你觉得真是赚到了！即便这些小礼物廉价且劣质。事实上，有大量消费者都掉进了商家这个"甜蜜的陷阱"。那么，这些广告到底是如何影响消费者的购买决策的？这些广告中的数字有这么大的影响力吗？奥尔芭(Joseph W. Alba)和马莫尔施泰因(Howard Marmorstein)这两位出色的研究者，用他们的实验将我们引入了消费者知识结构研究中很少被涉足的这一领域——"频数"知识，即商品属性或功能的数量，研究者探讨了它对消费者决策的影响。

一、引言：关注商品属性的"频数"

奥尔芭现为美国佛罗里达大学沃灵顿工商管理学院的教授，然而他本科的专业却是心理学。1976 年从纽约州立大学毕业后，他继续在天普大学攻读实验心理学博士学位，1981 年博士毕业后便开始在佛罗里达大学工作，至今先后担任助理教授、高级讲师、副教授和教授，期间只用六年便拿到了终身教授。他现在担任市场营销系的系主任，并且是多个权威学术协会和期刊委员会的成员。

马莫尔施泰因现为美国迈阿密大学工商管理学院的副教授,他毕业于宾西法尼亚大学的沃顿商学院,1974~1982 年间先后取得了经济学学士学位和工商管理学硕士学位(MBA)。1982 年他转而去佛罗里达大学攻读市场营销学博士,也就是在那里他遇见了刚刚开始担任助理教授的奥尔芭。1989 年马莫尔施泰因博士毕业后,去迈阿密大学任教至今。

奥尔芭   马莫尔施泰因

两人于 1987 年在《消费者研究杂志》发表了这篇名为《频数知识如何影响消费》的文章,这篇文章是他们学术的起点,至今已被多人引用。文章发表后的二十多年内,奥尔芭一直致力于消费心理学的研究,多次参与《应用认知手册》和《消费心理学手册》的编写,逐渐成为美国消费心理学领域内不可撼动的一面旗帜。马莫尔施泰因作为商学院毕业的经济学者,他的研究兴趣则逐渐转向财政政策、商标侵权等经济领域。但因为两人都在佛罗里达州的大学任教,期间仍然有过多次合作,为后人的研究打下了坚实的基础。

这篇文章研究的"频数",和其他的商品信息不太一样。首先,这里所说的频数,指的是商品包含的属性的数量。例如,奶粉是全脂还是脱脂,奶粉有提高人体免疫力的功能,这些都是奶粉的属性,商品说明中提到多少个属性,就是商品的属性数量,与其具体含义或重要性无关。若只提到奶粉的这两种属性,也即频数为 2。

其次,频数信息的获取过程与其他信息有显著的不同。具体来说,获取频数信息只需用很少的努力,有时甚至是无意识的(Hasher & Zacks,1984)。因此,当动机、认知负荷或其他因素阻碍消费者了解产品属性的具体含义时,消费者可以依赖商品的频数做出决策。但这样做的结果是,消费者可能会忽略掉商品的重要信息。

研究频数很有现实意义,因为消费者正在生活中不断地接触到那些使用或滥用频数信息的广告。我们可能会看到这种广告:一个品牌在 X 属性上胜过品牌 A，在 Y 属性上比品牌 B 好，在 Z 属性上又强于 C 品牌。这种广告想要传递的信息是：该品牌在属性竞争中胜过了它所有的竞争者，它是最好的品牌！事实上，它可能是一个糟糕的品牌，而与它相比的每一个品牌，都是比它更糟糕的品牌，它只比这些品牌强一些而已。然而在现实中，这种广告同"买一送五"的广告一样，是非常有煽动力的，能够非常有效地吸引消费者的眼球。现在我们能回答前言里提出的问题了：它们的秘诀就在于频数启发式——当消费者只记住了商品的频数而忽略了商品的其他具体信息时，消费者只能依赖频数做出决策。

这样一种消费者未意识到但对消费者行之有效的营销手段，在 1987 年之前的研究中却很少受到关注，其中一个可能的原因是之前的研究情境会抑制频数启发式的使用，因为情境会影响消费者的动机、理解能力和记忆能力，进而影响消费者所采用的决策规则。例如，若消费者购买时能仔细查看商品的属性，并且有充足的时间进行比较，消费者的决策会更理性，不太易被频数启发式影响。因此，研究者在进行本文中的实验时，为了使消费者更依赖频数进行决策，在模拟真实消费情境的基础上，更加突出了频数信息以压抑其他决策规则的使用。

二、系列实验

(一)实验 1：不同动机水平下频数对决策的影响

本实验中，被试的动机水平通过不同的指导语来操纵，一组被试被告知他们要参加一个选择任务(高动机)，在刺激呈现完毕后，他们必须选择其中一个；另一组被告知他们要评估信息的可理解性(低动机)，并回答刺激呈现后有关信息理解性的问题。两组被试在完成各自的任务后，都会被要求基于自身偏好排列三个品牌并提供理由。研究者假设低动机组的被试会更加依赖频数信息。

除非特别提及，系列实验中所有的被试均为佛罗里达大学选修市场营销课程的本科生。

研究者给被试呈现的刺激为 A、B、C 三个汽车品牌，以及汽车的 3 个"重要"功能(灵活性、耗油量、保修期)和 9 个"不重要"功能(着色玻璃、镀铬饰条等)。三个品牌依次出现，品牌名称出现半秒后开始依次呈现 12 个属性，每个属性之间仅相隔半秒，呈现属性的同时会标明此品牌是否拥有此属性，其中 A 品牌拥有 9 个不重要功能，B 品牌拥有 3 个重要功能，C 品牌拥有随机选出的 3 个不重要的功能。一个品牌及所有属性呈现结束两秒后开始呈现下一个品牌，品牌呈现的顺序已被平衡，但品牌内属性呈现的顺序对于每个被试都一样。

对 55 名被试的测试结果表明：被试对 A 品牌(9 个不重要功能)的偏好胜过 B 品牌(3 个重要功能)，低动机组中有 78% 的被试选择 A 品牌，这些被试中有 81% 声称他们是基于功能的"频数"做出选择的，高动机组中有 52% 的被试选择 A 品牌，但仅有 40% 的被试在选择 A 品牌的理由中提到了频数。那些选择 B 品牌的被试中无人表明他们是依靠频数做出选择的。C 品牌(3 个不重要功能)作为对照品牌，它从未被作为第一选择，这说明被试的选择不是随机的。因而可以看出，频数对被试的决策有很大影响，而且相对于高动机组，低动机组的被试更加依赖频数进行决策，证实了研究者的假设。

(二)实验 2：属性间的差异对频数启发式的影响

在实验 1 中，不同品牌包含的属性数目不同，在属性上只存在着"重要"与"不重要"的区别。若商品的属性总数相同，但属性间的区别不同，频数启发式还会影响到消费者吗？研究者在接下来的三个实验中研究了这个问题。

被试要想象他们最近搬到一个新城市，在选择去哪家超市购物时，商品价格是很重要的因素。对于接着呈现的 A、B、C 三家超市，被试将有 2.5 分钟的时间比较它们的价格然后对三家超市的价格水平进行排序，并估计给定的 60 种商品在每家超市的总价。C 超市中 60% 的商品(36 种)价格比 B 超市低，在这 36 种商品上 C 超市平均每种比 B 超市便宜 8 美分。B 超市在剩下的 24 种商品价格上比 C 超市便宜，平均每种商品便宜 12 美分，因而所给出的这 60 种商品在两个超市里的总价相同。A 超市是最便宜的，它所有的商品价格都比 B、C 超市中最低的价格还要低，因而实验者主要观察的是被试对 B 和 C 超市的排序。在该实验中，"属性"指在这些超市中出售的商品，属性间的差异即商品价差，但是 24 种商品和 36 种商品的价差不同(12 美分和 8 美分)。由于 B、C 超市的总价相同，所以研究者假设偏好 B 和 C 超市的被试各为 50%。

24 个被试均正确识别超市 A 是最便宜的，因而被试选择不是随机的。但是，有 75% 的被试认为 C 超市比 B 超市更便宜，超过了假设的 50%，此外，对商品的总价估计也不相同，C 超市和 B 超市的估价分别为 97.17 美元和 103.07 美元。

所以在该实验中，被试的判断可能是被频数误导了，然而，因为超市

B 和 C 的总价是相同的，消费者并不会因为他们的这种误判蒙受多么巨大的经济损失——但在接下来的两个拓展实验中就不一定了。

拓展实验（1）：B 超市仍然在 24 种商品上比 C 超市便宜，但便宜的幅度从平均每种商品 12 美分达到了 33 美分，因此，在总价上，B 超市比 C 超市更便宜，在 B 超市购物将比 C 超市少花费 5 美元（总价的 5%）。

研究者假设，理性的被试会基于总价上的显著差异做出消费决策，即应当有 100% 的被试会将 B 超市判定为更便宜的超市。然而，实验结果表明，27 名被试中仅有 56% 的被试认为 B 超市更便宜，这个数字与预计的 100% 差距较大。仍然有 44% 的被试认为 C 超市更便宜，其中 83% 声称他们是根据 C 超市比 B 超市便宜的商品数量（36 种）做出判断的。

在实验 2 中，两家超市对给定商品的总价相等，有 75% 的被试却认为 C 超市是更便宜的；而当总价有明显差异时，仍有 44% 的被试认为 C 超市更便宜。难道是因为被试没有仔细观察导致 C 超市的频数优势模糊了两家超市的价格差异？因此，必须再进行一个实验。

拓展实验（2）：将 C 超市比 B 超市便宜的商品数量从 36 种调整到 30 种，即 B 超市比 C 超市便宜的商品数量也是 30 种时，C 超市的频数优势就被消除了。为了保持 B 超市的价格优势，B 超市商品的价格也相应调整，以保持 5% 的总价优势。

参加实验的 25 个被试中，几乎全部的被试都正确辨认出 B 超市比 C 超市更便宜，被试对 B 和 C 超市的商品总估价分别是 100.04 美元 108.00 美元，差距甚至超过了设定的 5 美元。因此，当频数启发式不再可用时，几乎所有被试都辨别出了价格优势，这也证实了研究者先前的猜测：频数优势掩盖了超市之间明显的价格差异。

实验 1 和 2 对以往研究做出了重要扩展。它是在记忆的基础上探讨消费者的决策的，也就是说，刺激呈现之后便消失，在决策时不再出现，这与现实中消费者基于对广告的印象决策的情况十分类似。然而在这类实验情境中，刺激快速呈现，被试可能不太记得品牌的具体信息，因而研究者猜想，消费者会受到频数的暗示，不仅是因为基于频数做决策更省力（Russo & Dosher, 1983），也因为基于记忆决策时，只记起了频数这类数字信息。基于此假设，研究者进行了接下来的两个实验。

（三）实验 3：刺激呈现速率对消费者回忆语义细节和频数信息的影响

实验 3 采用的是 2（呈现速率：2 秒，5 秒）×2（任务：频数，语义）被试间实验设计，被试将看到 A、B 两个品牌的相机，以及两个品牌在 12 种不同功能上的表现，每个品牌及其功能依次呈现，但两个品牌的呈现速率不同。快速呈现条件中，每个功能之间间隔 2 秒，慢速条件中，每个功能之间间隔 5 秒，品牌呈现的顺序已被平衡。刺激呈现完后，所有被试会看到频数任务的指导语，要求被试在看到品牌名称的三秒钟内告诉主试该品牌有多少个功能被评价为"好"，并在 7 点量表上对品牌的整体质量进行评分。然而在指导语呈现完后，只有一部分被试被要求进行频数任务，其余被试则被告知，他们被分在控制组，因此不需要参与频数任务，他们需要在三分钟内尽可能准确地写出他们能回忆起来的功能名称以及每个品牌在这些功能上的表现如何。

　　该实验选取的相机的 12 种功能中，A 品牌在其中 4 种功能上更好，其中 3 个直接与照片或相机的质量相关（照片像素、保修期、曝光精度），B 品牌在其他 8 种功能上更好，然而这 8 种功能要么与便利性相关（例如，易于更换的镜头），要么不太重要（例如相机肩带）。在对功能的评价上，照片像素被评价为"好"或"平均"，相机肩带则以包含或不包含表示，保修期直接以时长表示，例如 1 年或 2 年。

　　共 48 名被试参与了本实验，被试在 2 秒和 5 秒的呈现速率下分别正确回忆起 4.2 和 6.6 个功能，对应功能的评价分别正确回忆起 4.3 和 7.7 个，差异均显著。因此，刺激的呈现速率对语义信息的回忆影响显著。然而，呈现速率对频数任务的实验结果几乎完全没有影响，被试在不同的呈现速率下回忆出的功能数目无显著差异，给两个品牌的评分也几乎相同。从实验结果可以看出，就吸收信息的难易程度而言，频数信息与其他类型的信息不同（Hasher & Zacks，1984），对频数信息的记忆是很难被影响的，但对语义信息的记忆却很容易受到影响，在某些情境中，对具体细节的记忆可能会很差。

（四）实验 4：消费者基于记忆和基于刺激决策时所采用的决策规则

　　该实验沿用实验 3 中呈现速率为 5 秒的情境作为基于记忆决策的实验情境，刺激呈现完后会有一个简短的干扰任务，而在这之后，被试不必参加频数任务或者回忆任务，他们只需在 7 点量表上对两个品牌的质量评分，评分不能相同，并且提供理由。而在基于刺激决策的情境中，A、B 品牌相机的所有功能信息在屏幕左右两栏同时呈现给被试，允许被试基于刺激进行选择，而不是像之前的实验基于记忆做出决策。

　　两种情境中各有 42 名被试参加了实验，在基于记忆决策的情境中，只有 38％的被试选择了 A 品牌（4 种功能更好），在基于刺激的情境中，有

67％的被试选择了 A 品牌，两者差异显著。在基于记忆决策情境下选择 B 品牌的 62％的被试中，有大约一半的人明确提出频数是他们决策的原因；而在基于刺激决策情境下选择 B 品牌（8 种功能更好）的 33％的被试中，只有 21％的被试将频数作为决策的原因。很明显，频数在基于记忆决策的情境中对决策有更大的影响，被试在基于记忆决策时更加依赖于频数，而在基于刺激决策时则更加理性。

实验 4 进一步证明了基于记忆和基于刺激处理信息的潜在差异，表明这两种情境并非是可以随意切换的。若基于刺激决策，被试就能逐一比较每个品牌的不同属性，且不用担心遗忘或被干扰，这种情形中被试做出理性决策的比例明显提高。

（五）实验 5：基于刺激决策时的限制对频数启发式的影响

实验继续选用相机作为实验材料，被试要想象他们购买相机的情境。被试被告知，他们目前拥有的相机是 C 品牌的，相机店中有 A 品牌的相机，他们可以同时看到两种品牌相机的各种功能，然后表示他们更喜欢哪一个。之后简短的干扰任务结束后，被试继续想象在这之前，他们在另一家相机店里看见过 B 品牌的相机，比较过两种品牌相机的各种功能后，同样他们需要在 B 品牌和 C 品牌之间进行选择。在第三阶段中，控制组可同时看见对 A、B 品牌相机的功能说明，然后在两种品牌之间做出选择；实验组只能看见对 B 品牌相机的功能说明，然后在 A、B 品牌之间做出选择并提供理由。研究者又将 A、B 品牌出现的顺序颠倒过来再次做了实验，以避免实验结果被品牌呈现的顺序所影响。

三种品牌的相机都具有 12 种功能，其中 3 种与照片质量有关，其余 9 种功能与便利性有关。被试目前拥有的 C 品牌，作为对照品牌，它在全部功能上的评分都为“一般”；A 品牌作为便利品牌，在 9 种便利性功能上的评分为“好”，而在 3 个与质量有关的功能上的评分与 C 品牌相同；B 品牌作为高质量品牌，在 3 个与质量有关的功能上的评分为“好”，而在 9 个便利性功能上与 C 品牌相同。

60 位被试参加了实验，控制组和实验组中分别有 32 名和 28 名被试。控制组中有 32％的被试选择了 A 品牌，这些被试中有 78％的被试在理由中提到了频数；而实验组中有 69％的被试选择了 A 品牌，这些被试中有 59％的被试将频数作为理由。在控制组中，被试能够充分地比较 A、B 两种品牌，更多的被试选择了 B 品牌，这表明相机质量对被试来说更重要。而实验组中，被试在决策时只能看见 B 品牌的功能说明，对 A 品牌的情况可能都记不清了，选择 A 品牌的被试仍然超过了选择 B 品牌的被试。原因之一可能是在前两阶段，A、B 品牌分别与 C 品牌比较时，由于都比 C 品牌好，因而被试没有记住品牌的具体信息，只记住了明显且好记的频数，因而在比较 A、B 品牌时，B 品牌压倒性的频数优势(9 对 3)对决策产生了显著影响。

(六)实验 6：信息的理解程度对频率启发式的影响

该实验中，被试有充足的时间来阅读和比较自行车的功能并可以基于刺激决策，然而，只有对自行车非常了解的被试才能理解这些信息。研究者将相同的广告呈现给专家和新手，并要求被试对这些自行车的质量在 11 级量表上进行评分和排序，同时提供理由，然后对自己的自行车知识水平和对广告的理解程度进行评分。新手组的被试为佛罗里达大学生中随机抽取的 30 名被试，专家组被试由 10 名自行车店的员工组成。研究者假设新手将根据频数而不是自行车的功能进行决策。

A、B、C 三个品牌的 10 级变速山地车广告同时呈现给被试，A 品牌的广告只描述了 4 种标准配件：打气筒、轮胎铁杆、反射镜和车载水壶；B 品牌的广告除这 4 种配件外，还描述了脚踩刹车等其他 4 种配件；C 广告描述了 B 广告中所有的配件，还描述了 4 个额外的配件。B 和 C 广告中描述的除标准配件外的 8 个配件，都是适合一般自行车或低速山地车的，并不适合变速自行车。

专家组和新手组被试对自身自行车知识水平的平均评分别为 9.0 和 6.5，对广告理解程度的平均评分分别为 10.2 和 7.2，差异均显著。这些差异对决策的影响是惊人的：新手对 A、B、C 三个品牌自行车质量的平均评分分别为 4.4、7.4 和 9.2，逐渐递增；专家的平均评分为 5.8、3.9 和 2.1，逐渐递减，每对差异都有统计学意义上的显著性。被试对品牌的排序结果也是如此，30 名新手被试中有 26 名给出的顺序为 A<B<C，10 名专家有 9 名的排序为 A>B>C。专家被试给出的理由是，随着更多配件的出现，他们有理由去相信这是一个不合格的 10 级变速山地车。然而，超过 80% 的新手被试表明随着广告信息量的增大，他们倾向于给出正面的评价。也就是说，新手在面对不太了解的商品时，即便商品信息随时可用，不用像之前的实验中基于记忆决策，频数仍是消费者决策的一个重要原因。因此，随着商品属性的频数越来越高，即使商品功能是负面的，新手的评分也会越来越高，而专家的评分会越来越低。

三、综合讨论与评论

频数启发式的使用与情境有很大关系。正如引言中提到的，一些实验情境可能会抑制频数启发式的使用，这在现实中也有所体现：消费者有很强的动机，提供的商品信息很充分，备选品牌之间的频数差异比较明显，决策时也没有时间压力，在这种情况下，频数信息就不会对消费者决策有明显的影响。然而，有些消费决策也许是在消费者动机弱、背景知识少、商品信息量大、接触时间短以及对商品属性的细节的记忆差的情况下做出的，在这种比较不利的情况中，频数通常会成为决策的一个主导因素。该实验中，当消费者缺乏动机、时间或理解能力去评价商品属性的重要性时，频数信息就超越了其他更重要的信息而影响决策。

总的来说，这种解释和有用性－有效性假说是一致的（Kisielius & Sternthal，1986），即个体的态度判断由他们何时以及如何加工信息所决定，因而决策时能被回忆起的信息对决策起主导作用。尽管有很多因素会影响对具体事实的记忆，但某些类型的信息可能天生就比其他类型更令人难忘——频数就属于这一类。因此，从传播学的角度来看，频数完全可以作为提高信息说服力的小窍门，作为一种辅助途径来影响消费者的决策。

该研究第一作者奥尔芭一直致力于消费者决策领域内的研究，在该领域内已发表了大量高质量的文章与专著（如 Alba & Hutchinson，1987），先后研究了记忆、时间压力、情境暗示等对消费者的决策、价格认知、品牌认知的影响，并在网络购物蓬勃发展之时，将现实中的消费决策与网络购物决策进行了透彻的对比。

后来的研究者基于该研究又将触角扩展到了多个领域，截至 2012 年 11月，已经有 191 篇已公开发表的研究著作引用了奥尔芭和马莫尔施泰因于 1987 年发表的这篇文章，这些引文或沿用了相同的范式检验了频数启发式在其他情境和其他领域内的可用性，或是在更广阔的范围内做了研究。

例如，有研究者（Sengupta，Goodstein，& Boninger，1997）基于动机水平对频数启发式的影响，研究了当消费者低动机时决策情境如何通过影响消费者对频数的感知来影响消费者的态度；有研究者（Kerstetter & Cho，2004）基于先验知识对消费者信息理解程度的影响，研究了商品属性的频数增加时，消费者对商品信息的信任程度如何变化；此外，由于频数本身可操作的特性，有研究者（Romaniuk，2012）基于此提出了预测品牌市场占有率的数学模型。

此外，该研究还表明有必要对基于记忆的决策投入更多的关注(Lynch & Srull，1982；Muthukrishnan，1995)。目前对它的大部分认识仍是从基于刺激决策的实验中得到的，而基于刺激决策的结果不能直接推广到基于记忆决策的情况中，消费者对不同类型的信息的记忆能力不同，在决策时商品的各方面信息可用性也不同，语义信息会很快消失，而数字信息却很容易被记住，因而，消费者在这种两种情境中采取的决策规则也不同(Bordley，1985)。当然，消费者接触到的信息也不仅仅指语义信息和数字信息，研究者(Chung & Szymansky，1997)还给被试呈现了视觉刺激和听觉刺激，这对消费者的最终决策也有显著影响。

［江歌　评介］

评介文献

Alba，J. W.，& Marmorstein，H. (1987). The effects of frequency knowledge on consumer decision making. *Journal of Consumer Research*，14，14—25.

参考文献

Alba，J. W.，& Hutchinson，J. W.（1987）. Dimensions of consumer expertise. *Journal of Consumer Research*，13，411—454.

Bettman，J. R.，& Park，C. W. (1980). Effects of prior knowledge and experience and phase of the choice process on consumer decision processes：A protocol analysis. *Journal of Consumer Research*，7，234—248.

Biehal，G.，& Chakravarti，D. (1983). Information accessibility as a moderator of consumer choice. *Journal of Consumer Research*，10，1—14.

Hasher，L.，& Zacks，R. T. (1984). Automatic processing of fundamental information：The case of frequency of occurrence. *American Psychologist*，39，1372—1389.

Kisielius，J.，& Sternthal，B. (1986). Examining the vividness controversy：An availability-valence interpretation. *Journal of Consumer Research*，12，418—431.

Lynch，J. G. Jr.，& Srull，T. K. (1982). Memory and attentional factors in consumer choice：Concepts and research methods. *Journal of Consumer Research*，9，18—37.

Petty，R. E.，& Cacioppo，J. T. (1984). The effects of involvement on responses to argument quantity and quality：Central and peripheral routes to persuasion. *Journal of Personality and Social Psychology*，46，69—81.

Russo，J. E.，& Dosher，B. A.（1983）. Strategies for multiattribute binary choice. *Journal of Experimental Psychology*，9，676—696.

Wright，P. L.（1973）. The cognitive processes mediating acceptance of advertising. *Journal of Marketing Research*，10，53—62.

17. 消费者百分比混淆：
降价 50％再提价 50％，价格一样吗？

假设有两种产品 A、B，其中 A 的价格为 10 美元，B 的价格为 15 美元。倘若将产品 A、B 以如下方式进行比较：（1）A 比 B 的价格低 33％；（2）B 比 A 的价格高 50％。那么，对于这两种不同的比较形式，消费者是否会对产品 A、B 之间价格差异的感知有所不同？事实证明，消费者对于这两种情况的认知的确有所不同。但是稍加计算我们便能发现，实际上产品 A 和 B 的价格是一样的。

消费者这种对于百分比差异的直觉偏差，我们可以称之为百分比混淆。美国心理学家克鲁格和瓦尔加斯（Kruger & Vargas，2008）的文章试图说明消费者这种百分比混淆现象，并探讨其中的原因。

一、引子：直觉引起的混淆

许多情况下，人们总是依据自己的直觉来做出某种判断。在消费领域，我们经常可以发现这种现象。购买产品的时候，消费者往往根据直觉对产品进行评价，然后做出是否购买的决定。例如，产品降价或者打折时，消费者常常凭第一感觉决定是否购买产品，而不是进行理性的思考来做出合理的决策。对于这种现象，学者称之为消费者混淆。

近些年来，国内外学者基于认知心理学、消费者行为学等理论基础，对消费者混淆进行了深入的探讨。随着这类问题的不断研究，消费者混淆涉及的领域不断拓宽，促使学者从不同角度对消费者混淆进行考察。克鲁格和瓦尔加斯（2008）从他们的角度出发，深入探讨了消费者百分比混淆这一现象。

本文主要围绕克鲁格和瓦尔加斯 2008 年共同发表在《消费心理学》的文章"消费者的百分比混淆"进行讨论。

克鲁格现为美国纽约大学斯特恩商学院副教授。1993 年在圣克拉大学获得心理学学士学位，1999 年在康奈尔大学获得社会心理学博士学位。2005 年之前，他在伊利诺伊大学香槟分校担任助理教授，2005 年开始在纽约大学斯特恩商学院担任副教授至今。克鲁格教授的研究领域是消费者决策问题，尤其关注过度自信、自我中心以及启发式的研究。

克鲁格　　　　　　　　　　瓦尔加斯

　　瓦尔加斯现为伊利诺伊大学香槟分校副教授。瓦尔加斯在马里兰圣玛利亚学院哲学和心理学专业本科毕业，在俄亥俄州立大学分别获得社会心理学硕士和博士学位。自1998年起，瓦尔加斯一直在伊利诺伊大学分校工作至今。瓦尔加斯的研究主要关注态度测量、刻板印象和偏见以及劝导过程中的信息处理过程。

二、消费者百分比混淆现象

　　20世纪80年代加利福尼亚州发布了一项调查结果，试图为它那饱受诟病的公共教育系统辩驳。尽管在70年代加利福尼亚州的标准测验分数下降了60％，但在那之后分数上升了70％之多，这似乎是一个好消息——情况比以前变好了。但是仔细想想，我们会发现事情并非如此。事实上，分数需要提高远比70％更多（实际上是150％）才能弥补下降的60％。类似的情况在一次针对美国投资者的调查中又体现出来。当问到投资者在2000～2001年美国经济衰退的反应时，他们假设，如果他们亏了33％（大部分投资者是这种情况），他们只需要再获利33％就能弥补他们的损失。然而实际上，他们需要获利50％才能真正弥补他们的损失。

　　研究者认为这种误解是一种很普遍的现象：如果某数A比某数B要大X％，直觉上人们者会感觉B一定比A要小X％。例如，如果某产品的一种品牌A要比它的竞争品牌B价格高50％，直觉上消费者会感觉品牌B比品牌A的价格低50％，而不是33％（就好比当品牌A的价格比B高50美元的时候，品牌B的价格要比A低50美元）。换句话说，似乎消费者忽视了这种百分比之间的差异同整数之间差异的不同。实际上，两数之间的百分比差异的大小会随着比较对象的改变而改变。

　　很多研究发现，带有小数、分数，尤其是百分比的数字表征，要比整数形式的数字表征更为不直观（Mix，Levine，& Huttenlocher，1999；Moss & Case，1999）。是什么原因导致这样的结果？是由于教育方式（Hunting & Sharpley，1988；Parker & Leinhardt，1995），还是进化压力（Cosmides & Tooby，1996）？还是仅仅因为整数形式要比其他的数字表征形式更为简单？尽管准确的原因尚未明确，但是这种"整数优势"（whole number dominance）意味着消费者会把仅适用于整数范围内的数学规则运用到不再适用的地方。又比如说在儿童中一种常见的错误：儿童往往在进行分数加法运算时会直接将分子与分子相加，分母与分母相加（Hoz & Gorodetsky，1989）。因此，研究者认为人们会条件反射地得出如果 A 比 B 多 X%，B 则比 A 少 X%。

这种直觉很有可能会导致大量的消费者行为中系统和间接的偏差。例如，两个可计量的属性以百分比形式进行比较时，消费者可能会觉得以较小的一方为比较对象时（A 比 B 贵 50%）两者之间的差异要比以较大的一方为比较对象时（B 比 A 便宜 33%）的差异大。克鲁格和瓦尔加斯的这项研究就是为了检验这一假定。

他们提出了如下四个研究假设：

假设 1：在百分比形式下的两种价格比较，消费者会感觉以低价格为比较对象的两价格之间的差异要大于以高价格为比较对象的两价格之间的差异；

假设 2：消费者产生偏差的大小取决于所比较的两价格之间的百分比差异的大小；

假设 3：如果某产品的品牌 A、B 分别和品牌 C 进行如下比较：A 的价格比 C 低 X%，而 C 的价格比 B 高 X%，消费者会感觉 A 和 B 价格一样；

假设 4：其他形式的数字特征也存在这样的现象（电脑处理速度等）。

三、五项实验

为了很好地解释消费者百分比混淆现象，克鲁格和瓦尔加斯（2008）设计了五个实验。实验 1 在假想性条件下证明了消费者百分比混淆现象的存在，也就是假设 1，实验 2 又从真实决策的情境下进一步证实了假设 1。在实验 1、2 的基础上，实验 3、4 检验了假设 2、3、4。最后，实验 5 探讨了消费者产生百分比混淆的原因。

（一）实验 1：消费者存在百分比混淆现象吗

实验通过不同的方式对两种价格不同的轻便摩托车（A 和 B）进行描述：

(1)A 被描述成价格比 B 低 33％；(2)B 被描述成价格比 A 高 50％，然后要求被试对这两种轻便摩托车进行比较。研究者预期在后一个条件下的被试相比前一个条件下的被试会感觉到更大的价格差异。此外，研究者还预期相比在前一个条件下，后一个条件下的被试会认为 A 更加便宜、价值更高并且购买 A 的可能性更大。

被试为 103 名大学生，他们要完成一份包含 8 组消费品信息的问卷。每组产品都有图片和一段文字对其进行描述。其中，每组产品都有两种品牌，并且这两种品牌的产品以百分比的形式进行价格比较。在 8 组产品中，一半产品是以两品牌中较便宜的为比较对象，而另外一半则是以两品牌中较昂贵的为比较对象。要求被试从价格、价值、交易以及未来购买的可能性这四个方面对每组产品中的两个品牌进行比较。

在这 8 组产品中，目标产品是轻便摩托车，其在问卷中出现两次：首先问卷开头部分呈现一次，然后在呈现其他 7 组产品后再呈现一次。这两次的重复呈现除了呈现顺序外(平衡顺序效应)，两者之间的差别只有对两种品牌的轻便摩托车价格差异的呈现方式不同。其中，第一种呈现方式是轻便摩托车 A 比 B 要便宜 33％，第二种是轻便摩托车 B 比 A 贵 50％。最后，研究者关心的只有被试在产品轻便摩托车上的评价，而不考虑其他 7 组产品。

结果显示，被试平均报告 A 要比 B 便宜，但是第二种条件下，被试感觉到的 A、B 之间的价格差异要更大。然后，研究者关注被试对于 A、B 两品牌在其他三个方面的比较。同样，相比第一种条件，在第二种条件下，被试感觉到购买 A 或 B 在"是否是一个好的交易"，"未来购买可能性"上的差异要更大。但是，和研究者预期不一致的是，实验操作并没有对被试在"价值"上的感觉产生显著影响。

(二)实验 2：消费者百分比混淆现象的确证

在实验 1 中，被试所有的决策都是假设性的，而且被试的选择并不会产生实际的后果。为了克服这一局限，实验 2 中的被试要做出真实的决策，同时他们的决策会带来一定的现实后果。

38 名大学生参加本次实验，被试要从均含有红球和黄球的两个盒子中选择一个盒子并从中抽取一个球，如果抽取到黄球，被试将得到 100 美元的奖金。实验中，被试被告知盒子 1、2 中分别含有 79 和 119 个球，但并没有告诉被试两个盒子中黄球的数量。此外，只告诉被试盒子 1 中的黄球要比盒子 2 少 33％(条件 1)；或者只告诉被试盒子 2 中的黄球要比盒子 1 多

50%（条件2）。仔细计算一下，我们会发现选择盒子1要比选择盒子2的结果略微好些。最后，他们在实验中要评价自己对于盒子1、2的偏好。

结果显示55%的被试选择了客观上结果较差的盒子2，而且实验结果在两种条件下出现了分离。在第一种条件下绝大多数的被试选择盒子1，而在第二种条件下，绝大多数被试选择盒子2。本实验在一个带有实际后果的非假设性的情境下确证了实验1的结果。

（三）实验3：消费者百分比混淆的另一体现

为了验证假设2、3、4，研究者又开展了实验3。和实验1类似，在此实验中，呈现给被试一份描述14组高科技产品的问卷。不同的是每组产品有三种品牌：主流品牌（leading brand）C和两种竞争品牌（competing brands）A、B，其中品牌C相对于A和B价格要高。问卷中，每组产品都有一张图片和一段简短的文字介绍。而且，每组产品中，只给出品牌C的价格，而品牌A、B的价格没有直接给出，而是通过将A、B同C进行价格比较。实验中，被试和实验1一样，要在价格等四个方面评价自己对于品牌A、B的偏好。

本次实验的被试为182名大学生，实验中向被试呈现品牌A、B同品牌C之间差异的方式不同。首先，和前面实验一致，研究者改变价格比较中的比较对象：品牌A的价格是通过它同品牌C相差多少的形式展现出来（如品牌A的价格比品牌C低33%），而品牌B则是通过品牌C同它相差多少的形式展现出来（如品牌C的价格要比品牌B高50%）。

其次，研究者还操控进行比较的方式：百分数形式和绝对数形式。在百分数形式条件下的被试，所有的差异比较都是以百分比形式展现的（比如：A的价格比C低33%，C的价格比B高50%）；在绝对数形式条件下的被试，所有的差异都是以绝对数值形式展现的（比如，A的价格比C低X美元，C的价格比B高X美元）。

再次，研究者还控制品牌A、B同C之间百分比差异的大小。例如，某组产品中，品牌C的价格是1699美元，而A、B价格是1529美元。因此，通过改变比较对象而带来的百分比差异的改变相对较小（10%/11%）。而在某另一组产品中，品牌C的价格是399美元，而品牌A、B的价格为133美元。此时通过改变比较对象带来的百分比差异的改变就相对较大（33%/50%）。

最后，研究者还控制品牌A、B价格是否相同。在问卷中，14组产品中有一半的产品品牌A、B的价格是相同的，但是描述它们同品牌C之间的百分比差异是不同的(比较对象不同)。14组产品中另外一半的产品品牌A、B价格不相同,但是描述它们同品牌C之间百分比差异是相同的(如A、B、C价格分别为99美元、122美元、176美元,A的价格比C低44%,C的价格比B高44%)。

先看品牌A、B价格相同情况下的结果。在百分比形式的条件下,被试感觉品牌B价格要比品牌A低;但是在绝对数值的条件下,这种情况并不存在。此外,在百分比形式的条件下,被试感觉品牌B在其他三个方面也都要优于品牌A。对于这种现象可能的解释有:首先,两产品进行价格比较时的比较对象不同,可能会影响消费者对产品其他属性的比较(例如,消费者倾向于关注比较对象特有的特征,而忽视参照对象和比较对象所共有的特征),从而导致不同方向的比较效果;其次,可能是因为消费者的损失厌恶,即消费者对于损失和获得的关注的差异可能会影响其对产品的满意度。但是,从结果可以看出,在绝对数值情况下,这种现象都并不存在。因此,这些可能的解释都不成立。

然后,研究者通过对品牌A、B同C之间百分比差异大小不同的条件下的结果分析发现,百分比差异越大,被试感觉到的品牌A和B之间的价格差异越大。再来看品牌A、B价格不同情况下的结果。结果表明,在绝对数值条件下,被试都很明白品牌B实际上要比品牌A价格高。但是,在百分比条件下,被试只有微弱的趋势认为品牌A要比B价格低,但趋势不显著。

(四)实验4:价格属性以外的百分比混淆

实验1和实验3展现的都是被试对产品的两种不同品牌在价格比较上的感知,而实验4是为了将研究结果延伸到产品的非价格属性上去。82名大学生参加本次实验,在实验中,被试要完成一个类似实验3中的问卷。但此次实验中被试并不是比较产品不同品牌之间的价格,而是比较产品其他的可计量的属性(如保修期、电脑处理速度、屏幕尺寸等)。本实验中,每组产品的价格都给出,而且每组产品不同品牌的价格都是相同的。如同实验3,竞争品牌在所比较属性上要优于主流品牌。这也就意味着,本实验中竞争品牌在所比较属性上高于或低于主流品牌取决于所比较属性是积极的(屏幕尺寸)还是消极的(重量)。此外,每种产品的竞争品牌都和主流品牌进行比较。为了平衡顺序效应,在该实验中,一半的被试接受的实验材料是品牌A为比较对象,品牌B为参照对象;另外一半的被试接受的实验材料刚好相反。最后,该实验中研究者同样操控所比较的属性相等或者不等。

首先看所比较的属性相等的条件下的结果，在所比较属性上被试的表现符合假设 1。但是，在价值、交易、未来购买的可能性上的比较，大多数被试并没有显著的差异。研究者认为这可能是因为所比较属性上的差异不如价格那样同产品满意度有着紧密联系。再来看所比较的属性不等条件下的结果，在所呈现的百分比差异相等的条件下，大多数被试并没有感知到品牌 A、B 之间的差异(74%～80%的被试认为两种品牌在所比较的属性上是一样的)。

(五)实验 5：消费者百分比混淆原因的探讨

实验 1～4 的结果都很清楚地证明了消费者存在百分比混淆。那么引起这种混淆的原因究竟是什么？在此，研究者提出两种可能的原因：(1)被试可能没有做出正确回答的动机；(2)被试存在着数学能力上的缺陷。实验 5 主要是检验这两种可能的解释，在该实验中被试要完成在实验 3 的问卷基础上小小改动后的问卷，然后研究者测试被试的数学能力，并操控被试回答问卷的"准确性动机"。

159 名大学生参加此次实验，被试被分成 8 组，通过计算机完成实验。所有的实验材料的呈现和实验变量的操控都是通过计算机实现。同实验 3 一样，计算机向被试呈现每种产品的两竞争品牌 A、B 以及主流品牌 C，其中品牌 C 较品牌 A、B 价格要高，并且品牌 A、B 价格相同。品牌 A、B 同品牌 C 进行价格比较，但是比较对象不同(比如，A 的价格比 C 低 23%，C 的价格比 B 高 30%)。研究者预期被试更偏好于品牌 B，而且研究者关心的是被试的"准确性动机"和数学能力是否影响被试的这种倾向。

研究者通过让被试在实验前读一段有关实验的话来控制被试的"准确性动机"。在高动机条件下的被试会读到"为了鼓励你们回答的准确性，如果你们的回答在所有正确者里面是前 50%，那你们就会获得 10 美元的额外奖励"；而在无动机条件下的被试会读到"根据你所了解的信息，选择你认为是最好的"。此外，为了测量被试的数学能力，完成所有评价后，被试都要求完成 13 个数学问题，这些数学问题和实验中的评价任务类似(比如："100＋50%＝"，"150－33%＝"，"1950－23%＝")。

首先，来看被试的动机对实验结果的影响。实验发现，在高动机条件下的被试平均比无动机条件下的被试完成任务的时间要多。结果还表明，被试均认为品牌 B 要比 A 价格更低，而且品牌 B 在其他三个方面均优于A。那么实验对动机的操控是否影响了消费者的百分比混淆现象？结果显示，高动机条件下的被试这种偏差倾向的确有所下降，但是并未消除。也就是说，被试的"准确性动机"越高，那么其表现出来的偏差就越低。但是动机并不能完全解释这种偏差现象，因为高动机条件下的被试表现出来的这种偏差现象也很显著。

然后，再来看被试的数学能力对这种偏差现象的影响。结果显示，被试的数学能力同这种偏差之间不存在着显著的相关性。即使数学能力很强的被试，其表现出来的这种偏差现象也很显著。也就是说，被试的数学能力并不能解释这种现象。

四、综合讨论与评论

如果 A 比 B 少 33%，那么人们直觉上会感觉 B 就比 A 多 33%。克鲁格和瓦尔加斯的这项研究调查了这种百分比混淆现象以及这种现象对于消费者的影响。在五个实验中，被试感觉到的以百分比形式呈现的两属性之间的差异随着比较对象的改变而改变。相比较大的一方为比较对象，消费者会感觉较小的一方为比较对象时，二者在属性上的差异更大。这样的现象不仅存在于价格属性上，同样也存在于其他可计量的非价格属性上。而且，这种现象足以影响消费者的价值感知以及预期购买决策。此外，这种现象的大小取决于两种产品之间所比较的属性百分比差异的大小。百分比差异越大，这种现象越明显。

如何解释这种偏差？乍一看实验数据，似乎可以简单地解释为是因为人们不能够完全理解相关的数字信息。确实，有很多研究证明了许多数学原理上的这种现象，包括百分比。该研究表明，不能简单地用数学能力解释这种现象。比如说，实验 5 中研究者发现被试的数学能力对于这种偏差几乎没有影响。相反，调节这种偏差的是动机。在实验 5 中，被试的这种偏差会随着准确性动机的增强而下降。

尽管该研究关注的是决策过程，但是这里的结果却有很明显的现实意义。厂家往往通过百分比的形式来将自己的产品同竞争产品进行比较（或者同自己的其他产品进行比较）。消费者在了解到更远的超市的产品质量提高之前，不会选择更远的超市；同样地，汽车厂商在了解新型汽车比旧款汽车要快多少、节能多少之前，也不会进购新型汽车。这也就表明，简单地改变这类比较中的比较对象可以从主观上扩大或者缩小感知上的差异。

但是，我们不得不思考的是，这种现象是否存在边缘条件。当所要比较的对象之间百分比差异到达或者超过一定数（A 比 B 多 100%，B 比 A 少

50%），这种现象可能就会消失。例如，整数优势可能让人们认为当 A 比 B 多 74%，那么 B 则比 A 少 74%。但是，当 A 比 B 多 100% 时，B 不可能比 A 少 100%，因为这样就没有意义。因此，这个方面的问题还有待进一步研究。此外，价格的高低是否会影响这种现象？越高的价格会引起消费者更高的准确性动机，从而这种现象有可能就会消失。因此，同样需要未来更多的研究来检验这个问题。另外，消除这种偏差的方式可能是使它变得显著，这种方式可以通过直接的指令（即告诉被试这种百分比差异并不是对称的）或者间接的指令（比如，提高被试以规则为基础的、分析的、思考的思维方式，而不是直觉的、启发式的思维方式）。

另外，消费者这种百分比混淆是否具有普适性，这有待进一步验证。实验中，被试均为美国大学生。但据我们所知，美国大学生的数学思维同中国大学生的数学思维存在很大的差异。倘若采用中国大学生作为被试，是否会有不一样甚至更有趣的结果呢，这都有待进一步研究进行验证。相信随着这方面研究的不断深入，我们对于消费者百分比混淆的现象会有更加全面的理解。当然，商家也可以根据研究结果，制订更为合理的营销计划，以达到收益的最大化，从而提高自己的竞争力。

值得一提的是，在克鲁格和瓦尔加斯的这项研究之前，关于这方面的研究，学者们似乎只是简单地停留在数字表面，甚至并未明确提出消费者百分比混淆的概念。而克鲁格和瓦尔加斯则深入地研究了消费者百分比混淆现象，并对其原因进行了探究。虽然他们并没有对产生消费者百分比混淆现象的原因给出准确的界定，但是这必定为后续的研究打开了一扇门。而我们对于消费者百分比混淆的理解，也会随着研究的不断推进而不断深入。

［凌喜欢　评介］

评介文献

Kruger, J., & Vargas, P. (2008). Consumer confusion of percent differences. *Journal of Consumer Psychology*, 18(1), 49—61.

参考文献

Cosmides, L., & Tooby, J. (1996). Are humans good intuitive statisticians after all? Rethinking some conclusions from the literature on judgment under uncertainty. *Cognition*, 58, 1—73.

Hoz, R., & Gorodetsky, M. (1989). Cognitive processes in reading and comparing pure and metric decimal rational numbers. *Journal of Structural Learning*, 19, 53—71.

Mix，K. S.，Levine，S. C.，& Huttenlocher，J. (1999). Early fraction calculation ability. *Developmental Psychology*，35，164—174.

Monroe，K. (2003). *Pricing：Making profitable decisions*. New York：McGraw-Hill/Irwin.

Parker，M.，& Leinhardt，G. (1995). Percent；A privileged proportion. *Review of Educational Research*，65，421—481.

18．"0"的价格：免费效应

古往今来，"0"一直是一个特别的事物。它曾为亚里士多德时代的哲人们所恐惧，因为它代表的是与"上帝的无穷"相反的"虚无"。直到 16 世纪，阿拉伯人对数字"0"的传播才让欧洲深信亚氏哲学的基督徒们逐渐接受了"0"的概念。而在近代，"0"这一概念进入了人类哲学的方方面面。在各种不同的领域，"0"总是被人们与其他数字区别对待；而一个正数（哪怕极其微小）向"0"的变化，往往被认为是不连续的。正因为"0"的特殊性，心理学家也对"0"展开了种种研究。费斯廷格和卡尔史密斯（Festinger & Carlsmith，1959）的认知失调理论、卡尼曼和特沃斯基的前景理论（Kahneman & Tversky，1979）等都对"0"在多种领域的特殊影响进行了解释。接下来我们将介绍丹·艾瑞里等人所做的一个经济心理学方面的研究：关于"0"作为一个价格所带来的影响——免费效应。

一、免费效应

假设现在你有机会获得一张亚马逊网站的购物礼券，并且有两种方式供你选择。你可以选择支付 7 美元后获得一张价值 20 美元的礼券，或者不用支付任何金额，免费获得一张价值 10 美元的礼券。根据你的第一反应，你会选择哪一种？

同样，你可以获得一张亚马逊网站的购物礼券，并且有两种方式供你选择。这一回，你可以选择支付 8 美元后获得价值 20 美元的礼券，或者支付 1 美元后获得价值 10 美元的礼券。现在，你又会选择哪一种呢？

在这两种情形下，你的选择是否有所不同？事实上，在这两种情形下，两种不同面额礼券的价格差距并没有改变。相比 10 美元的礼券，20 美元的礼券能为你多节省 3 美元。因此，在两种情形下，理性的消费者都应当选择 20 美元的礼券。但是实验结果表明，所有参与实验的人在第一种情形下选择了 10 美元的礼券，而在第二种情形下，大部分人又回归理性，选择了 20 美元的礼券。

两种情形下礼券的价格仅仅相差 1 美元，为什么人们的选择却产生了如此巨大的变化？这是因为在第一种情形下，价值 10 美元礼券的价格为 0 美元，即免费。人们选择的这一巨大变化正是免费效应的体现。

上面的实验结果就是出自本文将介绍的克里斯蒂娜·莎潘尼尔（Kristina Shampanier）、妮娜·马扎尔（Nina Mazar）和丹·艾瑞里所做的一项经典研究：《作为特殊价格的"零"：免费商品的真正价值》（*Zero as a Special Price：The True Value of Free Products*）。这篇文章于 2007 年发表在《营销科学》（*Marketing Science*）第 26 卷第 6 期上。主要作者丹·艾瑞里在本书第一章中已有介绍，读者可以参见前文的研究 3 关于"锚定效应"的介绍。

二、免费效应的可能成因

莎潘尼尔等人（2007）将关于"0"的心理学研究拓展到了价格上，也就是研究关于"免费"的心理学现象。直觉与大量实证研究都表明，在某种意义上，人们常高估免费商品的价值。例如，人们往往愿意排上几个小时的队，只为了获得一杯星巴克提供的免费咖啡。一杯咖啡的正常价格不过是几美元而已，而人们为此所付出的机会成本却远比这大得多。

也许有读者认为，这只不过是基本经济学原理的体现——当价格降低时，需求就会增加。但是直觉告诉我们，当某商品的价格降至零（也就是免费）时，其带来的效应似乎已经远远超出了经济学原理所能解释的范围。这篇文章的目的正是研究这一直觉的正确性，也就是说，"免费"所带来的经济效应能否由价格的降低来解释，如果不能，那么这一效应的真实原因到底是什么。

因此，为了检验人们是否高估了免费商品的价值，文章首先建立了两个模型来对人们的行为进行预测。一个模型假设人们只是将免费看作一个普通的价格（即没有高估免费商品的价值），另一个模型则假设人们将免费看作一个特殊的价格（即高估免费商品的价值）。随后，文章通过实验对这两个模型的预测结果进行比照，验证了第二个模型的正确性，也就是人们的确高估了免费的价值。接下来，作者对于"免费"所带来的这一效应背后的原因进行了探讨。他们提出了三个可能的解释，分别为：社会规则的影响；价格与效用匹配的困难；情感因素。

（1）社会规则的影响。当面对有价格的商品时，人们往往会应用市场规则来进行选择；而当某商品没有价格时（也就是价格实际上为 0 时），人们往往应用社会规则来进行选择。社会规则的应用可能是导致免费效应的原因之一。

（2）价格与效用匹配的困难。有研究表明，人们往往难以将他们所期望的效用与价格匹配起来。也就是说，他们并不清楚自己愿意支付多少钱来换取某件商品给自己带来的愉悦感。因此，在不知道自己所期望效用的货币成本的情况下，人们更愿意选择免费商品来保证自己效用的"正收益"。这也可能导致免费效应的产生。

（3）情感因素。免费商品没有成本（至少没有货币成本），也不会给人们带来金钱损失，因此，可能对人们产生积极的情感影响。而这种积极情感会影响人们的决定，人们就会更倾向于选择免费商品。

随后，作者进行了多个实验，对这三种原因一一验证，发现情感因素能更好地解释免费带来的效应。最后文章得出的结论是，"0"是一个特殊的价格，人们的确高估了免费商品的价值，而情感因素的影响是这一现象背后可能的原因。

三、研究过程及结果

研究中的实验基本遵循以下流程：让被试面对两种不同价格和不同质量安排的商品组合，如 14 美分的"瑞士莲"（Lindt）巧克力或 1 美分的"好时"（Hershey's）巧克力，13 美分的瑞士莲巧克力或免费的好时巧克力，用以调查被试的选择情况。第一个实验在个体水平上验证这一效应。随后作者提出产生这一效应的原因——积极情感。（1）免费使人们产生更多的积极情感；（2）这种积极情感会影响人们决策。第二个实验验证第一点解释，第三个实验验证第二点解释。最后作者针对可能的质疑进行多个后续实验进一步验证了积极情感解释的正确性。

（一）实验 1："免费"作为特殊价格的验证

研究者首先对上文提到的两个模型进行了结果预测：在第一个模型中，人们只是将免费看作一个普通的价格，那么当低质商品和高质商品的价格同时降低相同的数额时，两种商品（免费和非免费）的销量都会增加；而在第二个模型中，人们将免费看作特殊的价格，那么当两种商品的价格同时降低一样的数额时，低质商品（免费）的销量会上升，而高质商品（非免费）的销量却会下降。

因此，研究者设计实验1来验证免费效应现象的存在（第二个模型），即面对免费商品时，人们会做出非理性的选择。

被试：通过麻省理工学院一个自助餐厅购物结账处的消费者，共232人。

设计：靠近结账处摆有类似于平常促销的纸盒，分为两栏，一栏放着"好时"巧克力，另一栏放着"瑞士莲"巧克力（说明：此处的好时为低质量产品，瑞士莲为高质量产品，见图1）。旁边标注每人只能选择一块巧克力，即消费者要么选择好时，要么选择瑞士莲，要么不选任何巧克力。

图1　两种巧克力示例

过程：前40秒两种巧克力的价格安排为好时1美分，瑞士莲14美分，中间间隔10秒，后40秒价格更改为好时0美分，瑞士莲13美分，如此循环，观察每一位消费者的选择情况。

结果：通过对数据的分析，实验者发现在好时1美分瑞士莲14美分的价格条件下，30%的消费者选择瑞士莲，仅有8%的消费者选择好时；但当每种巧克力价格仅下降1美分后，有31%的消费者选择免费的好时，仅有13%的消费者选择瑞士莲（如图2所示）。事实上，13美分的瑞士莲是最优的选择，但当存在免费的好时（尽管质量不高），大部分消费者选择了后者。

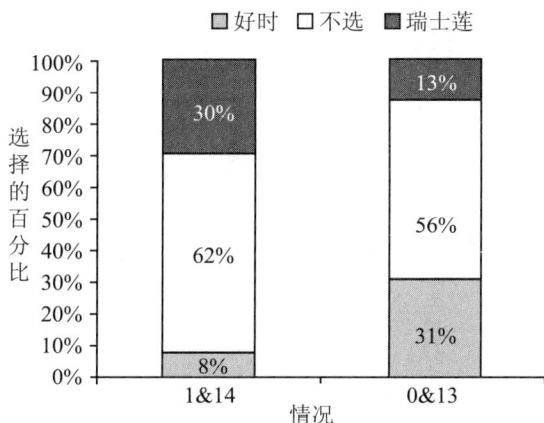

图 2　实验 1 中两种不同情况下消费者选择好时和瑞士莲的比例

（来源：Shampanier，Mazar，& Ariely，2007）

（二）实验 2：免费是否让人产生更多的积极情感

研究者设计实验 2 的主要目的是验证积极情感解释的第一点内容，即面对免费时，人们会有更多积极的情感。

被试：243 名麻省理工的学生，通过校园广告招募。

设计：被试填写一张调查问卷，上面有好时和瑞士莲的细节描述、图片和各自的价格安排，与实验 1 相同，分别是 1 美分的好时、14 美分的瑞士莲、0 美分的好时和 13 美分的瑞士莲。问卷下方有 5 个代表不同愉悦程度（很不高兴、不高兴、一般、高兴、很高兴）的表情。被试要选择一个表情表示他们对于不同价格巧克力的愉悦程度。

结果：免费的好时巧克力带给人的愉悦程度远远大于其他三种。同时，另外三种带来的愉悦值并没有显著差异（如图 3 所示）。

研究者提出免费商品给人积极情感的可能解释：免费商品只有收益，对人们来说是一种简化选择，所以带来的愉悦程度高；任何一个正价商品都同时有收益和成本，是复杂选择，对人们来说是一种痛苦的惩罚。

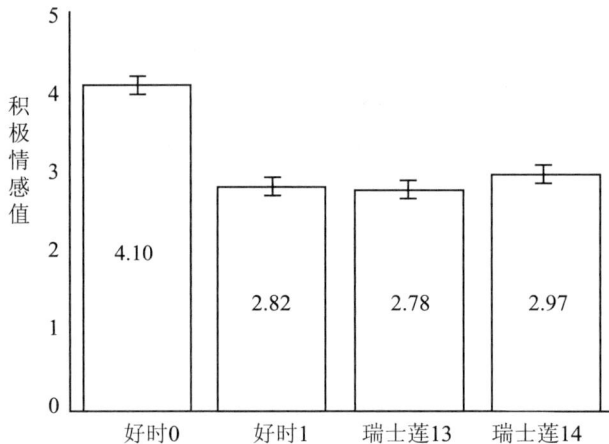

图 3　实验 2 中四种不同情况下的积极情感值

（来源：Shampanier，Mazar，& Ariely，2007）

（三）实验 3：积极情感导致免费效应的验证

研究者设计实验 3 的主要目的是验证积极情感解释的第二点内容，即积极情感会影响人们决策，进而产生免费效应。

被试：通过校园广告招募的 200 名麻省理工的学生。

设计：被试填写一张调查问卷，仍然是之前的巧克力和价格安排。只是有一半的被试在填写问卷前需要回答两个问题：（1）相比于好时，你有多喜欢瑞士莲？（2）相比于 1 美分（0 美分），你有多讨厌付 14 美分（13 美分）？被试从 1～7 中选择一个数字回答以上两个问题，其中 1 代表"一点也不"，4 代表"一样"，7 代表"非常"。研究者认为这两个问题可以迫使被试理性思考，降低免费效应带来的积极情感，作为未控制组的参照。

过程：每位被试有三种选择，即好时、瑞士莲或都不选，填写调查问卷。

结果：未控制组的选择结果与实验 1 结果类似。有控制组中，免费好时和 13 美分瑞士莲组合的选择情况出现明显变化，60% 的被试选择瑞士莲，40% 的被试选择好时，这里免费效应影响仍然存在，但幅度减小（如图 4 所示）。

好时 ☐ 不选 ■ 瑞士莲

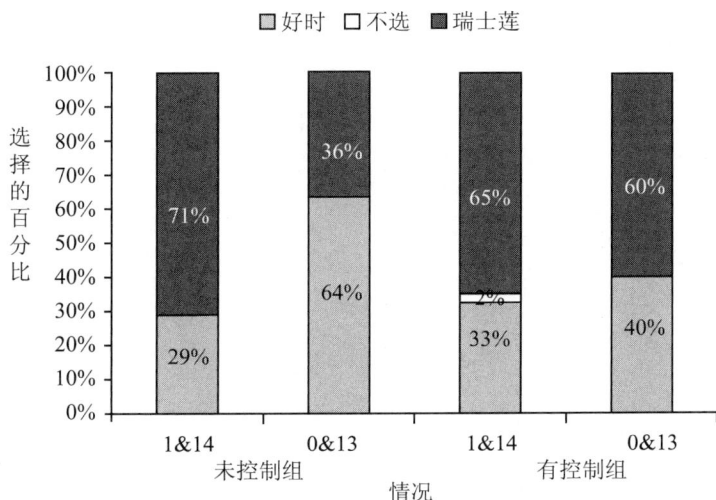

图 4 实验 3 中消费者选择好时和瑞士莲的比例

（来源：Shampanier，Mazar，& Ariely，2007）

（四）后续实验：对质疑的回应

研究者进行后续实验是为了应对四种可能的质疑，进一步验证免费效应积极情感解释的正确性。

质疑 1：实验涉及的是非常便宜的商品和相对不重要的选择，那么免费效应现象是否同样存在于大额商品和相对重要的选择中？

针对质疑 1，研究者进行了与实验 1 类似的实验，只是将商品改为 LCD 平板电视机，17 寸飞利浦（低质）和 32 寸夏普（高质），价格安排分别为 299 美元和 898 美元、199 美元和 798 美元，99 美元和 698 美元，0 美元和 598 美元。实验结果表明免费效应同样适用于大额商品和重要选择中。

质疑 2：实验中巧克力的价格安排比较奇怪，可能影响实验结果。

针对质疑 2，研究者将巧克力的价格换成 10 美分和 25 美分、0 美分和 15 美分进行问卷调查，实验结果仍然支持之前的结论。

质疑 3：存在同样能解释这一现象的解释，即低价、低质联想——人们可能会认为便宜的巧克力质量不好，但对免费的巧克力不会这么认为。

针对质疑 3，研究者设计两个实验，第一个实验在实验 1 的基础上，在商品旁标明产品的质量信息。第二个实验调查被试对于这一促销的看法。第一个实验结果同样支持之前的结论，而在第二个实验中被试反馈说尽管注意到了促销方式很奇怪（奇怪的价格和每人只能一块巧克力的规定），但没有进行价格与质量之间的联想。

质疑 4：存在另一个同样能解释这一现象的说法，即不对称支配效应——存在免费时，免费商品会支配不买东西的人（二者成本一样，但收益不同）；不存在免费时，没有这一效应。

针对质疑 4，研究者在一个问卷调查中规定了被试必须选择一种巧克力，从而排除了不买东西的情况，实验结果说明不对称支配效应不可能解释免费效应现象。

四、研究评价

（一）实验评述

艾瑞里等人的这篇文章通过实验证明了免费效应的存在，即人们会对免费商品产生不理性的偏好。艾瑞里等人的实验同时也反复验证了免费效应的积极情感解释，即免费使人们产生更多的积极情感，这种积极情感会影响人们的决策。这个研究有以下几个特点。

第一，逻辑严谨清晰。研究实验的逻辑关系是，第一个实验证实了免费商品对人们选择的影响。第二个实验在第一个实验的基础上验证积极情感解释内容的第一点，积极情感与免费商品选择的相关性关系。第三个实验进一步验证积极情感与免费商品选择的因果关系，从而证实了积极情感解释的正确性。后续实验针对可能存在的质疑，建立各种实验条件，逐步排除可能影响因素的方法非常严谨地证实了免费效应的稳定性与积极情感解释的正确性。

第二，实验设计巧妙。体现在以下两点：（1）研究者在设置商品价格时故意安排为 13、14 美分的价格，购买成本很小，不会加重被试的负担，有利于实验进行，同时也说明了交易成本（transaction cost）不是免费效应的主要原因。（2）实验 3 中研究者通过两个问题巧妙地迫使被试理性思考，控制了积极情感的产生，使之作为参照与未控制组对比，严谨准确地证实了积极情感与免费商品选择的因果关系。

第三，仍然存在缺陷。研究者尽管在后续实验中验证了免费效应仍然适用于大额商品，但同时提出在这种情况下，有些正价商品也会被人们视为免费商品。研究者在这里并没有研究什么价格下的大额商品会被视为免费。研究者另外也表明，在线上拍卖的情况下，其他一些环境因素也可以解释这一现象。总之，免费效应需要未来进一步的研究。

（二）相关及拓展研究

经济学中存在各种关于"0"的特殊现象。面对有价格的商品时，人们往往会应用市场规则来进行选择；而当某商品没有价格时（也就是价格实际上为 0 时），人们往往应用社会规则来进行选择。例如，艾瑞里等人（2006）曾做了一个实验。当他们以 1 美分一颗的价格向学生出售星光（starburst）糖果时，部分学生会选择购买，平均每人购买 4 颗；而当他们向学生们免费提供同样的糖果时，虽然更多的学生会选择"购买"，但是几乎所有人都只拿了一颗（也就是说，价格降低，需求也随之降低了）。这显然与我们所知的经济学基本原理不符。

心理学家们对"0"在各种领域的特殊性展开了种种研究。费斯汀格和卡尔史密斯的认知失调理论表明，较小的奖励比较大的奖励更能增加人们对某一任务的喜爱程度。后来的心理学家们对此进行了进一步研究，揭示了这样的事实：取消原本的奖励会使人们做某事的动机由内在动机变为外在动机，会改变他们的自我认知，并且影响他们对于自己的能力和控制力的感受。例如，实验发现，对于那些有时不能按时到幼儿园接孩子的父母们，如果引进一种惩罚机制（来督促他们守时），他们反而变得更加拖延（Gneezy & Rustichini，2000）。

而关于"0"的现象最具影响力的心理学研究，莫过于卡尼曼和特沃斯基的前景理论。他们发现，人们在赌博时，常常认为 0% 的可能性与其他的可能性（哪怕极其微小，如 1%）有显著不同。也就是说，人们往往高估后者，但对 0% 这一可能性的认知却是精确的。

（三）研究启示及应用

关于免费效应的研究对于商业企业的管理与经营策略有着丰富的启示意义。

首先，免费效应最直接的影响就是公司应当提高对免费产品价值的认识。也就是说，当公司考虑对某产品进行低价销售促销时，不如直接将价格降至零，也就是免费。此举可能带来的需求增量远比低价策略大得多。这一启示已经有了例证：亚马逊公司当年在向欧洲某些国家引进"免邮费"策略时，误把法国网站的商品邮费设置成了 1 法郎，而不是原来应该设定的免费运送。这一微不足道的价格差别却造成了法国市场与欧洲其他市场销量上的巨大差距。当欧洲其他实行"免邮费"策略的国家市场销量戏剧性上升的同时，法国市场上的销量没有显著变化。这一例子充分说明了当公司试图用某种便宜商品的促销来增加其捆绑的另一商品的销量时，不如将便宜商品免费发放，以获得更好的促销效果。

其次，"免费"效应对食品公司也有一定的启示。食品公司可以选择生产低卡路里（或脂肪、碳水化合物等）的食物和饮品，也可以更进一步，将产品中卡路里的含量降到零。那么，如果根据本文的研究结果进行推广，食品公司生产零卡路里（或脂肪、碳水化合物等）的产品可能会对需求产生更积极的影响。

再次，人们在面对免费商品时，往往只注重这一商品的货币成本，而忽视得到这一商品的机会成本。网上的信息也是如此。获得信息的机会成本可以分为注意力成本(attention cost)和搜索成本(search cost)。注意力成本指的是人们被其他无关信息(如广告)吸引注意力损失的时间等,而搜索成本指的是人们为了找到自己需要的信息而花费的时间等。作者认为,为了增加效益,网站可以免去人们获得需要的信息(如论文、音乐等)的费用,而通过多放置广告、收取广告费来盈利。

最后,作者指出,当多种独立产品被组合起来消费时,免费的效应可能更加复杂,但同时影响也会更大。例如,一辆汽车中包含了非常多独立的零件,此时,可以在主要零件价格保持不变的情况下将另一些较便宜或次要的零件价格设置为免费(如备胎,车内装饰等),来促进汽车的销售。

总的来说,免费效应是人们在面对"0"这一价格时所做出的不理性的选择。对于企业来说,这一效应可以帮助他们制定合适的营销策略,增加收益。而对于消费者来说,这种不理性的选择可能会给他们带来一些损失(如贪图免费赠品而购买原来不需要的商品等)。因此,消费者在面对免费商品时,如果多一些理性的思考与分析,便能了解免费商品的真正价值,从而避免这些损失。

[窦东徽 评介]

评介文献

Shampanier, K., Mazar, N., & Ariely, D. (2007). Zero as a special price: The true value of free products. *Marketing Science*, 26(6), 742—757.

参考文献

Ariely, D., Gneezy, U., & Haruvy, E. (2006). *Social norms and the price of zero*. Working paper, MIT, Boston, MA.

Ariely, D., Loewenstein, G., Prelec, D. (2003). Coherent arbitrariness: Stable demand curves without stable preferences. *The Quarterly Journal of Economics*, 118, 73—105.

Ariely, D., & Prelec, D. (2006). *Arbitrariness in the construction of value: Utility or mapping*. Working paper, MIT.

Festinger, L., & Carlsmith, J. M. (1959). Cognitive consequences of forced compliance. *Journal of Abnormal & Social Psychology*, 58, 203—210.

Gneezy, U., & Rustichini, A. (2000a). A fine is a price. *Journal of Legal Studies*, 29(1), 1—18.

Gneezy, U., & Rustichini, A. (2000b). Pay enough or don't pay at all. *Quarterly Journal of Economics* 15(3), 791—810.

Kahneman, D., & Tversky, A. (1979). Prospect theory: An analysis of decision under risk. *Econometrica*, 47(2), 263—291.

第五章

幸福心理学

XINGFU　XINLIXUE

幸福是相对的:彩票中奖者和事故受害者的比较
怎么花钱更幸福:花给自己还是花给别人?
痛苦事件和幸福事件回溯性评价中的峰终定律
工作还是闲暇让你感觉更棒? 关于心流的研究

19. 幸福是相对的：彩票中奖者和 事故受害者的比较

在日常生活经验中，我们往往认为幸福事件的发生理所当然会使人更幸福，而不幸事件的发生毫无疑问会降低人们的幸福感。事实果真如此吗？在彩票抽奖中有幸获得 100 万美元巨奖的彩民其幸福感一定会高于普通人吗？一定会高于因事故致残的患者吗？布里克曼等人（Brickman，Coates，& Janoff-Bulman，1978）依据适应水平理论（adaptation level theory）采用实证研究的范式对"幸福是相对的"这一命题进行了检验。

一、引子：适应水平理论对幸福的解释

适应水平理论在解释心理和行为现象时提出了两个重要机制：一是对比机制，二是习惯化机制。

所谓对比机制，是针对短时距而言的，认为人们在遭遇突发和重大幸福事件或不幸事件的短时间内，对比机制会对人们的心理感受（包括幸福感和不幸感）产生重要的影响。具体而言，重大幸福事件的发生会导致以往能带来幸福的一些小的事件失去驱动幸福的作用，而重大不幸事件的发生同样会导致以往给自己带来困扰和不幸的小的事件失去对幸福感受的消极影响。对比机制的效果是：中大奖的彩民因中奖给自己带来巨大的幸福，会觉得以往一些小的导致幸福的事件不再有趣和有意义（不足为奇），新快乐的产生导致了旧有快乐的消失，反过来降低了中奖彩民的总体快乐和幸福；因事故致残的患者，虽然事故给自己带来了最大的不幸，但和这一重大不幸比较，以往小的不幸事件便无足轻重，新不幸感的产生导致了旧有不幸感的消失，而以往不引人注意的小的幸福事件却会为他们带来更大的幸福感受，反过来降低了致残患者的总体不幸感。所以，重大的幸福事件或不幸事件的发生，都会在一定程度上改变或重新确定人们判定幸福和不幸的基本标准，而这一标准的改变最终会影响到人们的总体幸福感或总体不幸感。

所谓习惯化机制，是针对长时距而言的，认为随着重大幸福事件或不幸事件发生的时间远去，中大奖后的激动心情或因故致残后的剧烈痛苦和

不幸会逐渐消失。中大奖者会把中奖给自己带来的快乐幸福看得习以为常，这些快乐不再强烈，因而对他们的日常快乐水平不再有很大的影响；因故致残患者也会把事故给自己带来的不幸和痛苦看得习以为常，这些不幸和痛苦也不再强烈，故而对他们的日常不幸和痛苦水平不再有很大的影响。

布里克曼等人的实证研究意在检验适应水平理论两种重要机制的解释力，意在对"幸福是相对的"这一曾经的理论命题（古希腊的斯多葛学派和伊壁鸠鲁学派都曾提出过类似命题）进行深入的实证检验。

菲利普·布里克曼（Philip Brickman，1943—1982）是美国社会心理学家。他在社会心理学领域的突出贡献集中在以下方面：公正、幸福、痛苦、不平等、助人、应对。从 1968 年到 1978 年，他是美国西北大学心理学系的一名教授。1979 年，他加入美国密歇根大学，担任心理学教授，同时兼任该校社会研究所团体动力学中心主任。布里克曼一生发表了 50 余篇文章并出版了一些著作，许多成果非常著名并广为引用。除发表科研成果外，他还积极参加了一些专业学会的工作。他曾服务于美国心理学会第九分会（社会问题的心理学研究分会），同时也是美国心理学会第八分会（人格与社会心理学分会）的执行委员会成员，在里根政府第一任期早期，面对存在的研究基金危机，他在学会发挥了巨大的领导作用。布里克曼于 1982 年去世。

二、实验研究

布里克曼等人的研究由两部分组成。

（一）研究 1

1. 样本选取

事故受害组：从一家康复机构抽取了 11 位截瘫患者和 18 位四肢伤残患者作为被试。另有 5 名被试因不能完成访谈，未被作为有效被试。

彩票中奖组：中奖者是从伊利诺伊州彩票中奖名单的 197 位主要中奖成员中选出来的。被试选取标准是中奖奖金的多少，优先选择中奖奖金多的人。最后，接受访谈的被试为 22 位中奖者，其中，有 7 位中奖金额是 100 万美元，6 位中奖金额是 40 万美元，2 位中奖金额是 20 万美元，4 位中奖金额是 10 万美元，3 位中奖金额是 5 万美元。

对照组：对照组的被试是从与彩票中奖者生活在同一地区的人中选出来的，最终有 28 位被试参与了访谈。

2. 主试安排——访谈员

所有的事故受害组被试均由女大学生进行当面一对一的访谈。彩票中

奖组和对照组的访谈员由 11 支队伍组成，两名大学生组成一队。在这 11
支队伍中，有 3 队由两名男性大学生组成，另有 3 队由一名男性和一名女
性组成，剩余 5 队都由两名女大学生组成。每一支队伍都访谈两位彩票中
奖者和两位对照组中的被试。

有 5 支队伍仅通过电话进行了访谈，剩下的 6 支队伍先尝试进行面对
面的访谈，如果被访谈者选择接受电话访谈则改用电话进行访谈。最终，
共有 4 名对照组的被试和 6 名彩票中奖者被试进行了面对面的访谈，18 名
对照组的被试和 16 名彩票中奖者被试通过电话进行了访谈。

3. 研究过程

当彩票中奖组和对照组的名单确定后，便寄信给所有的实验参与者。
信件解释了该项研究，并说明访谈可能使用电话来进行。这样做的目的是
为了不给那些对调查不感兴趣的人提前拒绝访谈的机会，也是为了使初次
访谈时更容易。寄给彩票中奖者的信和对照组的信不一样，给彩票中奖组
的信告诉他们该研究是关于彩票的，给对照组的信告诉他们研究是关于日
常生活的。为了避免产生不利的比较，给对照组的信没有提及彩票中奖者。
给彩票中奖者的信则提到了对照组，因为这些被访者很在意他们自身的特
殊状态，而且期望通过访谈来讨论。向实验参与者承诺如果他们感兴趣，
可以得到实验结果。

4. 测量方法

所有的被访谈者都被问到他们的年龄、职业、种族、宗教信仰以及教
育水平等个人信息。彩票中奖者和事故受害者还要被问到一些开放性问题。
彩票中奖者首先被问到"自从您中奖后，您的生活方式改变了没有？如果
有，是怎样改变的？"彩票中奖者和事故受害者都会被问到"你是否感觉到所
发生的(好运、厄运)是你应受的？"同样，还被问到"有没有问过自己'为什
么会是我'？如果有，你又是怎么回答的？"被访者还被问到了他们在多大程
度上将好运或厄运的原因归咎于自己。责任按照百分比被划分为四个潜在
的因素：他们自己、其他人、周围环境、机会运气。另外，围绕量表中的
一个问题"你一生中可能将会发生的最好的以及最坏的事"，彩票中奖组被
问到对他们中奖的评估，事故受害组被问到他们对他们遭遇不幸的评估。

对日常生活幸福的测量，被访者要评估他们现在的幸福程度(不是现在
这个时刻，而是人生的这个阶段)。他们还被问到在中奖以前的幸福程度
(对于彩票中奖组)，在事故之前的幸福程度(对于事故受害组)，或者 6 个
月以前的幸福程度(对于对照组)。最后，每一组都要评估他们对未来几年

幸福程度的预期。

对日常生活快乐感的测量，是要求被访者对他们生活中七件事情的每一件的快乐程度进行评价：与一个朋友谈话、看电视、吃早餐、听到一个有意思的笑话、得到别人的称赞、读一本杂志以及买衣服。这最后一个题项是专门访谈彩票中奖组和对照组的，没有问事故受害组。所有的评估采用 0 到 5 的六级评分量表，0 代表"一点也不"快乐，5 代表"非常"快乐。

5. 研究结果

(1)背景特征

三个组别在背景资料方面没有显著差别，除了事故受害组的样本比其他两组样本的年龄要小。事故受害组的平均年龄是 23 岁，彩票中奖组的平均年龄是 44 岁，对照组是 46 岁。

(2)生活变化

尽管彩票中奖组中有 64% 的人列举了他们生活改变的一些例子，但是，只有 23% 的人愿意承认他们的生活方式在总体上来说是改变了。这当中，大部分的改变是积极的，包括经济比以前更有保证、休闲时间增加了、可以轻易退休了、总体上地位也提高了，等等。而且，中奖的一些消极特征总是与积极特征一起被提及。但是，事故受害组所面临的生活改变是残酷而又明显的。这些之前独立的个体现在则发现他们需要躺在床上或轮椅上，处于身体无助状态，终日待在疗养机构中。

总的来说，尽管彩票中奖组对中奖的评价或者事故受害组对事故的评价不像预期的那样极端，但彩票中奖组将彩票中奖评价为很好的积极性事件，事故受害者将他们遭遇的事故评估为非常消极的事件。在量表中，0 代表在一生中可能发生的最坏的事，5 代表可能发生的最好的事，2.5 作为假设的中立点。彩票中奖组平均将中奖评为 3.78，事故受害组平均将事故评为 1.28，两组评价明显不同。特别有趣的一点是，两组评价分居量表的两侧，中奖的积极程度与遭遇事故的消极程度基本类似。

在中奖组和事故受害组中，事件发生的时间远近与实验参与者对幸福或快乐的评价并没有明显的联系。没有发现任何关联的原因可能是，刚遭遇了极端事件的被试或者已经经历了好多年而适应了这些极端事件的被试在我们的实验样本中都不具代表性。我们的样本中只有一名中奖者的中奖时间在一个月内，其他中奖者中没有中奖时间距离访谈一年半以上的。事故受害组遭遇不幸的时间也都在 1 个月到一年之间。

(3)日常快乐和总体幸福感

幸福与快乐的平均估计如表 1 所示。彩票中奖组对七类日常活动的快乐程度的评价低于对照组，这种差别在统计上很显著。事故受害组对日常事件的快乐程度的评价也低于对照组，但这种差别不明显。

在评价他们现在的、中奖以前的(对对照组来说是 6 个月以前的幸福程度)以及他们预期未来几年内的幸福程度时彩票中奖组和对照组并没有显著差别。然而，事故受害组与对照组在对过去幸福程度的评价上显著不同，对于现在幸福程度的评价也显著不同，但是对于将来幸福程度的评价差异不显著。表 1 结果表明事故受害者对过去事件幸福程度的评价高于对照组对过去事件幸福程度的评价，而对现在幸福程度的评价低于对照组。但要注意的是，事故受害组对当前幸福程度的评价仍高于量表中的中值点(2.5)，事故受害组的不幸福程度与预期的似乎不太一致。

表 1　总体幸福感和日常快乐评价结果

条件	总体幸福感			日常快乐
	过去	现在	未来*	
研究 1				
中奖组	3.77	4.00	4.20	3.33
对照组	3.32	3.82	4.14	3.82
事故组	4.41	2.96	4.32	3.48
研究 2				
买过彩票组	3.76	3.81	4.40	3.65
未买彩票组	3.89	4.00	4.58	3.73
彩票事件组	3.52	3.73	4.62	3.69
生活事件组	4.10	4.02	4.29	3.68

注：*研究 1 中，10 名截瘫患者、3 名中奖者和 1 名对照组被试没有回答未来幸福问题；研究 2 中，3 名彩票背景被试和 2 名日常生活背景被试没有回答该问题。

(4)责任归因

彩票中奖组比事故受害组更看重运气对他们结果的影响。彩票中奖组中 71.4% 的被试将原因归因于运气，事故受害者(截瘫患者将之归因于许多不同原因)33.6% 的将原因归于运气。另一方面，大多数的彩票中奖者(13 名)认为，从某种程度上讲他们中奖是理应如此，而事故受害组中只有 2 名受害者认为他们受伤致残是应受的。两者的比例明显不同。

在回答中奖或遭遇事故为何会发生在自己身上时，彩票中奖组被试似乎不如事故受害组被试积极踊跃。可能对于彩票中奖者来说，要么因为他们将中奖看作运气，要么因为中奖本身令人欢喜。半数的彩票中奖者要么没问或没回答"为什么是我"这个问题,而事故受害者没问或没回答这个问题的只有1人。两组间的差异是显著的。

(二)研究 2

1. 研究目的

该研究目的有二,一是验证研究 1 结果是否由之前人们买过或是没买过彩票的差别所引起;二是验证研究 1 结果是否由访谈中有无特别提到关于彩票的内容所引起。

2. 研究取样

从电话通讯录里选出住在彩票中奖者附近的 156 人的名字。69 个人要么因为不能前来,要么拒绝参与访谈,最终有效样本总共 86 人。44 个人被告知了访谈中有彩票的相关信息,42 个人被告知访谈是关于日常生活事件的。

3. 主试(访谈员)安排

所有的实验参与者通过电话进行访谈,每一队访谈员都由一男一女组成。总共有 7 名访谈员,4 位男性,3 位女性。为了抵消访谈者效应,在被告知彩票相关条件的组和被告知访谈内容是日常生活事件的组中,每一队的访谈员都访谈同等数量的实验参与者。有两名被访者的访谈没有录音。录音是在实验参与者允许的情况下进行的,一个访谈员问问题时,另一个访谈员操作录音机并做记录。两位访谈员轮流交换角色。

4. 研究过程

实验参与者被随机地分配到像研究 1 中的被告知实验是关于日常生活事件的对照组或者是被告知实验是关于研究伊利诺伊州彩票中奖者的一组。实际上所有的被访者都要被问到他们对买彩票的参与程度,但是被告知实验内容是关于彩票的那组是首先问的这些问题,而被告知实验内容是关于日常生活的那组是在最后才被问到这个问题。

5. 测量方法

除了几个额外的关于彩票的问题,问题与研究 1 中对照组的问题基本一致。被访者要回答他们是否买彩票,每隔多长时间会买彩票,他们最近一次买彩票是什么时候以及中了多少奖金等问题。

6. 研究结果

(1)背景特征

在总体样本的 86 人中,59 人即 69% 的人以前买过彩票。由于这些人被选中的方式与最初的对照组选人的方式是一致的,这种分类表明,在最初的对照组中，可能大多数的人都买过彩票，因此，在这方面与中奖者可进行比较。购买过彩票与没购买过彩票的人在背景特征方面基本类似。

（2）买过彩票组和没买过彩票组的差异

除了在背景方面相似外，他们在幸福感方面也非常相近，如表1所示，买过彩票组和没买过彩票组在幸福评估方面的差别并不显著，对现在的、过去的、未来的幸福评估均如此。除了存在访谈是否涉及彩票的显著主效应外，购买彩票与否和访谈中涉及彩票与否并没有显著的交互作用。

实验参与者根据他们买彩票的频率（多于或少于一个月）以及他们最近一次购买彩票的时间（六个月之内或六个月之前）进行分组。同样，在幸福程度的评估或者快乐的评估方面并没有显著的主效应或交互作用。

研究2所用的方法与研究1相同，选择实验参与者的方式也一样，许多被试被访谈了两次，但没有发现像研究1所报告的那种差别。这些结果表明，在参加最初的研究中，他们买不买彩票与他们在访谈中对幸福程度的评估没有什么关系。研究中得出的这种结果可能并不是由于对照组中有更多的没买过彩票的人所引起的。

（3）彩票事件组和生活事件组

尽管在访谈中提及彩票事件组和提及日常生活事件组对目前幸福程度的评估或者从日常活动得到的快乐并没有显著差别，但是在对过去以及未来的幸福程度的评估上却有显著差别。在提及访谈是关于日常生活事件的组中，实验参与者对过去幸福程度的评估高于提及在访谈中是关于彩票的那组的实验参与者。与之相反，提及在访谈中是关于彩票的那组的实验参与者对未来幸福程度的评估高于在提及访谈是关于日常生活事件的那组。或许像研究1最初所期望的那样，告诉他们访谈是关于彩票内容的话会导致他们与彩票中奖者进行比较。与中奖者的生活相比，他们过去的生活看起来并不幸福。但是，由于这种比较使得他们有了也可能中奖的想法，因此，他们对未来的预测也更抱有希望。无论如何，这些访谈中所涉及的内容基本上不会改变从研究1中所得到的发现的解释。仅仅将介绍彩票作为访谈内容，对实验参与者对普通快乐的看法不会有什么影响，也不会一直提高或降低实验参与者对幸福的评估程度。因此，购买彩票或是不购买彩票的差别以及在访谈中介绍内容是关于彩票还是关于日常生活事件的差别，不太可能解释研究1中的结果。

三、综合讨论与评论

布里克曼等人的这项实验研究得出以下几点重要结论：（1）与研究假设

一样，彩票中奖者并不比对照组被试更幸福，而且在普通的事情中他感受到的快乐更少。（2）上述结论不是由于之前人们买过或是没买过彩票的差别引起的，也不是由于访谈中是否特别提到关于彩票的内容引起的。（3）截瘫患者也表现出明显的比较效应，但他们对比较机制的运用不是通过比较（与事故给自己带来的巨大不幸）增加目前日常生活中较小事件给自己的幸福快乐，而是通过理想化地描述他们的过去来实现。但是这种比较对于增加他们现在的幸福感并没有什么帮助。

这项研究结果一定程度上证明了"幸福是相对的"这一长期以来就存在的哲学命题，也在一定程度上证明了适应水平理论（对比机制、习惯化机制）的解释力，尤其是有关中奖组和对照组的对比实验结果。

关于"幸福是相对的"的观点事实上也已经存在许多支持性论据，如有证据表明，比较富的地方的居民并不比比较穷的城市、地区或国家的居民更幸福。还有研究表明，盲人、弱智人以及畸形人的幸福程度并不比其他人低（Cameron，1972；Cameron，Titus，Kostin，& Kostin，1973）。还有一个事实是"美国人在 1970 年的平均幸福程度与 20 世纪 40 年代的幸福程度差异不大，尽管平均收入在扣掉了税收和通货膨胀的因素后购买力增加了 60%"（Easterlin，1973）。还有研究发现，在对两个独立国家的调查中，性别、种族、年龄收入、教育水平、家庭生命周期以及其他的人口分类变量对人们总体幸福感的差别并没有什么解释力（Andrews & Withey，1976）。这是因为，尽管地位高的人通常会感觉更好（不是所有），但他们也像地位较低的人一样经常焦虑，而且也像地位低的人一样希望生活有很多改变。

布里克曼等人的研究是幸福感研究领域较早的一项实验研究（1978），有别于该研究领域常用的问卷、量表调查、档案数据分析等方法，对幸福领域的实验研究取向起到了重要的促进作用。有学者（Diener & Biswas-Diener，2002）在一篇《金钱能增加人们的主观幸福感吗？一篇相关领域研究的综述和研究指南》的文章中，就将布里克曼等人的这项研究作为采用实验法和准实验法研究金钱和幸福关系的重要文献来推荐和介绍。事实上，该项研究的影响力不仅体现在对后续学术研究的影响上（在微软的学术搜索上，该文被引证近 600 余次），还体现在对人们日常生活实践的重大影响，他们的研究结论被许多报纸杂志、网络媒体广为传播，引发了人们对金钱与幸福关系的热烈讨论。

该项研究也存在作者已经意识到的一些明显不足，比如，对习惯化机制的考察只收集了一个单一时间点的数据，而没有获得多个时间点的连续数据，数据收集的局限性为从习惯化视角解释被试的幸福感变化带来了困难，也会产生一些质疑。另外，虽然研究结果验证了适应水平理论对彩票中奖者的幸福感变化具有一定的预测和解释力，但无疑也存在一些替代性的解释框架，如彩票中奖对中奖者而言可能是一个祸福兼具的事件（不好的一面如可能引起社会关系紧张），这影响到他们自己对获奖后幸福感的评价。

[辛志勇，高会建　评介]

评介文献

Brickman，P.，Coates，D.，& Bulman，R. J. (1978). Lottery winners and accident victims: Is happiness relative? *Journal of Personality and Social Psychology*，36，917—927.

参考文献

Andrews，F. M.，& Withey，S. B. (1976). *Social indicators of well-being*. New York: Plenum Press.

Boven，L. V.，& Gilovich，T. (2003). To do or to have? That is the question. *Journal of Personality and Social Psychology*，85，1193—1202.

Cameron，P. (1972). Stereotypes about generational fun and happiness vs. self-appraised fun and happiness. *The Gerontologist*，12(2)，120—123.

Cameron，P.，Titus，D. G.，Kostin，J.，& Kostin，M. (1973). The life satisfaction of nonnormal persons. *Journal of Counseling and Clinical Psychology*，41，207—214.

Diener，E. & Biswas-Diener，R. (2002). Will money increase subjective well-being? A literature review and guide to needed research. *Social Indicators Research*，57(2)，119—169.

Easterlin，R. (1973). Does money buy happiness? *The Public Interest*，30(Winter)，3—10.

Gardner，J.，& Oswald，A. J. (2006). Money and mental wellbeing: A longitudinal study of medium-sized lottery wins. *Journal of Health Economics*，26，1—13.

Lucas，R. E.，Clark，A. E.，Georgellis，Y.，& Diener，E. (2003). Reexamining adaptation and the set point model of happiness: Reactions to changes in marital status. *Journal of Personality and Social Psychology*，84，527—539.

20. 怎么花钱更幸福：花给自己还是花给别人？

　　赢得金钱财富及拥有金钱财富的数量可能与人们的幸福感有关，但如何花销或支配自己的金钱财富与人们的幸福感会有关系吗？花钱给自己（personal spending-spending money on oneself）与花钱给别人（prosocial spending-spending money on other people）会对人们的幸福感造成不同影响吗？

一、金钱财富和幸福感之间的复杂关系

　　在经济心理学、积极心理学（幸福心理学），甚至是经济学、社会学、社会心理学等研究领域，已经有了大量有关金钱财富和幸福感之间关系的研究。经济学家一般认为，随着个体财富的增加其幸福感提高的可能性也会增大，原因是个体拥有财富增长的同时，其在生活实践中的自由选择范围和可能性也扩大了。但心理学的研究表明，财富数量和人们的幸福感之间并非简单的线性关系，事实上要复杂得多。有研究（Johnson & Krueger，2006）表明，在一些国家，财富和幸福感之间的相关仅是一个中等相关。进一步的研究表明，在人均收入较低的情况下，个体财富数量的增加会导致幸福感的较大增加，但当财富数量增加到一定水平时（人们的基本需要获得满足），人们的幸福感并不会再随财富数量的增长而出现预期的显著增加（Frey & Stutzer，2000）。例如，美国国民的幸福水平并没有随着美国过去GDP多年来的增加而有显著的增长。

　　关于人们的财富数量在达到一定程度后，幸福水平不进一步随财富增加而显著增加的原因，许多学者提出了自己的解释。如卡尼曼等人（Kahneman & Tverskey，2002）的前景理论就认为，个体的幸福感水平与其选择的参照点有关，换言之，个体对财富的体验并不依赖于财富的绝对数量，而依赖于绝对数量和其所选定参照点之间的差异。但现实的情况是，在人们金钱财富增加的同时其欲望也在随之增加，参照点也在不断发生变化。比如，原来认为只要有饭吃有房住就很幸福了，但随着金钱财富的增加人们的幸福标准又会出现新的修正，新的欲望又会产生。另外，个体主观幸

福感的大小还会受到社会比较的影响，决定幸福感的不是绝对的消费水平而是相对于他人的消费地位（唐宁玉等，2011）。换言之，人们的幸福感不是来自"我能消费得起什么东西"，而更为关注的可能是"我能消费得起哪些别人消费不起的东西"。

事实上，有关金钱财富和幸福感之间的关系，未必总是要囿于对金钱财富拥有数量和人们幸福感之间关系的探讨及其解释。赢得金钱财富、拥有金钱财富固然和人们的幸福感有关，但这可能并不是人们的终极目标，探讨金钱财富的消费特点与幸福感之间的关系可能更具有直接性和现实意义。伊丽莎白·邓恩等人（Dunn, Aknin, & Norton, 2008）就独辟蹊径，对与此相关的问题进行了专门研究。他们主要研究的问题是：金钱财富的花销方式是否会和获得金钱财富一样影响人们的幸福感呢？花钱给自己与花钱给别人对人们幸福感的影响是否会有所不同呢？邓恩等人（Dunn, Aknin, & Norton, 2008）进行了一系列研究，并在《科学》杂志上以《花钱给别人能促进幸福》为题发表了文章。下面将介绍他们的这项研究。

伊丽莎白·邓恩（Elizabeth W. Dunn），是加拿大英属哥伦比亚大学心理学系社会认知和情绪实验室的研究人员。1999年邓恩以优异的成绩在哈佛大学心理系获学士学位，2002年在美国弗吉尼亚大学获心理学硕士学位，2004年5月在美国弗吉尼亚大学获心理学博士学位。2004年7月至2005年6月，她在新南威尔士州立大学从事博士后研究工作，2005年7月至今在英属哥伦比亚大学担任副教授。

邓恩

诺顿

迈克尔·诺顿（Michael I. Norton），是美国哈佛大学商学院工商管理专业市场营销学副教授。他在威廉姆斯学院获得心理学学士学位，在普林斯顿大学获得心理学博士学位，还是麻省理工学院媒体实验室和斯隆管理学院研究员。其研究成果曾先后被《经济学家》《金融时报》《华尔街日报》《华盛顿邮报》等重要媒体报道。

劳拉·阿克南(Lara B. Aknin),是加拿大英属哥伦比亚大学心理学系的博士研究生,研究方向为幸福的追求和实现,其导师为伊丽莎白·邓恩。

二、系列研究

(一)相关研究

1. 研究目的

探讨花钱方式与人们幸福感之间的相关关系。

2. 研究方法

采用调查法,随机抽取632名有代表性的美国人样本(55%为女性),要求评价并报告他们的总体幸福和他们的年收入,并报告他们在有代表性的一个月内,以下四项花销的情况:(1)还账单和日常花销费用;(2)为他们自己买礼物的开销费用;(3)为别人买礼物的开销费用;(4)向慈善机构捐赠的费用。

3. 研究结果

一个月中前两项花销被整合形成一个个人消费指标($M = \$1713.91$, $SD = 1895.65$),后两项花销也被整合形成一个亲社会消费指标($M = \$145.96$, $SD = 306.06$)。将两项指标同时放入回归方程来预测总体幸福感,结果显示:个人消费与幸福感不相关(标准回归系数 $\beta = 0.02$),但较高的亲社会消费与较高的幸福感紧密相关($\beta = 0.11$, $p < 0.01$)。当研究者也将被试的年收入放入回归方程,研究发现年收入的主效应($\beta = 0.11$, $p < 0.01$)和亲社会消费的主效应($\beta = 0.10$, $p < 0.03$)是彼此独立的并具有同样的重要性,但是个人消费仍然与幸福不相关($\beta = -0.04$)。这项研究提供了有关消费方式和幸福感之间关系的初步证据:人们怎样花他们的钱对他们幸福感的重要性,也许和他们挣多少钱对其幸福感的重要性一样大。进一步讲,就提高幸福感而言,花钱给别人也许是比花钱给自己更有效的一条路径。

(二)追踪研究

1. 研究目的

如果对上述相关研究的结果解释是正确的,以下假设也应该成立:得到一份意外之财的人,当得到意外之财后将其花给别人会比花给自己体验到更大的幸福感(控制了人们得到意外之财之前的幸福感强度)。

2. 研究方法

为了检验这一假设,研究者对16名雇员在从公司获得奖金前后的幸福感状况进行了比较研究。在获得这份奖金之前的一个月雇员们的平均工资为 4918.64 美元（$SD=1816.98$），首先要求雇员们报告了他们的总体幸福感状况以及他们的年收入。在获得奖金的 6～8 周后，又让被试报告了他们的总体幸福感，而且还报告了他们将那份奖金花销在以下方面的百分比：（1）还账单和日常花销费用；（2）租金费用和抵押贷款利息；（3）为他们自己买一些东西所花费用；（4）为别人买一些东西所花费用；（5）捐赠给慈善机构的费用；（6）其他花费。前三项花费被整合形成一个个人消费指标（$M=\$63.44$，$SD=38.20$），第四项和第五项被整合形成一个亲社会消费指标（$M=\$12.19$，$SD=18.35$）。

3. 研究结果

将获得奖金之前的幸福感指标和两项消费指标（个人消费和亲社会消费）放入回归方程预测获得奖金之后的幸福感，结果显示，亲社会消费指标是预测获得奖金后雇员幸福感的唯一显著的预测变量（$\beta=0.81$，$p<0.02$）。如果把收入也作为一个附加的预测变量放入回归方程（$\beta=-0.03$，作用不显著），亲社会消费的主效应仍然显著（$\beta=0.96$，$p<0.02$）。同样，当控制了奖金总量（$\beta=0.00$，作用不显著），亲社会消费的主效应仍然是显著的（$\beta=0.81$，$p<0.03$）。因此，这一研究结果表明：当雇员获得奖金后，在亲社会方面花费奖金越多其体验到的幸福感就越强。换言之，就幸福感的预测来讲，雇员们花费奖金的方式是一个比他们获得奖金多少更重要的预测指标。

（三）实验研究

1. 研究目的

在相关研究和追踪研究已获得支持性证据的基础上，采用实验方法检验亲社会消费与幸福感之间的因果关系。

2. 研究方法和步骤

在一天早晨，要求被试（$N=46$）对他们的幸福感状况进行了评定，然后每位被试都拿到了一个装有 5 美元或 20 美元的信封，他们被要求在当天下午 5 点之前将各自信封里的钱花出去。一些被试被随机分配到个人消费组，这一组的被试被要求将钱花在为自己付账单、给自己付日用品花费或者为他们自己买一件礼物等方面。而另一些被试被随机分配到亲社会消费组，这一组的被试被要求将钱花在为别人买一件礼物或者进行慈善捐赠等方面。当天下午 5 点之后，所有被试都将被电话访问，并重新报告他们的幸福感状况。

3. 研究结果

研究者将获得意外之财之后的幸福感作为因变量，做了一个 2（意外之财大小：5 美元和 20 美元）×2（消费方向：个人消费和亲社会消费）的被试间协方差分析，获得意外之财之前的幸福感作为协变量。统计分析结果显示，消费方向的主效应显著（$F_{1,41}=4.39$，$p<0.04$，$\eta^2=0.10$），亲社会消费组（$M=0.18$，$SD=0.62$）被试在获得意外之财后的幸福感明显高于个人消费组（$M=-0.19$，$SD=0.66$）获得意外之财后的幸福感。意外之财多少的主效应接近但并不显著，意外之财多少和花费方向的交互作用也接近但不显著。这一实验结果直接支持了研究者的因果判断：花钱给别人对幸福感的提高远高于花钱给自己对幸福感的提高。

三、综合讨论与评论

综上，邓恩等人通过一项横向研究（一项全国性有代表性样本的调查）、一项纵向追踪研究（一项有关意外收入如何花费的现场研究）和一项实验研究证明：花钱给别人比花钱给自己会让人们体验到更多的幸福感，怎样花钱对人们幸福感的影响至少和挣多少钱对幸福感的影响一样重要。

这项研究的重要意义在于：将传统研究中聚焦于收入本身对幸福感影响的观点，转向了探讨收入消费方式和消费方式选择对幸福感影响的检验，研究内容具有创新性。所得研究结论，无论是对个体自身幸福还是对社会和谐健康都具有重要的启示意义。

事实也确实如此，现实生活中许多人在清醒状态下似乎都是在想着如何多挣钱，认为只要有了钱就可以买更好的手机、更好的电脑、更好的房子、更好的车子，自己的生活质量就会更上一层楼，自己的幸福感也会随之大大提高。但这种想法是否高估了金钱收入与幸福感之间的关系呢？

诺顿和邓恩（2010）曾为此在美国进行了一项调查，他们请 315 名美国人按满分 100 分给自己的快乐程度打分，并进一步预测自己在 5000 美元到 100 万美元十档不同的收入下的快乐程度。结果显示，自称年薪 2.5 万美元的人预言如果自己能赚到 5.5 万美元，他们的快乐程度肯定会增加一倍。但实际情况是，研究者在比较预言收入 5.5 万美元组和已实际收入 5.5 万美元组两组人的实际快乐程度时，却发现差别很小，只有 7%。此外，他们在研究中获得的资料还显示，人们一旦达到美国的中等收入水平（约 6 万美元），额外收入带给人的快乐附加回报就非常小了。

研究者对一些发展中国家近几十年来的经济发展与国民的幸福感之间

的关系也感到困惑：随着经济高速发展，一些发展中国家的国民真实收入也出现了显著的增加，但观察研究发现，人们的幸福感水平却并无显著的提高，即表现出了跨时间的相对稳定性。这一现象在邓恩等研究者看来是违反直觉的，他们给出的可能解释是：人们经常把他们增长的财富，投入到了那些仅能够为维持并增强幸福感贡献很小的追求中，例如，人们用增长的财富来购买价格高昂的消费品。购买、积累越来越多价格高昂的消费品就能够给自己带来幸福快乐吗？试想一位买了三套房子、有15间客房却发现没有任何朋友或亲人可招待的富人，他能幸福吗？购物是美国人长期喜爱的社交方式，但因为有了电脑、有了网络，现在连这种社交方式也不需要了，只要一点鼠标，他就可以将16间卧室都塞满各种商品而无须出门，你认为他这样会幸福吗？

所以，问题的症结在于人们将增加了的收入用在了对幸福感贡献很小的消费方式上（如购买昂贵的各种消费品），忽视了消费行为类型与幸福感之间的紧密关系。对金钱财富越看重越有可能驱使人们远离亲社会行为（拿金钱来帮助熟人、捐赠给慈善机构或者花时间来关心别人），越有可能影响到人们积极的社会交往，这可能是导致人们金钱财富增加而幸福感无法相应增加的重要原因之一。事实上，人们完全可以改变或尝试一种新的消费行为，利用自己增加了的金钱财富去做一些亲社会的消费行为，这样的消费行为对人们的幸福感助益可能更大。邓恩等的研究确实证明：花钱给别人比花钱给自己会让人们体验到更多的幸福感。

他们的研究结果也可从其他研究中获得支持性的论据。如有学者（Lyubomirsky，Sheldon，& Schkade，2005）就认为，将传统研究中通常关注的一些影响幸福感的焦点环境因素如收入、性别、宗教归属等，作为幸福感的预测变量可能是不恰当的，因为人们很容易适应他们生活于其中的稳定环境。环境因素是一个长期发挥作用但作用有限的影响幸福感水平的指标。因此，与环境因素相比，人们更应关注自身生活实践中有意识的活动和行为，对活动积极的参与和选择恰当的行为可能才是使幸福感持续提高的更有前景和更有希望的途径和方法。研究（Clark，Greenberg，Hill，Lemay，Clark-Polner，& Roosth，2011）表明，人们增加财富积累或看重财富拥有主要是为了增加自身的安全感，而提高人们的人际支持系统或提高人们的人际交往安全感则可以降低人们对财富拥有的积极评价。另有研究（Aaker & Akutsu，2009）表明，花钱给别人会更幸福背后的本质问题，可能与人的自我同一性有关。因为人总是要不断思考和回答"我是一个什么样的人"以及"我的存在有什么意义"等问题。

这一研究结果还得到了他们自己研究团队一些后续研究的支持。进一步研究（Aknin，Dunn，& Norton，2012）证明，亲社会消费与个体幸福感之间是一种互相促进的关系：亲社会消费增加了人们的幸福感，而幸福感的增加反过来又会促使人们做出更多的亲社会消费行为。另一项研究（Aknin，Sandstrom，Dunn，Norton，& Perc，2011）结果表明，虽然花钱给谁确实会影响到人们的幸福感，但花钱给别人会比花钱给自己体验到更多的幸福感。研究者还进一步探讨了花钱给别人也有不同的情况，如花钱给与自己有强社会关系的人（朋友和家人）或是花钱给与自己有弱社会关系的人（接触频率较低、无太多的情感依恋、有限的亲密感等），人们的幸福感可能又会有所不同。

当然，该项研究经常容易遇到的一个问题是：花钱给别人比花钱给自己会让人体验到更多的幸福，似乎与多数人的实践经验和直觉存在冲突和矛盾。日常生活实践中，许多人往往只会花自己收入的很小一部分去实现亲社会目标。关于这一点，邓恩等人也进行了探讨。如在前述研究者的全国性调查（632 名被试）中，被试报告他们每月花在自身消费需要方面的钱是花在亲社会消费方面钱的 10 倍还要多。另外，他们曾将最后一项实验中的四项实验条件情况告诉同一所大学另外一组学生，并要求他们选择能够给他们带来最大幸福感的实验条件。研究结果显示：多数被试显然都过分看重了金钱对于幸福感的影响。他们发现，大多数观点认为个人花费将会比亲社会消费使他们更幸福，而且，20 美元意外财富将会使他们获得比 5 美元意外财富更多的幸福。

花钱给自己当然无可厚非，但如果给别人花费较少的钱（如研究者实验中的 5 美元）就能给自己带来意料之外的幸福体验，这种花费还是非常值得的。但现实生活中，人们往往凭直觉和经验低估了亲社会行为的益处。为此，研究者建议：社会应制定相关政策来鼓励亲社会消费，鼓励人们将收入（起码一小部分收入）花在别人身上而不是自己身上，这对使一个正在追求增加国民财富的社会向一个追求增加国民幸福的社会转变是有益处的。

［辛志勇　评介］

评介文献

Dunn，E. W.，Aknin，L. B.，& Norton，M. I. (2008). Spending money on others promotes happiness. *Science*，319，1687—1688.

参考文献

唐宁玉等(2011). 幸福感研究新近成果和进展. 中国科学技术协会(编), 心理学学科发展报告: 2010—2011(pp. 97—120). 北京: 中国科学技术出版社.

Aaker, J. L., & Akutsu, S. (2009). Why do people give? The role of identity in giving. *Journal of Consumer Psychology*, 19, 267—270.

Aknin, L. B., Dunn, E. W., & Norton, M. I. (2012). Happiness runs in a circular motion: Evidence for a positive feedback loop between prosocial spending and happiness. *Journal of Happiness Studies*, 13, 347—355.

Aknin, L. B., Sandstrom, G. M., Dunn, E. W., Norton, M. I. & Perc, M. (2011). It's the recipient that counts: Spending money on strong social ties leads to greater happiness than spending on weak social ties. *Plos One*, 6, 120—125.

Clark, M. S., Greenberg, A., Hill, E., Lemay, E. P., Clark-Polner, E., & Roosth, D. (2011). Heightened interpersonal security diminishes the monetary value of possessions. *Journal of Experimental Social Psychology*, 47, 359—364.

Frey, B. S., & Stutzer, A. (2000). What can economists learn from happiness research? *Journal of Economic Literature*, 40, 402—435.

Johnson, W., & Krueger, R. F. (2006). How money buys happiness: Genetic and environmental processes linking finances and life satisfaction. *Journal of Personality and Social Psychology*, 90, 680—691.

Lyubomirsky, S., Sheldon, K. M., & Schkade, D. (2005). Pursuing happiness: The architecture of sustainable change. *Review of General Psychology*, 9, 111—131.

21. 痛苦事件和幸福事件回溯性评价中的峰终定律

峰终定律(the peak-end rule)是一种启发式策略,是指人们在对过去的情感性经历(affective episodes)进行回溯性评价(retrospective evaluation)时,几乎大多依靠这一经历过程在高峰时期(the worst moments 或 the best moments,即幸福的事件或是不幸的事件)和结束时期(the final moments)的相关信息。当我们这样做的时候,事实上忽略了几乎所有其他信息,包括幸福经历或不幸经历的完整性信息以及事件持续有多久。

一、引子:回溯性评价中的峰终定律

生活中总要经历各种各样的掺杂情绪情感的事件,有幸福的事件,也有痛苦的、不幸的事件。当人们对所经历事件进行回顾和评价时，能否做到客观和准确呢？评价时对所经历事件中的相关信息的利用是一视同仁还是区别对待呢？总之，一句话，人们在进行回溯性评价这一认知过程中有什么特点和规律呢？

卡尼曼等人（Kahneman，Fredrickson，Schreiber，& Redelmerer，1993）对这一问题进行了开创性的研究，并取得了卓有成效的研究成果，峰终定律的提出就是解释回溯性评价的重要理论成果之一。该定律认为，人们在对以往经历的情感性事件进行评价时采用的是启发式策略，即真正影响人们对经历事件评价判断的是事件高峰时的信息和结束时的信息，其他信息以及事件持续的时间长度往往被忽略。

卡尼曼等人的研究关注的是痛苦事件的回溯性评价，他们所提出的峰终定律是否适用于幸福事件呢？这个问题得到了越来越多研究者的关注。美国达特茅斯学院的艾米·M. 杜（Amy M. Do）等人尝试采用实验研究范式来检验峰终定律在解释幸福事件回溯性评价中的效用，其研究结果验证了峰终定律对幸福事件回溯性评价解释的适用性（Do，Rupert，& Wolford，2008）。下文详细介绍卡尼曼等人的研究以及杜等人的研究，综合这两项研究可以揭示痛苦和幸福事件的回溯性评价特点。

二、卡尼曼等人的痛苦事件实验

卡尼曼等人的实验主要是在检验痛苦事件的回溯性评价中，哪些信息严重影响了评价结果？而又有哪些信息通常容易被人们忽略？

（一）被试选取

实验被试来自于加利福尼亚大学 32 名 19～39 岁（中值年龄为 22.5 岁）的学生，实验的报酬为 1 小时 10 美元。参与者在实验前均进行了是否有健康问题和是否使用过毒品（包括烟草）的检测。原选取被试中有 3 名被取代，原因是其中 1 名被试在涉及实验主要内容温度控制方面出现技术困难，还有两个人是因为在回答实验后两个相似问题时出现不一致被调换（详见实验步骤部分）。

（二）实验器材

实验使用器材介绍如下：被试在进行实验时会将手浸入一个塑料桶内，桶内装有 7 升深 11 厘米、温度冷却至 14.1℃ 的水。为了保持桶内的水温不变并有轻微搅动，在桶的外部置放了一台抽水机，抽水机会将桶内的水抽出并通过一根浸在冰水中的铝线圈进行不断循环。实验还将使用另一台抽水机，该抽水机将水通过一根浸在室温(21℃±1.1℃)的水中的铝线圈不断循环，以此来按实验要求控制水温。当关掉第一台抽水机的同时会打开第二台，被试桶中的水温就能在 30 秒内增加 1.1℃(±0.3℃)。抽水机开关时听不见声音，也不会给桶内水循环带来明显的改变。当然，被试看不见抽水机、线圈以及开关等设备。

实验过程中会使用一个专门的"不舒适仪表"装置在线检测被试的不舒服感信息，这个仪表由一个电位计和 15 个呈线性排列的 LED(发光二极管)组成。排列在最后的一个绿色 LED 灯始终亮着。通过调整电位计，被试能够控制打开红色 LED 灯的数量，以此来显示其不舒服感的级别。每秒钟会抽样检查电位计 5 次，电脑会记录这一秒的平均数，同时还会记录水温。不舒服值会在 0 到 14 间浮动。

(三)实验步骤

实验由一名女性实验者主持进行。实验前被试被告知该实验与人们的不舒服感评价有关，实验的目的是探讨不舒服体验的差异及变化情况，他们需要在三个不同的时间(第一次实验、第二次实验、第三次实验)将手置于一个装满冷水的桶内。作为实验承诺的一部分，在被试同意参与该项实验前，他们被要求将双手浸入装满冷水的桶内 5 秒钟。被试除了知道他们在接下来第一项实验中要用其中一只手，而在第二项实验中要用另一只手外，没有获得其他有关几个实验之间差异的任何信息。长实验和短实验的排列顺序，以及被试优势手或非优势手的使用在实验设计中进行了平衡。

每个实验刚开始前，被试需将双手浸入室温的水中至少 2 分钟。随后，被试要进行两项令人厌恶的短暂实验，实验 1 是把一只手放进 14℃的水中，保持 60 秒。实验 2 是将另一只手放进 14℃的水中先保持 60 秒，然后手放在水中的时间延长 30 秒，在此期间，水温逐渐升到 15℃，这一过程虽然也很痛苦，但痛苦明显减少。前两项实验结束后，被试要花 7 分钟时间在等待区继续进行一项问卷调查。告知被试在即将开始的第三项实验进行之前，被试需谈谈对前两项实验的印象，因为第三项实验是在前两项实验中选一项重复进行。随后，他们拿到了这份问卷调查，问卷题目是《冷水实验的印象》。问卷第一个问题是"假设我们提供报酬，让你明天再来重复你今天体验的两项冷水实验中的一项，你会选择哪项?"接下来的一个问题是"对于今天马上要进行的第三项实验，你可以选择重复之前的一项冷水实验，你会选择哪项?"(有两名被试针对前述这两个问题给予了不一致的答案，因而被更换了)。随后被试采用李克特量表(在-5 至+5 之间的一个评定量尺)比较了他们已做的两项实验，对以下问题进行了评定："哪项实验引起了更大的总体不舒服感？""哪项实验延续时间更长？""在最极限的时候，哪项实验的水更冷？"还有"哪项实验对你来说更难应付？"最后，被试在实验者提供的一张"不适感×时间"坐标图上画了一条连续的线，以呈现他们"在每项实验期间每时每刻都存在着"的不舒适感。随后，研究对象被告知不会再有第三项实验了，并且向被试进行了详细的解释。

(四)实验结果

短实验(60秒实验)和长实验(60秒＋30秒)的前60秒的不适感实时检测结果在本质上是一致的。短实验60秒记录的平均值为8.44，而长实验60秒平均值为8.34。在长实验的最后30秒期间缓慢增加的水温(从平均14.1度到15.2度)导致不适感检测值显著下降(平均下降$M=2.65$，$t_{(31)}=6.80$，$p<0.01$)。然而，不是所有的被试对于温度变化的敏感性都是一致的。32名被试中有11名显示出不适感降低了至多1个点(或1个等级，减少一盏红灯)，还有2名被试甚至在长实验的最后30秒期间不适感仍在增加。需注意的是，即使对于后者而言，长实验最后阶段的体验也仍然明显属于令人不快的体验。

主要的因变量是被试对于第三个实验的选择。正如预测的一样，大多数被试(22/32，或者69%的被试)倾向选择重复长时间实验。事实上，假如被试要试图最小化他们受到的痛苦，那么选择长实验的被试比例应该是零。需要说明的是，附加的实验研究显示，被试选择长短实验不依赖于长实验是排在第一次做还是排在第二次做，或者是用优势手还是非优势手进行实验。正如实验前所预测的，对长实验的偏好与该实验最后30秒期间显示出的不适感的降低有密切关系($r=0.38$，$p<0.05$)。在21名显示出不适感降低了至少2点(或2个等级，减少了2盏红灯)的被试中，有17名被试(占81%)偏好长实验，而11名几乎未显示出或显示出很少不适感降低的被试偏好短实验，他们的不适感均值为6.5。

被试在确定了他们的选择长实验或短实验之后提供的比较评级，一般都与他们的决定相一致，但不总是和事实一致。因此，大多数被试表明长实验造成的总体不适感更小($M=-0.91$，$t_{(31)}=2.12$，$p<0.05$)，在极限时刻水也没有那么冷($M=-0.91$，$t_{(31)}=1.90$)，而且更容易对付($M=-1.12$，$t_{(31)}=2.90$，$p<0.01$)。因为长实验包括了短实验的所有痛苦以及之后附加的30秒实验造成的痛苦，按理说这样的评价是反直觉的。对长实验的偏爱可能也会影响到实验期间的某些评价，如有6名被试称长实验实际上时间更短

一些，另有 9 名被试没有报告两项实验之间的任何不同。但平均来看，对两项实验的相对持续时间的评价是正确的（$M = 1.09$，$t_{(31)} = 3.27$，$p < 0.01$）。实验持续时间长短对被试对实验的选择没有显著影响。

被试对实验的选择与他们在比较两个实验基础上所进行的评级（对所提问题的评分）之间的相关分析，支持以下两点结论。第一，被试几乎总是选择重复他们记得要容易一点的那项实验，选择和总体不适感之间的二列相关为 0.80。第二，选择和持续时间之间的二列相关只有 0.16，这证明实验持续时间长短并不十分重要。对评级之间的内部相关分析也说明了同样的道理，对水温最冷的实验的评价（大多是错误的）与总体不适感评级的相关度为 0.69，与难应对评级的相关度为 0.62。与此相反，对实验持续时间的评价与不适感评级的相关度为 0.08，而与应对难度评级的相关度为 0.18。

(五)讨论

卡尼曼等人的研究证明了如下结论：在对令人厌恶的经历的回溯性评价中，持续时间并不是很重要，而最不舒服的感觉以及事件最后时刻的信息往往决定了评价。研究验证了负性情感性事件的回溯性评价中存在"峰终定律"现象。

卡尼曼等人的研究结论提示我们：在一个整体上属于负性情感的事件中，一个大的不舒服紧接着又有一个小的不舒服，虽然从整体上看不舒服总量是增加了，不舒服时间也延长了，但和单纯一个大的不舒服事件相比，人们在对事件回忆评价时更乐于接受前者。由此观之，任何负性事件如果能增加一个好的结尾或者是增加一个不太坏的结尾，都有利于人们在对事件进行回忆时获得一个较好的评价。

痛苦事件回溯性评价中的"峰终定律"现象，已经被卡尼曼及其他一些研究者的研究所证明。有人（Redelmeier & Kahneman，1996）发现，如果在结肠镜手术过程结束时增加一个轻微痛苦的期间，患者会把结肠镜手术评价为一个稍令人不愉快的过程。患者在做结肠镜手术过程中所经历的痛苦记忆和"峰终定律"的预测密切相关。其他研究（Schreiber & Kahneman，2000）显示，人们对令人不愉快的噪声的评价也遵循"峰终定律"。

"峰终定律"现象自卡尼曼等人发现并总结以来，引发了后续学者的大量研究，据微软学术搜索数据显示，该项研究至 2012 年年底已被引证近 230 余次。后续研究者关注的主题主要有：对情节曲折的复合性负性事件的回溯性评价是否还遵循"峰终定律"，也即"峰终定律"的边界条件是怎样的？另外，就是将"峰终定律"引入幸福事件回溯性评价领域、道德评价领域及其他领域。

关于该研究可能存在的一些问题，卡尼曼等人也认为，是否存在以下可能性：要求被试实时报告不舒服感，这种要求是否放大或凸显了事件中高峰期和结束期的被试不舒服感受。另外，研究主要结论之一"忽略事件持续时间"也有可进一步探讨的地方，比如，是否持续时间总是会被忽略，"忽略事件持续时间"是否和事件本身的性质特点有关，或者"忽略事件持续时间"这一结论是否由别的原因所导致等。

三、杜等人的快乐事件实验

（一）研究的总体假设

该研究试图将峰终定律研究的重要发现推广应用到会使人产生快乐愉悦体验的商品领域。具体假设为：如果在一个值得拥有的礼物之后再附加一个虽然积极但价值不是很大的礼物，获得上述礼物组合的人们在对这一经历进行回溯性评价时，将会报告一个较低水平的总体愉悦感，即便这一附加的第二件礼物客观上增加了总礼物的价值。如果是这样的话，人们将非理性地给予客观上较少总体愉悦感的经历比客观上较多总体愉悦感的经历更高的评价。为了检验这一反直觉的假设，研究者进行了以下两项实验。

（二）实验 1

美国达特茅斯学院学期中段有三个慈善基金会组织了活动，参与者都是正在研修课程的大学生，活动期间大学生要向非营利组织捐款，所有募集来的钱会转到指定的慈善机构。捐赠者被正式通知，他们在捐款后会进入到一个买彩中奖的活动中，通过活动可能会获得一次免费赢得 DVD（数字多功能光盘）碟片的机会。后来，所有捐赠者被通过电子邮件告知，他们已经从买彩中奖活动中赢得了一张或多张 DVD 碟片，而且告诉他们可以从收到的电子邮件附件的列表中选择他们赢得的免费 DVD 碟片。所有参与者都是通过一个非营利组织的电子邮件账号获得的通知，这样安排是为了消除参与者对 DVD 碟片抽奖活动是心理实验的一部分的怀疑。

实验这样安排的目的，是要让被试通过从一个或两个列表中选择免费的 DVD 碟片这样的方式来诱导他们产生快乐情绪。实验采用了两份不同的 DVD 碟片列表：列表 A 由 10 部电影组成，这 10 部电影在烂番茄网站（www. rottentomatoes. com，一个著名的影评网站）都得到了很高的评价（评价是基于影迷或电影观众的意见）；列表 B 也由 10 部电影构成，这 10 部电影在烂番茄网站上也得到了积极的评价，但积极评价的程度要低于列表 A。"非常愉快"情绪体验来自于对列表 A 中影片的选择观影。"轻微愉快"情绪体验来自于对列表 B 中影片的选择观影。从被试对所提供 DVD 的反应（通过反馈的电子邮件信息）来看，被试自愿选择参加实验。所有被免费提供了一部 DVD 电影的被试（哪怕是从列表 B 中选择的一部电影）都自愿选择接受了这部电影，所以对这些被试来说，列表 B 中的电影也同样被看作积极的。

被试被随机分配到五组中的一组（见表 1）。A 组仅从列表 A 中选择了一部 DVD 电影。A＋B 组先从列表 A 中接受了一部 DVD 电影然后又从列表 B 中接受了第二部 DVD 电影。A＋B 组被试需要在他们已经从列表 A 中选择了他们的第一部电影后，通过第二次发电子邮件他们才能看到列表 B。另外有三组控制组，其目的是为了帮助解释 A 组和 A＋B 组之间任何可能存在的有价值的差异。这三组控制组分别是 B 组、B＋A 组、A＋A 组。进行了所有 DVD 电影选择之后，被试要对他们接受免费 DVD 电影整个经历过程给自己带来的愉悦程度进行评价，评价在一个 7 点量尺上完成，1 代表最小的愉悦感，7 代表最大的愉悦感。被试还被要求要对他们的评价做一个解释。该项研究已得到了伦理审查委员会（Institutional Review Board，IRB）的支持，可以在没有得到被试同意的情况下进行该实验。DVD 碟片在随后几天送给了被试，和碟片一同送达的还有一封向被试解释实验情况的信件。

表 1 实验 1 中不同组别被试幸福程度平均成绩

组别	N	M	中值	SE
A	29	5.21	5.00	0.17
A＋B	21	4.14	4.00	0.26
B＋A	17	4.82	5.00	0.23
A＋A	19	5.50	5.50	0.22
B	14	2.57	2.50	0.29

被试总数为 104 名。根据被试对免费提供 DVD 电影所写的评价，4 名被试被淘汰。因为他们反馈的评价表明，发给他们的 DVD 列表他们并没有认真细致地阅读或不符合研究的要求。例如，A＋B 组中的 1 号被试写道：列表 B 电影中的一部电影是他"空前喜欢的电影"。A 组中的第 2 号被试认为列表 A 中的所有电影都是"建设性的"。所以，最后的统计分析是基于剩余的 100 名被试的数据进行的。

实验 1 结果见表 1。由于该研究收集的数据无法完全满足参数检验的条件，所以研究者对五组数据进行了非参数检验。研究发现 A 组愉悦快乐平均成绩显著高于 A＋B 组的成绩（$Z=3.31$，$p=0.001$）。A 组结果和 B＋A 组结果差异不显著（$Z=1.34$，$p=0.179$）。A＋B 组结果和 B＋A 组结果差异显著（$Z=2.08$，$p=0.045$）。

（三）实验 2

为了验证实验 1 结果在不同人群和不同条件下是否具有可重复性，研究者又进行了一项小规模的实验。实验 2 在一所住宅里进行，这所房子是小学生和中学生在万圣节（这是西方传统节日。当晚小孩会穿上化装服，戴上面具，挨家挨户收集糖果）之夜通常光顾的地方。被试由"不招待就使坏"（trick-or-treat）小组成员构成，他们的年龄足够大（平均年龄 $M=10.03$，$SD=1.79$）。被试需要回答以下调查问题："当得到了我给你的糖果后你有多高兴？"应答方式为在一个以笑脸衡量幸福程度的量表中找出一个代表你幸福程度的笑脸。总共 28 名被试中有 7 名为女孩（25％）。

在万圣节之夜，"不招待就使坏"成员得到的糖果礼物的情况有不同的组合，研究者还要求他们根据自己所获得糖果的经历对幸福程度进行评定。"非常快乐"组获得的糖果是一个全套尺寸的赫什巧克力棒（Hershey's chocolate bar），"轻微快乐"组获得的糖果是一片口香糖。"不招待就使坏"成员被分配到四个小组（A、A＋B、A＋A 和 B）中的一个。因为 A 组和 A＋B 组的比较是本项研究的关键，也因为那天晚上到底能招募到多少被试无法提前确切预知，所以，为了确保 A 组和 A＋B 组有足够的被试符合统计分析的要求，被试分组主要以这两组为主。具体来看，被试有八分之三的概率被分配到 A 组，也有八分之三的概率被分配到 A＋B 组，有八分之一的概率被分配到 B 组或 A＋A 组。

所有获得口香糖的被试都自愿接受这一礼物，这说明接受口香糖的经历体验也是积极的。当所有被试都获得了他们相应的糖果礼物后，他们被要求在 7 幅笑脸图中（每幅图表达一种不同的幸福水平）选出一幅。第一幅笑脸是"中性的"（嘴被画成一个水平线），第七幅笑脸是"最幸福的"（嘴被画成两嘴张开的露齿而笑）。其他笑脸图介于这两者之间依次连续变化。所有被试都被要求指出哪一张笑脸能够反映出他们获得相应糖果礼物后的幸福程度。后来，"不招待就使坏"成员及他们的成年监护人都收到了一封向他们解释实验情况的信件。

表2 实验2中不同组别被试幸福程度平均成绩

组别	N	M	中值	SE
A	10	7.00	7.00	0.00
A＋B	11	5.91	6.00	0.39
A＋A	4	7.00	7.00	0.00
B	3	3.00	3.00	0.00

实验2结果见表2。

A组和A＋A组的每一个儿童都评定幸福程度为最高等级7（即选择了第七幅笑脸）。研究者对四组被试数据进行了 Kruskal-Wallis H 检验，随后进行了一个有计划的比较。H 检验差异显著[$\chi^2_{(3)}=18.04$，$p<0.001$]。采用 Mann-Whitney U 检验的检验结果，发现 A 组被试喜悦程度评价的平均等级显著高于 A＋B 组（$Z=2.96$，$p=0.003$）。实验2的研究结果重现了实验1研究的关键发现，证明了：如果第二项刺激物的积极程度相对低于第一项刺激物，那么两项积极刺激物叠加所引起的幸福评定要低于单一积极刺激物引起的幸福评定。

(四)讨论

卡尼曼等人的"峰终定律"揭示了一个反直觉的结果，这一结果提示：人们会优先考虑和选择客观上痛苦量更大的情境，只要在这一情境结束时增加的是一个相对较小痛苦的结尾。艾米·M. 杜等人的研究则表明，在对痛苦性事件进行回溯性评价中发现的效应也可以应用于解释快乐幸福事件的回溯性评价。正如研究者所指出的，如果在未来的某一个节日，你原计划送出一个组合的礼物（两件及两件以上礼物），现在你可以考虑只送出最好的一件，或至少确保你把最好的一件礼物最后送出（先给一般的再给最好的）。

事实上，在积极经历评价研究领域，其他一些研究者的研究结果也支持"峰终定律"。如有研究（Diener，Wirtz，& Oishi，2001）表明，当人们评价一种幸福精彩生活时，如果这种生活突然停止，将比这种幸福精彩生活之后再附加一个持续数年但只是轻微愉悦的生活，使人们的感觉更好。再如，如果电视广告有一个高潮情节再加上一个更强有力的结尾，这些诱发积极情感的电视广告将会被消费者给予更高的积极评价（Baumgartner，Sujan，& Padgett，1997）。

［辛志勇，高会建　评介］

评介文献

Do，A. M.，Rupert，A. V.，& Wolford，G. (2008). Evaluations of pleasurable experiences：The peak-end rule. *Psychonomic Bulletin & Review*，15，96—98.

Kahneman，D.，Fredrickson，B. L.，Schreiber，C. A.，& Redelmerer，D. A. (1993). When more pain is preferred to less：Adding a better end. *American Psychological Society*，4，401—405.

参考文献

Baumgartner，H.，Sujan，M.，& Padgett，D. (1997). Patterns of affective reactions to advertisements：The integration of moment-to-moment responses into overall judgments. *Journal of Marketing Research*，32，219—232.

Diener，E.，Wirtz，D.，& Oishi，S. (2001). End effects of rated life quality：The James Dean effect. *Psychological Science*，12，124—128.

Redelmeier，D. A.，& Kahneman，D. (1996). Patients' memories of painful medical treatments：Real-time and retrospective evaluations of two minimally invasive procedures. *Pain*，66，3—8.

Schreiber，C. A.，& Kahneman，D. (2000). Determinants of the remembered utility of aversive sounds. *Journal of Experimental Psychology*，129，27—42.

22. 工作还是闲暇让你感觉更棒？ 关于心流的研究

心流(flow)是一种对正在进行的活动和所处情境的完全投入和集中。这是一种人们因为完全沉浸在一项活动中而忽略身边一切事物的全然投入状态。契克岑特米哈伊和勒菲弗(Csikszentmihalyi & LeFevre，1989)尝试运用体验抽样方法来了解哪种因素对良好感受体验的质量影响更大：心流还是工作或者闲暇(work or leisure)。

契克岑特米哈伊是一个富有传奇色彩的人，由于提出"心流"的概念而闻名。他于1934年9月29日出生于现在的克罗地亚里耶卡，1960年获得芝加哥大学学士学位，1965年获得芝加哥大学哲学博士学位。他曾担任过芝加哥大学心理系和森林湖学院社会人类学系主任，现在任加州克莱蒙大学杜拉克管理学院心理学和管理学教授，生活质量研究中心(Quality of Life Research Center，QLRC)主任。QLRC是一个非营利性机构，主要研究积极心理学，即人类的力量，比如，乐观、创造力、内部动机和责任感。契克岑特米哈伊的主要研究领域是创造力（creation）和心流（flow）。他因幸福和创造力的研究而被人知晓，以提出心流概念而被熟知。他在最具有开创性的著作《幸福的真意》中提出，人在心流状态下最为快乐，这是一种对正在进行的活动和所处情境的完全的投入和集中。契克岑特米哈伊曾说过："压抑不是追求美德的方式。当人们因为恐惧而克制自己，他们的生活也就被贬抑了。只有通过自由选择纪律，人们才能在理智范围内享受生活。"积极心理学创始人马丁·塞里格曼（Martin E. P. Seligman）将其形容为"世界领先的心理学学者"。

一、有趣的研究方法：体验抽样方法

研究者在观察人们的日常生活事件和体验时一般依赖于问卷或者日记来评估个体在活动时的感受，虽然这些工具可以满足多种目的，但是在记录日常体验的质量上还存在一定的偏差。首先，问卷法或者日记法主要是基于回顾性回忆的方法，这样往往会遗失细节，甚至会得到与即时体验相反的内容。其次，问卷或者日记上记载的活动会受到当时所处的文化环境的影响，记录这些体验时，人们会在日记或者问卷中进行一些加工或再建构。因此，在结合生态学和心理学的研究方法的基础上，契克岑特米哈伊提出了体验抽样方法（experience sample method，ESM）。ESM 是一种数据收集的方法，被试在自然状态下对重复的评估进行反应，主要是为了研究个体在与自然环境的互动中的主观体验（Csikszentmihalyi，2008；Csikszentmihalyi & Larson，1987；Csikszentmihalyi，Larson，& Prescott，1977）。体验抽样一共有三种类型：间隔—随机抽样（比方说每小时进行自我报告）；事件—随机抽样（当事先设计好的事件发生时被试进行自我报告）；信号—随机抽样。这里我们介绍的是该研究中运用的，也就是最后一种，信号随机抽样法。研究工具主要包括：信号发生器和体验抽样表。

信号发生器是为了获得关于经验状态的具有代表性的自我报告，ESM 主要基于电子仪器（根据随机的时间表发出刺激信号），这种仪器类似于病人用于呼叫医生的便携型传呼机。信号发生器可以根据不同的被研究群体进行选择：振动仪适合于研究青少年（大部分时间都在学校），腕表比较适合于老年人（因为腕表的声音较为舒适）。信号发生器是在任何一个选定的时间，可以促使被试对此时此刻活动、思维以及内部状态进行自我报告的仪器。体验抽样表（experience sampling form，ESF），在信号发生的时候，被试需要在该表格里记录瞬时的情景和心理状态。ESF 的长度最好不超过两分钟就能完成，这样既便于携带又不会干扰被试的正常生活。表中的项目编写主要是基于研究目的。比方说，有的研究者比较重视考察思维，另一些研究者希望探知情绪体验，两者编写问卷的侧重点则有所不同。

将体验抽样方法用于闲暇研究能够很好地克服以往运用日记或者问卷的调查方法中的缺陷，契克岑特米哈伊本人就很好地运用 ESM 来研究闲暇。该研究中契克岑特米哈伊很好地将体验抽样方法、心流、闲暇三者结合起来证实到底哪一种因素更能够影响体验的质量。

二、研究从心流开始

契克岑特米哈伊在《幸福的真意》中阐述了他的著名理论：人们在心流状态下最为快乐，这是一种对正在进行的活动和所在情境的完全的投入，这是一种人们因为过于沉浸在一项活动中而忽略身边一切事物的状态。心流的概念与处于最佳状态的感觉一致。心流状态是内在动机的最佳形式，人们可以完全沉浸在他所做的事情中。它的特点包括强烈的吸引、投入、满足和熟练，而在此期间暂时性的关注（时间、食物、自我等）一般都会被忽略。心流是个体体验的一种状态，根据心流的理论，当个体感知到环境中含有更多的机会（挑战）并和自身的能力（技能）相一致的时候个体的体验最为积极，也就是说当挑战和技能都较高时，个体不仅仅会享受当下，学习新知识的能力会有所增长，自尊以及人格的复杂性都会提升，这也就是我们之前所说的心流状态。根据能力和挑战的高低组合将体验分为八种：焦虑、担忧、淡漠、无聊、松懈、控制、心流、惊悚（见图 1）。

该研究主要针对工作和闲暇两个时间状态中体验到的质量差异，而对于体验质量的操作性定义，运用了两种相互补充的方法：第一种是运用心流理论，通过对个体在某一状态下挑战和技能的评估将体验分为：心流、焦虑、倦怠、冷漠。第二种就是采用较为传统的变量诸如快乐、创造力、力量、满意度以及动机等指标。在以往 ESM 研究中将以上指标归纳为两个变量集合即情感维度（诸如快乐、社会性、满意度等）以及唤醒维度（警觉、强烈、兴奋等）。契克岑特米哈伊在一项两年的追踪

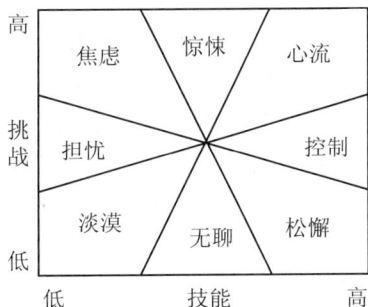

图 1 心流体验的八种状态

研究中发现被试在情感维度上的得分相关为 0.77，唤醒上相关为 0.62，均达到显著相关，也就是说体验的这两个维度至少在 2 年内是相对稳定的。除了情感和唤醒以外，还有认知有效性（诸如集中）以及动机（诸如，希望去做自己想做的事情），自评维度（创造性的还是无聊的；满意的还是不满意的；紧张的还是放松的）。主要研究指标如下。

（1）挑战和技能：要求被试用 10 点量表评估活动的挑战以及活动中的技能。为了减少被试的反应偏见，将被试的反应转化为 Z 分数（标准分）。然后使用 Z 分数来确定被试挑战和技能的状态。

心流：挑战和技能都大于平均值；

焦虑：挑战高于平均值，技能弱于平均值；

倦怠：挑战弱于平均值，技能强于平均值；

冷漠：挑战和技能都弱于平均值。

（2）体验质量：体验质量通过 12 个项目测得，这些项目询问被试的心理状态。如前面所描述的，将被试的反应转化为 Z 分数从而减少反应偏差。基于以往的研究和因素分析，契克岑特米哈伊等编制了情感和潜能量表。情感维度包括：快乐—伤心；快活—易怒；友好—敌意；社交—孤独。唤醒维度包括：警觉—昏睡；强壮—柔弱；积极—消极；兴奋—无聊。

另外测量了动机、专心、创造性、满意度以及放松。动机和专心量表均为 10 点量表，其余为 7 点量表。

（3）当前活动："你正在做什么"将回答分为 154 个分类，包括看医生、打字、准备晚餐等，再将这些小分类聚拢为 16 种分类。这些类别包括所有被试在工作活动时做的事情（诸如，写报告、会见同事等），而不包括在工作情况下却不在工作活动中的情况（诸如和同事交谈、喝咖啡等）。闲暇分类包括诸如，看电视、做白日梦、社交、游戏、运动、阅读、写信，等等。工作和闲暇分类占据所有分类的一半，另一半包括诸如驾驶、在工作中社交、饮食以及不同的零工。

（4）任务报告：在研究结束时，被试在最后的访谈中报告自己的情况。90% 的工作者报告说这些报告很好地记录了这一周发生的事情。并且 68% 的被试反映这一研究并没有干扰他们的日常规律或者让他们感到被打扰。

三、实验

（一）样本

被试来自于芝加哥地区的五所大型公司，均同意参与工作满意度研究。

共招募 1026 名被试，其中 44％的被试是自愿参与的。其中技术型工作者占 75％，非技术型工作者占 25％。在自愿者中选择 139 名被试参与，107 名完成研究。最初的样本包括经理和工程师（27％）、行政工作者（29％）、蓝领（44％）。其中一半被试已婚（53％），31％单身，16％离婚或者分居。被试年龄为 19 岁到 63 岁（平均年龄为 36.5 岁），75％为白人，其中有 37％的男性和 63％的女性。

（二）程序

使用体验抽样方法，研究中要获得每个被试一周内每天的自我报告。被试使用电子寻呼仪器或便携型传呼机。信号在上午 7：30 到晚上 22：30 之间随机的两个小时内传出。也就是说一周内平均有 56 个信号。每个人平均回复 44 个信号，一共 4791 个回复（占所有传出的信号的 85％）。缺失信号的原因包括仪器的失误，或者被试在那些不希望被打扰的环境中将仪器关掉。99％的回复是在信号给出的 20 分钟内。当一个信号发出的时候，要求被试立即填写回复手册的第一页，体验抽样表的项目包括：询问当前的挑战以及技能（用于了解心流的状态）；体验的质量；信号发生的瞬间的活动类型。

其中职业是被试间变量，是否处于心流状态、活动状态（工作/闲暇）为被试内变量，心流的时间多少、体验质量为因变量。

（三）结果

1. 活动频率

因为体验是每天的随机取样，花在每个活动上的时间可以从总体的呼叫百分比上获得。三组员工在不同的日常活动中所花的时间相似。经理和蓝领一天中有 30％的时间在工作，然而行政工作者每天用在工作上的时间只有 23％。需要注意的是这些数据是指每天实际花在工作上的时间，行政工作者的工作时间有 1/3 用在实际工作上，蓝领的工作时间中只有 1/5 用在除了实际工作的其他活动项目上。

三组员工在闲暇娱乐上所花的时间（20％）较为一致。最长时间的娱乐活动是收看电视，其次是社交和阅读。这三项娱乐活动时间占据总娱乐活动时间的 2/3。

2. 工作和闲暇状态中的心流数量

在工作中发生的心流状态的数量是娱乐闲暇时的三倍。不同职业组之间只在工作时的心流数量上有差异，经理在工作中的完美状态最多（经理，64％；行政工作者，51％；蓝领，47％）。不同职业组的被试在工作中的 5

项不同活动中体验到心流的时间有所差异。对于经理来说最强烈的心流状态的活动是"讨论问题"以及"做文案工作"，尽管文案工作也在非心流体验中占据了更大的部分。而对于其余两类人来说，那些能够产生心流的日常活动往往不太具有挑战性，对于行政工作者，这些日常活动包括"打字"；蓝领则包括"维修仪器"以及"在电脑上工作"。当不工作的时候，三个职业组较为相似。最大的心流来源是"驾驶"，接下来是"和同伴或者家人交流"。"看电视"的贡献率是 6%～9%，然而在非心流体验中贡献率达到15%～25%。

3. 心流和体验的质量

尽管工作情境更有益于产生心流状态，但是还有一些疑问：体验质量的变量（快乐、潜力、满意、动机等）是否也有相似的改变，他们在心流情境中是否更加积极？或者说他们是否更容易被活动的本质（工作/闲暇）影响？体验的质量是否受到职业或者人格的影响？

对于体验质量的变量的关系模式在任何情境下都是一致的（不论是工作还是闲暇时间，不论是心流还是非心流状态）。相关性最高的是潜力和创造力（$r=0.50$），潜力和情感（$r=0.44$）；情感和满意度（$r=0.57$），情感和放松（$r=0.51$）。无论哪种情境下情感和专注都不相关。体验的质量更多地受到个体是否处于心流状态的影响而非个体是否在工作，也就是说是否处于心流状态比工作/闲暇更能解释体验质量的差异。

这一模型中唯一的例外是动机和放松：对于这两个变量来说，反而是工作/闲暇更能够解释其变异。情感、潜力、专注、创造性、满意度以及动机在心流状态下比在非心流状态下得分更高。对于情感来说，这种效果不是很大，当个体在闲暇—心流状态下最为开心，在工作—非心流状态中最不开心。满意度也遵从这一模式。对于潜力，专注以及创造性，所有的员工在工作—心流状态下报告得分高于平均值，经理和行政工作者在闲暇—心流状态下报告更高的水平，在闲暇情境中放松得分更高。

在心流和工作/闲暇之间存在交互作用。经理在工作—心流状态下报告更高水平的潜力，然而行政工作者和蓝领在闲暇—心流下报告更高水平的潜力。经理和蓝领工作者也报告说闲暇—非心流状态下创造性最低，然而行政工作者在工作—非心流状态下创造性水平最低。

正如前面所提到的，动机水平比起其他变量模式有差异。尽管相对于非心流状态来说，心流状态提升了动机水平，但是工作还是闲暇这一变量之间的差异更大，也就是说工作—闲暇变量比是否处于心流状态对动机的影响更大。因此，闲暇时候被试在动机水平上得分更高，而在工作—非心流状态得分最低。对于经理，闲暇—心流状态下动机得分最高，接下来是闲暇—非心流。行政工作者在心流或者非心流中动机得分一致。蓝领工作者在闲暇—非心流状态下动机最高。在三组员工中，工作—心流状态动机得分高于工作—非心流状态。

尽管三组员工在工作中都没有达到动机的积极水平，那些心流状态下的人在体验的质量上差异极大。尽管工作的时间和工作中心流状态的时间类似，这些心流状态更多的工作者报告更为快乐，感觉到在工作中有更多的潜力、满意度以及放松。相对地，冷漠情境中情感、满意度和放松得分低于平均分。因为心流—冷漠状态组在人口学变量上没有差异，那么上文所说的差异表明那些处于高挑战、高技能情境中个体对于工作的感受更加积极。这些特质反映出了所谓"出于自身目的的人格"或者将体验挑战的情境作为奖励的趋势。

四、有趣的结论

对于闲暇的研究一直以来都存在一个假定，即闲暇时间更令人愉悦。然而该研究发现闲暇时的状态并没有它看起来那样令人愉悦。常识遭到了质疑，个体生活中的积极体验应该更多地来自于工作环境而非闲暇环境。传统意义上所说的积极的自由时间体验（诸如驾驶）严格意义上说并不是一种休闲活动。研究发现个体工作和闲暇环境中体验质量的好坏主要是根据个体是否处于心流状态。当个体感知到挑战和技能都较高时，体验的质量就高度积极（无论个体当时的活动是工作还是休闲娱乐）；当个体感知到挑战和技能都较低时，体验相应趋向于消极。和一般个体所期待的不同，成人中大部分的类心流的体验是来自于工作（无论职业的性质如何）而不是休闲娱乐。而在闲暇时期的类心流状态大部分是来自于驾驶、和朋友或者家人聊天。这种模式（心流—非心流状态的影响力度更大）应用于体验的大部分维度（快乐、力量、专注、创造力），而动机和放松维度是两个例外（工作/闲暇情境的影响力度更大）。这可能是因为工作是一种责任和义务，这种本质会掩盖其所产生的积极体验。在决定是否希望去工作时，个体会根据社会习俗而非真实感受行动。这也是 ESM 等自我报告方法的缺点，即存在社会赞许性效应或者说社会文化潜移默化的影响。

对于真实状态的忽视，对个体的幸福度以及社会健康来说都极具危害。根据动机线索，个体会致力于完成那些提供较少积极体验的活动，社会层面上来说，这种趋势会导致从生产活动中离职的行为。这一趋势表明人们可以通过低强度、放松的自由活动得到复原，尽管这些活动是非心流状态即令人不满意的、无创造力的。这也就解释了为什么个体会愿意看电视、睡觉，尽管他们并不喜欢做这些事情。根据资源有限观点，个体可能是因为工作中感知到过多的刺激而过于疲乏以至于缺乏能量去享受空闲时间。跨文化研究发现，在那些相对于该研究群体所在美国文化来说对工作要求更多的文化中，工作者在闲暇时间会更多地选择更具有心流的休闲活动。因此，缺乏心流状态不一定是由于身体的疲乏引发的，而更可能是由于文化导致的缺乏对心流活动的社会化或者过于依赖电子产品的结果。

契克岑特米哈伊关于最佳体验的研究颠覆了我们的日常观念，也让研究者开始对于如何在生活中体验到心流状态有了进一步的兴趣。研究者(Fave & Massimini，2003)采用一系列问卷对专家群体即医生和教师在工作和闲暇两种情境下的最佳状态进行研究发现，个体在进行复杂的、需要全身心参与的活动的时候更能体验到最佳状态，比方说工作、结构化的休闲活动以及阅读；最佳体验和活动、个体发展以及生活选择紧密相关，并且最佳体验可以作为在健康、教育、休闲领域内的干预手段。20世纪以来，电子产品迅猛发展，网络逐渐取代了电视机作为休闲活动主体的地位并且网络在工作中也占据了极大的位置。因此，关于工作—闲暇的心流状态研究也发展到了网络环境。研究者在心流研究之前都会对其进行精确的概念化定义以确保测量的准确性。有人(Novak，Hoffman，& Yung，2000)在研究网络消费时的心流体验时将心流定义为一种认知状态：(1)高水平的技能和控制能力；(2)高水平的挑战和唤醒状态；(3)注意力集中；(4)得到互动和网络存在感的提升。关于网络作为闲暇活动的最典型例子就是网络游戏的发展。社会模型、态度和心流体验可以解释80％的网络游戏行为。特别是，使用者只有在完全投入的状态下才会持续性地玩网络游戏，因此，在网络游戏中增加对话、社会交流等能够产生心流状态的体验可以增加网络游戏的成功性(Hsu & Lu，2004)。网络作为工作学习的另一种环境也得到研究。有学者(Pearce，Ainley，& Howard，2005)指出，要从过程的角度看待心流(以往研究主要是将心流作为一种状态)，认为在学习、练习的过程中状态会发生改变。心流模型可以帮助改进网络学习，使其更适合学生的学习活动。

在利用心流对人们生活进行调整的同时，也可以通过干预来改变个体进行乏味而无法产生心流状态活动的趋势。契克岑特米哈伊认为主要有两种干预方式：当个体能够意识到在休闲时间中，体验到过多的无法产生心流状态的活动，且有更多消极的感受，这时他们就有可能有意识地通过积极利用休闲活动来改善生活质量；如果个体能够意识到职业比起一般观点所认为的更加令人兴奋和能够实现自己的抱负，就可以忽视文化的控制而开始享受工作。

综上所述，心流理论的应用既可以研究怎样的活动更能产生心流状态，也可以对个体进行干预，从个体本身出发来增加产生心流的可能性。

[叶和旭，赵然 评介]

评介文献

Csikszentmihalyi，M.，& LeFevre，J.(1989). Optimal experience in work and leisure. *Journal of Personality and Social Psychology*，56(5)，815—822.

参考文献

Csikszentmihalyi，M.(2008). *Flow：The psychology of optimal experience*. New York：Harper Collins Publisher.

Csikszentmihalyi，M.，& Larson，R.(1987). Validity and reliability of the experience sampling method. *Journal of Nervous and Mental Disease*，175(9)，526—536.

Csikszentmihalyi，M.，Larson，R.，& Prescott，S.(1977). The ecology of adolescent activity and experience. *Journal of Youth and Adolescence*，6(3)，281—294.

Fave，A.D.，& Massimini，F.(2003). Optimal experience in work and leisure among teachers and physicians：Individual and bio-cultural implications. *Leisure Studies*，22，323—342.

Hsu，C.L.，& Lu，H.P.(2004). Why do people play on-line games? An extended TAM with social influences and flow experience. *Information & Management*，41，853—868.

Novak，T.P，Hoffman，D.L.，& Yung，Y.F.(2000). Measuring the customer experience in online environments：A structural modeling approach. *Marketing Science*，19(1)，22—42.

Pearce，J.M.，Ainley，M.，& Howard，S.(2005). The ebb and flow of online learning. *Computers in Human Behavior*，22，745—771.

第六章

神经经济心理学

SHENJING JINGJI XINLIXUE

最后通牒博弈中经济决策的神经基础
金融投资中风险选择的神经基础
跨期选择的神经机制
情绪体验对品牌评价影响的脑成像研究

23．最后通牒博弈中经济决策的神经基础

　　众所周知，自古以来人们都强调"不患寡而患不均"，但是分配"不均"会如何影响人们的选择行为呢？这似乎并不是所有人都知道的。再如，现实生活中，人们为什么常常会放弃唾手可得的利益而去惩罚或报复他人呢？在传统经济学理论中，这些都是无法解释的，也是不可思议的。因为过去经济学的观点认为，人们总是追求利益最大化，每种决策或行为完全取决于其利益的大小，并把人们完全理想化为简单的认知机器，其决策或行为不会受到情绪或公平等因素的影响。近年来，虽然研究者们已经意识到情绪对决策的重要影响，但是鉴于情绪变幻莫测而难以量化测定，它仍然被关在传统经济实验研究的门外。然而，在现实社会情境中人们在做出经济决策时，他人的行为或决策总会引起自己的情绪感受，而这种情绪必然会影响到自己随后的决策或行为。那么，情绪是如何影响人们的经济决策呢？赛菲等人（Sanfey，Rilling，Aronson，Nystrom，& Cohen，2003）对这一问题进行了开拓性的研究，下面的内容就是介绍他们采用神经科学的方法来揭示在不公平情境下人们的情绪与认知是如何影响经济决策的。

一、基于神经经济学的方式研究经济决策

　　神经经济学是一门新兴的交叉学科，综合神经科学、经济学和心理学的范式来研究人们如何进行决策的问题，尤其是热衷于确定与经济决策有关的神经机制。第一篇神经经济学的研究报告于 1999 年由普莱特（Platt）和格林切尔（Glimcher）联合发表在《自然》杂志上，他们采用了经济学的范式研究了恒河猴在面对两种奖赏时是如何做出抉择的。2003 年秋美国的埃默里大学举行了第一次神经经济学家的全体会议。与会者共有 30 位学者，其中有三分之一的学者是从事神经科学的博士，三分之一的学者具有

赛菲

经济学的博士学位，另外三分之一的学者拥有医学博士头衔（Zak，2004）。

由此可见，神经经济学是一个跨学科的新兴领域，同时也预示着这个学科未来发展的强劲趋势。当前，神经经济学在综合经济学、心理学和认知神经科学优势的基础上，主要利用脑成像等技术来直接比较人们在各种情境条件下完成经济行为或决策时脑区激活的差异，试图深入地揭示传统经济学和行为经济学中无法解释或预测的现实行为与决策（Glimcher & Rustichini，2004）。扎克（Zak，2004）在总结已有研究时指出，神经经济学研究内容主要分为两大类：一类是确定经济决策或行为的神经基础和机制；另一类是研究常常违背传统经济学理论的一些"异象"（anomalies）。下面我们所介绍的这篇研究报告就是后一类研究的典型代表。

这篇文章的第一作者艾伦·赛菲（Alan G. Sanfey），于1995年在爱尔兰都柏林大学学院获得心理学学士学位，1997～2001年在美国科罗拉大学主攻认知心理学，并获得硕士和博士学位。他于2001～2003年在普林斯顿大学做博士后，2004年至今为亚利桑那州立大学助理教授。赛菲本人对旅游尤为感兴趣，在他的主页上可以看到他游历世界各地的风景图片。更值得一提的是，2008年他曾来到中国上海和杭州旅游，杭州的西湖和上海的外滩让他对中国充满了浓厚的兴趣与留恋。

赛菲的研究领域是采用行为和神经科学的方法研究人类判断和决策背后的认知和神经加工机制。1998年赛菲开始发表第一篇科研论文，2003年就在《科学》上发表了这篇研究报告，截至2012年10月其引用已高达1417次，其引用率之高令人钦佩不已。这充分说明了这篇研究报告在此领域的影响力。紧接着，他于2007年又在《科学》上发了一篇有关决策的论文。2004年以后，他开始组建自己的科研团队，建立了神经决策科学实验室，主攻神经经济学，尤其是决策的神经机制。他从2004年至今一直担任神经决策科学实验室的主任，该实验室分别挂靠在三所大学名下：美国的亚利桑那大学、荷兰的内梅亨大学的脑认知和行为研究所、意大利的特伦托大学。

二、情绪对经济决策的影响——对一个"异象"背后原因的探索

如果给你一个机会可以毫不费力地获得一笔钱，而且在你获取这笔钱的同时还可以使另一个人也得到一笔钱，你会放弃这个利己利人的机会吗？这就是众所周知的经济学领域中的"最后通牒博弈"（ultimatum game，UG）的情境，该博弈来自于1982年德国柏林洪堡大学经济学系的古斯（Werner Guth）的实验。

通常，此博弈有两名参与者共同分配一定数额的钱，其中一个参与者被指定为提议者，另一个为回应者。提议者提出关于两人如何分配这笔钱的方案，而回应者可以接受或拒绝这一方案。如果回应者接受了，就按照这一方案进行分配；如果拒绝了，则二者都一无所得。比如，现在有 100元钱，A 和 B 来分配。A 提方案，B 表决。如果 A 提的方案是 70：30，即A 得 70 元，B 得 30 元。如果 B 接受，则 A 得 70 元，B 得 30 元；如果 B不同意，则两人将什么都得不到。

根据传统经济学把人假设为"理性人"的观点，对于回应者来说，分给自己的钱数，不管多少，只要不为零，则接受比起拒绝，总是更有利的，所以他应该选择接受。由此再进一步推断，既然回应者能接受任何不为零的钱数，那么提议者为扩大自己的利益，分给对方一点小钱就够了。

但是，这项研究在多数国家重复后发现，无论总额是多少，接受率最高的、最典型的分配方案是一半对一半（即 50：50）的分配，而低分配方案（大约低于 80：20 分配，即提议者得 80，而回应者得 20）被回应者拒绝的机会约为 50%。该结果让经济学家尤为困惑，因为对于回应者来说，拒绝低分配方案的决策，宁可牺牲自己的获益也要导致两人都一无所得，这与传统经济学的理论显然是相违背的。也就是说，在最后通牒博弈中，被试的经济决策与传统经济学理性人的假设发生了矛盾，出现了所谓"异常"现象。

为什么回应者会拒绝低分配方案而导致自己和同伴都一无所获呢？在对回应者的访谈中，有人报告在看到提议者给出较低的分配方案时，总会引起愤怒，一怒之下就拒绝了不公平分配方案。在最后通牒博弈中由不公平方案所激发的负面情绪，常常导致人们以牺牲自己的经济获益来惩罚同伴的蔑视，甚至有人提出对这种不公平方案的拒绝是一种最基本的适应机制，人们正是通过这一决策来维护自己的一种社会声誉或尊严。由此可见，在最后通牒博弈中不公平方案引发了回应者的认知（接受）和情绪（拒绝）动机二者之间的冲突。因为接受方案虽然可以使自己获益，哪怕是一点点钱，但是同时也会引起让人蔑视的感觉，继而产生恼怒，于是要惩罚或报复提议者，所以回应者要面临利益（接受）与不愉快情绪（拒绝）二者之间的决策。

然而，对上述"异常"现象的解释并没有得到实证性检验，相关的行为实验研究也无法进一步解释这一问题。因此，赛菲等人独辟蹊径采用功能磁共振成像技术（fMRI）来考察回应者在最后通牒博弈中决策过程的神经机制。他们首先假设在最后通牒博弈中，当回应者面对不公平方案时，在心理与行为水平上，引发了其认知（接受）与情绪（拒绝）之间的冲突，最终的决策（接受或拒绝）取决于二者的竞争以及更高认知水平的调节作用；而在生理与神经基础水平上，在大脑中会有两个激活区域分别与认知和情绪加工一一对应，此外，还存在调节或监控这一竞争目标的激活区域。如果这一假设得以验证，那么就有效地揭示了情绪与认知对经济决策产生共同影响的机制。

三、实验设计与结果

为了揭示认知和情绪对经济决策的影响，研究考察了最后通牒博弈中回应者对公平方案（5：5的分配方案）和不公平方案（低于5：5的分配方案，如8：2）的行为反应及其神经基础。更为重要的是，要确定不公平方案所引起神经区域的激活是否反映了情绪和认知二者的加工，并且这些区域的激活程度是否可以解释其接受或拒绝这些方案的决策。

该研究采用3×2的被试内实验设计，第一个自变量是提议者类别，包括10名人类同伴、计算机同伴和简单的控制按钮三种类型；第二个自变量是提议者所给出的方案，包括一半公平的方案（即5：5分配）和一半不公平的方案（有9：1、8：2和7：3三种分配方案）。被试与同伴进行最后通牒博弈，总金额为10美元，由提议者给出分配方案，回应者（即被试）决定是接受还是拒绝，如果接受，则二者按此方案分配这10美元，如果拒绝，则两人什么都得不到。实验采用功能磁共振成像技术对参与最后通牒博弈中扮演回应者的19名被试进行扫描，这些被试来自普林斯顿大学，11名女生，8名男生，平均年龄为21.8岁（$SD=7.8$）。

在扫描之前，向每名被试介绍10位即将与他们一起进行博弈的同伴。告诉被试他们与每位同伴都进行一种单向博弈，并且他们与每位同伴的决定对其他人都是保密的，因此不会影响随后其他人给出的方案。让被试（回应者）进入fMRI扫描器中，并与同伴通过计算机界面进行最后通牒博弈。

整个实验被试共需要完成30次博弈。具体地说，每名被试与人类同伴进行10次博弈（即10个同伴每人进行一次博弈），与计算机同伴进行10次博弈，以及10次他们简单地按下按钮而接受一笔钱的控制博弈。每次博弈的具体程序如图1。三种同伴类型的博弈随机呈现，并且分配金钱的总额都为10美元。由人类同伴所提供的方案实际上是保持事先确定的程序，这是为了确保所有被试看到同一套（和全范围的）方案。一半方案是公平的，即均分10美元，剩下一半则是不公平的（有2个9：1方案，2个8：2方案和

1 个 7∶3 方案）。与计算机同伴所进行的 10 个方案与人类的是一样的。为了控制对金钱强化的反应，避免社会影响，设计了 10 个控制博弈，在此控制博弈中，被试简单地按一下按钮即可获得一笔钱，其数额与人类同伴给出分配方案的金额一样。

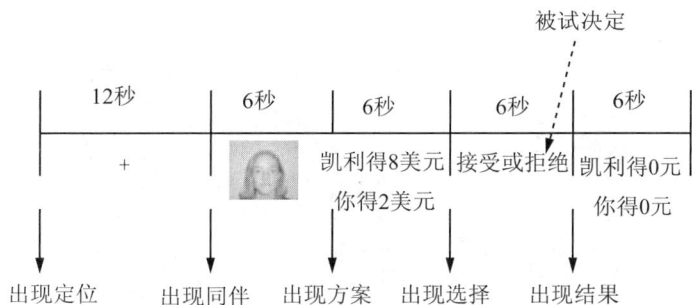

图 1　最后通牒博弈的时间过程

（来源：Sanfey et al.，2003）

　　首先，分析该实验的行为结果。行为结果与最后通牒实验中经典结果是非常一致的。被试接受所有公平方案，但是分配方案越不公平其接受率也明显减少（见图 2）。由人类同伴所提出的 2 美元和 1 美元的不公平方案的被拒绝率，显著高于由计算机同伴所提出的，这表明，被试对人类同伴所提出的不公平方案而产生的不愉快情绪反应比计算机所提出的更强烈。

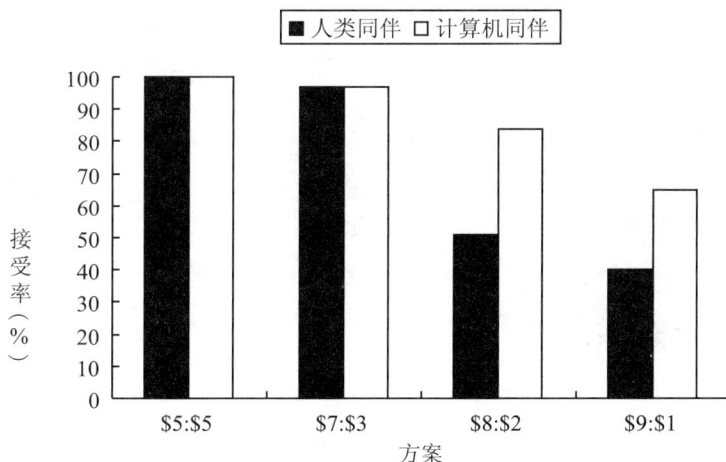

图 2　最后通牒博弈的行为结果

（来源：Sanfey et al.，2003）

其次，分析实验中脑区激活的结果。首先比较人类同伴给出的公平分配方案与不公平分配方案引起的差异，结果发现，与公平方案相比，不公平方案更显著地激活了回应者大脑的双侧前脑岛（bilateral anterior insula）、背外侧前额叶皮层（dorsolateral prefrontal cortex，DLPFC）和前扣带回（anterior cingulate cortex，ACC）三个区域（见图3）。

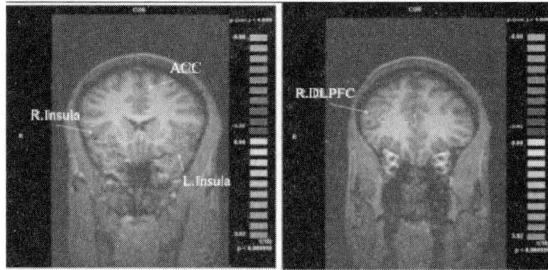

图3　人类同伴不公平方案比公平方案所显著激活的区域
（橙红色区域表示激活程度更强）
（来源：Sanfey et al.，2003）

与计算机同伴和控制博弈所给出的不公平方案相比，人类同伴的不公平方案所引发的激活程度也更强（与计算机同伴的激活相比，左脑岛 $t=2.52$，$p<0.02$；右脑岛 $t=2.2$，$p<0.03$。与控制博弈的激活相比：左脑岛 $t=3.46$，$p<0.002$；右脑岛 $t=2.83$，$p<0.05$）。这充分表明，回应者这些区域的激活不仅仅是由于接受了一定数量的钱所诱发的，而且也还明显地受到同伴不公平方案导致的不愉快情绪体验的影响。

最后，看方案的不公平程度引起的脑区激活的差异比较。上面的结果已经表明，由人类同伴所提出的不公平方案明显地诱发了回应者双侧前脑岛的更强的激活。更为重要的是，结果还发现，双侧前脑岛对人类同伴所提供的9∶1方案的激活程度，显著地高于对8∶2方案的激活程度。这充分表明，双侧前脑岛的激活受到方案不公平程度的影响。

四、综合讨论与评价

赛菲等人（2003）的研究发现，在最后通牒博弈中，人们（回应者）会拒绝不公平的分配，由人类同伴所提出的不公平分配方案激活了双侧前脑岛区域。这一结果让神经经济学家尤为兴奋和好奇，因为在神经科学领域中众多研究结果一致发现，前脑岛的激活与负性情绪状态具有紧密的关联。例如，相关研究发现，疼痛、悲痛、愤怒等负性情绪明显激活了该区域。

因此，该区域的激活目前已成为情绪研究，尤其是对愤怒和厌恶等负性情绪研究的评价指标。

根据已有研究结论，赛菲等人认为，在该研究中前脑岛的激活反映的就是回应者对不公平分配方案的负性情绪，由此则进一步推论，该区的激活与随后接受或拒绝方案的决策有显著相关。该研究数据也完全支持了这一推论。首先，从被试个体差异上分析，结果发现那些前脑岛激活更强的被试对不公平方案的拒绝率也更高（右脑岛：相关系数，$r=-0.45$，$p=0.025$，单侧；左脑岛：$r=-0.39$，$p=0.05$，单侧）（见图4）。其次，也是更令人感兴趣的是，对被试间的结果进行分析发现，对每个不公平分配方案是接受或拒绝的决策结果与右前脑岛（right anterior insular）的激活之间存在显著相关（见图5）。对那些最后被拒绝的不公平分配方案来说，该区域的激活明显更强（$p=0.028$，单侧）。上述这些结果进一步证明了情绪状态的神经激活引导着人类的决策。

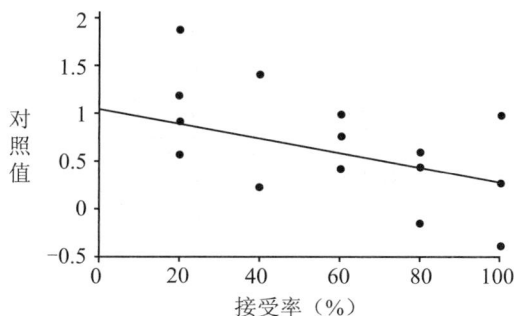

图4　不公平方案接受率与右前脑岛激活的散点图

（来源：Sanfey et al.，2003）

该研究结果还发现，不公平分配方案也激活了背外侧前额叶皮层。在神经科学领域中众多神经成像研究结果已经证明，该区域与目标维持和执行控制相关。而在此研究中，发现不公平方案激活了该区域，可能反映的是回应者对完成任务的认知需要和目标维持有关，即实现尽可能多地获得金钱的目标。通过这些分配方案的高拒绝率可以发现，接受越困难的不公平方案时，被试就需要投入更多的认知资源来克服拒绝这一方案的不愉快情绪。虽然不公平方案激活了背外侧前额叶皮层，但是该区域的激活与接受率并不显著相关（$r=0.04$，$p>0.05$）。这表明，不能仅仅根据背外侧前额叶皮层的激活来预测行为。

但是，作者们推测，在对决策的影响中背外侧前额叶皮层与前脑岛之间可能存在着竞争。为检验这一假设，赛菲等人检验了前脑岛与背外侧前额叶皮层对不公平方案激活之间的平衡。那些随后拒绝了的不公平方案对前脑岛的激活程度明显高于对背外侧前额叶皮层的激活，但是那些接受了的方案在背外侧前额叶皮层的激活程度显著高于在前脑岛上的激活（见图5）。这两个区域之间的激活在接受和拒绝方案上存在明显的差异。由此证明了这两个区域之间的竞争影响了行为。最令人感兴趣的是，决策结果可能反映了这两个区域的相对激活程度，即前脑岛激活程度越高倾向于拒绝方案，而背外侧前额叶皮层激活越高，则倾向于接受方案。

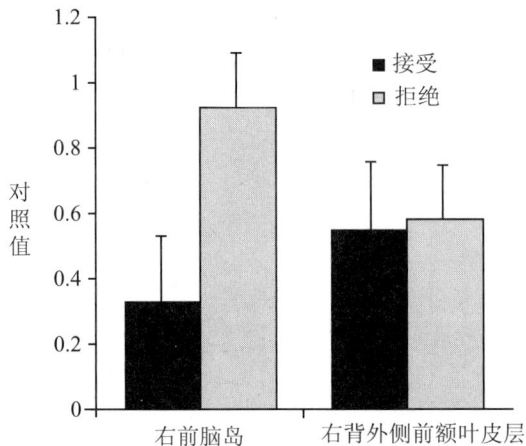

图5　对所有不公平方案的激活程度

（来源：Sanfey et al.，2003）

最后，不公平方案也导致了前扣带回激活增强，而已有研究已经表明该区域的激活反映的是对认知冲突的监控。该研究结果中此区域的激活可能反映了在最后通牒博弈中认知和情绪（在认知上追求最大利益与在情绪上不公平导致的不愉快感受）二者之间的冲突。

正如我们所知道的，公平与不公平的基本观念对社会和个人决策的很多方面，诸如伦理、社会政治、法律和个人道德等各种观念都是必要的。但是，不公平是如何影响人们的决策与行为的呢？这一问题一直没有得到实证性研究。赛菲等人（2003）的研究试图确认公平与不公平的神经关联性，尤其是关注认知和情绪加工对人类决策的作用。此项研究也足以说明，前脑岛和背外侧前额叶皮层各自反映了最后通牒博弈任务的双重需要，即抵制不公平的情绪目标和积累钱的认知目标。同时还发现，在涉及负性情绪中前脑岛的激活可以预测随后的决策行为，这一结果有力地支持了情绪对人类决策影响的重要性。他们的研究不仅直接支持了经济模型中应该确认情绪影响决策的重要性，而且也向经济模型用于社会效用的定量测量方面迈开了第一步。由此可见，经济决策模型不能忽视现实世界中情绪作为我们决策和行为的至关重要的动力性作用，否则就无法解释与预测这一"异常"的经济决策。

［黄四林　评介］

评介文献

Sanfey, A. G., Rilling, J. K., Aronson, J. A., Nystrom, L. E., & Cohen, J. D. (2003). The neural basis of economic decision-making in the ultimatum game. *Science*, 300, 1755—1758.

参考文献

Glimcher, P. W., & Rustichini, A. (2004). Neuroeconomics: The consilience of brain and decision. *Science*, 306, 447—452.

Platt, M. L., & Glimcher, P. W. (1999). Neural correlates of decision variables in parietal cortex. *Nature*, 400, 233—238.

Zak, P. J. (2004). Neuroeconomics. *Philosophical Transactions of the Royal Society B*, 359, 1737—1748.

24. 金融投资中风险选择的神经基础

在金融活动中，个体投资者常常会违背传统经济学理性人的假设，并不总是追求利益最大化，反而表现出非理性的风险选择。为什么会出现这种异常现象呢？到目前为止，对此问题仍然没有明确的回答。近年来，一些研究者逐渐意识到情绪可能是导致经济决策中某些异常行为的重要因素，并且开始把情绪因素整合到个体经济行为的选择模型中，以期更加准确地解释和预测人类的经济决策和行为。但是，情绪究竟是如何影响决策行为的，其内在神经机制是什么，这仍是悬而未决的问题。为更加有效地确立个体决策模型，促进经济制度的完善以便于提高最佳的投资行为，库宁等人(Kuhnen & Knutson, 2005)采用大脑成像技术研究了情绪影响金融风险的神经机制。

一、经济决策领域中的风险选择

让我们来看一个研究，实验者首先把被试分为两组，第一组被试每人先得到 1000 美元，然后在下面的两种选择中任选一个：A. 100％再获得 500 美元，B. 50％的概率再得 1000 美元，50％的概率再得 0 元；第二组被试每人先得 2000 美元，再在下面两种选择中任选一个：A. 100％再损失 500 美元，B. 50％的概率再损失 1000 美元，50％的概率再损失 0 元。你认为两组被试会如何选择呢？

其实，对这两组选项分析后发现，被试在这两组中得到 2000 美元或 1000 美元的概率是相同的。按照传统经济学的观点，两组被试在选项上应该都是一致的。但是，该研究结果却发现，第一组中有 84％的被试选择了 A 选项，而第二组中有 69％的被试选择了 B 选项。这就是说，当人们在面临收益或损失的不同情况时，人们做出的决策和选择却是大相径庭的。很显然，已有的经济学理性人的理论无法解释这一现象，因为它的假设是人们总是追求收益最大化的。

基于上述研究结果，卡尼曼和特沃斯基（Kahneman & Tversky，1979）提出的前景理论认为人们对当前情境的决策和选择取决于他是盈利还是亏损状态。具体地说，大多数人在盈利时是风险规避的，但是在亏损时却又是风险寻求的，人们在心理上对相同数量的亏损比对盈利更敏感，人们受损失时的沮丧程度比同等收益时的高兴程度更加强烈。

卡尼曼和特沃斯基的研究激发了经济学家和心理学家对决策风险的极大研究热情，他们纷纷围绕风险选择的问题进行了大量研究，焦点问题是为什么会产生不同的风险选择行为，同时这一研究问题又开始在不同领域中扩散，例如，消费风险、投资风险和营销风险等。我们所要介绍的研究就是经济学家和心理学家联合研究的一个典型案例，采用功能磁共振成像技术剖析人们投资行为中不同风险选择产生的神经机制。接下来先简单介绍一下该研究两位作者的学术背景。

库宁（C. M. kuhnen）现在就任于美国西北大学凯洛格管理学院金融系，担任副教授，主要研究领域是公司财务和神经经济学。她于 2001 年 6 月在麻省理工学院同时获得金融学以及脑与认知科学两个学士学位，2006 年在斯坦福大学商业研究生院获得金融学博士学位，并于当年来到西北大学凯洛格管理学院金融系任职，随后晋升为助理教授和副教授。

柯纳森（B. Knutson）供职于美国斯坦福大学心理学系，副教授，主要研究领域有情绪的神经基础、情绪影响社会决策与精神病理学的神经机制问题。1985～1989 年在特里尼蒂大学获得心理学学士和比较宗教学学士两个学位，1989～1993 年于斯坦福大学获得心理学博士学位，博士论文的主题是"面部表情与人际特质之间的关系"。1993～1996 年到博林格林州立大学就有关情绪的神经机制领域进行博士后研究，1996～2001 年在国家研究委员会做研究员，2001 年再次回到母校斯坦福大学心理学系并被评为助理教授和副教授，主攻心理学和神经科学。

库宁（前）和 柯纳森（后）

二、情绪影响风险选择的神经基础

近年来，情绪的神经机制，尤其是情绪对人们经济决策和选择的影响及其背后的神经机制，已成为了认知神经科学和神经经济学研究的热点问题。对人类脑成像研究的结果表明，人们对收益和损失的预期所引发的情绪可能存在着不同神经基础。具体地说，当人们预期会有金钱收益时，纹状体中部（ventral striatum）的伏隔核（nucleus accumbens，NAcc）出现明显的激活，并且这种激活与正性唤醒的情绪相关（Breiter，Aharon，Kahneman，Dale，& Shizgal，2001）。预期负性情绪的神经区域虽然还没有明确界定出来，但是前脑岛（anterior insula）极有可能是该情绪类型的神经基础。原因有三个方面：首先，脑成像研究一致发现在生理疼痛时出现了前脑岛的激活，它与自我报告的焦虑状态相关；其次，在预期出现厌恶视觉刺激时激活了前脑岛；最后，在进行非金钱刺激游戏的风险选择时激活了前脑岛，它与紧随其后的风险规避和负性唤醒情绪存在相关。虽然也有其他研究发现前脑岛的激活会受到注意和其他需要的影响，但是大量研究结果证实，前脑岛的激活在负性的情绪环境中比在正性的情绪环境中更加常见。由此可以推测，预期的负性情绪可能激活的就是前脑岛。

基于上述已有结果，库宁等人试图确定与预期情绪有关的神经激活是否与随后的经济选择有关，从而揭示出情绪是如何影响经济决策的。根据情绪在决策中的作用，作者提出两个关键假设：第一个假设，未分化的情绪唤醒可能与风险寻求和风险规避二者都相关；但是，第二个假设，与预期收益相关的正性唤醒情绪（如兴奋）可能会提高投资者风险寻求；相反，与预期损失相关的负性唤醒情绪（如焦虑）则可能会导致风险规避。

　　为验证上述假设，作者进一步明确了本实验的操作化假设：首先，确定在伏隔核和前脑岛区域的预期激活是否可以分别预测风险寻求和风险规避这两种选择；其次，确定这两个区域的激活是否都在最优和次优选择之前发生。

　　作者的研究逻辑是，因为已有研究成果表明伏隔核的激活是由正性情绪所引发的，而前脑岛的激活是由负性情绪所诱发的，如果实验结果能够证明伏隔核和前脑岛两个区域的激活，可以分别预测个体投资者随后的风险寻求和风险规避两种非理性行为，也就是说，不同类型情绪的神经基础与不同经济选择行为之间存在一一对应的相关关系，那么，就可以明确得出情绪影响经济选择的结论。具体地说，正性的唤醒情绪（如兴奋）会提高投资者风险寻求，相反，负性唤醒情绪（如焦虑）则会导致风险规避，从而回答了情绪到底是如何影响经济选择的这一根本问题。

　　在这一逻辑的指导下，为研究预期神经激活对金融风险的影响，库宁等人采用动态的投资任务与大脑成像技术相结合。通过设计一种新的投资任务，分离出被试两种投资行为，一是理性的利益最大化的最优选择，即被试选择了代表理性的中性风险的投资任务，这些投资任务被视为是期望效用最大化的；二是偏离这种理性选择的次优选择，包括风险寻求错误（当他们不应该冒险时却选择了去冒险）和风险规避错误（当人们应当冒险却没有选择去冒险）两种类型。然后，比较最优和次优选择背后神经机制的差异。

　　为实现研究目的，作者对实验结果的分析分两步进行：一是定位对不同结果的预期所诱发的脑区，具体地说，预期收益是否会激活伏隔核和前额叶皮层中部（medial prefrontal cortex，MPFC），而预期损失是否会激活前脑岛；二是确定脑区激活能否预测随后的投资行为，也就是说，考察伏隔核激活是否在最优和次优（即冒险）选择之前发生，同时考察前脑岛激活是否在最优和次优（即无冒险）选择之前发生。

三、实验研究

　　来自斯坦福大学的 19 名健康被试（10 女，9 男，平均年龄 27 岁，24～39 岁之间，右利手）参加该实验。实验要求被试完成一个行为投资分配策略（behavioral investment allocation strategy，BIAS）任务（见图 1）。被试首先看到两个股票（股票 T 和股票 R）和一个证券 C（预期）；其次，当“选择”出现时要求被试从这三个投资项目中选择一个项目进行投资（选择）；再次，被试在当前投资项目中的收益和所有已经完成投资项目的累计收益显示出来(结果);最后,显示该任务中所有投资项目的真实结果(行情)和一个注视点(注视点)。

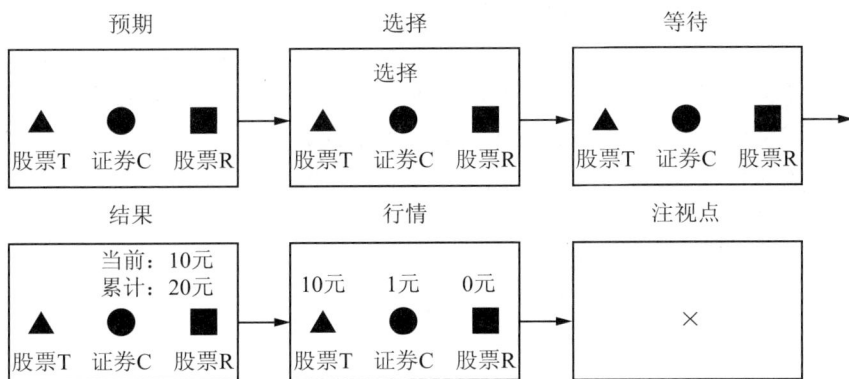

图 1 任务序列结构(每屏幕 2 秒)

(来源:Kuhnen & Knutson,2005)

整个实验任务总计 20 组,每组 10 个序列。在每个组开始时,随机安排两个股票中的一个股票为"好"股票,而另一个安排成为"坏"股票,并且不告诉被试。具体地说,对于每个序列任务来说,"好"股票的结果(即 50%概率得 10 元,25%概率得 0 元,25%概率得-10 元)在平均收益上更高于"坏"股票的结果(即 25%概率得 10 元,25%概率得 0 元,50%概率得-10元)。证券在每个序列任务中总是保持 100%获取 1 元。

在进行功能性磁共振成像扫描之前,让被试进行 10 分钟的任务练习,以减少学习效应。告诉被试只有成功完成任务才能获得奖金,并且在实验结束时将视他们投资成绩而确定给予多少现金奖励。同时,提醒被试在实验中也会因为投资失利而遭到损失,并且所有损失数额都将从他们的总收益中扣除。被试最后获得包括固定的 20 美元每小时的实验补偿和他们总投资任务累计收益的十分之一。

作者认为在该项投资任务中,如果被试要想获得一份至少与选择证券收益一样大小的利润,那么,最优策略是选择一个股票。然后把这种选择作为模型比较基线,该模型假设个体是最大化期望回报的。

研究者以上述最优选择为标准,对被试在每个任务序列上选择结果进行了分析,把不同于该选择的视为风险选择错误,并根据其性质不同而分为三种类型:(1)当证券是最优选择时被试却选择了一个股票(风险寻求错误）；（2）当股票是最优选择时却选择了证券（风险规避错误）；（3）当某个股票是最优选择时却选择了另一个股票（混淆错误）。混淆错误少于任务序列1％的，也不纳入最后的分析。下面所介绍的行为结果和脑成像结果以分析风险寻求错误和风险规避错误为主。

结果分析首先考察了被试专业背景是否会影响其投资行为。把被试在年龄、社会经济地位、教育和智力方面进行匹配，并根据被试是否学习了统计学和金融学课程，把他们分为专家和非专家两组。专家被试是指在斯坦福大学的金融、经济或会计方面的学生，而非专家是指在人类学方面的学生。2（专家对非专家，被试间变量）×2（任务组，被试内变量）的方差分析发现，任务组的主效应显著，$F_{(19,323)}=2.35$，$p<0.005$，说明随着实验的进展被试选择证券的频率更高。但是，专家和非专家在股票与证券选择上没有显著差异，在风险寻求错误或者风险规避错误的比例上也没有显著差异。由此说明被试的专业背景对其投资行为无显著影响，所以，在后面的数据分析时作者把专家和非专家数据进行合并分析。

其次，考察几个行为变量（如前面的选择、前面的结果、选择与不选择投资项目的收益、总收益和不确定性）对投资行为的影响。作者的具体统计方法是使用 logistic 模型来预测被试选择某个股票或者犯某种类型错误的可能性。

结果分析表明，前面选择的类型显著地影响当前投资任务的选择。具体地说，当被试在前面任务中选择的是股票，其收益越差则导致当前任务中再选择该股票的可能性明显降低。当前面选择是证券时，其收益越低反而增加了被试选择股票的可能性。同时，当被试对两个股票中谁是优势股票的不确定性增加时，其选择证券的可能性明显提高，并且这种效应不受前面选择的影响。

回归分析还表明，总收益和当前任务的收益也会显著影响当前任务的选择。准确地说，当总收益增加时，被试选择证券的可能性明显提高，而且这种效应不受前面任务选择的影响；当前面任务选择是一个股票，总收益的增加也会降低犯风险寻求错误的可能性。一方面，当前面选择的是一个股票，总收益的降低却会增加风险规避错误的可能性；另一方面，当前面选择是一个证券，收益降低会增加风险寻求错误的可能性。

此外，前面选择导致收益的结果也会影响随后选择。当前面选择是一个股票，增加了的结果也会使得被试选择证券和风险规避错误的可能性增加。

由此可见，在行为变量上，前面任务的结果、选择与不选择投资项目的相对收益、总收益和不确定都会影响被试的随后选择。因此，在下面的脑成像分析中，把这些变量作为协变量进行预测分析。

对脑成像数据的分析集中于在任务序列的结果、行情和预期三个时间段内的脑区激活变化。作者把分析过程分为两个阶段进行：第一阶段定位阶段，通过功能磁共振成像数据分析来获取不同风险选择及其结果所激活的脑区；第二阶段预测阶段，根据第一阶段分析结果，从预期阶段内的激活脑区中抽取关键区域并使用 logistic 回归模型来预测被试随后最优和次优选择。

首先，确定被试选择某个投资任务后在结果和行情两个时间内脑区激活的定位，在这里我们只介绍作者重点分析的兴趣激活区。在结果阶段，股票的收益相对于损失结果引发了伏隔核和前额叶皮层中部区域的激活。回归分析表明，在前面任务中选择股票之后，其结果获得收益分别与伏隔核和前额叶皮层中部激活程度增加之间存在显著相关（$ps < 0.05$）。

在行情阶段，相对收益结果（即在选择与不选择股票的结果之间更大差异）与前额叶皮层中部激活明显相关。多重回归分析表明，在股票选择之后，相关收益结果增加了伏隔核和前额叶皮层中部的激活。相反，相关损失结果增加了前脑岛的激活。在选择证券之后，相关收益结果（即选择任何一个股票的结果都糟糕于证券）增加了前额叶皮层中部的激活。

其次，分析预测阶段：在整合相关行为变量之后，研究者把伏隔核、前额叶皮层中部和前脑岛激活（延迟 4s）纳入对随后选择的 logistic 回归模型中。加入来自控制区域的激活进行分析发现，这些区域并没有增加方程的解释力，所以这些区域的激活不被纳入随后的预测分析中。

回归分析表明，预期的伏隔核和前脑岛激活与被试的随后选择相关，并且这种相关明显地受到前面选择的影响。对于所有选择来说，仅仅当前面选择是证券时，预期的伏隔核激活增加了选择股票的可能性（伏隔核激活增加 0.1％ 导致选择股票比例增加 0.06％，$p < 0.05$）。当前面选择是一个股票时，预期的前脑岛激活增加了选择证券的可能性（在前脑岛上增加 0.1％ 的激活导致选择证券比例增加 0.08％，$p < 0.05$）。前额叶皮层中部激活与随后选择无关。这些结果可以说明，伏隔核区域高度激活发生于切换到风险寻求选择之前，而前脑岛高度激活发生于切换到风险规避选择之前。

回归分析也表明，预期伏隔核和前脑岛激活与被试所犯的各种风险错误明显相关。当前面选择是无风险的（如证券），预期伏隔核激活显著地增加了被试随后风险寻求错误的可能性（在伏隔核上增加 0.1% 激活会导致增加 0.07% 风险寻求错误的比例，$p < 0.05$）。同样，预期伏隔核激活却降低了风险规避错误的可能性（在伏隔核上增加 0.1% 激活会导致风险规避错误比例减少 0.06%，$p < 0.05$）。当前面选择是风险的（如股票），前脑岛激活增加了风险规避错误的可能性（在脑岛上增加 0.1% 的激活导致风险规避错误比例增加 0.11%，$p < 0.05$）。前额叶皮层中部激活与随后风险错误仍然无关。这些结果明确地说明了，即使是在控制了那些本应该对这些选择起主导作用的行为变量之后，预期的神经激活与被试随后最优和次优选择都存在显著相关。

四、综合讨论与评价

库宁等人的实验结果表明，伏隔核激活在风险选择和风险寻求错误之前发生，前脑岛激活在无风险选择和风险规避错误之前发生。这些结果与伏隔核反映了收益预期的结论是一致的，而前脑岛反映的是损失预期。该研究准确地揭示了对不同结果（收益或亏损）的预期所引起的情绪是如何影响随后的经济决策或选择的，具体地说，与预期收益相关的正性唤醒情绪提高了投资者的风险寻求，相反，与预期亏损相关的负性唤醒情绪则会导致风险规避。

一般经济决策理论认为，人们总是理性的，寻求收益最大化的行为选择模式。但是，该研究结果说明，在理性选择的同时，对不同结果的预期神经激活也能提高非理性选择。这充分说明了人的能动性和并非完全理性的一面，因此，金融决策可能需要一种稍微的平衡，不同神经回路的加入可能是冒风险或避免风险的必要条件，但是某个或另一个机制超过激活则可能导致选择错误。

这些结果说明，风险寻求（类似在赌场的赌博）和风险规避选择（如买保险）可能是由两个完全不同的神经回路包括伏隔核和前脑岛所引发的。伏隔核和前脑岛的激活分别反映了正性的和负性的预期情绪状态，并且这两个区域中某个区域的激活就有可能导致人们在风险选择上的转变。因此，这就是为什么赌场总是使用诱惑（收益）来引诱赌客（如廉价的食物、免费饮料、出乎意料的礼物盒和潜在头彩奖金等），因为对这些收益的预期激活了伏隔核区域，它又导致赌客从风险规避转向风险寻求行为的可能性大大提高，从而奋不顾身地投入到各种赌博中。相反，保险公司则采用了完全相反的故事来说服人们购买保险，例如，充分地宣传和展示意外事件（亏损）来震慑人们使他们购买保险，因为这些亏损的预期激活了前脑岛，该区域的激活导致人们从风险寻求转向风险规避，从而坚定不移地购买各种保险以降低自己的亏损。由此可见，该研究结果对未来不同领域有重要现实意义和价值。

正如库宁等人自己所说的，这项研究的另一个重要创新点是开发了一个新的 BIAS 任务。首先，该任务设计为在动态情境中使用金钱刺激物，因此，实验研究结果可以推广到真实交易情境中，即实验的外在效度或生态效度较高。其次，该任务可以区分最优选择和次优选择，即理性选择和非理性选择。该设计使得研究者有效地比较和测量两种选择背后的行为与神经机制。再次，该任务不仅可以区分理性选择和非理性选择，而且还能把后者再进一步细分为风险寻求和风险规避选择两种不同类型。最后，该任务的事件相关设计允许研究者考察预期的（即事先发生的）而不是同时发生的神经激活与经济决策或选择的相关，并且有效地在时间上分离了预期激活和先前关键行为变量（如收益、不确定性）的不同影响效应，有效地控制了无关变量。因此，该任务可以迁移到消费、投资和管理等不同领域的风险选择研究中，为后续研究提供了一个很好的任务范式。

对于该研究的学术价值和理论意义，正如柯纳森等人（Winkielman, Knutson, Paulus & Trujillo, 2007）对情感影响判断和决策的一篇综述中所提到的，正是类似该实验的一些神经经济学的研究贡献，为我们深入地揭示了情感对决策的影响机制，它体现在三个方面：（1）揭示了情感效价和感情的（生理或神经）来源；（2）预测了情感何时会影响注意、感知、记忆和决策过程；（3）准确地识别了情感与认知系统二者之间交互作用背后的机制。截至 2012 年 11 月，库宁等人的这项研究被引用了 547 次，在越来越广泛的领域进行了后续研究，主要集中在两个大的方向：一是继续探索风险决策中风险规避的神经机制；二是在其他领域如消费进行验证和应用风险寻求与风险规避的结果。

例如，汤姆等人（Tom, Fox, Trepel & Poldrack, 2007）就风险决策中风险规避的神经机制进行了系统的研究，并发表在《科学》这一顶级学术期刊上。为了考察损失规避的神经机制，汤姆等人考察了被试是否接受或拒绝一个有 50% 的机会收益或亏损金钱的游戏。结果发现，当潜在收益增加时，激活的区域范围包括中脑多巴胺（midbrain dopaminergic）等其他区域，但是几个收益敏感区域对潜在亏损却出现激活程度下降。同时还发现，损失规避几个神经区域包括腹侧纹状体和前额叶皮层可以预测在损失规避行为上的个体差异。该研究结果进一步准确区分和分离了风险寻求和风险规避的神经基础。

柯纳森等人(Knutson，Rick，Wimmer，Prelec & Loewenstein，2006)在该研究的基础上进行了预测购买的神经机制。微观经济学理论认为人们的购买行为是否发生是由消费者偏好和价格联合驱动的。但是，二者是如何影响购买行为的呢？柯纳森等人采用大脑成像技术对此问题进行了研究，结果发现，购买偏好与价格分别也对应着不同的神经基础，购买偏好激活了伏隔核区域，而昂贵的价格导致被试在购买行为之前激活的是脑岛，并且导致前额叶皮层中部激活下降，而且这些区域的激活有效地预测了随后被试是否产生购买行为。研究者由此推论，与不同预期情感有关的神经回路的激活在消费者购买决策之前发生，并支持了消费者的这种购买决策。很显然，柯纳森等人(2006)的研究结果与本文所介绍的研究结果是一致的，进一步验证了这一结论。

此外，该研究结果发现人们对收益和亏损的预期所引发的神经激活导致了随后不同的决策和选择，这一结论是否可以解释人们在跨期选择上的各种行为呢？跨期选择的经典问题是比较"较早但较小"收益与"较晚但较大"收益之间的选择，结合该研究结果，人们对这个问题进行选择时，对前一个选择是否会预期为收益，而后一个选择是否会预期为亏损，因为时间的延迟在某种意义上就是亏损，那么，二者的神经基础是否与该研究结果一致呢？坎博等人(Kable & Glimcher，2007)就跨期选择中主观价值的神经机制进行了研究，把对预期结果的激活纳入了跨期选择研究中，实现了风险选择与跨期选择研究的结合。

［黄四林　评介］

评介文献

Kuhnen，C. M.，& Knutson，B. (2005). The neural basis of financial risk taking. *Neuron*，47，736—770.

参考文献

Breiter，H. C.，Aharon，I.，Kahneman，D.，Dale，A.，& Shizgal，P. (2001). Functional imaging of neural responses to expectancy and experience of monetary gains and losses. *Neuron*，30，619—639.

Kable，J. W.，& Glimcher，P. W. (2007). The neural correlates of subjective value during intertemporal choice. *Nature Neuroscience*，10，1625—1633.

Kahneman, D., & Tversky, A. (1979). Prospect theory: An analysis of decision under risk. *Econometrica*, 47, 263—292.

Knutson, B., Rick, S., Wimmer, G. E., Prelec, D., & Loewenstein, G. (2006). Neural predictors of purchases. *Neuron*, 53, 147—156.

Tom, S. M., Fox, C. R., Trepel, C., & Poldrack, R. A. (2007). The neural basis of loss aversion in decision-making under risk. *Science*, 315, 515—518.

Winkielman, P., Knutson, B., Paulus, M., & Trujillo, J. (2007). Affective influence on judgments and decisions: Moving towards core mechanisms. *Review of General Psychology*, 11, 179—192.

25. 跨期选择的神经机制

在伊索寓言中，蚂蚁和蚱蜢是一对密友，但是二者过着完全不同的生活。蚱蜢整日沉迷于温暖的阳光，不思来日。相反，蚂蚁却每日忙着为即将到来的冬日而储存食物。面对今天与未来，蚱蜢选择了享受今天的快乐而蚂蚁则选择了未来长期生存。这就是典型的跨期选择（intertemporal choice），即人们常常需要对出现在不同时间点上的收益或损失进行权衡，从而做出选择与决策。人类决策者似乎既是一只冲动放任只顾眼前收益的蚱蜢，又是一只清醒耐心争取未来更大获益的蚂蚁，并且常常在二者之间徘徊挣扎。那么，为什么人们对未来两个时间点上的选择有如此大的差异呢？乔治·罗文斯坦等人（McClure, Laibson, Loewenstein, & Cohen, 2004）研究了人类跨期选择背后的神经基础，试图回答人类大脑中是否存在不同的神经系统分别负责眼前和未来奖赏价值的评估与认知。

一、经济决策中的跨期选择

在经济决策领域中一直存在着两个传统问题，即风险决策（risky choice）和跨期选择。风险决策是指在不确定条件下或模糊条件下对决策结果的损失和收益的权衡。例如，现在给你两种选择：A. 100％的可能得到800元；B. 70％的可能得到1000元，30％的可能什么都得不到。你会选择哪一项？而跨期选择则是对发生在不同时间点（尤其是指未来不同时间）的各种结果或备选方案进行权衡的决策过程。例如，你是愿意选择今天获得800元还是愿意选择一个月后获得1000元？跨期选择是当前经济决策领域中的一个热点问题，受到经济学、管理学、心理学和神经科学等学科的普遍关注。因为在现实生活中，跨期选择的现象可以小到个人的日常生活与经济行为，大到国家、政府的政策制定与规划，甚至存在于社会与人类进化的过程中。因此，对跨期选择的研究，不仅具有深厚的学术价值，而且具有巨大的现实意义。

我们所介绍的这项研究的作者乔治·罗文斯坦（George Loewenstein）教授是著名的经济学家和心理学家。罗文斯坦现为卡耐基梅隆大学社会与决策科学系教授，1977 年在布兰德斯大学本科毕业，毕业后第三年来到苏格兰的格拉斯哥大学学习；1985年在耶鲁大学获得经济学博士学位，博士论文题目是"期望与跨期选择"。他本人经历尤为丰富，曾在各地的研究所任职或进修。其中，1984～1985 年到普林斯顿的高级研究学院做助教；1990～1992 年在卡耐基梅隆大学获得经济学副教授职称；1994～

罗文斯坦

1998 年先后在德国柏林的高级研究学院和行为科学高级研究中心做研究员；期间，从 1992 年开始正式回到卡耐基梅隆大学担任经济学与心理学教授，并于 2006 年加入赫伯特·西蒙（Herbrt A. Simon）主持的经济与心理学系工作。

罗文斯坦宣称自己虽然获得的是经济学博士学位，但是一直对经济学与心理学的交叉领域更加感兴趣。确实如此，他的大量工作是从心理学角度来研究经济学中的核心模型与问题，尤其是对跨期选择的研究，使他成为了该领域举足轻重的人物。除了经济决策领域之外，他还有两个主要的兴趣点，即谈判和人类对自己未来感情和行为的预期，也都斩获了一批高质量的、有巨大影响的科研成果，被应用于现实生活与公共管理等方面并产生了广泛的影响。

过去，在经济学和社会科学领域对跨期选择的研究主要是采用单一模型，即折扣效用（discounted utility，DU）模型来解释决策行为。罗文斯坦等人认为，这个脱胎于传统期望效用理论（expected utility theory）的理性模型存在明显的缺陷，而心理学研究的加入可以有效地解释和弥补此缺陷，并重新构建一个新的模型来更好地说明跨期选择的性质。例如，过去传统观念认为人类没有忍耐性，如人们喜欢更早地享受愉快的事情而尽可能较晚地去忍受煎熬的事情。但是他研究发现，这一观念恰恰是错误的，实验结果发现，人们希望糟糕的事情过去得越快越好，宁愿起初的处境很糟糕但是随后的境遇逐渐改善，而不愿意出现开端良好却每况愈下的糟糕局面。

从 1987 年罗文斯坦正式发表第一篇关于跨期选择的研究报告以来，他在该领域逐渐树立了其学术地位和权威。他与合作者（Loewenstein & Prelec，1992）在《经济学杂志季刊》（*Quarterly Journal of Economics*）上发表的《跨期选择中的异象：证据与解释》一文，系统地阐述了跨期选择中违背传统经济学理论的各种异象，并从心理学的角度提出对此解释的新模型。该文在经济学、管理学、心理学和神经科学等学科产生了巨大的影响，截至 2012 年 10 月，其引用次数高达 1590 次。这足以证明罗文斯坦等人的成果对决策研究的贡献和影响力。

下面所介绍的实验研究，正是罗文斯坦等人（McClure，Laibson，Loewenstein，& Cohen，2004）从神经科学的角度来揭示跨期选择的神经基础，试图为跨期选择的解释模型提供更加具体明确的生理支持。这是首次使用功能磁共振成像技术来检验并验证准双曲线函数（quasi-hyperbolic time discounting function）及其基本假设。

二、跨期选择研究中的异象及其神经基础

跨期选择领域的研究一致发现，与当前或近期的奖赏或损失相比，人们常常倾向于低估未来奖赏或损失的价值，这种现象就是所谓时间折扣（time discounting，又叫时间贴现或折现）。比如，对某人来说，1 个月后获得 100 元和今天马上获得 90 元在心理上是等价的。为了进一步量化时间折扣在心理意义上的变化，学者们使用时间折扣率（discounting rate）来衡量时间折扣程度的大小，即一段固定时间后未来结果折合到现在其价值大小的变化（Loewenstein & Prelec，1992）。

该领域的焦点问题是，是否存在一个恒定的折扣率或折扣函数。经济学家萨缪尔森（Samuelson，1937）基于期望效用理论提出了一个理性经济人的模型，即折扣效用理论，来解释时间折扣问题。该模型假设人们对未来不同时间点（d）的效用按照同一比率 r 进行折扣，而折扣后的未来各时期的效用之和，就是人们对该决策赋予的总效用。所以，在此模型中时间折扣率为一个恒定值。长期以来，该模型被视为解释时间折扣现象的基本模型。

然而，近年来，研究者们发现了大量折扣效用模型无法解释的各种异象，例如，延迟效应（delay effect）、偏好反转（preference reversal）、数额效应（magnitude effect）、符号效应（sign effect）等。所谓异象，就是在决策

选项的各种条件不同时，折扣率会发生变化。比如，在今天获得 100 元与 5 天后获得 110 元之间，人们倾向于选择前者，而 1 年后获得 100 元和 1 年零 5 天后获得 110 元之间，人们却又常常选择后者，这就出现了所谓偏好反转现象。很显然，这一偏好现象用传统的经济模型是无法解释的。经济学家和心理学家对这种偏好反转背后的原因进行了探讨。一些研究者认为，这种反转是由单一决策系统引起不同时间差异而导致的；但是，另一些研究者认为，它是由两个不同决策系统之间相互竞争或影响所导致的。

罗文斯坦等人假设，对短期与长期偏好之间的选择不一致性，可能反映了二者背后完全不同的神经系统的激活。具体地说，短期的冲动是由边缘系统(limbic system)所控制的，它更容易受到当前奖赏的影响，而对未来奖赏价值不敏感。但是，长期忍耐则是由前外侧额叶皮层(lateral pre-frontal cortex)和相关结构所控制的，它能够对抽象奖赏包括更加长久延迟的奖赏之间进行评价性权衡。

这种假设获得了已有研究结果的支持。首先，人类与其他物种在时间折扣方面存在较大的差异。人类可以对即刻的代价或奖赏与几十年延迟的代价或奖赏进行权衡。但是，即使是最先进的灵长类动物，与人类前额叶宽度也存在明显差异，都没有出现计划性的延迟满足，甚至只是几分钟的延迟。虽然有些动物在行为上表现出关注更长远利益，如季节性地存储食物，但是这种行为总是呆板的和本能的，与人类的计划存在本质差异。其次，手术、事故或中风等脑损伤的研究一致发现，额叶损伤的人更容易受到直接奖赏的影响，无法长期规划。最后，准双曲线时间折扣函数综合了两个不同折扣函数，一个函数描述短期与未来价值之间的折扣程度存在非常明显的差异；另一个函数则描述的是以指数方式折扣，并且比较缓慢。准双曲线时间折扣函数能够很好地拟合实验数据并解释了大量现实行为。

虽然之前已有结果暗示了时间折扣背后可能存在不同的认知加工或神经基础，但是对此并没有实证性数据来证明和检验。为此，罗文斯坦等人试图采用神经科学的方法来进一步检验准双曲时间折扣函数的假设，以揭示人们在权衡即刻奖赏与延迟奖赏时存在着不同的神经基础。

由费尔普斯等人(Phelps & Pollack, 1968)首先提出的准双曲线折扣函数，又称为 β-δ 偏好，已用于模拟财富代际传递的计划和个人时间评价等领域。该函数假设，用 t 表示延迟时间，用 μ 表示奖赏价值数额，当 t＝0 时，即刻奖赏的价值金额等于 μ，而当 t＞0 时，奖赏折扣后的价值金额等于 $\beta\delta^t\mu$，这里 $0<\beta\leqslant 1$，$\delta\leqslant 1$。β 参数(实际上是它的倒数)代表了与任何其

他时间上奖赏价值相比，对即刻奖赏的赋值。$\beta \leqslant 1$，相对于即刻奖赏来说，对所有未来奖赏都统一地赋予更小的权重。δ 参数在标准的指数函数公式中仅仅是折扣率，它在任何既定延迟时间段来说都是相等的，无论延迟时间何时发生。

由此可知，准双曲线折扣函数中，β 反映了赋予即刻结果的特殊权重，而 δ 反映了赋予时间间隔的恒定权重。罗文斯坦等人由此提出了更为具体的假设，即由这两个参数所整合的行为模式来源于不同神经加工的相互影响，也就是说，β 是由边缘系统调节的而 δ 由外侧额叶皮层和支持更高认知功能的相关结构所控制。

研究的基本思路是，让被试对近期（延迟时间 d 上获得奖赏 R 美元）与未来金钱收益（延迟时间 d′ 上获得奖赏 R′ 美元，d′＞d）之间做出一系列跨期选择，同时扫描被试完成任务时脑区激活变化。近期选择的金额总是更小于未来选择的金额（即 R＜R′）。两个选择的间隔时间为 2 周。在一些选择匹配中，近期选择是即刻的（即 d＝0），在其他的选择配对中，只是对近期奖赏在时间上进行推迟（d＞0）。

基于上述思路，预期可以获得三个结果：（1）与没有当天奖赏的选项（d＞0）相比，含有当天奖赏（d＝0）的选项更倾向于激活的是边缘系统；（2）与休息状态相比，无论未来奖赏延迟多久，它激活了外侧前额叶皮层；（3）那些选择了未来奖赏的决策对外侧前额叶皮层的激活程度更高，反映了该区域对未来奖赏价值的认知与评价。

三、实验研究

该实验共招募了 14 名普林斯顿大学在校本科生和研究生，包括 9 女，5 男，平均年龄为 21.4 岁（$SD=1.8$）。

实验要求被试在小的即刻奖赏与大的延迟奖赏的金额之间进行选择，金额数量在 5 美元到 40 美元之间变化，平均数为 20 美元，标准差为 10 美元。即刻奖赏与未来奖赏时间间隔为从实验当天到 6 周之间。研究者在实验前告诉被试，实验结束时从他们所有选择中随机抽取一个结果作为对他们的报酬，并按照此结果的数额与时间进行兑现。同时，被试在完成实验任务后也会立即获得 15 美元现金，但是这个报酬直到实验结束后才告诉被试。在被试完成选择的同时采用功能磁共振成像技术进行扫描。

整个实验过程中，被试在扫描器中完成的任务是通过计算投射成像实现的，使用 MRI 兼容反应盒做出选择。对每个选择，要求被试按照他们的期望尽快做出选择。实验任务呈现过程见图 1。两个选项呈现在屏幕的两边，左边是小的短期奖赏。在选项的下面各有一个黄色三角形，提醒被试需要做出一个选择。一旦被试做出了选择，与之对应的黄色按钮变成红色并呈现 2 秒，以提示被试选择完成并记录下来。随后 12 秒黑屏，接着下一个选择出现。每 7 分钟休息一次。整个任务大约 20 分钟完成。

图 1　实验任务及其呈现过程

为了让被试熟悉实验任务和反应，前两个任务作为练习，让所有被试都完成。第一个任务是在获得金额数相同但是时间不同的两个奖赏之间选择。例如，两周后获得 27.10 美元与一个月零两周后获得 27.10 美元，所有被试都选择了前者。第二个任务是要求被试在对短期奖赏数额低于未来奖赏数额的 1% 的两者之间选择。如今天获得 0.16 美元与一个月零两周后获得 34.04 美元，所有被试都选择了后者。接下来正式实验任务的顺序按照随机方式呈现。

正式实验任务奖赏的组合由下面三个参数来决定：(1)短期奖赏的延迟时间(d)，分为三种情况：今天、2 周和 1 个月；(2)未来奖赏与短期奖赏之间的间隔时间(即 $d'-d$)有两个：2 周和 1 个月；(3)两个奖赏金额之间差的百分数$[(R'-R)/R]$按照 8 种比例安排：1%、3%、5%、10%、15%、25%、35%、50%。在所有组合中，排除了未来奖赏时间从实验当天开始超出 6 周的匹配(即 d 等于 1 个月和 $d'-d$ 等于 1 个月两种情况)。

实验结果：首先，被试选择当天奖赏的决策所激活的区域(即 β 区域)。实验研究发现，与那些所有未来奖赏的选择(d>0)相比，选择了当天奖赏的决策(β 区域)所激活脑区包括腹侧纹状体(ventral striatum，VStr)、中间眼窝前额叶皮质(medial orbitofrontal cortex，MOFC)、中部前额叶皮质(medial prefrontal cortex，MPFC)、后扣带皮层(posterior cingulated cortex，PCC)和海马左后部(left posterior hippocampus)(见图 2A)。与研究者预测结果相一致，这些脑区正是典型的边缘结构以及与旁边缘皮层投射(paralimbic cortical projections)密切关联的区域。这些区域的事件相关激活进程见图 2B。可以发现，在腹侧纹状体、中间眼窝前额叶皮质、中部前额叶皮质和后扣带皮层这些区域上，与未来 2 周和 1 个月奖赏的选择相比，对当天奖赏的选择所引起的血氧水平依赖(BLOD)信号变化明显更大。

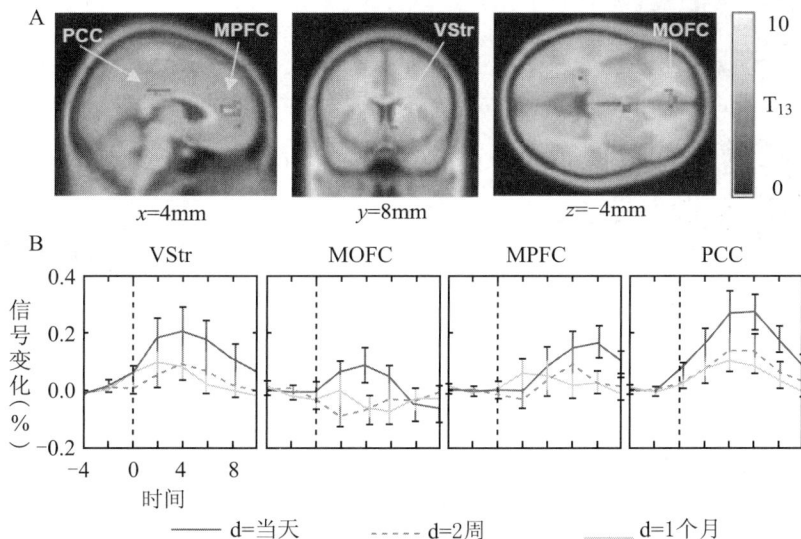

图 2　选择当天奖赏选项(β 区域)优先激活的脑区

注：在图 2B 中，虚线代表被试反应选择时间，黑实线代表当天获得(d＝0)，虚折线代表 2 周后获得(d＝2 周)，灰折线代表 1 个月后获得(d＝1 个月)。

其次，被试选择未来奖赏选项所激活的区域(即 δ 区域)。实验研究发现，由所有奖赏选项所激活的但是对当天奖赏选项不敏感的区域主要有八个区域，视觉皮层(visual cortex，VCtx)、启动区(premotor area，PMA)、辅助运动区(supplementary motor area，SMA)、右边和左边的顶叶皮层内部(right and left intraparietal cortex，RPar，LPar)、右边外侧前额叶皮层(right dorsolateral prefrontal cortex，DLPFC)、右外侧前额叶皮层腹部(right ventrolateral prefrontal cortex，VLPFC)和右外侧前额脑区底部(right lateral orbitofrontal cortex，LOFC)(见图 3A)。但是，研究者认为，视觉和运动区域的激活并非特定于某个具体任务，而是完成任务的一般认知活动，如视觉加工和选择动作反应等。

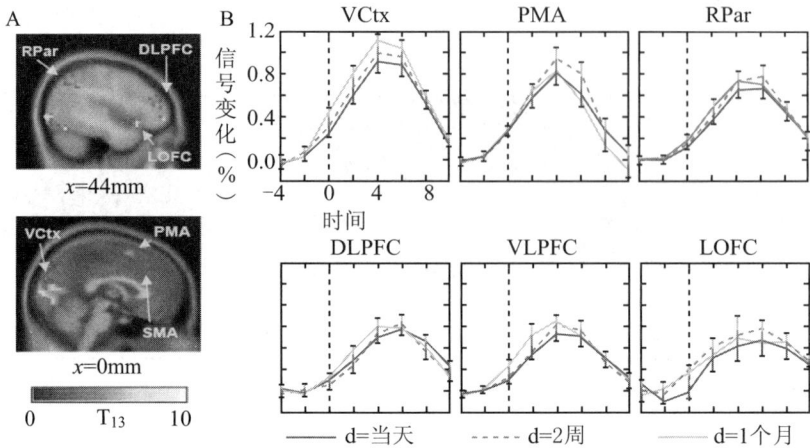

图3　不同延迟时间的未来奖赏所激活区域

注：在图 3B 中，虚线代表选择时间，黑实线代表当天获得($d=0$)，
虚折线代表 2 周后获得($d=2$ 周），灰折线代表 1 个月后获得（$d=1$ 个月）。

　　为了精确地确定由未来奖赏选择所激活的大脑区域，研究者把决策分为困难与容易决策两类，困难决策是指近期奖赏与未来奖赏两个选项金额价值的差距在 5%～25% 之间的选择，其他的为容易决策。由图 4A 可以发现，当 R'/R 比值在 1%～3% 和 35%～50% 这两个范围之内时，被试选择该选项的比例尤为明确，即百分之百选择或不选择。但是，当 R'/R 的比值在 5%～25% 时，选择的比例为 50%，处于两难之间。图 4B 的结果也再次证明了这种划分的正确性，即困难决策的反应时明显高于容易决策的反应时。

　　研究者认为，凡是决策所激活的区域，在决策越困难时其激活程度就越大。基于此，研究者进一步分析了决策困难与脑区激活之间的关系。结果正如他们所预测的，视觉以及启动和辅助运动皮质区域（即 VCtx、PMA）的激活不受决策难度的影响，由此说明，这些区域的激活并非决策所导致，而反映的是一般的认知加工过程。但是，在前额叶和顶叶皮质的所有其他区域（即 RPar、DLPFC、VLPFC、LOFC）的激活明显受到决策难度的影响，决策越困难则这些区域的激活就越强，具体地说，在这些区域，困难决策比容易决策所激活的血氧水平依赖信号变化明显要高得多（见图 4C）。此外，大量神经生理学和神经影像学研究结果也发现，这些额顶网络区域与高级认知加工密切相关。这说明，外侧前额叶皮质和与顶叶相关区域正是由未来跨期选择，而不是那些即刻奖赏选择所激活的。

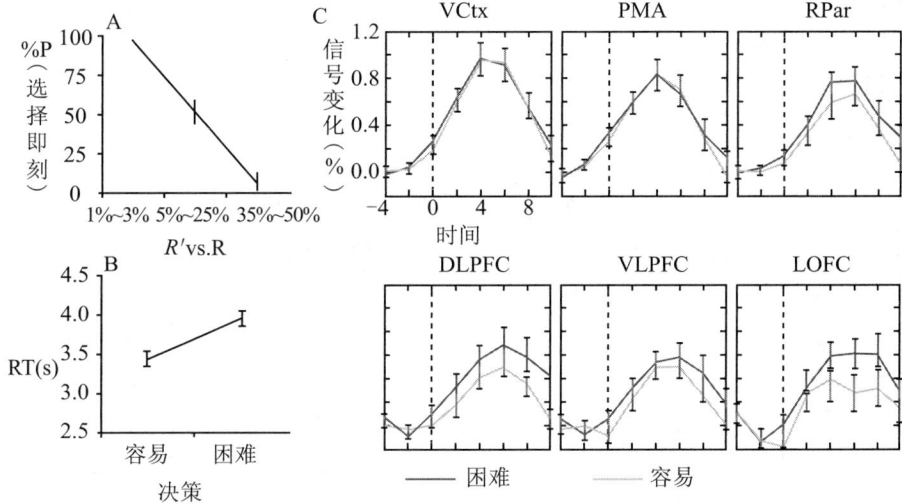

图 4　不同难度决策在脑区激活上的差异

注：C 图中，黑实线代表困难决策，灰线代表容易决策。

最后，研究者在上述两个结论的基础上，做出了进一步的推测和深入分析。他们猜测，如果未来跨期选择激活了外侧前额叶皮质和与顶叶相关区域这一结论成立的话，那么，正是 β 与 δ 神经系统的相对激活程度决定了对即刻与延迟奖赏二者之间的决策。具体地说，当 β 系统卷入时，总是倾向于选择即刻奖赏。选择延迟选项对 δ 系统会产生更强影响。这表明，选择延迟奖赏与 δ 系统高度激活的相关程度明显高于与 β 系统的关联程度。

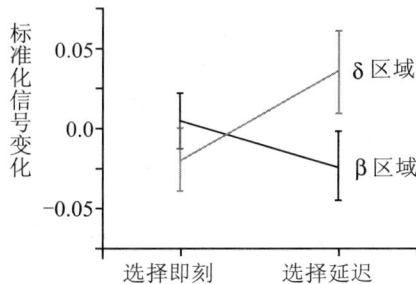

图 5　即刻与延迟选择激活 β 与 δ 区域的差异

为检验这一富有想象力的预测，研究者对含有当天即可获取的选择在 β

和 δ 区域的激活程度进行了比较。图 5 的结果证实了研究者的预测：选择与区域激活之间存在显著的交互作用。具体地说，当被试选择延迟奖赏选项时，δ 区域的激活程度显著高于 β 区域的激活，但是，当被试选择当天奖赏选项时，β 系统激活程度会高些。

四、综合讨论与评价

该研究结果表明，边缘系统与额顶网络的相对激活程度决定了被试的选择：边缘系统在被试选择获得短期较小金额的奖赏时激活更强，而额顶网络在被试选择得到未来较大金额奖赏时激活更强。这一结果从神经机制上证明了，在跨期选择中，不同的神经系统负责加工与评价人类赋予即刻与延迟金钱奖赏的价值。这进一步支持了准双曲线折扣模型对折扣现象的解释，使得该模型逐渐成为跨期选择研究中普遍接受的模型。正因为如此，该研究激起了近年来学界对跨期选择神经机制的研究热潮，也从生理基础上为时间折扣现象的普遍性提供了有力证据（Loewenstein，Rick，& Cohen，2008）。截至 2012 年 11 月，该文被引用了 1296 次，这足以说了这项研究的巨大学术影响力。

该研究结果进一步使相关领域的学者们意识到，时间折扣实际上是一种人类的心理现象，反映了人类对时间、价值等的认知与评价。由此，研究者们纷纷试图引入心理学的理论来解决这类问题，放弃了完全理性人的假设，确立了有限理性人的假设。

例如，在经济学中，跨期选择被视为情绪影响选择的一个典型的领域。罗文斯坦等人（2004）的研究结果就是一个有力的证据，当被试发现有机会获取短期奖赏时，所激活的 β 区域是与边缘系统以及旁边缘皮质区域有关的。已有众多研究都发现，这些区域正是大量多巴胺能神经分布的地方，所以，研究者们一致认为边缘系统的激活意味着冲动性行为，并已经公认药物依赖涉及这些系统中多巴胺能神经传递的紊乱。这些结论对进一步揭示海洛因等毒品或药物成瘾的研究提供了有力的基础与启示。

罗文斯坦研究发现，所有决策一致激活的 δ 区域，包括外侧前额叶和顶叶部分，意味着更高水平的思维过程和认知控制，包括大量的计算。这些加工可能是由对奖赏选项的量化分析和对未来奖赏机会的评价所引起的。由此可见，δ 区的卷入程度可以预测延迟满足，在规划未来发展中具有关键性作用。这从某一种意义上说明了人类进化过程智慧的本质和生理基础。

综合罗文斯坦等人（2004）与近期成像研究的众多结果，我们清楚了边缘系统在认知评价和经济决策中的作用，以及前额叶皮层与边缘系统二者在各种行为背后的相互影响与竞争，这种影响普遍存在于经济和道德方面的决策中，甚至是身体的内部反应，如疼痛和厌恶的变化。由此可以进一步揭示人类行为背后的神经基础与机制，也就是说，那些反映了对特殊环境进化适应的较低水平的自动化加工，与较高水平的后期进化的人类特有的用于抽象的一般领域推理和未来规划的能力之间的竞争，常常控制了人类的行为。具体到跨期选择领域，人类选择偏好的习性好像反映了我们每个人冲动的边缘系统的蚂蚱与具有远见的前额叶的蚂蚁二者之间竞争的结果。

〔黄四林 评介〕

评介文献

McClure，S. M.，Laibson，D. I.，Loewenstein，G.，& Cohen，J. D. (2004). Separate neural systems value immediate and delayed monetary rewards. *Science*，36，503—507.

参考文献

Loewenstein，G.，& Prelec，D. (1992). Anomalies in intertemporal choice：Evidence and an interpretation. *The Quarterly Journal of Economics*，107，573—597.

Loewenstein，G.，Rick，S.，& Cohen，J. D. (2008). Neuroeconomics. *Annual Review of Psychology*，59，647—672.

Phelps，E. S.，& Pollack，R. A. (1968). On second-best national saving and game-equilibrium growth. *The Review of Economic Studies*，35，185—199.

Samuelson，P. A. (1937). A note on measurement of utility. *The Review of Economic Studies*，4，155—161.

26. 情绪体验对品牌评价影响的脑成像研究

毋庸置疑，消费者都青睐物美价廉的商品，这很显然是出于利益和效用的缘故。那为什么消费者更喜欢耳熟能详的商品，而不太喜欢名不见经传或陌生品牌的商品呢？也许是有人认为熟悉的品牌在质量或售后服务上更让人信赖，即使我们从来都没有使用过，仅仅只是经常看到或听到这个产品的名字或商标，我们都会毫不犹豫地，甚至是心甘情愿地认为它比普通品牌更好些。这说明，人们对熟悉、不熟悉品牌的认识或情感评价是存在明显差异的，而且更明显地偏好于前者。为什么会出现这种"熟悉就信任或偏好"的现象呢？与不熟悉的品牌相比，是人们懒惰而易于从大脑中回忆起熟悉品牌的信息，还是出于情感看到熟悉品牌倍感亲切呢？抑或二者兼有？艾思奇等人（Esch，Möll，Schmitt，Elger，Neuhaus，& Weber，2012)采用了功能性磁共振成像技术，在《消费者心理学杂志》发表文章专门探讨了这一问题。

一、品牌评价脑机制的研究

众所周知，1984 年创立于中国青岛的海尔集团，当前已是全球大型家电的第一品牌。1996 年由该集团和中国北京红叶电脑动画公司联合投资6000 余万元、历时十余年制作的动画片《海尔兄弟》正式上映，这部堪称中国动画史上科普类动画巅峰之作的作品，是海尔集团献给未来社会的主人——全世界儿童的一份厚礼。很显然，这部动画片的制作是海尔集团经典的营销战略，即开发未来消费群体。该集团很清楚，伴随着 212 集《海尔兄弟》动画片成长起来的这群儿童，在未来必然是海尔产品的熟知群体，也将是该产品的忠实消费群体。这种营销策略已经完全洞察并成功利用了消费者这种"熟悉就偏好"的心理。类似的营销案例在广告心理学中不胜枚举。

消费者是如何认知或评价品牌的呢？根据以往的品牌价值评价模型，消费者在认知和评价某个品牌时，通常会编码和提取有关该品牌的描述特征和品牌见闻。但是，最近的研究发现，消费者在编码和提取这些信息的过程中也可能激活感觉和情绪，并伴随着身体和内脏的反应（Schwarz，2004），由此可以推测，消费者也可能是依据这种品牌体验或感受来进行品牌评价(Bechara & Damasio，2005)。很显然，经典的行为研究难以检验这一推测。近来，研究者采用功能性磁共振成像技术可以直接观察到被试在评价熟悉度不同的品牌时脑区激活的差异，再根据不同脑区的认知功能来揭示人们评价品牌的内在心理和生理机制。本文将要介绍的艾思奇等人的文章正是基于这一研究目的。作者艾思奇(Franz-Rudolf Esch)是德国吉森大学市场营销学系的教授、品牌和传播研究所的主任。

艾思奇等人（Esch et al.，2012)的这项研究把被试将要评价的品牌分为熟悉和陌生的两类品牌，其中熟悉品牌又分成"强品牌"和"弱品牌"。无论是强品牌，还是弱品牌，对于被试来讲，都是很容易认出的。但是，强品牌具有更容易回忆起来，而且能唤醒更强、更积极情绪的特征(Hoeffler & Keller，2003)。

艾思奇

（一）基于临时（ad hoc）信息和检索信息的两种加工

根据已有研究结果，艾思奇等人（Esch et al.，2012）提出，消费者在评价熟悉度不同品牌时可能存在着两种加工或决策过程，即基于临时可能获得的陈述信息而形成的态度（自下而上的加工）和基于检索过去经验而形成的态度（自上而下的加工）。具体地说，对于陌生品牌，消费者没有过去经验可以依赖，只能通过编码临时获得该品牌的陈述信息（即品牌的名字或商标）来进行自下而上的评价；对于强品牌，则主要基于提取已有的经验进行自上而下的评价。

然而，弱品牌似乎同时涉及陌生品牌和强品牌两种加工过程。因为弱品牌唤醒的意识比强品牌意识水平低（即易被认知，但是不容易回忆），消费者可能需要在工作记忆中操作品牌名称及相关陈述性信息才能对该品牌进行评价，这非常类似于陌生品牌评价；同时，消费者可以搜索长时记忆中的经验来评价这个品牌，这一点又类似于强品牌。以前的研究很少探讨消费者对弱品牌的认知编码，这正是艾思奇等人的研究的独特之处。

既然存在基于临时（或编码）信息和检索信息的两种加工过程，作者于是预期对品牌名称进行语言加工的脑区，在评价陌生品牌和弱品牌时激活程度高于在评价强品牌时的激活；相反，预期对过去经验检索的脑区，在评价强品牌和弱品牌时激活程度明显高于在评价陌生品牌时的激活。

哪些具体的脑区可以反映出这种激活差异呢？根据已有研究结果，艾思奇等人认为可以定位于布洛卡区（Broca）和威尔尼克区（Wernicke）。因为布洛卡区涉及各种基本语言编码过程，包括启动、现象分析和表达。更为重要的是，当人们加工虚构词语如品牌名称时会激活额下回（inferior frontal gyrus），该区域正是布洛卡区的重要组成部分之一（Dietz et al.，2005）。因此，如果消费者集中分析品牌名称，那么就可以预期布洛卡区激活增强，相反，威尔尼克区负责意义的理解和建构（Foki et al.，2008），理解需要匹配输入信息与存在信息的检索过程，所以消费者评价熟悉品牌时会激活该区域。

为检验在评价不同熟悉度品牌时可能存在的两种加工过程，作者提出了两个具体的研究假设：

假设1，当被试在评价陌生品牌和弱品牌时，比之评价强品牌，要更多地激活布洛卡区以及与加工品牌名称词汇相关的区域。

假设2，当被试在对熟悉品牌（包括强、弱品牌）进行评价时，比之陌生品牌评价，应该激活大脑中的威尔尼克区以及与加工跟过去经验相关的区域。

(二)陈述性信息和经验性信息的影响

据已有研究发现，当消费者编码和检索信息时，可能会使用两种不同类型的信息，即陈述性和经验性的信息来评价品牌（Schwarz，2004）。陈述性信息可以获得商品的特征、事实和知识，而经验性信息则专注于人们个人的感情和经验。

与弱品牌相比，消费者似乎应该更容易获得有关强品牌的陈述性信息。因此作者推测，加工陈述性知识有关的脑区，在评价强品牌时激活程度明显高于弱名牌。同时，强品牌比弱品牌应该更加容易激发正性情感，因而作者推测，与加工正性情绪经验有关的脑区在评价强品牌时激活程度也显著强于弱品牌。

加工陈述性信息和正性情绪与经验的具体脑区又分别有哪些呢？已有的认知神经心理学研究结果表明，前额叶皮层（prefrontal cortex）和颞中回（medial temporal lobe）与陈述性信息加工明显相关，而苍白球（pallidum）与正性情绪和身体、内脏变化的体验相关。基于这些研究结果，艾思奇等人进一步提出了另外两个假设：

假设3，当被试在处理陈述性信息时，强品牌应该比弱品牌更多地激活前额叶皮层和颞中回。

假设4，当被试用过去经验对品牌进行评价时，强品牌比弱品牌，更多地激活苍白球以及与积极情绪相关的脑区。

综上，艾思奇等人（Esch et al.，2012）使用脑成像技术试图探讨熟悉品牌和陌生品牌所激活的语言脑区是否一致，被试在进行品牌评价时，究竟是由品牌的陈述性信息主导的，还是由过去经验和情感主导的。

二、品牌评价的脑成像实验

(一)品牌名称

首先通过预实验找出8个强品牌：宝马、易趣、可口可乐、哈利戴维森、朗尼斯、兰博基尼、保时捷和法拉利；8个弱品牌：起亚、雅虎、欧宝、斯柯达、普瑞魏乐吉（Privileg）、欧廷格（Oettinger）、武腾堡适（Württembergische）和摩托罗拉；8个陌生品牌：Xenpak，Tatasolusi，Oriel，Hidell，Ovid，Enersul，Ville de Rouyn-Noranda 和 Kayser-Threde（因为是陌生品牌，所以不做翻译）。

(二)被试

正式参与脑机制研究的被试是15名成年男子，都来自fMRI数据库。

他们对脑成像的过程非常熟悉，没有脑疾病历史，没有神经症、精神病，都在 20 岁左右，并全部经过爱丁堡利手测验（Edinburgh Handedness Scale）的测验筛选，都是右利手。

（三）实验过程

被试进入实验室后，先了解测验过程，并签订同意书。研究者要求被试对将要看到的一些产品品牌进行评价。

首先，有一个前测，测查中将区分强品牌和弱品牌以及他们不熟悉的品牌图片。然后，进入真实的实验程序，具体程序如下：

（1）呈现一个品牌 3 秒钟（包括名字和商标，图片大小一样，并都在白色背景上呈现）。

（2）0.5 秒钟的空白（呈现一个黑色屏幕，中间有一个交叉十字形的注视标志）。

（3）被试有 3.5 秒钟时间做出一个简单的对品牌的评价。被试通过左手或者右手的鼠标给出评价。

（4）呈现 4～5 秒钟的一个抖动延迟，该延迟除了为了扰乱被试对下一个刺激的预测，还用于检测血氧依赖水平（BOLD），以此来定位大脑哪个区域被激活。

（5）整个实验中，被试将看到 24 个品牌的图片（8 个强品牌，8 个弱品牌，8 个不熟悉的品牌），每张图片看 5 遍，顺序为事件相关设计的随机排序。

（6）后测。在完成所有的 fMRI 实验以后，被试还要完成"自我评价模式"（Self Assessment Manikin）评价以及对那些熟悉的品牌知晓度和品牌态度的评价。

全部实验过程 90 分钟。

（四）主要结果

1. 行为研究结果

后测发现，强品牌（$M=4.49$）比弱品牌（$M=2.94$）激活了更多的积极情绪，弱品牌比陌生品牌（$M=2.72$）激活了更多的积极情绪。最后，强品牌反应时（0.92 秒）最快，然后是弱品牌（0.97 秒），陌生品牌（1.15 秒）最长。

2. 脑区激活的结果

首先，当被试在评价陌生品牌时，额下回的激活程度明显强于在评价强品牌时的激活。同样，当被试在评价弱品牌时，额下回的激活程度也显著强于对强品牌评价时的激活。这两个比较结果支持了假设 1，即当被试在评价陌生品牌和弱品牌时，比之评价强品牌，要更多地激活与加工品牌名称词汇相关的额下回。但是，陌生品牌相比弱品牌在额下回的激活无显著差异，这表明被试在评价这两种品牌时采用了类似的语言临时加工过程。

此外，通过对陌生品牌与强品牌、弱品牌与强品牌的比较，还意外地发现，与强品牌相比，陌生品牌和弱品牌都导致了脑岛更强的激活。已有研究表明，脑岛与负性情绪有关。最近几年还发现脑岛与风险决策有关联。与强品牌相比，在对陌生品牌和弱品牌进行评价时，消费者可能正经历着负性情绪，这或许是因为在该实验情境下对陌生品牌所能获取的信息比较少。由此可见，对于被试来说，陌生品牌和弱品牌与负性情绪产生了关联。

其次，强品牌相比陌生品牌而言更明显地激活了四个脑区，即海马、舌回、额中回、小脑。这四个脑区与信息检索都有关联，如已有研究发现，海马、舌回、额中回都跟认知、记忆和检索数字有关，而右侧小脑在记忆和信息检索中扮演了非常重要的角色。弱品牌较之陌生品牌的对比也发现，位于左顶叶下回（left inferior parietal supramarginal）与角脑回（angular gyri）的布罗德曼 40 区（BA40）和梭状回（fusiform gyrus）的激活程度明显更强。已有研究发现，布罗德曼 40 区和梭状回都涉及信息检索，而且布罗德曼 40 区是威尔尼克区的一部分，梭状回左部涉及记忆加工和负性情绪。由此可见，熟悉品牌（强品牌和弱品牌）与陌生品牌相比较，更明显地激活了威尔尼克区和其他与信息检索和整合有关的区域，这验证了假设 2。

最后，假设 3 和 4 关注强品牌和弱品牌之间的差异是否是因为二者使用了不同类型的信息，即陈述性信息和由过去经验引发的情绪信息。结果发现，在针对陈述信息时，强品牌较之弱品牌在脑区的激活上无显著差异，这一结果没能支持假设 3。相反，假设 4 获得了数据支持，强品牌与弱品牌所激活的与积极情绪密切关联的脑区存在明显差异。具体地说，较之弱品牌，强品牌更明显地激活了左、右脑两侧的苍白球，而苍白球的激活反映了被试对强品牌的愉悦感受和正性情绪。此外，结果还发现强品牌更明显地激活了额中回和小脑，额中回是信息检索的脑区之一，而小脑提供了信息整合功能。这说明，消费者在评价强品牌时重新体验过去经验带来的熟悉而快乐的感觉。

总之，该项研究验证了假设 1、2 和 4，不支持假设 3。综合这些结果可以发现，不同脑区的激活反映出消费者在对不同类型品牌（陌生品牌、弱品牌或强品牌）进行评价时存在着两种认知方式，即基于临时信息加工和基于检索信息加工。更为重要的是，消费者似乎更依赖于所体验到的情绪来进行品牌评价（积极情绪跟强品牌有关，而负性情绪跟弱品牌有关）。

三、综合讨论和评价

艾思奇等人（Esch et al.，2012）的这项研究结果表明，消费者在评价陌生品牌时使用的是临时（编码）信息加工，而评价强品牌时使用的是检索信息加工。尤为突出的结果是，评价弱品牌时同时使用临时信息加工和检索信息加工这两种方式。艾思奇等人的解释是，在评价弱品牌时，消费者在检索和提取相关信息的同时，仍然试图建构临时的联结和记忆线索。因为弱品牌唤醒的意识比强品牌意识水平低，消费者可能需要在工作记忆中操作品牌名称及相关陈述性信息才能对该品牌进行评价，这非常类似于陌生品牌评价；同时，消费者可以搜索长时记忆中的经验来评价这个品牌，这一点又类似于强品牌评价。

当然，该项研究最为重要的发现是，影响消费者对强品牌和弱品牌评价之间差异的是正性经验信息，而不是陈述信息。换句话说，体验到的情绪感受比编码陈述信息更为重要。艾思奇等人意外地发现，消费者在评价弱品牌和陌生品牌时显著地激活了与负性情绪关联的脑岛，而该区域的激活反映了消费者在评价弱品牌和陌生品牌时体会到了不确定、冒险和负性情绪。相反，在评价强品牌时却体验到的是正性情绪感受。强品牌似乎不仅有认知参与，还有强烈的情绪参与其中，这就意味着品牌经验完全可能，也可以由感觉和情绪生理激活触发，从而引起对强品牌的良好评价（Brakus，Schmitt，& Zarantonello，2009）。

我们认为，艾思奇等人的研究结果从脑机制上很好地解释了广告、消费和社会生活领域的"熟悉就信任或偏好"的现象。首先，无论是新产品还是老产品，商家总是毫不吝啬地斥巨款进行铺天盖地、狂轰滥炸式的广告宣传。其目的很明显，广告不仅能让消费者知道该产品存在，更为重要的是，经过反复地、多渠道地做广告可以让消费者对该产品耳熟能详，在心理和意识层面处于自动化提取的水平，同时体验到积极的情绪感受，自然而然地产生了对该产品或品牌较高的评价，即偏好倾向。这在一定程度上可以回答很多商家为什么愿意花巨款进行慈善事业（当然不排除商家的社会责任心），因为此举使得人们很容易把该品牌与积极情感联结起来。其次，除了在广告、消费领域，在日常生活、工作中，人们进行各种人际交往时也普遍存在"熟悉就信任或偏好"的现象。我们与一个陌生人交往时，总是试图找到自己与他（她）的相同之处，如所谓"九同"（同学、同事、同乡、同宗、同年、同行、同姓、同好、同袍）。其目的也很明显，通过强调具有这些相同的信息（熟悉）而拉近与他（她）的距离，即让对方信任或偏好我们。当然，对这方面的解释我们需要进一步进行研究验证。

[冯源 评介]

评介文献

Esch, F. — R., Möll, T., Schmitt, B., Elger, C., Neuhaus, C., & Weber, B. (2012). Brands on the brain: Do consumers use declarative information or experienced emotions to evaluate brands? *Journal of Consumer Psychology*, 22(1), 75—85.

参考文献

Bechara, A., & Damasio, A. R. (2005). The somatic marker hypothesis: A neural theory of economic decision. *Games and Economic Behavior*, 52, 336—372.

Brakus, J. J., Schmitt, B. H., & Zarantonello, L. (2009). Brand experience: What is it? How is it measured? Does it affect loyalty? *Journal of Marketing*, 73, 52—68.

Dietz, N. A. E., Jones, K. M., Gareau, L., Zeffiro, T. A., & Eden, G. F. (2005). Phonological decoding involves left posterior fusiform gyrus. *Human Brain Mapping*, 26, 81—93.

Foki, T., Gartus, A., Geissler, A., & Beisteiner, R. (2008). Probing overtly spoken language at sentential level: A comprehensive high-field bold fMRI protocol reflecting everyday language demands. *Neuroimage*, 39, 1613—1624.

Hoeffler, S., & Keller, K. L. (2003). The marketing advantages of strong brands. *Brand Management*, 10, 421—445.

Schwarz, N. (2004). Metacognitive experiences in consumer judgment and-decision-making. *Journal of Consumer Psychology*, 14, 332—348.

第七章

进化与具身经济心理学

JINHUA YU JUSHEN JINGJI XINLIXUE

炫耀性消费的进化解释
口红效应的进化解释
性别比例失衡对存款、借贷和支出的影响
女性模特在广告中的运用
点头赞成,摇头反对:头部动作的说服效应
点金手:触碰和餐厅小费

27. 炫耀性消费的进化解释

　　保时捷汽车价格昂贵，修理维护的成本也很高，而且只有两个座位，空间狭小，耗油却不少。这种汽车往往被视为奢侈品，人们乐于购买它似乎不是为了实用，而是为了炫耀。为什么有人乐于购买各种奢侈品，进行炫耀性的消费呢？经济实力只是一个必要的条件，而进化经济心理学的研究表明，炫耀性消费有着"性"含义，它发挥着性信号的作用。

一、炫耀性消费的进化解释

　　购买特别昂贵的产品或服务，已经不仅仅是出于对其质量或实用功能的考虑，而往往是出于炫耀社会地位和财富的动机。一个世纪之前，经济学家凡勃伦（Veblen，1899）在其著作《有闲阶级论》一书中已经将这种消费行为定义为"炫耀性消费"（conspicuous consumption）。

　　托尔斯泰因·凡勃伦（Thorstein Veblen，1857—1929）是美国经济学家、制度经济学派的创始人，也是一名社会学家。他生于美国威斯康星州一个挪威移民家庭，先后就读于霍普金斯大学和耶鲁大学。1884年在耶鲁大学获得博士学位后，曾在芝加哥大学、斯坦福大学、密苏里大学和新社会研究学院等校任教。重要著作包括《有闲阶级论》（1899）、《商业企业论》（1904）、《德意志帝国和工业革命》（1915）、《科学在现代文明中的地位》（1919）等。

凡勃伦

　　他最早注意到了这样一种现象：商品价格定得越高，消费者反而越愿意购买。这种消费倾向后来被命名为"凡勃伦效应"。为什么定价高的商品，反而会受到青睐呢？凡勃伦认为，价格高昂的产品具有一定的炫耀性，消费者通过使用这些产品吸引别人的注意，故而这种消费行为又被称为"炫耀性消费"。有闲阶级的主要活动就是炫耀性消费，这种活动的贡献就是"浪费"，它对生产力本身毫无贡献。

　　人们为什么要进行炫耀性消费呢？背后的动机是什么？有钱似乎只是

一个基础条件，炫耀也只是表面的原因，而当前如火如荼的进化心理学则相信这可能与繁殖的回报有关。炫耀性消费似乎在向异性传递一个信号，表明自己是异性适合的、高品质的配偶。也就是说，炫耀性消费隐藏了性选择的动机。对此，性选择理论、亲代投资理论等可以提供解释（参考Sundie等人的评论，2011）。

"性选择"是达尔文在1871年提出的一个概念，它被视为自然选择的一部分。按照自然选择的观点，动物的特征中只有有利于生存的特征才能保留下来，但是这似乎无法解释为什么有些动物保留了一些看上去没用的，甚至不利于生存的特征。典型的例子是孔雀，雄孔雀巨大的、炫耀性的尾羽，不仅会吸引天敌，而且不利于其逃脱。达尔文的解释是，这些炫耀性的特征（孔雀开屏）被自然选择是因为这种特征提高了动物个体对异性的吸引力，而增加了繁殖的机会。雄孔雀的炫耀性尾羽可以说是一种有代价（可能招致天敌）的求偶信号系统。它们复杂的、鲜艳的、巨大的尾羽可能向异性表明自己是强壮的、有力量的、有免疫能力的，是理想的交配对象。

动物界里有鲜艳的羽毛或颜色这类炫耀性特征的，通常是雄性而非雌性，这又如何解释呢？亲代投资（parental investment）理论（Trivers，1972）可予以说明。所谓亲代投资，指父母双亲为了养育具有生育能力的下一代所做的付出或投资。亲代投资理论认为，父母双亲在生产有繁殖能力的下一代时所付出的基本投资是有巨大差异的。雄性哺乳动物（包括人类）在繁殖下一代上投入（如能量、养育时间）非常少，而雌性则要付出更多，要花非常多的精力和时间孕育和抚养下一代。两性养育下一代时所做基本投资的差异导致雌性通常是性伙伴的挑选者，而雄性通常要通过竞争获得接近雌性的机会，力争被雌性选中。

基于性选择理论，可以认为男性的炫耀性消费类似于雄孔雀的尾羽，具有吸引异性的作用；基于亲代投资理论，男性作为投资较少的一方，需要通过炫耀性消费赢得异性的青睐。假如这个观点是对的，问题是男性的炫耀性消费"在什么条件下"以及"如何"发挥性信号的作用。下面介绍的这篇文章作了回答。

二、作为性信号系统的炫耀性消费

美国得克萨斯大学的年轻研究者桑黛（Jill M. Sundie）和亚利桑那大学的资深学者道格拉斯·金瑞克（Douglas T. Kenrick）等合作于2011年在权威的《人格与社会心理学杂志》上以《孔雀、保时捷、凡勃伦：作为性信号系统的炫耀性消费》为题发表研究报告，探讨了男性的炫耀性消费如何影响性选择。桑黛目前在得克萨斯大学的市场营销系工作，她在亚利桑那大学获得博士学位。而金瑞克则是进化心理学领域的权威学者，他1948年出生于美国纽约，1976年在亚利桑那州立大学获得博士学位，然后大部分时间都在该校任教至今。他主要研究进化心理学、认知科学和动态系统理论，发表了170多种论文和书籍，其中大部分成果都是运用进化思想解释人类认知和行为。现在介绍的这篇文章就用进化思想解释了炫耀性消费作为一种性信号如何影响了异性的评价。

金瑞克

　　根据前面介绍的亲代投资理论，男性投资较少，因而一般而言比女性更为认可没有承诺的性关系。男性之间为了赢得与女性发生没有承诺的性关系的机会通常要进行激烈的竞争，由此，炫耀性消费可能是男性为了超过其他竞争者以赢得短期性伴侣而做出的必要的展示。由于男性通常只是根据女性的身体特征（如长相）评估其是否适合作为短期性伴侣，因此，女性若进行这种炫耀性消费未必能增加自身的吸引力。由此，作者桑黛等人（Sundie et al.，2011）假设，炫耀性消费只是男性可以采用的性信号系统，女性这样做未必起作用，而且它可能只适用于短期求偶行为。

　　为什么假定炫耀性消费只能在短期求偶行为中发挥性信号作用呢？在生命历史理论（life history theory）看来，个体所拥有的资源或能量的总量是有限的，把资源用于某种生命活动，其他类别的活动得到的资源就相应减少了（Kaplan & Gangestad，2005；Stearns，1976）。有机体的很多生命活动都需要资源，这些活动包括生存和成长（要维持机体需要的满足）、繁殖（选择和吸引配偶）以及抚养子女等。动物从孕育到死亡的生命周期中在自然选择的塑造下应该可以发展出最优的资源分配策略，确保繁殖并养育出有繁殖能力的下一代，以实现基因的延续。由于雄性投资较少，交配结束几乎就完成了基因的传递，因此，雄性的最佳策略是增加交配和繁殖的机会；而雌性需要花费更多精力和能量抚养下一代，因此，其策略是找到能长期提供抚养资源的雄性，协助其抚养下一代。由于炫耀性消费旨在满足当前的需要，可能会预支明天需要的花费，因此，"花明天的钱满足今天的需要"虽然有助于赢得短期性伴侣，但可能不利于维系长期的性关系。也就是说，男性的炫耀性消费应该不会赢得寻求长期性关系的女性的青睐。

桑黛等人通过四项研究考察了炫耀性消费作为求偶或性信号系统的性质和发挥作用的条件。前三项研究主要从信号系统的展示方来研究。其中研究 1 和研究 2 考察了求偶背景下，炫耀性消费动机是否有所增强，并重点比较了性取向(严肃的与不严肃的)的男性在这方面的差异；研究 3 考察了在激活低投资(短期的)求偶动机和高投资(长期的)求偶动机的情况下，炫耀性消费倾向的差异。这三项研究主要用于确定什么样的男性，在何种背景下使用炫耀性消费展示求偶信号。最后，研究 4 关注了炫耀性消费信号的知觉方是否能辨别信号展示方的求偶策略。

三、系列实证研究

(一)研究 1

在研究 1 中，作者考察了求偶动机如何影响男性和女性的炫耀性消费欲望。被试为一所公立大学的 243 名学生，其中女性 152 人，男性 91 人，平均年龄 21.9 岁。实验为 2(被试性别：男，女)×2(动机：求偶动机，控制组的中性动机)的被试间设计。

求偶动机通过"启动"程序操纵，即让实验组被试观看 8 张有吸引力的而且可能有机会与之交往的异性的照片，研究者告知被试这 8 名异性也正希望找到异性朋友(研究者只告诉被试研究目的是为了提高学校的交友中心的服务质量)。控制组被试观看的是宿舍楼的建筑照片(因为事先告诉被试，参加这项实验是为了搜集信息帮助改善学生住宿)。

观看照片后，被试要回答一些问题，包括评价照片中人的长相或建筑的吸引力。最后，被试要做一份 2000 美元的预算，决定如何分配这些钱用于购买 36 类炫耀程度不同的产品。关于这些产品的"炫耀性"程度，事先让另外的与正式实验被试在人口学特征上类似的 160 人做了评定，评定采用 1～9 的九级量尺。评定结果如，某设计师设计的太阳镜、精致的车用立体声设备都被评定为高炫耀性产品(得分分别为 7.94、7.69)，而廉价的牛仔裤、烤箱被评定为低炫耀性产品(得分分别为 2.94、2.61)。根据每类产品的炫耀性程度和正式实验被试的预算分配，研究者合成了"炫耀性指数"作为因变量。

除了接受上述实验处理外，正式被试还要填写"社会性别定向问卷"。该问卷有 3 个项目(如"没有爱的性行为是可以接受的")，可以测量被试的求偶策略，包括低投资策略(短期的、逢场作戏的、不需要过多付出的求偶行为)和高投资策略(长期的、需要持续付出的求偶行为)。

研究结果表明，对于采用低投资求偶策略(得分偏离平均数 1 个标准差)的男性，被激活求偶动机的实验组比控制组做出了更多的炫耀性消费。这表明对于短期求偶有兴趣的男性，特别是在求偶机会较大时，容易做出炫耀性消费。然而，对于采用高投资求偶策略的男性，激活求偶动机与否对炫耀性消费没有影响。也就是说，求偶背景对于那些性态度上比较严谨的男性的炫耀性消费没有影响。

然而，对于采用低投资求偶策略的女性，求偶动机的激活与炫耀性消费无关；但是对于采用高求偶策略的女性，二者有关(这一结果并不稳定，在后面的实验中没有得到验证)。总体而言，女性结果的模式与男性相反，炫耀性消费并不增加女性在短期求偶市场上的优势。

(二)研究 2

研究 2 的目标是进一步验证研究 1 中关于男性的结论。该研究采用了另外一种激活求偶动机的操纵程序，即让被试阅读一个罗曼蒂克的故事，并想象自己要与意中人度过一个浪漫的下午；对因变量的测量，是让被试表明自己是否愿意购买一款钱包，钱包包括代表较高社会地位的和较低社会地位的两类产品。被试求偶策略的测量方法与研究 1 相同。

研究 2 被试为 107 名男性大学生。研究采用 2(动机：求偶动机，控制条件)×2(产品类型：高社会地位，低社会地位)的混合设计。动机为被试间变量，产品类型为被试内变量。

研究 2 完全验证了研究 1 的结果。研究 2 中，采用低投资策略的男性，在激活求偶动机的条件下，比控制组更愿意购买炫耀性产品，即购买代表高社会地位的钱包。但是，采用高投资策略的男性，没有这种特点。

(三)研究 3

研究 1 和研究 2 只是证明了有求偶动机时，人们是否会选择炫耀性消费。研究 3 进一步考察了求偶动机类型的影响。求偶动机被区分成短期求偶动机(表现为低投资的、不需要承诺的浪漫激情)和长期求偶动机(表现为需要长期投资的、有承诺的两性关系)。

有 240 名公立学校的大学生参与了实验，其中男性 147 人，女性 93 人。研究为 2(被试性别：男，女)×3(求偶动机：长期求偶，短期求偶，控制条件)的被试间设计。

长期或短期求偶动机的激活是通过阅读两类故事实现的。用于激活短期动机的故事为，被试想象自己在异国沙滩上与自己心仪的异性度过假期最后一天的下午，故事的结局是两个恋人在月色朦胧的海滩上热吻，而且故事强调两个人可能没有机会再相见。关于长期动机的故事为，被试想象在大学校园里与某个异性约会，并一起度过浪漫的晚上，情节包括共进烛光晚餐，最后吻别，而且重点强调这个异性是可以终生相守的伴侣。这两个故事在长度、情绪唤起方面大致相同，唯一的不同是感情是否需要承诺，是否维持长期的忠贞关系。

因变量的测量是让被试表明自己是否愿意购买有炫耀功能的产品，包括新车、手表、手机、新款太阳镜等。测试问题为"与其他普通同学相比，你愿意花多少钱购买某种产品"。被试要在 1～9 的九点量表上表明自己愿意花费的钱数的多少。

研究结果表明，对于采用低投资求偶策略的男性被试，当短期求偶动机激活时比控制条件下，会表现出更高的购买炫耀性产品的意图；然而，短期求偶动机的激活，并没有让采用高投资求偶策略的男性被试表现出更多的炫耀性消费意愿。

结果还表明，无论是对于采用低投资求偶策略还是高投资求偶策略的被试而言，长期求偶动机的激活与否并不影响炫耀性产品的消费意愿。

另外，对于女性被试而言，无论是采用哪种求偶策略的被试，在激活短期和长期求偶动机的条件下，炫耀性消费都没有差异。总之，女性被试没有表现出任何有显著差异的结果。

(四)研究 4

前三项研究一致表明，对倾向于短期求偶的男性而言，炫耀性消费有性信号功能，旨在向异性展示自己的地位和实力。如果一个信号系统要有效运行，知觉者需要准确解释这种信号。这就像雄性孔雀艳丽的尾羽，如果不能被雌性孔雀知觉为雄性配偶品质的信号，就没有实际意义。因此，研究 4 主要从女性知觉者的角度，探讨了她们对于男性炫耀性消费的看法。

该研究被试为 408 名大学生，其中有 252 名女生，156 名男生。实验采用 2(目标性别：男，女)×2(汽车类型：炫耀性的，无炫耀性的)×2(关系类型：短期的，长期的)的混合设计。被试要评价自己希望目标个体作为可能的约会和结婚伴侣的程度：女性被试要评价最近买了一辆炫耀性汽车或无炫耀作用的普通汽车的目标男性；类似地，男性被试要评价买这两类车的目标女性。

研究者告诉被试要评价一下当代商务人士。他们首先要阅读关于一位异性商务人士的描述，其中包括的信息有：年龄 32 岁，受过 MBA 教育，职业是一家财富五百强公司的高级分析师，年收入 8 万美元，爱好骑自行车，休闲活动是看电影、听音乐。在这段基本描述中，嵌入了对自变量的操纵，告诉被试这位商务人士最近刚购买了一辆新车。一个描述版本中，购买的是非炫耀性的汽车（一款普通本田汽车，零售价为 15 655 美元），另一个为炫耀性汽车（新款保时捷汽车，零售价为 58 000 美元）。事先采用一个单独的被试样本评价了这两类车代表的社会地位和炫耀性程度，经过九点(1~9)评分，丰田车的社会地位得分为 4.07，保时捷为 8.12，类似地，前者的炫耀性程度得分为 3.03，后者为 7.72，这些评价没有性别差异，这表明选择这两类车代表炫耀性消费与否的做法是适当的。

因变量为被试对那位商务人士作为自己配偶的期望程度，包括期望作为约会的对象（短期关系）和期望作为结婚的对象（长期关系），被试采用九点量尺进行评价。

此外还测量了目标人士的求偶策略。在研究 1、2、3 中都是让被试采用"社会性别定向问卷"自评，而研究 4 采用该问卷让被试评价那位目标人士会如何回答问卷的问题。例如，让被试评价那位目标人士是否认同"我能想象自己会心安理得地享受与不同伴侣的一夜情式的性行为。"

研究者首先统计了目标人士是否拥有炫耀性的汽车会不会影响他或她被被试作为配偶的期望程度。结果表明，拥有炫耀性汽车提高了男性目标人士被作为短期伴侣的期望程度，而没有提高其被作为长期伴侣的期望程度（图 1）；拥有炫耀性汽车不影响女性目标人士被作为短期或长期伴侣的期望程度。

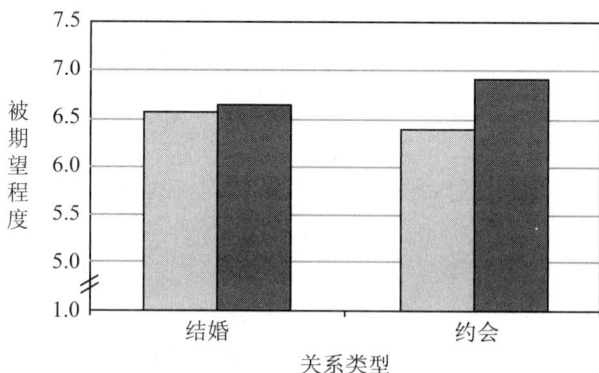

图 1　男性是否拥有炫耀性汽车影响女性对他作为约会（而非结婚）对象的期望程度

注：图中深色柱子代表有炫耀性的保时捷汽车，浅色代表普通丰田汽车。

再来看关于目标人士求偶策略的评估结果。从事炫耀性消费的男性目标人士被知觉为拥有更不严肃的求偶行为（更多短期性的求偶）。女性被试认为拥有保时捷汽车的男性目标人士比拥有丰田汽车的男性目标人士对于短期的、不需要承诺的性关系更感兴趣（效果量为 0.71）。这个结果说明，女性被试能准确地觉察到喜好炫耀性消费的男人可能在性行为方面更为不严肃。而女性是否拥有炫耀性的汽车并没有明显影响男性被试的看法。

四、关于炫耀性消费性质的延伸评论

在桑黛等人（Sundie et al.，2011）看来，保时捷和孔雀的尾羽是类似的，购买保时捷汽车这类炫耀性消费（"凡勃伦效应"）看上去是一种"浪费"，但它发挥着性信号的功能，其本质是为了求偶和繁殖，有进化意义。这个观点虽然已经有人提出了，但桑黛等人更进一步探明了：（1）谁会通过炫耀性消费发送这种信号？答案是那种性态度更不严肃的、有低投资求偶策略的男性会这样做。（2）什么样的求偶背景会激发他们发送这种信号？研究结果是，男性在被激活短期求偶动机的情况下会这样做。（3）异性如何知觉这种求偶信号？研究表明，男性的炫耀性消费确实影响了女性将其作为短期伴侣的期望程度，而且女性也能准确地预知这些"炫耀男"持有短期求偶策略，他们只是喜欢短期的、不需要承诺的性关系。

总之，炫耀性消费体现了男性的短期求偶动机，而非长期求偶动机。根据性选择理论和亲代投资理论以及生命历史理论，这个结果都是很容易解释的：男性为养育后代付出得比女性要少，其繁殖策略是赢取更多的短期性伴侣，增加繁殖机会；由于男性不需要为了孕育和养育子女而投入很多，可以将更多资源分配在求偶方面，表现为通过炫耀性消费吸引女性的青睐。总之，男性的炫耀性消费有着类似雄孔雀尾羽的性信号作用。但桑黛等人的研究更进一步表明了，并不是所有的男人都遵循同样的求偶策略。有些男人采用了类似雄孔雀的低投资策略，试图通过一时的炫耀性消费赢得更多短期性伴侣；而其他男人则没有采取这种雄孔雀式的低投资策略，而是为一个配偶持续投入更多的时间、努力和金钱，并投入地照料与该配偶生育的所有子女。

实际上，炫耀性消费可能只是求偶信号系统的一部分。金瑞克课题组近期的很多研究都表明，求偶动机可以激发男性的一系列炫耀性展示，包括更慷慨地参与公共慈善活动，更有攻击性和创造性，表现出不服从性（Griskevicius，Cialdini，& Kenrick，2006；Griskevicius，Goldstein，Mortensen，Cialdini，& Kenrick，2006；Griskevicius et al.，2009）。这几项研究的第一作者加里克维奇（Vladas Griskevicius）在明尼苏达大学市场营销学系工作，也是上文介绍文章的第三作者，他 2008 年在亚利桑那大学获得博士学位，他和金瑞克等人合作研究了求偶动机引起的男性各种炫耀性展示。

将进化观点用于解释炫耀性消费，乃至更广泛的进化经济心理学的研究是当前的学术前沿，很多学者都进入了这一领域。据谷歌的学术搜索，截至 2012 年 9 月，桑黛等人（Sundie et al.，2011）这篇文章在发表后的一年里已经被引用了 40 余次，这足以说明这一领域的繁荣之势。

炫耀性消费的研究不仅有理论意义，还有重要的实际价值。根据"全球奢侈品零售报告"，到 2012 年全球每年在奢侈品上的消费将达到 4500 亿美元，显然这是个巨大的市场，探明人类奢侈品消费的动机无疑有助于开发其中的经济价值。

［辛自强　评介］

评介文献

Sundie, J. M., Kenrick, D. T., Griskevicius, V., Tybur, J. M., Vohs, K. D., & Beal, D. J. (2011). Peacocks, Porsches, and Thorstein Veblen: Conspicuous consumption as a sexual signaling system. *Journal of Personality and Social Psychology*, 100, 664–680.

参考文献

Griskevicius, V., Cialdini, R. B., & Kenrick, D. T. (2006). Peacocks, Picasso, and parental investment: The effects of romantic motives on creativity. *Journal of Personality and Social Psychology*, 91, 63–76.

Griskevicius, V., Goldstein, N. J., Mortensen, C. R., Cialdini, R. B., & Kenrick, D. T. (2006). Going along vs. going alone: When fundamental motives facilitate strategic(non) conformity. *Journal of Personality and Social Psychology*, 91, 281–294.

Griskevicius, V., Tybur, J. M., Gangestad, S. W., Perea, E. F., Shapiro, J. R., & Kenrick, D. T. (2009). Aggress to impress: Hostility as an evolved context-dependent strategy. *Journal of Personality and Social Psychology*, 96, 980–994.

Kaplan, H. S., & Gangestad, S. W. (2005). Life history and evolutionary psychology. In D. M. Buss (Ed.), *Handbook of evolutionary psychology* (pp. 68–95). New York, NY: Wiley.

Trivers, R. L. (1972). Parental investment and sexual selection. In B. G. Campbell (Ed.), *Sexual selection and the descent of man*(pp. 136–179). Chicago, IL: Aldine.

Veblen, T. (1899). *The theory of the leisure class*. New York, NY: Macmillan.

Verdict Research Company(2007). *Global Luxury Retailing* 2007. London：Verdict Research Ltd.

Stearns，S. C. (1976). Life history tactics：A review of the ideas. *Quarterly Review of Biology*，51，3—47.

28. 口红效应的进化解释

在 2008 年经济危机时，很多产品销量呈现下滑趋势，然而世界上最大的化妆品公司欧莱雅公司上半年的销售额增长率为 5.3％，这种现象就是口红效应(lipstick effect)。这种效应在过去几次大的经济萧条时期都曾受到关注。而经济的衰退为什么会影响人们的消费行为，又是怎样影响的呢？进化经济心理学从生命历史理论(life history theory)、择偶模式和配偶品质的角度进行了解释。

一、口红效应的进化心理学解释

口红效应被发现于 20 世纪 30 年代的经济大萧条时期，被用来描述这样一种有趣的经济现象：在失业率增加、经济活力下降的经济衰退时期，大量产品的消费量呈下降趋势，但是像口红这类美容产品的销量却呈逆势增长。

为什么经济萧条会影响人们的消费行为呢？有人从行为层面对其进行了解释，即在经济萧条时期，人们对未来收入和经济状况的预期下降，从而降低对大宗商品的消费，例如买房、买车等，却比平常时期有更多的"闲钱"去购买廉价的美容产品，这就刺激了这类商品的销售，使销售额增加。

究竟经济衰退为什么会增加人们对美容产品的消费？其背后的心理机制又是怎样的呢？问题似乎并非如此简单。人们因为经济状况下降，转而去购买廉价的商品似乎只是一个表面原因。进化经济心理学则提供了更深层次的心理学解释，它认为经济资源的稀缺会促使个体尤其是女性努力去吸引有资源的异性，从而使其将有限的资源分配到美容产品的支出上。因而，我们可以根据生命历史理论和择偶偏好(mating preference)理论对口红效应进行解释。

在人类进化过程中，我们的祖先常常面临着资源周期性的繁荣和稀缺，他们又是如何应对资源稀缺的环境的呢？研究者常根据生命历史理论来对其进行解释。这一理论是进化生态学的一个基本框架，现在越来越多地被应用到人类学和发展心理学领域。生命历史理论认为，包括人类在内的所有有机体，都面临着将资源分配到用于自身生存发展还是用于繁衍后代的选择问题。例如，有机体可能需要选择是将资源用于与寻找配偶无关的活动上（如增加自身资本、生存），还是将其用于寻找配偶。资源的分配受到生态环境的影响，相比生存在资源丰富的环境中，当个体生存在资源稀缺的恶劣环境中时，他们将会分配更多的资源到有利于生殖的活动上（Chisholm，1993）。经济衰退往往意味着资源缺乏和贫穷，这种信息暗示了环境可能很恶劣。如果是这样，那么从生命历史理论来看，当处于经济衰退期时，人们在吸引异性方面可能会投入更多的资源。

以往人们关注口红效应时，主要是针对女性美容类产品，择偶偏好理论（Buss，1994；Symons，1979）或许可以解释这一现象。男性生殖价值的实现在于找到健康的育龄配偶的能力，而女性生殖价值的实现主要在于她们具有吸引愿意对她及其后代投资的配偶的能力，因而男性可能会更加注重女性的外貌，女性可能会更加注重男性获得资源的能力。这样，女性的很大一部分支出可能是用来购买商品和服务来增加自身吸引力。

基于生命历史理论，人们在经济萧条时期会投入更多的资源到有利于生殖的活动上；基于择偶偏好理论，女性比男性更加注重提高自身外在吸引力。基于这两个观点，下面介绍的这篇文章考察了口红效应是如何产生的，以及是由谁来推动的。

二、性吸引带来的口红效应

美国得克萨斯基督教大学的研究者希尔（Sarah E. Hill）和明尼苏达大学的研究者加里克维奇（Vladas Griskevicius）等人于 2012 年 5 月在《人格与社会心理学杂志》上以《经济衰退中的美貌激励：择偶、花销与口红效应》为题发表的研究报告，考察了口红效应背后的进化心理学机制。

希尔于 2006 年在得克萨斯大学获得博士学位，目前在得克萨斯基督教大学社会心理系工作，研究内容主要是从进化心理学角度解释社会心理现象，如消费者行为。加里克维奇于 2008 年在亚利桑那大学获得博士学位，目前在明尼苏达大学市场营销心理系工作，研究方向是用进化

希尔

心理学思想解释消费者行为和决策，他在顶级的商学和心理学杂志上发表了 40 多篇相关论文，并和金瑞克合作出版了《深刻的合理性：看似无意义的决定背后隐藏的智慧》一书。本文介绍的这项研究就是从进化心理学的角度来解释口红效应背后的心理机制。

根据前面介绍的生命历史理论和择偶偏好理论，女性更加注重配偶拥有的资源，而经济衰退带来的高失业率和投资的低回报暗示着经济稳定的男性变得稀缺。从而，女性加大了对美容类产品的投入，通过提升自身吸引力来吸引拥有资源的男性。

希尔等人通过 5 个研究考察了经济衰退如何影响女性消费偏好和择偶心理。研究 1 通过统计数据考察了近 20 年来经济状况（失业率）的波动和消费者支出偏好之间的关系；研究 2 考察了男性和女性在经济衰退条件和控制条件下，对能增强与不能增强吸引力的两类产品消费偏好的差异；研究 3 探讨了口红效应的调节机制；研究 4 揭示了美容产品的价格在多大程度上影响口红效应；最后，研究 5 探讨了什么样的女性更可能推动口红效应。

三、实证研究

（一）研究 1：经济状况波动和消费者支出偏好的关系

研究 1 中，希尔等人通过分析美国月失业率的波动和消费者分配在两类非必需品的消费支出的百分比之间的关系，考察了经济状况和消费者支出偏好之间的关系，这两类产品包括用来提升吸引力的产品（衣服、化妆品）和不能提升吸引力的产品（家具、电器）。研究收集了 1992 年 1 月至 2011 年 4 月共 232 个月来自美国劳工统计局公布的月失业率和美国人口普查局公布的 5 类不同产品的月详细支出，其中两类产品是用来提高吸引力的化妆品和个人护理产品与衣服和配饰，另外三类产品是不能提高吸引力的家具、电器以及休闲爱好产品。将每类产品的支出额除以这五类产品的总支出额得到每类产品的相对支出，然后计算月失业率与每类产品的相对支出的相关性。

研究结果表明，失业率与家具、电器以及休闲爱好产品的相对支出存在负相关，与化妆品和个人护理产品、衣服和配饰的相对支出存在正相关，即失业率增加时，人们每月会分配更多的支出在化妆品和个人护理产品与衣服和配饰上。

（二）研究 2：口红效应由女性来推动

研究 1 根据近 20 年来的数据验证了口红效应，然而并不能得出因果关系的结论或者推断口红效应是由男性还是女性或者两者共同推动。基于此，研究 2 在实验情境下考察了口红效应。被试为某大学 154 名学生，其中男性 72 人，女性 82 人，平均年龄为 19.47 岁。实验为 2(被试性别：男，女)×2(经济状况：经济衰退，控制条件)×2(产品类型：美容产品，控制条件)的混合设计，被试性别和产品类型为被试内因素，经济状况为被试间因素。

经济状况的操作是让实验组被试阅读一篇和经济低迷有关的报道，控制组被试阅读一篇和现代建筑有关的新闻，并且要求被试尽可能生动地想象新闻的内容，这两篇新闻均标记为选自《纽约时报》，在长度和风格上都很相似。经济低迷的文章改编自《华尔街》杂志 2008 年 9 月 18 日《自 20 世纪 30 年代来看不到尽头的最严重经济危机》一文，描述了世界经济市场持续恶化的形势。对于经济衰退的文章是否会影响人们对当地拥有资源的人数的感知，事先让 23 名学生在阅读完文章后进行 1～7 级评定，发现经济衰退的文章会使人觉得当地拥有好工作的人比控制条件下更少，并且这两篇文章并不会影响人们对有吸引力人数的感知。经济衰退的文章会使人觉得更少的人处于经济稳定状态。

阅读文章后，要求被试完成一份和之前任务不相关的产品偏好调查，根据性别分别选取了增强吸引力的 3 类产品：男性提升吸引力的产品选取的是修身牛仔裤、Polo 衫和面霜，女性提升吸引力的产品选取的是修身牛仔裤、黑色礼服和口红。控制条件下选取的 3 类产品为无线鼠标、订书机和耳机。每类产品的支付意愿得分之和作为因变量。被试在观看带有产品描述字幕的彩色照片后，对"我愿意支付这一产品"的陈述在 7 点量表上评定自己的购买意愿，1 为"非常不同意"，7 为"非常同意"。在产品类型的划分上，事先让 44 名本科生对 6 类产品进行评定，评定结果为男性和女性的美容产品(得分分别为 5.91、6.18)相比控制条件下的产品(得分为 1.43)更能够用来提升吸引力。

研究结果表明，对于男性，产品类型并不影响其支付意愿，并且产品类型和经济状况在支付意愿上也没有交互作用，然而，男性对这两类产品的消费意愿在经济衰退时期比在一般时期要更低。对于女性，经济状况和产品类型在支付意愿上有显著的交互作用，在经济衰退时期对不能提升吸引力产品的支付意愿要明显低于一般时期，然而，对可以提升吸引力产品的支付意愿要明显高于一般时期。

总体而言，研究 2 提供了口红效应的第一个实验证据，验证了研究 1 的结果，并且表明口红效应是由女性而非男性来驱动的。

（三）研究 3：口红效应的内在机制

研究 3 的目标是进一步验证研究 2 的结果，并且找出经济衰退和女性对提升吸引力产品购买意愿之间关系的中介变量。操纵经济状况的材料由文章变为了幻灯片，幻灯片主题为"21 世纪的新经济：严酷和不可预测的世界"，包括失业、空置的办公楼和家庭丧失抵押品赎回权等内容。控制条件下采用主题为"取得好成绩：不再是步行在公园里"的幻灯片，包括学生努力去面对由大学管理者制定的严格的学分要求，它引起的焦虑水平和经济衰退是一样的，并且和经济预测无关。

研究 2 发现男性并不存在口红效应，因而，该研究被试为 76 名某大学女生，平均年龄为 19.66 岁。实验设计为 2（经济状况：经济衰退，控制条件）×2（产品类型：提升吸引力，控制条件）的混合设计，经济状况为被试间因素，产品类型为被试内因素。

被试在观看幻灯片后，评定对产品的购买意愿，包括背心、修身牛仔裤、化妆品和香水这四类提高吸引力的产品以及 MP3、掌上电脑、洗洁精和洗衣粉这四类其他产品。之后再让其对自己有关潜在配偶经济资源的需求程度进行 1～7 级评定，测试问题为"潜在结婚对象的经济实力对我来说是重要的"和"潜在结婚对象的经济稳定是必要的"。

结果验证了研究 2 的结果。相比控制条件，女性在经济衰退情境中会更加注重潜在配偶拥有的经济资源。通过 Sobel 检验发现，经济状况会影响女性对配偶资源的评定，而越看重配偶所拥有资源的女性就越会购买增强吸引力的产品，即经济状况会通过女性对配偶资源的需求来影响其购买美容产品的意愿，然而并不会影响其购买一般产品的意愿。

（四）研究 4：女性拥有资源的多少并不影响口红效应

研究 4 有两个目的，一是为了排除口红效应的另一个潜在的可能解释：女性在经济萧条时期主要是增加廉价商品而不是昂贵商品的消费；二是为了考察究竟是由只拥有较少资源的女性来推动口红效应（从社会角色理论解释），还是不论拥有多少资源的女性都会推动口红效应（可由进化解释的角度预测）。实验设计和操纵经济状况的材料和研究 3 相同。

被试为某大学 64 名未婚女生，平均年龄为 18.34 岁。实验设计为 2（经济状况：经济衰退，控制条件）×3（产品类型：昂贵的提升吸引力的产品、便宜的提升吸引力的产品、便宜的一般类型产品）的混合设计，经济状况为被试间因素，产品类型为被试内因素。

因变量为被试对这 3 类产品的消费偏好，这 3 类产品包括可以提升吸引力的昂贵产品(Coach 香水、Nordstrom 短裙、Seven 的牛仔裤)、可以提升吸引力的折扣产品(CD 香水、沃尔玛的短裙、FG 的牛仔裤)、不能提升吸引力的低价产品(星巴克咖啡、SIGG 旅行杯、BIC 彩笔),经事先评定发现提升吸引力的昂贵产品比提升吸引力的便宜产品更能增强对配偶的吸引力。女性当前资源的拥有程度通过对一系列的陈述,例如,让被试评定是否认同"我的家庭能支付起我想购买的东西",进行 1~7 级的评定,得分之和为资源可获得性(resource access)得分。

研究验证了研究 2 和研究 3 的结果。而且说明,女性在经济衰退时期比一般时期对提升吸引力的昂贵产品有更强的消费偏好,而对提升吸引力的便宜产品和一般产品并不存在这个现象。这表明,口红效应并不是女性将其支出从昂贵产品上分配到便宜产品上产生的,而是其有策略地将支出分配到能提升吸引力的产品上产生的。

研究还表明,在经济衰退时期和一般时期,女性个人拥有资源的程度都不会预测其对产品的支付偏好。这表明,口红效应并不是由女性资源的可获得性来驱动。

(五)研究 5:女性吸引配偶的动机推动口红效应

通过前面的研究并不能断定经济衰退时女性对美容产品的购买意愿增强是因为女性认为这些产品会使她们对配偶更有吸引力,因为女性在衰退时期把挥霍她们想要得到的产品放在首位也是可能的。研究 5 的主要目的是通过区分女性对产品吸引配偶的能力的评定在口红效应中的影响,来验证和延伸前面 4 项研究的发现;另一个目的在于确定什么样的女性更可能推动口红效应。研究程序、操纵经济状况的材料和测试阶段同研究 3 相似,为防止被试对实验目的的猜测影响结果,该研究在材料中声明研究目的为对不同类型广告的偏好性测试。

被试为某大学 72 名未婚女性,平均年龄为 18.59 岁。研究设计为 2(经济状况:经济衰退、控制条件)×2(产品功能:吸引配偶、控制条件)的混合设计,经济状况为被试间因素,产品功能为被试内因素。

为防止实验对被试的影响,在实验开始之前 2 周让被试评定在多大程度上认同"在我人生的现阶段,我非常渴望吸引一位守承诺的、长期的配偶"这一陈述,从而对吸引配偶的动机进行测试。

实验中,呈现 3 种不同产品(牛仔裤、香水、靴子)的 6 个广告,同一种产品呈现两类不同的广告,一类为提示具有吸引配偶的功能;另一类为与吸引配偶无关的主要功能(如舒适)。事先对广告语吸引配偶的功能进行了评定，结果表明提示吸引配偶的广告语比控制条件的广告语更能使人感知到产品吸引配偶的效用。在被试看完 6 个广告后，让她们对 6 个广告进行偏好性的测试。

研究结果表明，相比一般时期，女性在经济衰退时期对提示具有增强吸引配偶功能的产品表现出更高的消费偏好，但是对提示具有与增强吸引配偶无关的功能的产品消费偏好在两种情境下并没有差异。总的来说，经济衰退会增强人们对被认为能有效吸引配偶的产品的消费偏好。

研究还表明，吸引异性的动机和对美容产品的支付意愿在经济衰退情境中存在正相关，而在一般情境中并不存在这种关系。在经济衰退情境中，报告有更强吸引配偶动机的被试会比在一般情境下对暗示能增强吸引配偶的产品有更高的支付意愿，报告低吸引配偶动机的被试对暗示能增强吸引配偶的产品的支付意愿与一般情境下没有差别。

四、关于口红效应的延伸讨论

尽管口红效应受到了人们的广泛关注，但主要是集中在对其现象的描述以及在营销中的应用，并且很多观察者认为这种增加对美容产品消费支出的行为是非理性消费的表现。希尔等人首次通过实证研究从进化心理学的角度探讨了口红效应背后隐藏的心理机制。通过统计数据和四个缜密的实验，希尔等人对如下问题做出了解答：（1）口红效应主要针对哪些产品？研究表明，人们对那些被人感知到能提高吸引力的相对昂贵的产品比廉价产品表现出更高的消费偏好。（2）口红效应是由谁推动的？研究发现是由较高吸引配偶动机的女性推动的。（3）经济衰退为什么会影响消费行为？研究表明，经济衰退会影响女性对配偶拥有资源的需求，从而影响其购买美容产品的意愿，以增强自身吸引力。

综上所述，口红效应主要源于女性的择偶心理。根据之前的生命历史理论和择偶偏好理论来解释：在经济衰退时期，资源相比正常时期要缺乏，人们会在与繁衍后代有关的活动上投入更多的资源。经济衰退时拥有稳定资源的男性数量在减少，然而女性在选择配偶时主要看重男性的资源以及地位，这时她们对男性拥有资源的需求会增加，从而将投入更多的资源去提升自身的吸引力，这使得提升外表吸引力的美容产品销量上升。希尔等人关于经济衰退是如何影响以及为什么会影响消费者心理和行为的研究，将经济环境、心理和行为联系在一起进行解释，是运用进化心理学思想研究经济行为一个有效的尝试。

　　希尔等人关于口红效应的研究只是对经济衰退如何影响女性消费心理的一个方面的研究，经济衰退是不是还会表现出对女性其他消费行为的影响呢？另外，经济衰退又是如何影响男性消费心理的呢？例如，在经济衰退时期女性可能会更加看重异性拥有足够资源，那这时男性可能需要跟同性竞争去获取资源，并且可能通过炫耀性消费（Sundie，Kenrick，Griskevicius，Tybur，Vohs，& Beal，2011）去吸引异性，或许在他们没有稳定的工作时，他们有可能通过撒谎、欺骗或者偷窃来作为获取资源的一个手段。对经济变动影响人们的消费行为，进行进化心理学的解释和分析可以作为未来研究的一个方向。

　　用进化心理学思想来研究和解释行为已经成为心理学界的一个新的研究领域。相比以前用归纳、推测的方法来研究进化心理学，根据实证方法用进化心理学思想对行为进行解释成为一个新的研究取向，并且受到很多学者的青睐，成为心理学界未来发展的一个研究方向。

　　口红效应有重要的实际价值和意义，有利于企业在经济衰退时期及时转变经营策略，制订有效的营销计划，开发潜在的市场资源，更好地应对经济衰退带来的消极影响。通过进化心理学找出其背后隐藏的内在机制，不但是心理学对表面行为进行深入研究探寻内在机制的有效思路，而且展示了人们在消费活动中的内在动机，可以更好地指导广告营销人员对广告和产品进行改进，契合消费者的动机。

［刘有辉　评介］

评介文献

Hill，S. E. ，Rodeheffer，C. D. ，Griskevicius，V. ，Durante，K. ，& White，A. E. (2012). Boosting beauty in an economic decline：Mating，spending，and the lipstick effect. *Journal of Personality and Social Psychology*，103，275—291.

参考文献

Buss，D. M. (1994). The strategies of human mating. *American Scientist*，82，238—249.

Chisholm，J. S. (1993). Death，hope，and sex：Life-history theory and the development of reproductive strategies. *Current Anthropology*，34，1—24.

Kaplan，H. S. ，& Gangestad，S. W. (2005). Life history theory and evolutionary psychology. In D. M. Buss(Ed.)，*Handbook of evolutionary psychology*(pp. 68 — 95). New York. NY：Wiley.

Sundie，J. M. ，Kenrick，D. T. ，Griskevicius，V. ，Tybur，J. M. ，Vohs，K. D. ，& Beal，D. J. (2011). Peacocks，Porsches，and Thorstein Veblen：Conspicuous consumption as a sexual signaling system. *Journal of Personality and Social Psychology*，100，664—680.

　　Symons，D.（1979）. *The evolution of human sexuality*. New York，NY：Oxford University Press.

29. 性别比例失衡对存款、借贷 和支出的影响

　　梅肯和哥伦比亚是美国东南部两个相距不到 100 千米的城市，它们有着相似的历史和经济环境，但是它们的市民的消费习惯却有着明显的差异。益百利信息解决方案公司收集的数据发现，和梅肯市市民相比，哥伦比亚市市民的年人均消费额要多 3479 美元。这两个如此相似的城市为什么会有如此大的消费差异呢？经过进一步的调查发现这两个城市的性别比例存在巨大的差异，从进化经济心理学的角度进行研究后发现，性别比例失衡会影响人们的择偶压力程度，从而影响其经济决策和消费行为。

一、性别比例与择偶偏好

　　性别比例是指男性和女性之间的比例。一个通常使用的指标是出生人口性别比，它指每年新出生的人口中男性与女性的比例；而在本文中采用的是操作性性别比例（operational sex ratio），它是指处于生育繁殖期的男性与女性的比例，因为直接影响择偶策略和行为的是操作性性别比。

　　为了增强对异性的吸引力，增加繁殖机会，将自身基因遗传下去，同性之间需要相互竞争以赢得理想的异性伴侣。研究发现（Emlen & Oring，1977），性别比例对人们异性间的选择和同性间的竞争都会产生影响。异性间的选择是指人们对配偶的选择，根据亲代投资理论，男性在对后代的投资上要明显低于女性，他们的繁殖策略是去获取更多的短期性伴侣以增加交配机会，而女性在选取交配对象时会比男性谨慎，为了使后代拥有更好的基因和生存条件，她们会偏好社会和经济地位高的男性。同性间的竞争是指同性间会通过竞争击败对方或者获取异性需要的资源以提升自身地位，从而获得与异性交配的机会。

　　性别比例不仅会影响潜在的配偶数量，也会影响同性间的竞争压力。在动物世界，当雄性居多时，雄性成功赢取可交配对象来繁殖后代的可能

性下降，同性间的竞争压力将会增大；当雌性居多时，雄性成功吸引到异性的机会加大，面临的同性间的竞争压力也会有所缓解。这种现象也存在于人类社会中，个体的择偶偏好和策略会随着性别比例的改变而有相应的转变。当女性居多时，男性成功吸引到异性的可能性增大，因而他们偏好获取更多的短期性伴侣，从而会存在更多的滥交、非法生育等现象，而女性获取潜在配偶的压力加大，可能会通过提升自身吸引力等方式来更好地吸引异性；当男性居多时，男性之间将会通过更激烈的竞争来吸引女性，而女性因为有了更多的异性供选择，择偶标准也会相应提高，对潜在配偶的经济和社会地位的期待也就越高。

以往研究还从进化生物学、进化心理学和择偶经济学的角度研究了性别比例与婚姻、家庭的关系。性别比例的变化会使数量较多的一方改变某些行为去和数量较少的一方的择偶偏好有一个更好的匹配。研究发现，在女性居多的社会，往往伴随着更低的结婚率、更多的婚外生育和更低的父亲投资；在男性居多的社会，则会出现完全相反的现象。

二、性别比例与经济行为

先前的研究发现，性别比例可能影响消费等经济行为，男性的择偶压力程度会使其更加渴望即时回报，炫耀性消费行为也会增多（Sundie, Kenrick, Griskevicius, Tybur, Vohs, & Beal, 2011）。如前文所述，当男性居多时，他们需要和同性进行更加激烈的竞争去获取资源、吸引配偶，他们可能会通过消费和支出来展现自身的经济实力。

美国明尼苏达大学的年轻研究者加里克维奇（V. Griskevicius）等人于2012年在《人格与社会心理学杂志》上以《男性过多的经济结果：性别比例对存款、借贷和消费的影响》为题发表了研究报告，探讨了性别比例对消费行为和经济决策的影响。加里克维奇于2008年在亚利桑那大学获得博士学位，目前在明尼苏达大学市场营销心理系工作，主要研究如何运用进化思想解释消费者行为和决策，他在顶级的商学和心理学杂志上发表了40多篇论文。在本文介绍的这项研究里，他们同样用进化心理学的思想解释了性别比例对男性存款、借贷、消费的影响。

加里克维奇等人通过4个研究考察了性别比例失衡如何影响男性的存款、借贷和消费行为。研究1通

加里克维奇

过收集美国 134 个城市 2009 年的性别比例和信用卡持有数量以及人均负债水平的统计数据,考察了性别比例和即时收益意愿(desire for immediate gains)之间的关系;研究 2 在实验室条件下考察了性别比例对即时收益意愿的影响;研究 3 探讨了性别比例对存款、借贷行为的影响;研究 4 关注了性别比例是否会影响人们对男性在与择偶有关的物品上的消费预期。

三、系列实证研究

(一)研究 1:性别比例和信用卡数量、负债水平的关系

在研究 1 中,加里克维奇等人通过对性别比例和经济行为统计数据的分析,测查了性别比例与即时收益意愿的相关关系。即时收益意愿指相比以后不确定的收益,人们更希望尽早获得收益的意愿,在研究 1 中通过拥有信用卡的数量以及消费者负债水平这两个行为层面的指标来测量人们的即时收益意愿,信用卡数量和负债越多表示人们的即时收益意愿也越强,更倾向于在近期内获得回报。研究从 2009 年美国社区调查中获得了 120 多个城市的未婚男性和女性的相关数据,通过未婚男性数目除以未婚女性数目得出性别比例。然后通过益百利信息解决方案公司获得各城市拥有信用卡的数量和消费者负债水平的数据。最后根据性别比例数据及即时收益意愿数据均可获得的原则,对 134 个城市的数据进行了分析。

结果发现,性别比例和信用卡持有数量以及消费者负债水平均存在正相关,即在美国,单身男性越多的城市,它所持有的信用卡会越多,负债水平会越高。也就是说,性别比例的增加伴随着即时收益意愿的增加。

(二)研究 2:性别比例对即时收益意愿的影响只存在于男性群体中

研究 1 只说明了性别比例和即时收益意愿之间的相关关系,并不能说明其中的因果关系。另外,这个研究也不能说明这种关系是只存在于男性或女性群体中,还是在这两个群体中都同时存在。在研究 2 中,研究者在实验室情境下对性别比例与即时收益意愿之间的关系进行了考察。实验选取了 205 名学生和社区居民作为被试,平均年龄为 21.5 岁,其中有 104 名女性。实验为 2(被试性别:男、女)×3(性别比例:女性居多、男性居多、控制条件)的被试间设计。

首先,以关注人际知觉准确性的目的(为防止被试猜测到实验的真实目的)来指导被试开始实验,给被试在电脑上呈现一系列不同性别比例的照片,要求被试数出图片中男性和女性图片的数量。其次,被试开始一项和经济偏好有关的测验,在报酬较少却能较早获得以及报酬较多却需要等待

一段时间才能获得之间做出选择，完成 20 道关于经济决策行为的选择题来评估时间贴现率。时间贴现率指人们为了尽快获得收益，事件的主观价值随时间延长而下降的速度，在该研究中引用标准贴现方程计算贴现值，即贴现值＝实际价值/(1＋k×延迟天数)，其中 k 为时间贴现率。

其中数出系列图片中男女性图片的数量，是用来操纵被试感知到的性别比例。在控制条件下，被试观看的是一系列自然图片(如草地、田野)；在两种性别比例条件下，被试观看 3 组人物图片，每组包括 18 张。这些图片来源于公共网站，均为 18～30 岁的男性或女性。被试被告知第一组图片是当地交友网站上 18～30 岁的人，第二组图片是刚毕业仍生活在本地的人，第三组图片是大学校园里的人。事先测试图片具有同等的吸引力(即男性和女性的吸引力是相同的)。在女性居多的条件下，这三组图片中女性图片分别为 13、12、14 张；男性居多的条件下，这三组图片中男性照片分别为 13、12、14 张。每组图片呈现 1 秒钟，被试需报告出每组图片中男女性的数目，然后以让被试检查各自初步知觉的正确性为由，再将图片呈现 15 秒钟，让被试再次确定男女性别比。在 15 秒的观看后，94% 的被试正确报告了性别比。

在对时间贴现的测量中，被试要在明天收到一笔钱还是在第 33 天时收到一笔更多的钱之间做出选择，总共 20 道题目，题目以随机顺序呈现。被试在做出选择时被告知，主试会随机抽取一名被试，该被试将会获得他所做出的选择中的实际金额，即被试在做出选择时都清楚他将有机会获得他所做决定的实际金额。研究者事先根据贴现参数 k 来设置选项，为了确保 k 和每个决定联系起来，在实验中运用了标准贴现方程：贴现值＝实际价值/(1＋k×延迟天数)。k 值从 0.0005(明天获得 64 美元/第 33 天获得 65 美元)到 0.2(明天获得 9 美元/第 33 天获得 60 美元)不等，k 值越大意味着更强的贴现倾向。

根据被试的选择，计算出两个因变量指标。第一个是贴现指数，即计算被试选择即时收益的总数，贴现指数越大表明对即时收益的偏好也越强；第二个是每个被试的贴现率，计算贴现率的方法是，将题目按 k 值升序排列，找出从选择明天获得收益到选择第 33 天获得收益之间的转折点，对这个转折点两边的 k 值求平均值，将所求值进行对数转换校正偏差，该计算方法允许偶尔的选择不一致行为的存在。

结果发现，性别比例和被试性别对贴现指数和贴现率均存在显著的交互作用。对于女性，性别比例对其时间贴现没有影响；而性别比例会影响男性的时间贴现，在男性居多的情境下，男性的贴现指数和时间贴现率要高于在女性居多或者控制情境下，他们在女性居多和控制情境下的时间贴现没有差异。这表明男性在男性居多情境下会更倾向于尽快获益，与研究1的结果一致，这还进一步表明性别比例对信用卡持有率和负债水平的影响是由男性消费者驱动的。

性别比例很可能是通过影响择偶努力（mating effort）来影响男性的时间贴现。择偶努力由对异性的追求和同性间的竞争构成。为了确定性别比例的操作是激活对配偶的吸引还是同性间的竞争动机，研究者让参加完研究2的26个男性对包括配偶吸引动机和同性间竞争动机陈述进行9级评定（1代表"完全不同意"，9代表"完全同意"）。结果发现不同性别比例下报告出来的配偶吸引动机没有差异，而报告出来的同性间竞争有明显的差异。在男性居多情境下男性会对其他男性有更强的竞争感，另外他们也觉得需要更加努力去战胜其他男性。这表明，性别比例是通过激活男性的同性竞争动机来影响他们的经济行为的。

（三）研究3：性别比例会影响男性的存款和借贷行为

研究3旨在验证和延伸前面两个研究的结果。尽管研究2关于时间贴现的测量为理解偏好的差异性提供了理论基础，但是性别比例是否直接影响更多的经济行为是有待考察的。因而，在研究3中，研究者考察了性别比例在多大程度上影响着他们的经济行为：一类是为尽快获得经济资源而负债；另一类是为将来存款。该实验为2（被试性别：男、女）×2（性别比例：男性居多、女性居多）的被试间设计。

被试首先阅读一篇关于大学校园里男、女生数目的短文，然后回答一系列与存款和借贷有关的问题。在男性居多情境下，阅读的短文突出了校园里性别比例正倾向于男性居多，例如，其中一篇标题为"今天的学生中，每个男生对应更少的女生数"的文章通过最近的人口统计数据说明现在男生比女生更多；在女性居多情境下，则突出性别比例正倾向于女性居多。为了评估被试的存款和借贷偏好，要求被试去设想这样一种情境："你即将开始毕业后的第一份工作，每个月在纳税和缴纳社保金后还剩余2000美元收入，这笔收入需要用于包括住房、食品、公用事业、交通运输、服装、旅游、娱乐等支出上。"之后，在对存款进行测量时，被试需要回答每个月将2000美元中的多少用来存储，在对借贷的测量上，被试需要回答为了购买他们可能支付不起的物品，每个月愿意借贷多少钱。

结果发现，性别比例和被试性别在存款和借贷上有显著的交互作用。

相比在女性居多情境下，男性在男性居多情境下更倾向于存储更少，更愿意为了即时支出而借贷（通过信用卡）。而性别比例并不影响女性的存储和借贷行为。

研究 3 通过与研究 2 不同的方法操纵性别比例，得出了与研究 2 一致的结果，并为研究 1 的结果提供了支持。当男性居多时，男性会更加看重即时资源的获取，他们更倾向于更少的存款和更多的借贷，以获取即时收益。对经济资源的需求存在性别差异的现象可能与男性比女性更乐于展现或提供具有货币价值的物品来吸引配偶有关。

（四）研究 4：性别比例影响着人们对男性在吸引异性有关物品上消费的期望

前面 3 个研究考察了性别比例对男性即时回报需求的影响，研究 4 则考察了性别比例是否会影响男性经济资源的消费支出。在男性居多时，男性将会增加在择偶行为上的投入。如果男性将即时经济收入看作将更多资源分配到择偶行为中的一种方式，那么，男性将会在与择偶有关的支出上消费更多的金钱。研究 4 考察了性别比例是否会影响人们对男性在 3 类常见的与择偶有关的物品上消费的预期，这 3 类物品为情人节礼物、烛光晚餐和订婚戒指。该实验为 2（被试性别：男、女）×2（性别比例：男性居多、女性居多）的被试间实验。

对性别比例的操作采用和研究 3 一样的短文。在因变量的测量中，被试回答 3 个关于预计应该在 3 类物品上消费多少金额的问题，每个问题上要用一个 1～12 的 12 点量表加以评定，每个点代表一个实际金额。这三个问题如下：(1)情人节礼物："如果一个男人打算为一个女人购买一件情人节礼物，他应该在她身上支出多少钱？"按 5 美元的增量从低于 10 美元到高于 60 美元对应 12 个选择；(2)烛光晚餐的消费："如果一个男人打算邀请一个女人就餐，他应该带她去人均消费为多少的餐厅？"按 2.5 美元的增量从低于 7.5 美元到高于 35 美元对应 12 个选择；(3)订婚戒指："如果一个男人要向与他约会的女人求婚，他应该购买一个多少金额的订婚戒指？"按 250 美元的增量从 500 美元或更低到 3000 美元或更高对应 12 个选择，每种商品消费金额的设定经过事先调查得到。

结果发现（见图 1），与女性居多的情境相比，在男性居多的情境中，人们会期待男性投入更多金额在与择偶有关的产品上。被试性别在对男性消费支出的预期上有显著的主效应，男性被试相比女性被试对男性的消费金额会有更高期望。操作性性别比例和被试性别之间并不存在显著交互作用。

第七章　进化与具身经济心理学 309

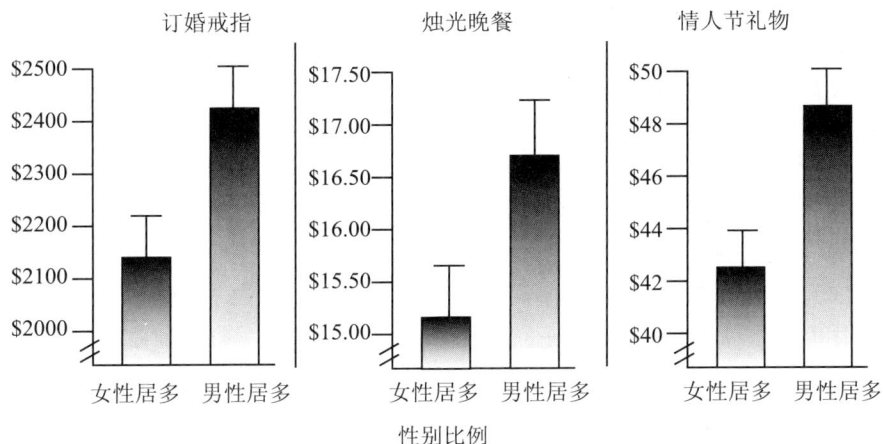

图 1　人们对男性在与吸引配偶有关物品上消费金额的预期

四、关于性别比例对经济决策和消费行为影响的延伸评论

　　基于进化心理学的角度，加里克维奇等人探讨了性别比例对消费行为和经济决策的影响。大规模的统计数据和实验室研究逐步深入地对二者关系做出了回答，结果发现，男性居多的城市会有更多的信用卡持有率和负债水平，而这种效应是由男性来推动的，他们更加渴望获得即时回报，更愿意去借贷而不是存款，人们对男性在与择偶有关的投入上也会期望更高。相比以往大量关注性别比例对譬如择偶、养育和侵略等方面影响的研究（Griskevicius，Tybur，Gangestad，Perea，Shapiro，& Kenrick，2009），加里克维奇等人进一步将性别比例的这一影响延伸至日常生活中更加普遍的经济和消费领域，并且通过系列研究发现性别比例可能对很多经济决策甚至是整个经济产生影响。

　　加里克维奇等人研究的是失衡的性别比例对美国人经济决策和消费行为的影响。而失衡的性别比例可能在不同的社会环境中有不同的影响，尽管中国与西方的男性可能都会希望通过增强自身经济地位和实力来吸引异性，但是他们采取的具体策略可能会因文化和传统习俗的影响而有所不同。当女性变得稀缺时，中西方的男性都会有更强的同性间竞争，并在选择配偶上投入更多努力。西方男性可能会通过借贷、消费和炫耀性消费来展现自身财富，而中国男性可能会选择存款的方式提升自身经济实力，这可能与女性的期待有关系。在中国，有男方家庭向女方家庭支付彩礼的传统，并且男方家庭也承担着买房的重担，尤其是当适龄女性数量减少时，女性对男方的要求则更高了，这时男性往往会通过减少开支增加存款的方式来吸引异性（Wei & Zhang，2009）。在美国则没有彩礼的传统，并且女性可能更加看重外在展现出来的经济实力。以往研究发现，西方男性通过炫耀性消费主要是为了赢取短期性伴侣（Sundie et al.，2011），而中国男性在对待性态度上相比西方男性更加谨慎。因此，未来的研究可以探讨在中西方，失衡的性别比例对人们行为影响的差异，并寻求其原因。这一研究有很大的现实意义，因为据国家统计局推算，中国每年进入结婚年龄的人口中，男性比女性多120万。预计到2020年，将有2400万"剩男"面临"娶妻难"。

尽管加里克维奇等人发现性别比例并不会影响女性的经济决策和消费行为，但是它可能会影响她们其他方面的用于赢取配偶的行为。例如，当女性数量居多时，女性可能会通过增加对美容类产品的消费和更加暴露的穿着来增强自身吸引力，从而提高在择偶中的竞争力。因而，可以根据女性的择偶策略，来探讨性别比例对其经济行为的影响。

同性竞争者的数量和潜在配偶的可得性可作为预测当地个体是优先考虑即时回报还是延迟满足的强有力的环境线索。确实，当今很多经济和社会问题是由过度重视短期回报而忽略长期稳定性引起的，例如，进行次级抵押贷款而陷入高利贷的纠纷等。性别比例失衡依然存在于很多国家和地区，更好地了解性别比例失衡的影响将变得越来越重要。

[刘有辉 评介]

评介文献

Griskevicius, V., Tybur, J. M., Ackerman, J. M., Delton, A. W., & White, A. E. (2012). The Financial consequences of too many men: Sex ratio effects on saving, borrowing, and spending. *Journal of Personality and Social Psychology*, 102, 69—80.

参考文献

Emlen, S. T., & Oring, L. W. (1977). Ecology, sexual selection and the evolution of mating systems. *Science*, 197, 215—223.

Griskevicius, V., Tybur, J. M., Gangestad, S. W., Perea, E. F., Shapiro, J. R., Kenrick, D. T. (2009). Aggress to impress: Hostility as an evolved context-dependent strategy. *Journal of Personality and Social Psychology*, 96, 980—994.

Sundie, J. M., Kenrick, D. T., Griskevicius, V., Tybur, J. M., Vohs, K. D., & Beal, D. J. (2011). Peacocks, Porsches, and Thorstein Veblen: Conspicuous consumption as a sexual signaling system. *Journal of Personality and Social Psychology*, 100, 664—680.

Wei，S. J.，& Zhang，X.（2009）. The competitive saving motive：Evidence from rising sex ratio and savings rates in China. *The National Bureau of Economic Research Working Paper*，No. 15093.

30. 女性模特在广告中的运用

无论是在现实中的商店还是电视广告中，我们都会看到漂亮性感的女性为某产品代言。特别是在针对一些奢侈品的广告中，我们更容易看到穿着暴露的女性模特（或明星）的身影。女性模特对广告的效果真的存在影响吗？如果存在，是积极的还是消极的影响？此外，男性和女性对包含女性模特的广告的知觉是否存在差异？回答上述问题对市场营销和广告设计人员有着重要的现实意义。

一、广告中的女性

最近几十年以来，广告中女性角色的作用引起了研究者的关注，而基于研究结果，大多数研究者对广告中使用女性角色持批判态度（Belkaovi & Belkaovi，1976；Courtney & Lockeretz，1971；Sexton & Haberman，1974；Wagner & Banas，1973）。很多广告中，女性被呈现为头脑简单、无事业心和依赖男性的形象，这受到了广泛批评。批评者认为，在那些广告中，女性的角色受到了扭曲（Harvey，1975）。

尽管关于广告呈现的女性的职业和社会角色的争议还在继续，另外一个对营销管理者乃至整个社会有长远意义的现象是，越来越多的广告开始采用裸体女性来吸引消费者的注意。有研究者（Wise，King，& Merenski，1974）指出，在广告中加入色情元素并非什么新鲜事，真正新鲜的事情是利用色情元素的程度越来越高，以及越来越多的产品广告中开始采用色情元素。

在广告中使用裸体模特形象的不止是边缘媒体（fringe media）或者可信度较低的公司。现在，不仅一些广为人知的产品（如化妆品、滑雪器材以及正式服装）广告采用裸体模特，就连一些生产工业产品的公司（比如，Amoco、Acro 以及 Ashland Inc 等公司）也开始在广告中采用裸体模特。裸体模特不仅被用来引起震撼效果或者吸引眼球，而且可以起到传递相关信息的交流作用。

尽管针对采用女性模特的广告效果已有诸多讨论，目前对广告中使用的裸体模特或者性暗示的作用尚不明了。已有的少量实验证据也仅仅依赖于二手数据的分析，实验结果的可推广性也不强（Morrison & Sherman，1972；Steadman，1969）。一些公司在广告中使用裸体模特或性暗示，但它们不愿意透露相应的销售数据，从而难以对这种广告的效应进行直接测量。不过，对这种广告的效应进行部分评估是可能的。罗伯特·A. 彼得森（Robert A. Peterson）和罗杰·A. 科林（Roger A. Kerin）的下述研究目的即考察使用女性模特的广告对消费者态度的影响，具体包含消费者对如下几个方面的态度：广告本身、广告中展现的产品、生产该产品的公司。

彼得森　　　　　　　　　　科林

该研究的文章发表在 1977 年 10 月的《市场营销杂志》（*Journal of Marketing*）上，作者彼得森分别在印第安纳大学、乔治·华盛顿大学和孟菲斯大学获商务管理学士学位、国际商务硕士学位和商务管理博士学位。发表此项研究时，他是美国得克萨斯州立大学的副教授。目前，他在北伊利诺依大学商学院任教，其研究领域主要涉及市场营销战略和研究方法等。科林分别于 1969 年、1970 年和 1973 年在明尼苏达大学获艺术学士学位、商务管理硕士学位和商务管理博士学位。目前，科林是南卫理工会大学的资深教授，其研究领域为市场营销。

二、被试及材料

该研究的被试为 224 名中产阶级成人（112 名男性和 112 名女性），居住在美国西南部的三个大城市。实验材料是两种产品的不同广告材料。每一种产品都对应四种广告，这四种广告其他方面均相同，区别在于广告中产品的展现方式。第一种广告中仅仅包含产品，该产品被放置在被覆盖的与腰部齐高的基座上。第二种广告包含产品及一个穿着端庄的模特，该模特穿着长袖，中等深色的女士衬衫，所有的纽扣都系上，衬衫下部被收拢在宽松长裤中。模特位于产品后方，手轻放在靠产品的侧后方的基座上。第三种广告和第二种广告的区别在于模特穿着同样的衬衫和宽松长裤，但是衬衫的纽扣全都没有系上，只是在胸骨部位将衬衫打了一个结，因此，在这副广告中，衬衫相对开放，部分上腹部和乳沟暴露。第四种广告和第二种广告的区别在于模特全身裸体。

三、实验设计及流程

该研究采用 $2 \times 4 \times 2$ 的因素设计。其中，产品类型包含两个水平：身体护理油以及棘轮扳手，这两种产品被赋予同样的名称 Vade（Peterson & Ross，1972）；广告内容包含四个水平（如上所述）；受调查者性别包含两个水平：男性和女性（见表1）。

表 1　实验设计

产品类型	被试性别	广告类型			
		产品	端庄模特	诱惑性模特	裸体模特
身体护理油	男性	1	2	3	4
	女性	5	6	7	8
棘轮扳手	男性	9	10	11	12
	女性	13	14	15	16

注：每一个单元格包含14名被试，表中单元格里的数字表示相应单元格的序号。

在实验中，告诉被试这是一项产品测试，要求其对每则广告进行独立评价，即看完每则广告，要求被试在7点量表上对如下方面做出评价：广告本身吸引人的程度（1表示极不吸引人，7表示极吸引人）；广告中的产品的质量（1表示质量极差，7表示质量极好）；生产该产品的公司的声誉（1表示声誉极差，7表示声誉极好）。

四、结果

此研究发现，被试对身体护理油和棘轮扳手的知觉方式没有显著差异。其次，与女性相比，男性对广告、产品以及相应的公司有更积极的评价。

最重要的是，被试对不同类型的广告具有不同的知觉（见图1）。具体表现为，当广告中包含裸体模特时，此广告被一致地评价为最不吸引人，与此广告相关的产品和生产该产品的公司也被分别评价为具有最差的质量和最糟的声誉。此外，该研究还发现，产品和广告类型之间存在显著的交互作用。对于身体护理油的广告，如果其中包含的是诱惑性模特，那么被试认为其广告最吸引人，相应的产品质量最好，生产该产品的公司的声誉也最好。然而，对于身体护理油的广告，如果其中包含的是裸体模特，被试则认为其广告最不吸引人，相应的产品质量最差，生产该产品的公司的声誉也最糟。最后，被试性别和广告类型之间也存在显著的交互作用。男性认为诱惑性模特＋身体护理油的组合最具吸引力，而女性则认为裸体模特＋棘轮扳手的组合最没有吸引力。

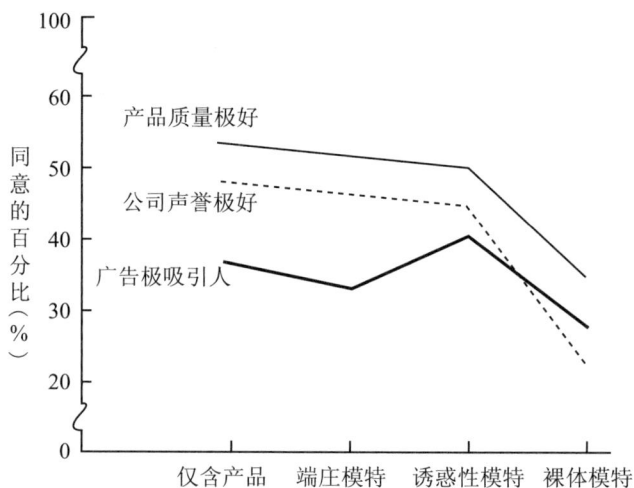

图 1　广告类型影响消费者对产品、公司声誉和广告吸引力的评价

五、讨论与评价

彼得森和科林的此项研究得出了一系列结果，特别是发现了产品和广告类型之间存在显著的交互作用，这对市场营销者和广告设计者均具有十分重要的指导意义。前人研究表明，广告要与受众相匹配，即对于特定的受众群体要设计出相应的广告。该研究的发现拓展了前人的研究，即使在某一则广告内部，在产品和所使用的模特之间也需要达到匹配，才可能引起受众的积极评价。

彼得森和科林认为，可以将产品和模特之间的匹配性看作一个连续体（见图 2）。在连续体的最左端，模特起着交流的作用；模特的存在对于传递相关的信息起着重要的作用，在连续体的最右端，模特起着让消费者感到愉悦和刺激的作用，在这一端，裸体模特与所代言的产品之间没有任何内在关系（除了在空间上彼此接近之外）；在连续体的中间，模特起着装饰性的作用，这可能是一则广告中模特通常起到的作用，这一点在一定程度上得到了针对身体护理油的包含端庄模特或诱惑性模特的广告的印证。

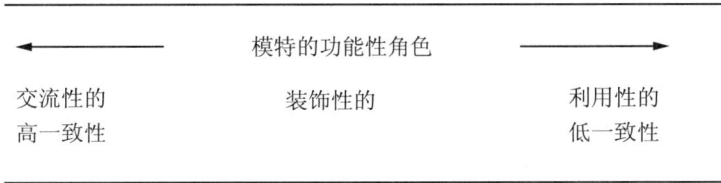

模特的功能性角色

交流性的	装饰性的	利用性的
高一致性		低一致性

图 2　产品与广告中所使用模特的一致性模型

在一定程度上，上述理论模型得到了该研究的数据支持。该研究表明，女性模特可以增强受众的积极评价，但这一点取决于具体的产品类型，即女性模特更适合于身体护理油的广告而不是棘轮扳手的广告。毫无疑问，在实际运用此结论前还需要更多的重复研究。

彼得森和科林认为，另一个值得提及的方面涉及一个更为广泛的问题，即广告是否反映或导致了（或者同时反映和导致了）社会价值。尽管似乎越来越多的广告采用裸体模特，该研究表明使用裸体模特引起了最消极的评价。因此，也许有理由认为，尽管市场营销者也许认为使用裸体模特是一种创意或时尚的表现，但在广告中使用裸体模特是一个严重的错误，实际上可能会适得其反，不仅导致受众对广告本身的负面评价，而且会引起对产品质量以及相应公司的声誉和形象的负面评价。

彼得森和科林的此项研究发现，与女性相比，男性对广告、产品以及相应的公司有更积极的评价。这一发现得到了后续研究的支持。例如，有研究者（LaTour & Henthorne，1993）发现，在女性杂志广告中，使用裸体女性极为普遍。和女性消费者相比，男性消费者不仅对使用裸体女性的广告持有更加积极的态度，而且对相应的产品和品牌也持有更加积极的态度。对于女性消费者，使用裸体女性的广告则会让她们产生紧张感。

彼得森和科林的研究已产生较为广泛的影响。根据谷歌学术搜索的结果，彼得森和科林此项研究的论文已经被引用 140 次以上。一些研究者对彼得森和科林的此项研究进行了拓展。例如，有研究者（Reidenbach & McCleary，1983）考察了彼得森和科林的产品/模特一致性模型的预测能力。不过，他们在研究中使用了男性模特。结果发现，模特穿着过于矜持或过于暴露均会导致受众对广告的负面态度，这在一定程度上支持彼得森和科林的上述模型。

但彼得森和科林的此项研究也存在一定的局限。正如该文章的研究者指出，由于在被试选取、操纵有效性以及数据收集方面的某些问题，该研究结论的可推广性可能会受到一些限制。此外，裸体模特对广告受众的影响机制可能是非常复杂的。该研究仅仅采用了身体护理油和棘轮扳手两种产品，相应的研究结果是否可以推广到其他类型的产品（比如钻石产品或小轿车），有待进一步研究。

该研究是 20 世纪 70 年代进行的，随着时间的推移，消费者对裸体模特的知觉可能已经发生改变，从而对相应的广告产品以及生产该产品的公司的态度也可能会发生改变，因此，有必要研究当前背景下包含裸体模特的广告对消费者态度的影响。

另外一个有待研究的重要问题涉及文化因素。有研究者（Tai，1999）考察了在中国背景下消费者对广告中使用性吸引（sexual appeal）的道德评价。无论是男性还是女性消费者，与使用较弱的性吸引相比，在广告中使用强烈的性吸引都很难得到认可，会导致消费者对广告本身做出负面的评价，同时降低其购买意愿。不过，性吸引的程度不会影响消费者对品牌的态度。因此他们建议，考虑到中国人较为保守，广告策划者在使用性吸引方面应保持谨慎。但是，即使在中国，也可能存在诸多亚文化，处于不同亚文化的消费者是否对广告中使用性吸引有不同评价？这个问题也有待研究。

［汪波 评介］

评介文献

Peterson，R. A. ，& Kerin，R. A. (1977). The female role in advertisements：Some experimental evidence. *Journal of Marketing*，41(4)，59—63.

参考文献

Belkaovi，A. ，& Belkaovi，J. M. (1976). A comparative analysis of the roles portrayed by women in print advertisements：1958，1970，1972. *Journal of Marketing Research*，3，168—172.

Courtney，A. E. ，& Lockeretz，S. W. (1971). A woman's place：An analysis of the roles portrayed by women in magazine advertisements. *Journal of Marketing Research*，8，92—95.

Harvey，M. (1975). Images of women in advertising. *The Corporate Examiner*，3A—3D.

LaTour，M. S. ，& Henthorne T. L. (1993). Male nudity：Attitudes towards the ad and the brand，and implications for advertising strategy. *Journal of Consumer*

Marketing，10，25—32.

Morrison，B. J.，& Sherman，R. C.（1972）. Who responds to sex in advertising? *Journal of Advertising Research*，12，15—19.

Peterson，R. A.，& Ross，I.（1972）. How to name new brands. *Journal of Advertising Research*，12，29—34.

Reidenbach. R. E.，& McCleary. K. W.（1983）. Advertising and male nudity：An experimental investigation. *Journal of the Academy of Marketing Science*，11，444—454.

Sexton，D. E.，& Haberman，P.（1974）. Women in magazine advertisements. *Journal of Advertising Research*，14，41—46.

Steadman，M.（1969）. How sexy illustrations affect brand recall. *Journal of Advertising Research*，9，15—19.

Tai，H. C. S.（1999）. Advertising ethics：The use of sexual appeal in Chinese advertising. *Teaching Business Ethics*，3，87—100.

Wagner，L. C.，& Banas，J. B.（1973）. A woman's place：A follow-up analysis of the roles portrayed by women in magazine advertisements. *Journal of Marketing Research*，10，213—214.

Wise，G. L.，King，A. L.，& Merenski，J. P.（1974）. Reactions to sexy ads vary with age. *Journal of Advertising Research*，14，11—16.

31. 点头赞成，摇头反对：头部动作的说服效应

　　曾经有一场关于"为什么中国人不像西方人那样具有批判精神"的讨论。有人提出了这样一种解释：原因是中国古代的书都是竖排版的，人们看书时会不断上下点头，因此，会不自觉地赞同书中的观点；而西方人的书是横排的，看书时阅读者在不停地左右摇头，因此，不断质疑书中道理，故更具批判性。这一命题的真伪有待商榷，后续解释的科学性也未经证实，但这个说法多少涉及了一个有趣的问题：我们的态度、想法会不由自主地受到身体姿势和运动状态的影响吗？事实上，许多心理学实证研究已经证明了这一点：身体在个体的认知活动中发挥着重要作用。这种认知现象就是当前心理学非常热门的一个新取向——具身认知（embodied cognition），而且越来越多的研究发现，具身认知在经济活动中也有所显现，身体运动会影响个体的偏好和态度，进而影响消费决策。

一、具身认知简介

具身认知也译为"涉身认知"，其中心含义是指身体在认知过程中发挥着关键作用，认知是通过身体的体验及其活动方式形成的（孟伟，2007）。具身认知理论的倡导者认为，认知不能与身体和物理、社会环境间的互动方式相分离，相反应当植根其中。因此，具身认知观强调认知是包括大脑在内的身体的认知，身体的活动方式、身体的感觉和运动体验决定了人们认识和看待世界的方式。同传统认知主义视身体仅为刺激的感受器和行为的效应器的观点截然不同，具身认知赋予身体在认知的塑造中作为枢纽的作用和决定性的意义，并在认知的解释中提高了身体及其活动的重要性。

身体动作对认知的塑造借助于躯体—认知隐喻。首先，身体部分地为认知提供了基础内容。按照卡桑托（Casasanto，2009）的观点，个体的身体是进行心理活动的情境中不可分割、永续存在的组成部分，因此，身体对表征的形成具有普遍的影响。这种表征其实构成了关于外部世界的认知隐喻。其次，身体隐喻也会影响与之相关的认知加工的进行方式。如人们经常使用的一些抽象概念（如提拔、贬低、热情、冷淡等）也都能在以身体为中心或身体感知环境的概念中（如上、下、热、冷等）找到原型（刘亚，王振宏，孔风，2011）。因此，躯体变化也会在一定程度上成为塑造认知的动力，进而影响各种决策活动。

为了阐明身体动作对认知的塑造作用，我们来介绍一项有趣的研究。这项研究探讨的问题是：点头和摇头动作会影响人们对事物的态度和评价吗？

二、头部动作劝说效应的研究及作者简介

这篇文章的题目是《头部动作的说服效应：反应的相容性与不相容性》（*The Effects of Overt Head Movements on Persuasion：Compatibility and Incompatibility of Responses*），1980 年发表在《基础和应用社会心理学》（*Basic and Applied Social Psychology*）杂志上。作者是加里·威尔斯（Garry L. Wells）和理查德·佩蒂（Richard E. Petty）。这里简要介绍一下两位作者的情况。

威尔斯，美国艾荷华州立大学心理学教授，他的研究兴趣是社会心理学和认知心理学，特别是心理学和法学交叉处的社会心理学与认知心理学。他近几年主要关注如何提高目击证人证词的精确度。他还在北卡罗来纳的

威尔斯　　　　　　　　　　　佩蒂

司法科学和公共政策研究所(Institute of Forensic Science and Public Policy)担任社会科学部的主任。他曾获得过美国心理学－法律协会(Psychology-Law Society)颁发的特别贡献奖。

　　佩蒂，美国俄亥俄州立大学的心理学教授。他于1977年在俄亥俄州立大学获得社会心理学博士。毕业后任密苏里大学的心理学助理教授，1987年回到俄亥俄州立大学担任心理学和社会心理学博士课程教授，2008年至今担任心理学系主任。其研究主要集中在导致信念、态度和行为变化的情境和个体差异因素方面。他目前的工作是检验说服的详述似然性模型(elaboration likelihood model)，这个模型用以理解偏见、消费者选择、政治和法律问题决策以及健康行为。

三、头部动作和态度改变

　　本文主要探讨的问题是：人们对一个观点的认知反应会不会受到头部动作的影响。作者提出了预测：人对一个观点的认可反应跟点头运动有关；同时，人对观点的不认可反应跟摇头运动有关。

　　问题的起源要追溯到近年来一些对"态度改变"的研究。人们接受说服信息的规律成为了近年来心理学上对"态度改变"的研究重点。研究人员研究了不同的变量（如公信力来源、分心等）如何影响交流带来的认知反应。然后，在"说服"这种特定的交流方式下，两个重要的认知反应被发现，那就是反对反应(counter arguments)和赞成反应(favorable thoughts)。研究者们认为态度的改变就是一种认知反应相对另一种占优的结果，而外界的操控在某种程度上对反应产生影响：它有可能增加反对反应的程度，减少赞成反应的程度，或者产生相反的效果。前人所做的研究有的是基于相关数据，同时抑制或者促进被试想法的产生。而要想单独操控反对想法和赞成想法是很难实现的，因为操控不仅会抑制反对反应，也会抑制赞成反应。这个问题被佩蒂解决了，他选择了一个信息，对这个信息要么是反对反应占优，要么是赞成反应占优。这样在外界操控时，占优的反应比本来就弱的不占优反应所受的影响大。基于此技术，此研究的一个主要目的就是去测试一种能单独影响到赞成想法或者单独影响到反对想法的操控对于说服效果的影响。

该研究采用的技术基于不相容反应（incompatible response），这项技术在其他社会科学领域中都收到了良好的效果，比如，在攻击性学说领域用于解释面对挑衅时愤怒的增强或抑制。和在攻击性学说领域中对不相容反应的运用类似，研究者假设，点头动作跟反对认知反应不相容，但是跟赞成认知反应相容；摇头动作跟反对认知反应相容，但是与赞成认知反应不相容。研究者据此做出了预测：点头动作会导致更强烈的赞成想法，同时减小反对想法；摇头动作会导致强烈的反对想法，同时减小赞成想法。

被测试者被要求在头部运动过程中使用耳机听一段录音。他们中的一部分在摇头过程中听，一部分在点头过程中听，剩下的被试作为对照组。播放的内容包括一段音乐和一段评论员的观点。研究者预测，不管播放的是人们都赞成的观点，还是人们都反对的观点，人们做点头动作时，对这两者的反应改变会比做摇头动作时要大。

四、研究方法

（一）被试

被测试者是来自阿伯塔大学的 73 名学生。除了一名被试在头部运动中左耳剧烈疼痛被剔除外，其余均正常参加实验。从以前做的调研知道，几乎所有的学生都是赞成减少学费、反对增加学费的。

（二）实验设计

他们被告知参与的是一个评价耳机性能的实验（这是研究者为了保证被试对这个实验不知情而精心编织的故事，同时实验中确保被试相互不可见，以避免互相影响）。参与这个测试将作为他们完成课业的一部分内容。为了测试身体动作（点头、摇头、自由）与说服性观点（提高大学学费，降低大学学费）的联系，就必须考虑到两者所有的组合。那么，就需要把所有被试分成一共 6 组，分组的方式如表 1 所示。

表 1　分组方式

点头＋减学费	摇头＋减学费	自由＋减学费
点头＋增学费	摇头＋增学费	自由＋增学费

（三）实验材料

1. 录音内容

这是本实验最重要的实验材料。这段录音被模拟成为一段无线电广播的一部分。录音的开始是一段 60 秒的音乐（Linda Rondstadt 的 *Blue Bayou* 的最后 60 秒）。然后引出电台时事评论员做一段 90 秒的评论。评论的内容有两个版本，其中一个是评论员对增加阿伯塔大学的学费表示赞成的意见，另一个则是对减少学费表示赞成意见（每一被试者只会听到一个版本）。在评论员结束评论后，录音用 3 分 29 秒的音乐结束（Eagles 的 *Hotel California* 唱片的一段剪辑）。

2. 自编的两份问卷

第一份问卷主要是关于耳机的性能，完全是为了使这个编造的实验故事更加逼真（不得不说心理学家在"欺骗"被试这一块做得很不错）；第二份问卷随后发给被试（理由是为了排除个人对音乐的喜好而产生的评价误差）。对于对照组（头部自由），有五个问题，分别是：（1）第一首歌有多符合你的个人品味？（2）你有多喜欢第一首歌？（3）你觉得阿伯塔大学学费多少美元比较合适？（4）结尾的歌有多符合你的个人品味？（5）你有多喜欢结尾的歌？对于实验组（点头和摇头的组），除了上述 5 个问题，还有一个问题："你觉得这个一边做头部运动一边听录音的任务有多难？"这个问题的答案从数字 1（代表一点也不难）到数字 7（代表很难）中选取。这个问题是用于把人们的自我评价与隐藏摄像头拍摄到的内容进行对比。

除了上述材料外，实验还用到能正常使用的耳机。

（四）实验过程

被试在指导下测试耳机，开始不同的头部动作（点头、摇头、自由）。被试听录音的过程中，实验人员用隐藏的摄像头拍摄记录被试的表现（隐蔽也是为了让被试不对实验目的产生怀疑），通过观看录影带可以记录每个被试点头和摇头的次数以及频率。对照组也接受拍摄。听完了录音，被试需要填写材料中所示的两份问卷。

五、结果与结论

结果 1：对头部自由的对照组进行观测，发现对照组在实验过程中会有自发的头部运动。假设点头运动的平均次数为 N_v，摇头运动的平均次数为 N_h。在听到自己赞同的录音（降低学费）的被试中，$N_v/(N_v + N_h) = 0.727$；在听到自己反对的录音的人中，$N_v/(N_v + N_h) = 0.470$。这一结果支持先前假设，也就是说头部运动与信息内容有关系。自己赞同的观念倾向于让人产生点头动作，自己反对的观点更倾向于让人产生摇头的动作。

结果2：被试听了录音之后，对学费看法的测量。被试在问卷中需要填写自己认为的合适的学费值。这个作为一个重要结论记录在表2中，表2中同时还记录了被试点头和摇头的得分情况。

表 2   被试不同头部运动状态下的对学费的看法

看法评估		
头部运动状态	信息内容	
	与被试看法违背（把学费提高到 750 美元）（单位：美元）	与被试看法符合（把学费减少到 400 美元）（单位：美元）
自由状态	582.36	412.50
点头运动	646.21	401.23
摇头运动	467.77	489.32

头部运动得分		
头部运动状态	信息内容	
	与被试看法违背（把学费提高到 750 美元）（单位：次）	与被试看法符合（把学费减少到 400 美元）（单位：次）
点头运动	62.1	98.4
摇头运动	93.3	71.6

从表2可以直观地看出实验的结果。不管是听到的与自己意见相符合的录音，还是听到的与自己意见相悖的录音，与做摇头运动的被试相比，做点头运动的被试会更加同意听到的观点。通过把两个实验组同对照组进行比较，得出结论是，水平头部运动（摇头）会导致明显的较低的赞同程度，而竖直头部运动（点头）会导致赞同程度的提升。同时，这个结果也符合研究者的理论，那就是点头组对于赞同的观点和反对的观点在认知反应上差异较大（646－401＝245），而摇头组对于赞同的观点和反对的观点的认知反应差异较小（489－467＝22），且都在统计上达到显著水平。

表2中有实验组的头部运动得分数据，没有给出对照组的数据。而在

本部分的开头已经介绍过,对于对照组的成员,如果一个人越是自发地点头多于摇头,就证明他越是同意所听到的观点。

结果3:关于对实验组摇头运动和点头运动难易程度的评价。对于一边听着自己不赞成的观点一边点头的被试,和一边听着自己赞同的观点一边摇头的被试,通过录像我们发现他们更加难以保持实验开始时所要求的 1 秒 1 次的运动频率。而对于一边听着自己赞同的观点一边点头的被试,和一边听着自己反对的观点一边摇头的被试,录像记录了他们保持头部运动要更加轻松。这个跟作者的预期是相符合的,说明头部的运动会受到认知反应的影响。但有趣的是,被试在填写问卷回答任务难易程度的时候,却倾向于填写不困难,也就是跟录像所显示的结果有差异。作者认为这是可以接受的,因为自我评价时已经结束测试,而且录音的后半部分是 3 分多钟的音乐,故会让人轻松不少,评价时觉得刚才的实验比较简单。

小结:和大多数人想的一样,在做实验之前这 73 人都认为大学学费应该降低。但是当他们其中两组人分别做完连续点头的动作和连续摇头的动作之后,他们认同的学费价格出现了显著差异。一边听着提倡增加学费的评论一边做摇头动作的人给出的合适学费平均为 467.77 美元,但听着同样内容却做着点头运动的人给出合适学费平均为 646.21 美元。而且想着降学费但只能点着头被迫听增加学费评论的人明显感觉在做这个头部动作时很困难。

此外,研究者在设计并实施这次实验的时候很认真地考虑过被试会不会怀疑实验的真实目的。在实验过程中并没有迹象表明被试对此次实验有其他目的有所察觉,所以实验结果的真实性是比较好的。本次实验的 73 名被试中只有 17 位是男性,性别比例不是很均匀。但是从实验结果来看性别在实验中并没有产生影响。

六、研究评价

(一)实验评述

实验基本上验证了作者的猜想,得到了预期的结论:点头运动与赞同反应相容并且会促进这个反应,但是与反对反应不相容并且会减弱这个反应。与此对应,摇头运动与反对反应相容并且促进这个反应,但是与赞同运动不相容并且会减弱这个反应。

和之前的研究相比,此研究有它的特别之处。之前关于认知反应的研究采用的是直接询问态度,评估的是被试反对的想法和赞成的态度。而这个研究中则是利用评估被试的行为来研究认知反应。这种用隐藏的方式观察行为的做法非常可取。利用摄像头对对照组(自由组)进行的观察可以证实研究者的想法,说明人赞同的言论倾向于引起人点头,反对的言论引起人摇头。这实际上是个比较普通的结论,更加有趣的结论则是接触到自己赞同的观点时,人要保持摇头状态的困难程度会增加;对于点头也可以此类推。这说明个体的身体动作和认知反应具有较强的关联。

研究者不能回答关于头部运动和内心反应相关联的具体作用机制,但是对于有可能的质疑做出了回答。也许有人会问,也许是情感反应而不是认知反应导致了我们得到的结果。最新的研究也表明,像点头摇头这样明显的举动会产生面部的控制从而影响到情绪;与之相应的,情绪的变化也会影响到看法。作者认为,在实验过程中,只是在被试听到关于学费的部分的时候,摇头和点头的行为才有变化,而在听音乐的过程中,并没有因为自己对音乐的好恶而发生动作的改变。故不是情感反应,而是认知反应。

最后文中还讨论了关于文化差异会不会影响到研究结果的问题。发现点头表示赞同这个现象是在全球都适用的,并没有因为不同的国家而发生改变。引用达尔文的观点,这个跟每个人的婴儿期拒绝母乳的方式有关。婴儿吃饱了母乳不想继续接受母乳时,会把头偏向一边,如果母亲继续喂养,婴儿会把头偏向另外一边,这样就产生了摇头的动作,从而让人们从婴孩时期把摇头和拒绝联系到一起,这个不随着文化差异而改变。

(二)相关及拓展研究

在威尔斯等人1980年做了这个头部动作对劝说效应的研究之后,越来越多的心理学家开始从具身的角度看待认知过程,很多实验也支持了具身认知的基础假设。

1. 躯体动作与认知反应的其他研究

有研究者以威尔斯等人类似的方式诱导被试做出点头或摇头的动作,考察其对新旧物品的偏好。结果发现,在测试耳机的过程中点头的被试会更倾向于选择旧钢笔,而摇头的被试更倾向于选择新钢笔(Tom et al.,1991)。在一项有关锚定效应的研究中,实验者让一组被试在答题过程中持续点头,另一组持续摇头,结果发现在自发锚定效应情境中,点头的被试回答问题的时间显著快于摇头的被试,且更依赖锚定信息(Eply & Gilovich,2001)。可能的原因是,由于自发锚定效应是不充分调整造成的,如果被试更愿意赞同并接受某一数值,他便会产生认知闭合的需要,很快停止调整,从而产生更大的锚定偏差。还有研究发现,除了点头和摇头,趋近与回避(拉或推)的动作也能够启动喜欢或排斥的心理表征,进而影响偏好或选择。在一项研究中,实验者给被试呈现一系列图片,并让被试做出趋向图片的上推动作或远离图片的下推动作,结果发现被试对在趋近动作中看到的图片的评价比在逃避动作中看到的图片更积极(Cacioppo et al.,1993)。还有研究在提名任务中诱导被试做出趋近的动作或者逃避的动作,结果做出趋近动作的被试提出了更多他们喜欢的名人的名字,而做出逃避动作的被试则提出了更多他们不喜欢的名人的名字(Förster & Strack,1997)。

2. 身体动作对情绪形成的影响

还有研究证实了情绪的形成也具有具身性。例如,斯戴普等人(Steppe & Strack,1993)做了这样一个实验:一组被试做出低头、耸肩、弯腰的垂头丧气的样子,另一组被试则腰背笔直、昂头挺胸,给人一种神气十足的印象。接下来,被试根据实验者的要求完成一项复杂的任务,完成后询问他们此时此刻的心情,是否为他们出色完成任务感到骄傲等。结果发现,在前一种情境下,被试为他们自己取得的成绩体验到骄傲情感的平均数是3.25,而后一种情境下,体验到骄傲的被试的平均数是5.58。实验结果说明情绪在一定条件下具有具身性,认知并不是情绪形成的唯一因素,身体及其活动方式对情绪与情感的形成有着重要作用。

3. 具身认知的神经生物学研究

越来越多的认知神经科学的研究发现证实了躯体动作和心理活动(神经活动)的映射关系。镜像神经元(mirror neurons)的发现为具身的模拟提供了神经生物学的证据(Gallese et al.,1996)。这一发现的起因是研究者注意到,恒河猴在看到实验者捡葡萄干时出现了特异性的神经放电现象,研究者意识到,这种放电现象是大脑对现实动作的真实表征。最近还有大量的科学家借助神经科学的手段(ERP、fMRI)研究了人类个体的具身活动。如加尔斯和拉考夫(Gallese & Lakoff,2005)使用功能磁共振成像手段研究了"抓握"概念。他们发现想象中的抓握和实际的抓握动作使用的是同样的神经机制,即被试在做出实际的抓握动作和在想象中做抓握动作时,大脑中枢中的激活区域是一致的。也就是说,在头脑中执行抓握的动作实际上与感觉—运动系统的身体体验是对应的。

(三)研究启示及现实应用

威尔斯等人对头部动作的研究证明了点头、摇头这种典型的头部动作具有一定的说服效应,也为具身认知理论提供了佐证。这个实验启发了人们从传统认知的二元理论（认知由大脑所决定）的形而上学思想转向了更加贴近现实的具身认知理论，肯定了身体状态、身体运动和观察对象的运动对人认知的影响。

具身认知的现实应用是多种多样的。例如，对于工业设计（如人机交互系统）来说，好的虚拟交互操作在现实生活中都有对应的动作原型；对于个体来说，可以应用具身认知来调动自己或者他人的积极情绪，降低消极情绪。例如，有大量研究表明，保持微笑有助于改善心境（Soussignan，2002）、温暖的饮品会带来同样温暖的内心感受（Williams & Bargh，2008）、上班方向一致会带来夫妻幸福感的提升（Huang et al.，2012）、嘴里的味觉会影响个体对他人的道德判断（Eskine et al.，2011）等。了解和利用具身认知的这些效应，能让我们在日常生活中避免无关因素对决策的干扰，并积极主动地进行自我调节。具身认知的研究和结论也丰富了我们对偏好、态度和选择的认识，让我们更深入地思考身心关系的问题，并重新审视自身和所处世界之间的联系。

[窦东徽　评介]

评介文献

Wells, G. L. , & Petty, R. E. (1980). The effects of overt head movements on persuasion: Compatibility and incompatibility of responses. *Basic and Applied Social Psychology*, 1, 219—230.

参考文献

刘亚，王振宏，孔风.(2011). 情绪具身观：情绪研究的新视角.心理科学进展，19(1)，50—59.

孟伟(2007). 如何理解涉身认知？自然辩证法研究，23(12)，75—80.

Cacioppo, J. T. , Priester, J. R. , & Bernston, G. G. (1993). Rudimentary determination of attitudes: II. Arm flexion and extension have differential effects on attitudes. *Journal of Personality and Social Psychology*, 65, 5—17.

Casasanto, D. (2009). Embodiment of abstract concepts: Good and bad in right- and left-handers. *Journal of Experimental Psychology: General*, 138, 351—367.

Epley, N. , & Gilovich, T. (2001). Putting adjustment back in the anchoring and adjustment heuristic: Differential processing of self-generated and experimenter-provided anchors. *Psychological Science*, 12, 391—396.

Eskine, K. J. , Kacinik, N. A. , & Prinz, J. A. (2011). Bad taste in the mouth: gustatory disgust influences moral judgment. *Psychological Science*, 22(3), 295—299.

Förster, J. , & Strack, F. (1997). Motor actions in retrieval of valenced information：A motor congruence effect. *Perceptual and Motor Skills*，85，1419－1427.

Gallese，V．，Fadiga，L．，& Fogassi，L.（1996）. Action recognition in the premotor cortex. *Brain*，19，593－609.

Gallese，V．，& Lakoff，G.（2005）. The brain's concepts：The role of the sensory-motor system in conceptual knowledge. *Cognitive Neuropsychology*，22（3/4），455－479.

Huang，X．，Dong，P．，Dai，X．，& Wyer，R.（2012）. Going my way? The benefits of traveling in the same direction. *Journal of Experimental Social Psychology*，48（4），978－981.

Soussignan，R.（2002）. Duchenne smile，emotional experience，and autonomic reactivity：A test of the facial feedback hypothesis. *Emotion*，2（1），52－74.

Stepper，S．，& Strack，F.（1993）. Proprioceptive determinants of emotional and none motional feelings. *Journal of Personality and Social Psychology*，64（2），211－220.

Tom，G．，Pettersen，P．，Lau，T．，Burton，T．，& Cook，J.（1991）. The role of overt head movement in the formation of affect. *Basic and Applied Social Psychology*，12，281－289.

Williams，L. E．，& Bargh，J. A.（2008）. Experiencing physical warmth promotes interpersonal warmth. *Science*，322，606－607.

32. 点金手：触碰和餐厅小费

希腊神话中，有一位佛律癸亚国王叫米达斯（Midas），他贪恋财富，求神赐给他点物成金的法术，狄俄尼索斯神满足了他的愿望。结果，他手指所到之处"满城尽带黄金甲"，最后甚至连他的爱女和食物也都因被他手指点到而变成了金子。他无法生活，只得向神祈祷，一切才恢复原状。这当然只是一个神话传说，但是，今天经济心理学家告诉人们：其实人人都能成为点金手——研究表明，只要你轻轻触碰一下他人，就有可能带来更多的经济回报——这便是"触碰效应"在经济生活中的应用。

一、触碰效应简介

身体触碰是一种人际性的非语言行为，个中含义则来自无数的环境和个人线索。触碰作为一种信息反馈的源泉，可以被解释为一种关系、爱恋或者对异性有好感的表达，也可能传达出支配或侵略的欲望，或作为问候和离别过程的一部分（Knapp，1978）。

有关触碰效应的一个经典研究是明尼苏达州的研究者们进行的"电话亭实验"（Brockner，1982）。在实验1中，实验人员将一枚硬币放在电话亭里，当一名被试走进电话亭后，一名研究者会尾随他进入电话亭，并对先进入电话亭的被试说："你有没有看到我掉在电话亭里的硬币呢？我还要打一个电话，可是身上没有硬币了。"整个实验期间，只有23％的人承认看见了硬币，并将它归还。而在实验2中，实验人员将硬币放在了电话亭的同一位置，不同的是研究者在尾随目标进入电话亭的同时，轻轻地触碰他们的手肘，时间不超过3秒钟，然后再向他们提出同样的问题。这一次，承认看见了硬币并将其归还的人的比率上升到了60％。而且大多数的被试会略有些尴尬地说一些"我刚才捡到硬币的时候，向四周看了看，可是没有发现人，这才……"之类的话。

研究者认为，产生这种效应的原因主要包括以下三点：（1）人们常常把手肘认为属于公共空间的范畴，而不属于私人空间的范畴，因此不会产生反感；（2）在大多数国家里，人们通常不会轻易和陌生人发生接触，所以，一旦接触，就会给对方留下一个较为深刻的印象；（3）一次轻轻的、时间不长的接触能够在原本互不相识的两人之间迅速建立一种瞬时的联系，拉近两人之间的距离。

那么，为了更深入地感受"触碰效应"的神奇力量，我们来为大家介绍一个关于触碰效应的经典研究：在餐厅里触碰顾客的服务员会得到更多的小费。

二、克鲁斯科和韦策尔关于触碰和餐厅小费的研究

艾普瑞尔·H. 克鲁斯科（April H. Crusco）和克里斯托弗·G. 韦策尔（Christopher G. Wetzel）在《点金手：餐馆中的人际触碰效应》（*The Midas Touch：The effects of Interpersonal Touch on Restaurant*）一文中详细阐述了触碰对用餐者支付小费这一行为产生的积极影响，并细致研究了性别以及不同的触碰行为——"手掌接触"和"肩膀接触"时用餐者所支付的小费数额是否有明显差异。这一文章发表在1984年第10期的《人格与社会心理学杂志》（*Journal of Personality and Social Psychology*）上。文章题目中将这一触碰行为称作"米达斯触碰"，一方面是因为"触碰"给服务员带来了更高的金钱收入；另一方面也是为了凸显"触碰效应"的神奇力量。

克鲁斯科当时是一名临床心理学的博士研究生，她目前是密西西比大学医学院精神病学专业的一名研究人员，她的研究兴趣主要集中在非语言沟通和暴食症上。韦策尔是罗兹大学的心理学副教授，他的研究兴趣主要在社会认知和决策制定上。

这项研究的目的是为了在真实自然的环境中测量触碰效应的大小。研究者选择了两家餐厅作为实验场所。这两家餐厅都位于一个小规模的大学社区中，主要提供午餐、晚餐和鸡尾酒；经常光顾这两家餐厅的顾客一般是商人、大学生和密西西比州牛津市的一些常住居民。这一实验中的很大一部分被试是大学生。

在研究中，就餐者在支付小费之前，会被服务员施以两种不同形式的触碰：女服务员在为顾客找零钱的时候，会在不经意间触碰顾客的手掌或者肩膀。研究者用顾客被触碰后所付小费占其总消费额的比例作为度量顾客行为的指标。研究者预测，短时间触碰被试的手掌，对于男性和女性都能产生积极效应，使服务员获得更多的小费。

三、研究方法及结果

（一）被试

被试是来自两家餐厅的 114 位就餐者，包括 79 位男性和 35 位女性。此外，以下几类就餐者作为无效被试被剔除：（1）和服务员相互认识的顾客；（2）低龄学生就餐团体（他们一般不支付小费）；（3）在触碰之前就支付了小费的顾客。

（二）实验过程

79 个被试的数据由一家餐厅里的一位女服务员收集，而且她没有被告知此次实验的目的；第二位女服务员收集了另外 17 个被试的数据；第三位服务员在第二家餐厅收集了 18 个被试的数据。三位女服务员的年龄都在 20 岁左右。

在两家餐厅中，女服务员负责向就餐者收取餐费，在收取了顾客的餐费之后和找零之前，她们会随机地选定一些就餐者作为此次实验的被试，触碰行为被安排在服务员向顾客找零的时候进行。但是，服务员们对这一触碰实验的目的和原理实际上并不知情。在向顾客找零之后，服务员会请被试填写一份餐厅问卷，问卷装在信封里，由服务员放在桌子上。

（三）刺激——"触碰"

"触碰"被分为三个水平，每位被试会被随机地分配到其中一种。

（1）"瞬间接触"：在这种情况下，女服务员会在向用餐者找零时，用自己的手指触碰就餐者的手掌两次，每次持续 0.5 秒钟。

（2）"肩膀触碰"：在这一情况下，服务员会将自己的手放在被试的肩膀上，时间大概持续 1 秒到 1.5 秒钟。

（3）"无触碰"：在此情形下，服务员与顾客之间没有身体接触。

服务员在实验进行之前曾接受过细致的训练，以便保证她们在每次找零的过程中的行为表现具有一致性。服务员的触碰行为主要是在顾客的侧面或者稍偏后方的位置进行，在说"这是找给您的零钱"时并不微笑，语气友好而坚定；向顾客找零时，她们的身体大概会倾斜 10 度左右，而且在进行"触碰操作"的过程中，不与顾客发生目光接触。

（四）因变量的测量

实验用顾客支付给服务员的小费占该顾客总消费额的比例作为测量用餐者因"被触碰"产生的反应的指标。一份关于对餐厅印象的问卷用于评估用餐者的情感反应。这一调查问卷包含 9 个问题，采用 7 分制，用来测量被试用餐体验中感受到的服务优质程度、愉快程度和舒适度、服务员的友好程度、服务效果和质量以及餐厅环境带来的积极效果、吸引力和舒适程度。因为这 9 个项目彼此之间存在相关，所以它们最终被整合成一个独立的态度测量指标。

（五）结果

对最初的三因素（顾客性别、是否触碰、服务员身份）进行方差分析发现，被试的反应并没有因服务员身份的不同而表现出差异，因此，研究者进行了两因素（性别、是否触碰）方差分析。而且分析仅仅针对那位对研究目的一无所知的服务员收集到的数据。

因为许多变量（诸如，天气、聚餐群体的人数、一周的某一天以及酒的消费量）都可能或者已经被证实会造成人们的"利他主义"倾向或者影响用餐者支付的小费数额，所以在评估之后，这些变量被用作控制变量。

1. 控制变量的设置

（1）天气被分为"晴朗""多云"和"雨天"；

（2）一周七天被编码为 1～7，周一为 1、周日为 7，以此类推；

（3）酒的消费占总账单数值的比用鸡尾酒的消费来衡量；

（4）聚餐人数。

2. 关于控制变量的结果

（1）天气越晴朗，小费占总消费额的比重越高（$F_{(1,107)} = 4.20$，$p < 0.04$）；

（2）每周越后面几天，小费占总消费额的比重越高（$F_{(1,107)}=5.66$，$p<0.01$）；

（3）群体聚餐时人数越多，顾客所付的小费占总消费额的比重越高（$F_{(1,107)}=6.77$，$p<0.01$）；

（4）同时包含这三个变量（天气、日期、聚餐人数）并不会明显地改变显著性水平，或者是与此分析有关的统计结论。

3. 操作变量的结果

（1）触碰的效果："触碰"的主效应显著（$F_{(2,108)}=3.45$，$p<0.04$），触碰组的被试付出的小费占总消费额的比重显著高于非触碰组被试。顾客性别的主效应显著（$F_{(1,108)}=3.93$，$p<0.05$），男性（$M=15.3$）比女性（$M=12.6$）支付的小费占他们总消费额的比重更高一些。"触碰"和"顾客性别"二者之间不存在显著的交互作用。

（2）"手掌触碰"与"肩膀触碰"的差异：与"手掌触碰"（$M=16.7$）相比，"肩膀触碰"（$M=14.4$）并没有显著降低顾客支付的小费在总消费额中所占的比重（$p<0.12$）；但是与无触碰相比（$M=12.2$），这两种类型的触碰都显著提高了顾客小费占总消费额的比例（$F_{(1,108)}=4.25$，$p<0.04$）。

（3）对餐厅的评价：结果分析只表现出了显著的性别差异（$F_{(1,108)}=12.24$，$p<0.001$），表现为男性对餐厅的评价比女性更高。问卷调查的结果与顾客支付的小费占总消费额的比例没有显著相关（$r=0.13$）。

总之，实验结果显示：虽然在两种不同形式的身体触碰中，顾客所支付的小费占其总消费额的比重并没有明显的差异，而且不随顾客性别的变化而变化，但在两种身体触碰的情况下，顾客所支付的小费占其总消费额的比重都显著高于没有身体触碰的参照组。

（六）对研究结果的解释与评价

1. 对性别差异的解释

研究发现，男性对两类触碰行为的反应与女性相比并没有显著的差异，而且事实上，男性受"肩膀触碰"的负面影响相对女性有变小的趋势（因为所有的"触碰者"都是女性，所以其实任何性别上的差异都很难分析）。事实上，男性顾客会因他们的角色和地位而有较高的安全感，他们可能会把女服务员无伤大雅的触碰视作一种玩笑式的示好或亲和力，而这很有可能会导致实验的失败，得出男性比女性对触碰的反应更为消极的结论。

2. 对"手掌触碰"和"肩膀触碰"无差异的解释

虽然表现出一定的倾向，但是"肩膀触碰"的效应并没有显著低于"手掌触碰"的效应。这可能是因为"肩膀触碰"比"手掌触碰"更为明显、更清晰地暗示顾客接下来要向服务员支付小费，因此，两种形式的触碰都促进了被试的积极反应。

3. 对餐厅评价无差异的解释

研究中没能发现触碰行为对"餐厅态度"评价的影响，但这并没有让研究者感到困扰，一种解释是，当没有在认知、评估或自我报告的评级中发现显著效应的时候，其他研究者也时常观测到显著的行为效应。

另一个解释是，实验中设计的这种无恶意的触碰具有暂时效应，但这似乎是不合理的，因为小费的给付与问卷调查的进行是连续的。大多数顾客在付完小费之后立即填写了问卷，而还有一小部分是在付小费之前就完成了问卷。

第三种可能是，被试没有感觉到被触碰，或者即使感觉到了，但并没有影响到他们的意识和语言分析系统。该研究这种非介入式的范式使得研究者无法去询问顾客是否感觉到了来自女服务员的触碰，但是费舍尔等人（Fisher et al.，1976）的研究发现，很多的被试没有感觉到这种触碰。因此，该研究这种简短而轻微的触碰可能是对被试的潜意识产生了影响。

4. 对后续分析的解释

本文后续分析与弗里曼（Freeman）等人在1975年的研究结果并不一致。弗里曼的结果表明，顾客支付的小费占总用餐额的比例会随着聚餐人数的增加而减少，该研究的则相反。因为他们与本实验的场景设置存在很多种不同（比如说，他们使用的是男性服务员而本实验是女性服务员），所以对于这种差异，目前还没有令人信服的解释。

四、研究评价

(一)实验述评

该研究通过现场实验的方法分析了触碰对用餐者支付的小费额度的影响，以及不同的触碰形式和不同性别带来的触碰效应的差异。以此证实了"触碰"会给人带来积极的影响，而且，当触碰并不明显或者不会带来有地位差异的感觉，且没有其他的附带含义时，男性对于触碰的反应不会比女性更加负面。

综合来说，这一研究具有以下几个特点：

第一，指标选取巧妙而有说服力。这一实验使用了一个新颖的指标（小费占总消费额的比重），在一个场景设置中衡量两种类型的触碰对顾客产生的不同效应，这是当时同类研究中没有采取过的。而且，用小费额度测量顾客的行为和态度的反应，生动而直接。

第二，逻辑简单严谨、思路清晰。作者设置了三组做对比实验，"无触碰""手掌触碰"和"肩膀触碰"，虽然简单，但却有着极强的说服力。"无触碰"和其他两种形式的触碰的对比严谨地证明了"触碰效应"的存在，"手掌触碰"和"肩膀触碰"的对比则论证了两者之间是否有差异这一问题。性别差异也通过实际对比得出了可信的结论。

第三，实验过程严谨，无关变量得到了较好控制。实验者从多方面对实验进行了控制，以保证结果的可信性和真实性。服务员的"触碰"行为经过了多次训练，以保证行为的一致性。避免"触碰"行为的随机性对实验结果产生影响。此外，实验者还考虑了天气、日期和酒水的消费量等诸多会影响顾客所支付的小费金额的指标，排除了它们的影响之后，对"触碰效应"的分析更加准确。

（二）相关及拓展研究

继克鲁斯科和韦策尔的研究之后，触碰效应越来越受到研究者的重视。大量研究揭示，触碰是安全感和权力的隐喻，能够启动风险偏好行为、亲社会行为和遵从行为。

1. 触碰的劝说效应

已有许多研究表明，触碰能够使个体遵从他人的请求。较早的一项研究发现，如被触碰的被试更愿意答应他人的要求填写申请表格或问卷（Frank et al.，1980）；新近的研究发现，被触碰两次的被试比被触碰一次的被试更愿意填答问卷（Vaidis & Halimi-Falkowicz，2008）；承诺服用处方抗生素时被医生轻轻触碰一下的病人比没有被触碰的病人更愿意遵循医嘱（Guéguen & Vion，2009）等。还有一系列研究发现，如夜店中的男性在邀请陌生女性跳舞时触碰一下对方的手臂，邀请获准的可能性会大大增加，如果男性在街上与异性搭讪时触碰几下对方，要到电话号码的概率也会大大增加；在酒吧里女性如果在向男性求助时触碰一下对方，会比没有触碰时获得更多的帮助（Guéguen，2007，2010）。

2. 触碰与风险偏好

细微的身体接触能够显著影响个体承担风险的意愿。有研究者在让被试完成假想和真实的风险决策任务时，安排一个女性实验人员轻柔地拍一下被试的肩膀，结果显著地促进了被试的风险偏好行为；但当这个触碰的发出者为男性的时候这种效应就不再显著（Levav & Argo，2010）。同时研究者认为，身体触碰对风险偏好行为的促进取决于这种触碰是否能提高人们的安全感受。

3. 触碰与潜在消费意愿

触碰这种令他人遵从指令或意愿的功能具有潜在的引导消费行为的作用。早先的一项研究发现，销售人员触碰顾客能够增加顾客的购物时间、对店铺的评价和购物总量（Hornik，1992）。在一个二手车交易市场进行的研究中，销售人员按照指导触碰一下对车辆感兴趣的顾客，事后的印象评级发现，触碰组的被试对销售人员友善性、宜人性和诚实度等评价更高，而且认为自己和这个销售人员商量价钱时的风险更低（Erceau & Guéguen，2007）。

4. 触碰与金钱回报

简单的触碰能够引发以生理因素为中介的亲社会的心理反应，导致更多的经济回报。除了瞬时的触碰，长时间的身体接触也具有相似的功能。有一项研究以是否进行按摩作为触碰操作，发现经历按摩组的被试比未经历按摩组的被试会更愿意为陌生人做出金钱上的牺牲（Morhenn et al.，2008）。研究者推测，按摩作为一种肢体接触，能够增加后叶催产素的产生，继而通过激活信任感和安全感引发为陌生人做出金钱上的让步。

5. 触碰的其他效果

如果将触碰作为一种商业技术进行应用时应当注意两点：第一，文化和性别差异。在某些文化中，非本人意愿的被动触碰可能引发消极的情绪和行为反应。在波兰进行的一项研究中就发现，男性的触碰会导致女性的积极反应，但会引发男性的不悦和非合作行为（Dolinski，2010）。第二，触碰的劝服作用不能被无限夸大。例如一项研究发现，触碰并不能促进人们献血的意愿（Guéguen & Afifi，2011）。这说明触碰可能对有助于他人顺从一些小的请求，但涉及较大的、实体性的请求（尤其是这些请求包含有心理成本的行为时），触碰的影响作用就显得非常微弱了。

五、研究启示及现实应用

一系列关于"触碰效应"的研究表明，触碰效应可能会对一些特定行业的生产经营、服务人员的工作成果和管理者对员工的激励产生积极效应。因此，在生产经营和工作中合理地利用"触碰效应"能够为企业和个人实现增值，带来收益。首先，对于企业管理者来说，可以通过与员工的亲密接触提升员工的自我认同感，意识到自己对企业的价值，更加积极地投入到工作之中。采用"拍肩膀""握手"这类身体接触表达对员工的认可，有助于迅速拉近管理者和员工之间的距离。但是，在这一过程中应当注意根据不同员工的特点进行灵活处理，以防给员工带来较大的心理压力或引发"骚扰"的嫌疑，产生适得其反的效果。其次，一些服务性行业，如餐厅等，服务人员在与消费者接触的过程中，一些适当的触碰行为有助于拉近与消费者的距离，让消费者感受到商家的热情和友善，能够提高消费者对服务的评价并形成更高的品牌忠诚度，为企业带来持续收益，但同时也应当注意"适度"和"因人制宜"。

　　总而言之，触碰是一种人际互动中的积极躯体信号，正确合理地利用触碰效应，能够在提升人际亲密感和信任感的同时带来更多的经济回报，"轻轻一触，财源滚滚"这种事不再是传说。当人们还在用米达斯的点金手的故事劝诫世人不要总想不劳而获的时候，触碰效应所产生的积极的经济效益则已经赋予了"财富要靠自己的双手去创造"这句话以新的内涵。

［窦东徽　评介］

评介文献

Crusco，A. H.，& Wetzel，C. G. (1990). The Midas touch：The effects of interpersonal touch on restaurant tipping. *Personality and Social Psychology Bulletin*，10，512—517.

参考文献

Brockner，J.，Pressman，B.，Cabitt，J.，Moran，P. (1982). Nonverbal intimacy，sex，and compliance：A field study. Failure of tactile contact to increase request compliance：The case of blood donation behavior. *Journal of Nonverbal Behavior*，6，253—258.

Dolinski，D. (2010). Touch，Compliance，and Homophobia. *Journal of Nonverbal Behavior*，34(3)，179—192.

Erceau，D.，& Guéguen，N. (2007). The effect of touch on the evaluation of the toucher. *The Journal of Social Psychology*，147(4)，441—444.

Fisher，J. D.，Rytting，M.，& Heslin，R. (1976). Hands touching hands：Affective and evaluative effects of an interpersonal touch. *Sociometry*，39，416—421.

Frank，N.，Willis，Jr.，Helen，K.，& Hamm，M. A. (1980). The use of interpersonal touch in securing compliance. *Journal of Nonverbal Behavior*，5(1)，49—55.

Freeman，S.，Walker，M. R.，Borden，R.，& Latane，B. (1975). Diffusion of responsibility and restaurant tipping：Cheaper by the bunch. *Personality and Social Psychology Bulletin*，1，584—587.

Guéguen, N. (2007). Courtship compliance: The effect of touch on women's behavior. *Social Influence*, 2(2), 81—97.

Guéguen, N., Afifi, F., Brault, S., Charles-Sire, V., Leforestier, P., Morzedec, A., & Piron, E. (2011). Failure of tactile contact to increase request compliance: The case of blood donation behavior. *Journal of Articles in Support of the Null Hypothesis*, 8(1), 1—8.

Guéguen, N. (2010). The effect of a woman's incidental tactile contact on men's later behavior. *Social Behavior and Personality: An International Journal*, 38(2), 257—266.

Guéguen, N. & Vion, M. (2009). The effect of practitioner's touch on patient's medication compliance: An evaluation in a natural setting. *Psychology, Health and Medicine*, 14, 689—694.

Hornik, J. (1992). Effects of physical contact on customers' shopping time and behavior. *Marketing Letters*, 3(1), 49—58.

Knapp, M. L. (1978). *Nonverbal communication in human interaction* (2nd ed.). New York: Holt Rinehart & Winston.

Levav, J., & Argo, J. J. (2010). Physical contact and financial risk taking. *Psychological Science*, 21, 804—810.

Morhenn, V. B., Park, J. W., Piper, E., & Zak, P. J. (2008). Monetary sacrifice among strangers is mediated by endogenous oxytocin release after physical contact. *Evolution and Human Behavior*, 29, 375—383.

Vaidis, D. C., & Halimi-Falkowicz, S. G. (2008). Increasing compliance with a request: Two touches are more effective than one. *Psychological Reports*, 103(1), 88—92.